경북 청도 지역의 언어와 생활

경북 청도 지역의 언어와 생활

초판 인쇄 2018년 2월 19일
초판 발행 2018년 2월 26일

지 은 이 김무식

펴 낸 이 이대현
펴 낸 곳 도서출판 역락

주   소 서울시 서초구 동광로46길 6-6(반포4동 577-25) 문창빌딩 2층
등   록 1999년 4월 19일 제303-2002-000014호
전   화 02-3409-2058, 2060
팩   스 02-3409-2059
이 메 일 youkrack@hanmail.net

ISBN 979-11-6244-139-8
     979-11-5686-694-7 (세트)

경북 청도 지역의 언어와 생활

김 무 식

역락

　어릴 적 시골에서 자란 필자는 취학하기 전까지는 '옥수수·지렁이'라
는 낱말은 몰랐고 오직 '강냉이·거깨~이'라는 낱말만 알았다. 초등학교
에 입학하면서 취학 전에 내가 알고 있던 낱말에 대응되는 다른 낱말이
있음을 비로소 알았고 이것이 아마도 방언에 대해 가졌던 나의 소박한 첫
인식이었을 것이다. 시간이 흘러 나는 국어학 전공을 하게 되었고 이를
통해 국어와 방언에 대해 일반인보다는 더 많은 관심을 가지고 생활을 했
다. 다른 곳으로 떠나는 여행이나 방언조사를 통해 느끼는 것이지만 하루
가 다르게 지역 방언의 차이는 많이 줄어들고 있고 지역어의 어휘 변화도
많음을 몸으로 느끼곤 한다. 더욱이 요즘 젊은 세대에서는 각 지역별 어
휘를 잘 모르는 경우가 많을 뿐만 아니라 문화적 단절까지 일어나는 경우
를 보곤 한다.

　교통 및 통신의 발달로 역사상 그 어느 때보다 지리적 차이에 따른 말
의 차이가 현저히 줄어들고 있는 이 시기에 이 저술은 우리네 주위의 언
어생활과 그에 반영된 문화를 엿볼 수 있는 자료이다. 이 구술발화 총서
는 국립국어원에서 매년 실시했던 지역어 조사 사업의 하나로 수행된 것
이며 경상북도 청도 지역의 조사는 2008년에 실시되었고 이에 따른 조사
보고서도 같은 해에 출간되었다. 이 저술에 실린 구술 발화 자료도 조사
보고서에 포함된 것이다. 기존의 보고서에 포함된 구술 발화는 시간에 쫓
겨 그 내용이 잘못된 부분이 더러 있었을 뿐만 아니라 이를 고쳐야 할 필
요성이 있었고 조사보고서의 수량도 제한되어 이용의 제약이 있었다. 이
런 이유로 조사보고서의 구술 발화 부분을 따로 떼어 단행본 형태로 펴낸
것이 이 책이며 이 과정에서 전사의 오류와 잘못된 표준어 대역을 수정하

고 주석과 색인을 붙여 이용자에게 편의를 제공하고자 노력했다.

이 저술은 경상북도 청도군 각북면에 사시는 김경희(조사 당시 만 74세) 어르신과 그 부인이신 김말조(조사 당시 만 70세) 할머니의 일상생활에 대해 녹취하고 이를 전사한 것이다. 본 자료집에서 주된 구술발화는 주제보자이신 김경희 어르신이, 의생활(이 책의 3장)과 여성관련 부분은 보조제보자였던 김말조 어르신이 구술한 자료이다. 이 책은 두 분의 제보자가 약 4시간 동안 말한 구술 자료를 담고 있는데 여기에는 두 분의 기본적인 삶과 풍습, 민속 등과 같은 문화가 고스란히 녹아 있을 뿐만 아니라 이 분야의 다양한 토박이 어휘들이 그대로 드러나 있다. 이에 필자는 표준어로의 대역과 주석 그리고 색인 작업을 통해 이들 어휘에 대해 가능한 한 상세한 정보를 제공하려고 노력했다. 이 구술 발화 자료는 경북 청도 지역의 어휘를 비롯한 음운, 문법체계의 이해에 도움을 줄 뿐만 아니라 이 지역 토박이 화자의 담화 연구에도 유용할 것으로 판단된다.

이 자료집의 발간은 무엇보다 국립국어원의 관심과 도서출판 역락의 도움이 있었기에 가능했다. 기존의 보고서로 발간된 자료를 전사부터 표준어 대역에 이르기까지 다시 점검하면서 그 세부 내용을 고치고 여기에 주로 국어학적 관점에서의 설명인 주석과 색인을 덧붙이는 작업은 생각했던 이상으로 많은 시간과 노력을 필요로 했다. 특히, 보고서에는 성조 표시를 하지 않아도 되는 조건이었지만 불완전하나마 이 지역에 실현되는 성조를 표시하고자 시도한 것이 더욱 필자로 하여금 힘들게 했다. 이처럼 힘들고 많은 시간을 필요로 하는 작업이지만 이를 가능케 한 것은 전임 국립국어원의 원장이신 이상규, 권재일 선생님과 지역어 조사 사업을 뒤에서 꼼꼼히 챙겨 주셨던 박민규 선생님의 헌신적인 도움이 있었기에 가능했던 것으로 판단된다. 또, 조사 과정이나 전사 과정에서 여러 가지로 도움 말씀을 주시고 힘들 때마다 격려를 아끼지 않은 지역어 조사위원들이 있었기에 이 단행본이 이렇게나마 모양을 갖출 수 있었다.

이 책의 초벌 전사는 주로 경북대학교 대학원에 재학 중이었던 김인규 선생이 맡았고 일부는 필자가 직접 했다. 이러한 초벌 전사는 필자에 의해 다시 점검이 이루어졌지만 초벌 전사를 위해 많은 고생을 한 김인규 선생에게도 감사의 말을 전한다. 이 단행본이 간행되기 위해 여러 분들의 도움이 컸지만 가장 많은 도움 주신 분은 이 구술 자료를 제공하신 제보자 김경희·김말조 두 어르신이다. 2008년 조사를 할 때나 그 이후 보완조사를 위해 방문했을 때 언제나 친절하게 맞이하고 자세히 설명해 주신 두 분께 다시 한 번 감사의 말씀을 드린다. 마지막으로 이 책이 예쁘게 나오도록 편집을 하신 도서출판 역락의 편집 담당자와 경제성이 없는 데도 불구하고 책의 출간을 선뜻 맡은 도서출판 역락에 감사의 말을 전한다.

■ 조사 및 전사

(1) 조사 과정

국립국어원에서는 2004년도부터 전국의 지역어 조사 사업을 시행하고 있다. 이 사업은 도(道)를 기본 단위로 하여, 각 도에서 한 지점씩 연차적으로 조사를 진행해 왔다. 첫 해에는 질문지를 만들고 이를 시험하기 위해 예비조사를 실시하였고, 본격적인 조사는 이듬해인 2005년부터 시작되었다. 관련 학자들이 모여 질문지를 여러 차례에 걸쳐 수정·보완하여 질문지를 간행했으며 방언조사용 그림자료집도 수정·보완 중에 있다. 경상북도 지역은 일차년도 사업으로 상주군 공성면을 조사하였고, 이차년도 사업으로 청송군 진보면 괴정리를, 삼차년도 사업으로 고령군 덕곡면 원송리를, 사차년도 사업으로 청도군 각북면 지슬리를 조사지점으로 선정하였다.

2008년의 현지조사는 경북지역에서 지리적으로 가장 남쪽의 중앙에 위치하고 있는 청도군 각북면을 선택했다. 지리적으로 경상북도 청도군은 지형적으로 볼 때 동쪽으로는 예전의 월성군 즉, 경주시, 서쪽은 대구광역시 달성군이, 남쪽으로는 경상남도 밀양시와 창녕군이, 북쪽으로는 경상북도 경산시, 대구광역시와 접하고 있으며 지역적으로 동서로 길게 펼쳐져 있다.

역사적으로 청도군은 삼한시대 부족국가 중의 한 소국이었던 우유국(優由國)이 이서국(伊西國)으로 이어졌던 것으로 보이며 이후 이서고국은 신라에 합병되어 경덕왕 대에는 밀양군에 소속되기도 했다. 청도군에 존재했던 이서국은 여러 고인돌 유적을 남겼으며 청도군 일대를 모두 장악했던 것으로 추정하고 있다. 고려초 태조23년(940년)에 세 현(소산현, 형산현, 오악현)을 합하여 처음으로 청도현(淸道縣)으로 승격되었다가 그 후 경주도호부 또는 밀양부 소속으로 바뀌거나 자주 행정개편이 이루어졌다. 그 뒤 1366년 고려 공민왕15년에 청도군으로 승격되어 군제는 지금까지 유지되고 있다. 한편 청도군 각북면은 역사적으로 볼 때 신라시대에는 상화촌(上火村)에, 경덕왕 때에는 풍각현에, 조선 후기에는 풍각면과 함께 대구부에 속했다가 1906년에 청도군으로 편입되어 지금에 이르고 있다.

청도군 각북면은 군의 서북쪽에 해당하는 지역이다. 청도군은 청도읍을 기준으로 동창천이 흐르는 산동지역과 청도천이 흐르는 산서지역으로 구분되며 각북면은 청도천의 발원지에 해당하는 곳이다. 각북면은 동쪽으로 청도군 이서면, 남쪽으로 풍각면, 북쪽과 서쪽으로 대구광역시 달성군과 이어져 있다. 각북면에는 비슬산과 홍두깨산, 우미산 등이 북쪽에 이어져 있으며 청도천의 지류인 각북천이 흐르고 있다. 각북천을 따라 이루어진 충적지에는 논농사를, 개간지에는 감, 복숭아, 사과와 같은 과일을 재배하며, 주위에 산지가 많아서 산나물이나 버섯, 약초 등도 생산되는 지역이다.

청도군의 도로는 청도읍을 중심으로 남북으로 관통하는 26번 국도(경산시−청도군−밀양시) 및 이와 나란히 이어지는 경부선 철도, 그리고 동서로 이어지는 20번 국도(경주시−청도군−경남 창녕군)가 있으며, 이밖에 30, 957, 985, 69번 등과 같은 지방도로가 이어져 비교적 도로망이 잘 갖추어진 곳이다. 70년대 초반까지만 하더라도 사람들은 각북천을 따라 개설된 지방도로를 통하여 '풍각면−이서면−대구시' 또는 '풍각면−청도읍−경산시−대구시'로 이어지는 도로를 따라 주로 왕래를 했다. 70년대 중반 이후, 각북면에서 헐티재를 넘어 대구시 달성군으로 이어지는 도로망이 개설됨으로써 비교적 대구시에 접근하기가 용이한 지역적 특색을 가진 곳이다. 또 이 도로가 개설되기 전에도 대구 쪽으로 내왕을 할 때에는 기존의 큰 도로를 이용하지 않고 고개를 넘거나 계곡을 따라 대구로 갈 정도로 대구와는 접

근성이 있는 곳이었다.

이 지역의 교육권은 초등학교는 면내에 있는 학교로, 중학교는 면소재지나 풍각면, 또는 대구로, 고등학교는 군내의 고등학교나 주로 대구로 진학하는 경우가 많다. 이 지역의 상권은 5일장인 풍각시장이나 각북시장을 주로 이용하였으며 아직도 이 지역 사람들은 풍각시장을 많이 이용하고 있다. 또 오래 전에는 이 지역 사람들이 경제활동을 하기 위해 달성군 현풍면, 대구시, 경상남도 창녕시장까지 이용을 했으며 이 지역의 통혼권도 대개 상권과 일치하는 것으로 판단된다.

방언자료의 조사는 2008년 7월 3일부터 같은 해 12월 7일까지 청도군 각북면 지슬리에서 이루어졌다. 예비 조사는 7월 3일부터 7월 9일에 걸쳐, 본격적 조사는 여름방학 기간이었던 7월 25일부터 8월 31일에 걸쳐 집중적으로 수행했으며 보완·확인할 내용에 대해서는 11월 23일 및 12월 7일에 실시했다. 현지조사는 지슬리의 김경희 님의 댁에서 글쓴이가 직접 하였으며 김인규(경북대학교 대학원생)가 녹음을 하고 녹음을 한 후에 파일 관리 등을 했다. 녹음 자료의 정리와 전사는 글쓴이와 김인규가 함께 하였으며 최종적으로 글쓴이가 검토했다. 아울러 이 단행본의 출간을 위한 전사의 교정 작업과 주석 및 찾아보기 작업도 글쓴이가 직접 했다.

청도군 각북면 지역은 군청과 각북면 노인회의 도움을 받아 제보자를 섭외하고 실제 대담을 나눈 다음에 제보자로 선정하였다. 주제보자인 김경희 님은 조사 당시 만 74세(1934년생)였으며 이 지역에서 태어나서 계속 살고 있다. 이 분은 약 3년간 군복무 기간과 고등학교 재학시절을 제외하면 이 지역을 벗어난 일이 없으며 이 지역 방언을 충실히 사용하는 분이다. 학력이 고졸이라서 다소 높은 학력을 지녔지만 이 지역 제보자로서 손색이 없으며 총기가 있고 기억력이 좋으며 방언조사 질문에 대한 이해도가 뛰어났으며 방언조사에도 매우 협조적이었다. 음성은 분명하며 표현도 정확히 하는 편이라서 비교적 조사가 수월했으며 다소 개신형을 많이 쓰는 경우도 보였다. 보조제보자이신 김말조 님은 주제보자의 부인으로 청도군 풍각면에서 출생하였으며 조사 당시 만 70세(1938년생)이다. 김말조 님은 시집을 온 이래로 각북면 지슬리에서 계속 거주했으며 성격이 아주 침착하고 음성도 매우 분명하고 뚜렷한 편이었다. 김말조 님은 주로 구술발화 자료 중에서 여성과 관련된 내용을 중심으로 이루어졌으며 어휘조사의 일부에도 도움을 주었다.

이 지역에서는 모두 725분 정도의 구술발화를 조사하였지만 이 중에서 전사를 한 것은 4시간 정도의 녹음 분량이다. 이번 조사에서 구술발화나 음운, 문법, 어휘 항목에 걸친 전반적인 부분은 주제보자인 김경희 님이 담당하였으며 여성과 관련된 구술발화 조사는 김말조 님이 담당을 했다.

(2) 전사

제보자의 구술발화 자료는 MARANZ PMD660 디지털 녹음기로 메모리카드에 직접 녹음하였으며 자료는 GoldWave 무른모를 이용하여 음성파일로 변환하였다. 이 음성파일을 컴퓨터에서 재생하여 들으면서 전사무른모인 Transcriber 1.4를 이용하여 음성파일을 분절하고 전사를 하였다. 전사는 글쓴이와 김인규(경북대 대학원)가 나누어 초벌전사를 하였으며 전사 자료는 보고서를 작성하는 단계에서 글쓴이가 다시 점검했다. 또, 이번에 단행본을 내기 위해서 글쓴이가 다시 점검하였다. 초벌 전사와 방언조사 과정에서 고생한 김인규 선생에게 고마움을 전한다.

전사는 하나의 문장을 어절 단위로 하여 소리 나는 대로 전사하는 것을 원칙으로 하였지만 하나의 억양 단위로 소리 나는 경우에는 어절보다 큰 단위로 전사한 경우도 있었다. 현대 한글로 전사가 어려운 경우에는 특수 문자를 이용하거나 국제음성자모를 나란히 부기하기도 했다. 경북 의성 지역어는 단모음 /ㅔ/와 /ㅐ/는 구분이 이루어지지 않지만, /ㅡ/와 /ㅓ

/모음은 변별적이며 전설의 원순모음인 /ㅟ/와 /ㅚ/도 일반적인 환경에서는 단모음으로 실현되지 않는다. 비모음(鼻母音)은 비모음 기호(~)를 이용하여 나타냈으며 이 지역방언은 기본적으로 성조가 실현되는 지역이므로 이도 본문에 표시를 하려고 노력했다. 기본적으로 긴소리는 장음표시부호(:)를, 아주 인상적인 긴소리는 인상적 장음표시부호(::)를 사용했으며, '높은소리'는 고음표시부호('), 상승조는 모음자를 중복해서 적고 뒷모음의 오른쪽 위에 (')표시를 하며, 하강조는 모음자를 중복해서 적고 앞 모음의 오른쪽 위에 (')표시를 했다. 고장조는 모음자를 중복해서 적고 두 모음의 각각의 해당 음절 오른 쪽에 (')표시를 했다. 구술발화 자료의 경우 보고서에는 음장만 표시하기로 하고 성조표시는 안 해도 되었지만 이용자의 편의성을 높이기 위해 다소 정확성이 떨어지더라도 이 지역어의 특성인 성조표시까지 하였음을 밝히며 차후에 음성자료가 공개될 때 부족한 부분을 보완해 주기를 바란다.

본문의 글자체와 전사에 사용된 부호는 다음과 같다.

고딕체　조사자/ 보조조사자
명조체　제보자
－　　제1 제보자
＝　　보조제보자
:　　 장음의 표시이며 길이가 상당히 길 경우 ::처럼 장음표시를 겹쳐 사용했다.
*　　 청취가 불가능한 부분 또는 표준어로의 번역이 불가능한 경우

(3) 주석

주석은 각 장마다 주를 몰아서 붙인 미주(尾註) 방식을 택했다. 이 자료를 이용하는 독자의 입장에서는 각주(脚註) 방식이 편리하겠지만 책의 편

집 과정에서 불가피하게 미주로 처리할 수밖에 없었다. 주석은 가능한 한 친절하게 제공하려고 노력하였다. 주로 새로운 어휘나 표현이 이해하기 곤란한 경우에 그 의미를 풀이하였지만 형태에 대한 음운적 해석이나 문법형태에 대해서도 최소한의 범위에서 그 기능에 대해 간략한 설명을 붙여 독자의 이해를 돕고자 했다. 경우에 따라 경북의 다른 지역에서 사용하는 방언형을 밝히기도 했으며 독자의 편의를 위해 다소 비슷한 내용의 주석이 반복되기도 했음을 밝힌다.

(4) 표준어 대역

전사된 방언 자료에 대해서는 모두 표준어 대역을 제시했다. 원래의 조사보고서에서는 원칙적으로 문장 단위로 표준어 대역을 달았으나 여기서는 문장보다 더 큰 의미 단락이 그 잣대가 되었다. 표준어 대역을 별도의 쪽에 배치한 것도 조사보고서와는 달라진 부분이며 이는 독자들이 원문과 표준어 대역문을 쉽게 대조해서 읽을 수 있도록 배려한 조치이다.

전사한 방언 자료를 표준어로 옮길 때는 직역하는 것을 원칙으로 하였으며 직역이 불가능한 경우에는 주석을 붙여 표시하였다. 문장 중간에 '어, 저, 거, 인제, 은제, 머'와 같은 군말이나 담화표지도 가능하면 표준어로 살리려고 노력했지만 한꺼번에 연이어 나타날 때에는 적절히 조절하였다. 적당한 표준어 어휘나 대응 표현이 없는 경우에는 방언형을 그대로 표준어에 사용하고 이를 주석으로 표시했다. 전사가 불가능하거나 전사한 방언 표현의 의미가 불확실한 경우에도 각각 *를 이용하여 표시했다.

(5) 찾아보기

이 자료가 지역어 자료임을 고려하여 이 책의 끝부분에 표준어에 대응되는 방언형의 찾아보기[索引]를 붙였다. 찾아보기는 표준어형을 먼저 제시하고 그에 대응되는 방언형을 제시하는 방법을 택했으며, 이는 타지역 방언사용자를 고려한 조치이다. 찾아보기에서 체언은 방언형을 가능한 한 형태음소적으로 표기하려고 했지만 음성형을 그대로 제시한 예도 있으며, 용언은 예문에 사용된 활용형을 그대로 제시하였다.

<사진 1> 경상북도 청도군 각북면 지슬리 마을 입구 전경

<사진 2> 주제보자 김경희·김말조 님

차례

01 조사마을의 환경과 배경

마을 들여다보기 20

마을 들여다보기

어르신:: 그: 먼저 이 마으′레 데에서, 어¹⁾ 마으리 유래가 어뜨께 데여꼬, 또 마을 황경이라든지 베경 등′에 데에서²⁾ 아라 볼려고³⁾ 여쭈께씀미다.

어: 우선 이 마으′른 언제 어떠케 형성데어꼬, 주미느 어떤 성씨로 구성데 인는지 함분 이야기헤 주십시오.

— 예.

— 우리 마′알′ 형성′은 정와칸⁴⁾ 연도느 모르겐는데, 대충 우예⁵⁾ 어른들 말쓰메는 임진애난⁶⁾ 이:후′에 우리 마으리⁷⁾ 형성덴능 거 간, 가따고 이야길 합′띠다.

— 하는데⁸⁾, 시조에 성시는 납 신짜, 신′씨가⁹⁾ 우리 마레 머¹⁰⁾ 젤 먼저 더러와가¹¹⁾ 사′란는데, 지꾸믄¹²⁾ 신′씨 성씨는 함′ 분도¹³⁾ 어′꼬¹⁴⁾, 지끔 주로 쪼꿈¹⁵⁾ 마~이¹⁶⁾ 사는 사라미 김해 김시와′ 아¹⁷⁾ 옥산 전시가 어:: 고중에 쫌 마니 살고, 그 웨에′는 머 여러: 성시드리 어울려 그르케 살고 이씀미다.

어 그러며 이 마으리 인제 그 치스린데, 이 지스리 어떤 부라그로 구성데 인는지 함분 이야기헤 주십시오.

— 예.

— 옐 어른드른 이 지′스를¹⁸⁾ 치′시리라꼬 불런는데, 에::¹⁹⁾ 그 당시에는 행′정사아느²⁰⁾ 인자 지스리라꼬 명칭을 해도²¹⁾ 우리 부라게서는 치시리라 칼 때는 아:: 치시리 어 상지와 중지, 하지, 하지이느 또 워람²²⁾ 칸데가 다래민데, 그 말²³⁾까지 이래 하페 가주고 지′스르라꼬, 치′시리락 불런는데, 어 정아칸 연도느 모르겐데 한 이시 한 오년 저네 어 지실 일 리를 행정상으로 인자 불리데²⁴⁾ 가주고, 어 은자²⁵⁾ 일똥′에는 하지와 다′래미가 일똥을 불리데고, 어 이동은 상지²⁶⁾하고 중지하고 둔 자연부라기 하페 가주고 현제 지실 이리라꼬 부르, 부르고 이써요, 요즈메느.

어르신 그 먼저 이 마을에 대해서, 어 마을이 유래가 어떻게 되었고, 또 마을 환경이라든지 배경 등에 대해서 알아보려고 여쭙겠습니다.

어, 우선 이 마을은 언제 어떻게 형성되었고, 주민은 어떤 성씨로 구성돼 있는지 한 번 이야기해 주십시오.

─ 예.

─ 우리 마을 형성은 정확한 연도는 모르겠는데, 대충 윗대 어른들 말씀에는 임진왜란 이후에 우리 마을이 형성된 것 같다, 같다고 이야기를 하셨습니다.

─ 말하는데, 시조의 성씨는 납 신자, 신 씨가 우리 마을에 뭐 제일 먼저 들어와서 살았는데, 지금은 신씨 성씨는 한 분도 없고, 지금 주로 조금 많이 사는 사람이 김해 김씨와 옥산 전씨가 어 그 중에 좀 많이 살고, 그 외에는 뭐 여러 성씨들이 어울려 그렇게 살고 있습니다.

어, 그러면 이 마을이 인제 그 지슬인데, 이 지슬이 어떤 부락으로 구성돼 있는지 한 번 이야기해 주십시오.

─ 예.

─ 옛 어른들은 이 "지슬"을 "치살"이라고 불렀는데, 에 그 당시에는 행정상으로는 인제 "지슬"이라고 명칭을 말해도 우리 부락에서는 "치살"이라고 할 때는, 아 "치살"이 어 "상자(上地)"와 "중자(中地)", "하자(下地)", "하자"는 또 "월암(月巖)"이라고 하는 데가 "다래미"인데, 그 마을까지 이래 합해 가지고 "지슬"이라고, "치살"이라 불렀는데, 어 정확한 연도는 모르겠는데 한 이십 한 오 년 전에 어 "치살" 일리와 이리가 행정상으로 인제 분리돼 가지고, 어 인제 일동에는 "하자"와 "다래미"가 일동으로 분리되고, 어 이동은 "상자"하고 "중자"하고 두 자연부락이 합해 가지고 현재 "지실" 이리라고 부르고, 부르고 있어요, 요즘에는.

끄러며는 여:기에 어: 이 아까 이야기하선능 게 한 임진왜란 이후에 아마 형성데엥 거 가따라고 이야길 하선는데, 어: 이 지여근 월래부터 청도여씀미까, 앙 그러며는 예저네는 다른 구여기, 다른 행정구여기연는지 함 분 이야기를 해주십쑈.

― 요고또[27] 정와칸 연도는 모르겐는데, 어:: 함말[28] 때는 여기가 행정구여기 대구부로' 여[29] 데어 인능가 십띠더.

― 간능[30] 기::[31] 여 보'마[32] 묘오'지에 거 머 상'석가뜽 그 혜 나앙[33] 보마, 족뽀라안 데 그를 때 보마, 대구부로 나오가 인, 이따가, 이거시 머 하닐하'뻥 이후'에 머 청도로 펴닙덴능응 끙 가테요, 그기.

그음 지금: 이 마으'레느 저음[34] 잉구가 한 얼마나 정도 뎀미까?

― 요 마으레는 지끔::[35] 한: 한 시'보 년 저'네늠 잉구가 마니: 인자 웨지로 절믄 사암[36]드리 마이 나아고[37] 잉구가 좀 주'런는데, 지꾸문 우리 마으레 대'구에서 잉구간 마~이[38] 유'이비 데' 가지고, 지금 우리 마아레어 가구 수는 칠십팔 가구로 짐 알고 이꼬, 잉구'로는 지금 정와카게 모르겐는데 대충 마 함 백 한 오십, 백 하, 항, 칸 이뱅 명 가까이 짐 살고 이찌 시퍼요, 지금.

그러며느 예저::네, 요즘 인제 그어 대구 쪼게서' 다시 어 저넌주태이나 이런 사엄들 때무네 드로온 그런 사암드림미까, 주로?

드론 사암드리?

― 그러치, 그 머 그러치요.

그러면 거::기 예저네 아주 거 경제개발 하기 저'네느: 여기 체'고로 마니 살 때느 한 며 찌비나 사라꼬, 그때느 한 잉구가 한 며 찌비나 데씀미까?

아까 이야기해떤 일똥이나' 또는 아까 이야기해떤 다레미나 이럼[39] 부붕까지 합치며는?

― 옌', 옌나'레는 여기가 백 한 칠'시[40] 호 가까이 사'른는데[41], 점부 양도[42] 그 어퍼[43] 가주고, 치'시리라 불[44] 때 글때는 여 각뿌게서도 치'시

그러면은 여기에 어 이 아까 이야기하셨던 게 한 임진왜란 이후에 아마 형성된 것 같다고 이야기를 하셨는데, 어 이 지역은 원래부터 청도였습니까, 안 그러면은 예전에는 다른 구역이, 다른 행정구역이었는지 한 번 이야기를 해 주십시오.

― 요것도 정확한 연도는 모르겠는데, 어 한말 때는 여기가 행정구역이 대구부로 여기가 되어 있었던가 싶습니다.

― 그랬던 것 같은 것이 여기를 보면 묘지에 거 뭐 상석 같은 것을 해 놓은 걸 보면, 족보라는 데 그럴 때 보면, 대구부로 나와 있다, 있다가, 이것이 뭐 한일합병 이후로 뭐 청도로 편입된 것 같아요, 그것이[45].

그럼 지금 이 마을에는 지금 인구가 한 얼마 정도나 됩니까?

― 요 마을에는 지금 한, 한 십오 년 전에는 인구가 많이 인제 외지로 젊은 사람들이 많이 나가고 인구가 좀 줄었는데, 지금은 우리 마을에 대구에서 인구가 많이 유입이 돼 가지고, 지금 우리 마을에 어 가구 수는 칠십팔 가구로 지금 알고 있고, 인구로는 지금 정확하게 모르겠는데 대충 그냥 한, 백 한 오십, 백 한, 한, 한 이백 명 가까이 지금 살고 있지 싶어요, 지금.

그러면은 예전에, 요즘 인제 그 대구 쪽에서 다시 어 전원주택이나 이런 사람들 때문에 들어온 그런 사람들입니까, 주로?

들어온 사람들이?

― 그렇지, 그 뭐 그렇지요.

그러면 거기 예전에 아주 그 경제개발 하기 전에는 여기 최고로 많이 살 때는 한 몇 집이나 살았고, 그때는 한 인구가 한 몇 집이나 됐습니까?

아까 이야기했던 일동이나 또는 아까 이야기했던 "다래미"나 이런 부분까지 합치면은?

― 옛, 옛날에는 여기가 백 한 칠십 호 가까이 살았는데, 전부 두 동을 합쳐 가지고, "치실"이라고 부를 때, 그때는 여기 각북면[46]에서도 "치실"

리 잉구'도 젤[47] 망고[48] 호:수도 젤 마느는데, 인자[49] 분'동데고 나'여는[50] 아까 쪼금[51] 저네 이야기해따시피 지금 현제 백 한 어 칠시 반 팔 가구, 백 한 오심 내지 한 이백 명 지음[52] 살고 일, 지끔 쫌 잉구가 쪼꿈 불, 분꼬, 가우[53] 수더[54] 지금 대구서 유이벤[55] 따무네[56] 쪼굼 부꼬 이써요, 지금 현제.

지굼:: 그럼 여'기에 마:으'레느 지금 대부분 어뜨케 노:임분들마 게심미까, 앙 그럼며느 좀 일반 절믄 사암들도 쫌 이꼬 그러씀미까, 이 동네는, 구성으 어떠씀미까?

— 지끔:[57] 머 이야'기로는 타::[58] 여[59] 각뿍며네 어느 자연부락뿐'다도 우리 마으'리 어 쪼꿈 절'믄: 사람드[60] 쪼꿈 마:니 살고 이'따는 마를 드'꼬 인는데, 여 지음 대충 농'초네는 주로 노:령 잉구드리 지음[61] 나 만[62] 사암드리 주로 구서이[63] 데 살고 이찌요, 저긍.

— 절'므 사암드른 점, 아드은 점부 객, 대도시로 나우가[64] 살고 이꼬.

그러머 지금:: 이쪼::게너 어 거이 머 노임분드리 대부운 게신다, 그지에?

— 그르쵸.

어: 그럼 여'기서느 어뜨케 즈곰: 절므, 혹씨 어리네들 가틍 경우에 학생드른 주로 공부를 할려면 어디로 감미까? 여기 하꾜가?

— 지금 요: 은자 글래는 청'도에 여느 은자 주로 풍'각 중'아꾜[65] 아이마[66], 중고등아꾜 아이마 이서중고등아꾜로[67] 가고, 초'등하꾜는' 어: 유일하게도 여 덕산초등하꾜가' 하나 나'머 가주고, 여 각뿍초등하꾜[68]는 페교가 데'고, 그어[69] 아들'도[70] 점부 여 덕산초등하꾜로 오는데, 그 올래[71] 로부터는 열[72] 덕산초등하꾜에가[73] 머 영어'어'교사가 머 함 부니 머 이유이라게 지정이 데 가주고, 아'프로 일로 학생드리 마이 더 유입델 그른 가능이 이따고 이야기 짐[74] 하고 이씀미다, 짐.

이 인구도 제일 많고 호수도 제일 많았는데, 인제 분동(分洞)되고 나서는 아까 조금 전에 이야기했다시피 지금 현재 백 한, 어 칠십 한 팔 가구, 백 한 오십 내지 한 이백 명 지금 살고 있고, 지금 좀 인구가 조금 붇고, 붇고, 가구 수도 지금 대구에서 유입된 때문에 조금 붇고 있어요, 지금 현재.

지금 그럼 여기에 마을에는 지금 대부분 어떻게 노인분들만 계십니까, 안 그러면은 좀 일반 젊은 사람들도 좀 있고 그렇습니까, 이 동네는, 구성은 어떻습니까?

— 지금 뭐 이야기로는 다른 여기 각북면에 어느 자연부락보다도 우리 마을이 어 조금 젊은 사람들이 조금 많이 살고 있다는 말을 듣고 있는데, 여기 지금 대충 농촌에는 주로 노령 인구들이 지금 나이 많은 사람들이 주로 구성이 돼 살고 있지요, 지금.

— 젊은 사람들은 전부, 아이들은 전부 객지, 대도시로 나가서 살고 있고

그러면 지금 이쪽에는 어 거의 뭐 노인분들이 대부분 계신다, 그렇지요?

— 그렇지요.

어, 그럼 여기서는 어떻게 지금 젊은, 혹시 어린애들 같은 경우에 학생들은 주로 공부를 하려면 어디로 갑니까?

여기 학교가?

— 지금 요기 인제 근래는 청도에 여기는 인제 주로 풍각중학교 아니면, 중고등학교 아니면 이서중고등학교로 가고, 초등학교는 어 유일하게도 여기 덕산초등학교가 하나 남아 가지고, 여기 각북초등학교는 폐교가 되고, 거기 아이들도 전부 여기 덕산초등학교로 오는데, 그 올해부터는 여기 덕산초등학교에 뭐 영어교사가 뭐 한 분이, 뭐 이 유일하게 지정이 돼 가지고[75], 앞으로 이리로 학생들이 많이 더 유입될 그런 가능성이 있다고 이야기를 지금 하고 있습니다, 지금.

그암 지금 덕산궁민하꼬는 그 학쌩 수가 쪼금 제법 뎀미까?

— 그'르치, 정와카게느 모르겐는데, 여에76) 학쌩 수짜 쫌 덕산 쫌 마나
요, 짐 학쌩 수짜가.

그럼며느 아까 이 동:네'에 인제 그어 상지, 중지, 그 다으메 일또'옹', 그
다으메 저 미테 다래미까지 마, 자연부라게 데에서 이야길 해 주선는데, 어:,
이 마으레 주위에 이 그 산 이'르미나 어, 또 알고 게시는 사네 데에서, 또 산
이름메 데에서 이야기해 주시고, 또 산:에 데해서 어 그 유래가 어떠케 서 생
견는지 아시는 데로 함분 이야길 해 주십시오.

— 예, 우리:: 여, 마으'레서 욕77), 우리 고장 역 근::레78) 사늘 둘러사
고 인는, 제일 큰' 사'니 비'슬사닌데79), 비슬사는 우리 마시레서80) 아플
네다보마 바로 보인기81) 비'스사닌데, 그: 비슬사는 바러82) 너'미, 비을사
네 바러 너머가면 저:: 낙똥강을 여 인자 감사고 이꼬, 이 사'니 암서기
닥 꼬 벼슬과 가치 뻬쭈뻬쭈탄 고 세 가지, 세, 봉'오리가 이또록 해서 그
그슬 따'서 암메83) 비'슬사니라고 불러따고 합니다.

— 하'고, 그 비'슬사늬 지음84), 지금도: 거 사'네 올라 가보면 옌나레는
거 데건사85) 카는 그 저리 이선는데, 거이86) 저리 겡'자이87) 마는데 그'기'
마88) 옌나레 화적, 그여89) 도두기지요, 도둑뜰한테 점부 저'리 망아'고90),
지금 절 흔'정만91) 나마 이꼬, 그르고92) 우리 마을:: 디를' 여 감사'고 인
는 사는 체정사'니라꼬93), 사늘 이르믈 부르고 인는데, 이 사는, 이 산도
역시 피을사네94) 그 한 줄기로서:, 어, 이 사네 트'키, 자랑하고 시풍95)
거는 이 사네 산 소게 무리 얼'마나 어96), 고여'가97) 인는지, 이 산 꼴짜
기마꿈98) 무리 얼'마나 조온지99), 이 무'른 머100) 어데101) 가따아: 헤 바
도 다 일급수, 뭉'는' 무레 조온 무리 나오고 인는데, 이글 우리 마시레서
는 머 참 하낟, 자랑스러꼬, 자랑스러께 생가하고 이씀니다.

그러며는 저쪼'게 비'슬사니 이꼬, 이쪼:게 체정사니 이꼬, 그람 또 다른 저
쪽 펴네 산, 다, 다은:102) 산 이름 업씀미까?

그럼 지금 덕산초등학교는 그 학생 수가 조금 제법 됩니까?

― 그렇지, 정확하게는 모르겠는데, 여기에 학생 숫자가 좀 덕산이 좀 많아요, 지금 학생 숫자가.

그러면은 아까 이 동네에 인제 그거 "상지", "중지", 그 다음에 일동, 그 다음에 저 밑에 "다래미"까지 그냥, 자연부락에 대해서 이야기를 해 주셨는데, 어, 이 마을에 주위에 이 그 산 이름이나 어, 또 알고 계시는 산에 대해서, 또 산 이름에 대해서 이야기해 주시고, 또 산에 대해서 어 그 유래가 어떻게 해서 생겼는지 아시는 대로 한 번 이야기를 해 주십시오.

― 예, 우리 여기, 마을에서 요기, 우리 고장 여기 근처에 산을 둘러싸고 있는, 제일 큰 산이 "비슬산"인데, "비슬산"은 우리 마을에서 앞을 내다보면 바로 보이는 게 "비슬산"인데, 그 "비슬산"은 바로 너머에, "비슬산"을 바로 넘어가면 저 낙동강을 여기에 인제 감싸고 있고, 이 산의 암석이 닭 그 벼슬과 같이 빼족빼족한 그 세 가지, 세 봉오리가 있다고 해서[103] 그것을 따서 아마 "비슬산"이라고 불렀다고 합니다.

― 그리고, 그 "비슬산"이 지금, 지금도 거기 산에 올라가 보면 옛날에는 거기 대견사라고 하는 그 절이 있었는데, 거기 절이 굉장히 많은데 그게 그냥 옛날에 화적, 거기 도둑이지요, 도둑들한테 전부 절이 망하고, 지금 절 흔적만 남아 있고, 그리고 우리 마을 뒤를 여기 감싸고 있는 산은 "최정산"이라고, 산을 이름을 부르고 있는데, 이 산은, 이 산도 역시 "비슬산"의 그 한 줄기로서, 어, 이 산에 특히, 자랑하고 싶은 것은 이 산에 산 속에 물이 얼마나 어, 고여서 있는지, 이 산 골짜기마다 물이 얼마나 좋은지, 이 물은 뭐 어디에 가져다 검사해 봐도 다 일급수, 먹는 물에 좋은 물이 나오고 있는데, 이것을 우리 마을에서는 뭐 참 하나, 자랑스럽고, 자랑스럽게 생각하고 있습니다.

그러면은 저쪽에 "비슬산"이 있고, 이쪽에 "최정산"이 있고, 그 다음 또 다른 저쪽 편에 산, 다, 다른 산의 이름은 없습니까?

- 요 아'페느 또 인자 저: 청'도 쪼'게는 인자 화황산, 화왕사~'이라 카는 사니 또 인자 고 똑104) 데가 인데, 그 산도 비'을산 모찌'게105) 노픈 사'닌데, 그: 디에느 인자 미'량이고, 그 아페 은자 청도으비고.

그:기 음네까지 말고 이쪽 아페 이쪽 사니나 이쪽, 이쪽, 이쪽 어데 사니나, 사니 또?

- 아, 야:, 아 우.

- 아, 우리 마을 요'게 나, 남쪽 사'네 인제 체영사'는:106) 아까 쪼 이더시, 그 사는 동'부로 걸처가107) 이'꼬, 비'스사는 서쪼'게 걸처가 이꼬, 야108) 남쪼'게는 여게 사니: 소'빽사'니라꼬109) 해 가주고, 고 사너110) 머 노피가 얼매 노프'진 안 한:데, 근데 옌나레 어른드리 저나기로', 천'지가 개'보기111) 데 가주고 이 지'구가 마져112) 무릴 꽉, 바다무'리 꽉: 차'슬 때:, 고 소'빽쩡 카는 고 산만데'이는113) 소다나114) 거러, 거러 놀 만한 자리마115) 무리 안 차고 이꼬, 나무지에116) 무리 다 차'따 케'서 그 산' 이르믈 소'빽사~'이라고117) 그레 지음 부르고, 그른 유레가 이서요, 지금.

에.

그러며느 여기느 그람 비'슬사니 이꼬, 어 체정사니 이꼬, 어어, 여 체정사니라고 함미까, 이 동네 사암드리?

- 으

- 예, 체정산.

그 다'음메 에: 저:기 소'빽사니 이꼬, 다른 사는 이 마으레는 사는 업씀미까?

- 에.

- 그'라고 보'머 또 요쪼아게118) 인쟌119) 정:동'펴네느 움문사'니나고, 우, 그 움문사네 카능 그기120) 인자 우리 사121), 여, 멀, 사:투리소느122) 움문사~'이라 칸데, 그기 인자 학쏠쩐흔 우미사~'이라123) 카능데, 그 머 소 우짜, 머 거 꼬리 미짜, 이래 움뭰사이 난데124), 그이125), 고 역'사를 네가 정와카이126) 모리겐는데127), 글 머 소꼬리 머 그른 머 옌나레 어

- 요기 앞에는 또 인제 저 청도 쪽에는 인제 "화악산128)", "화악산"이라고 하는 산이 또 인제 거기 또 되어 있는데, 그 산도 비슬산 못지 않게 높은 산인데, 그 뒤에는 인제 밀양이고, 그 앞에는 인제 청도읍이고.

거기 읍내까지 말고 이쪽 앞에 이쪽 산이나 이쪽, 이쪽, 이쪽 어디 산이나, 산이 또?

- 아, 아, 아 우리.

- 아, 우리 마을 요기 남, 남쪽 산에 인제 "최정산"은 아까 좀 이야기 했다시피, 그 산은 동부로 걸쳐서 있고, "비슬산"은 서쪽에 걸쳐서 있고, 인제 남쪽에는 여기 산이 "솥박산"이라고 해 가지고, 그 산은 뭐 높이가 얼마 높지는 않은데, 그런데 옛날에 어른들의 말에 전하기로, 천지가 개벽이 돼 가지고 이 지구가 말이지 물이 꽉, 바닷물이 꽉 찼을 때, 그 "솥박정"이라고 하는 그 산마루는 솥 하나 걸어, 걸어 놓을 만한 자리만 물이 안 차고 있고, 나머지에는 물이 다 찼다고 해서 그 산 이름을 "솥박산"이라고 그래 지금 부르고, 그런 유래가 있어요, 지금.

예.

그러면은 여기는 그럼 "비슬산"이 있고, 어 "최정산"이 있고, 어, 여기서는 "최정산"이라고 합니까, 이 동네 사람들이?

- 응.

- 예, "최정산".

그 다음에 어, 저기 "솥박산"이 있고, 다른 산은 이 마을에는 산은 없습니까?

- 예.

- 그리고 보면 또 요쪽에 인제 정동편에는 "운문산"이라고, 운, 그 "운문산"이라고 하는 그게 인제 우리 사투리, 여기, 뭐, 사투리로는 "운문산"이라고 하는데, 그게 인제 학술적으로는 "우미산"이라고 하는데, 그 뭐 "소 우자", 뭐 그 "꼬리 미자", 이래 "우미산"이라고 하는데, 그게, 그 역사를 내가 정확하게 모르겠는데, 그것을 뭐 소꼬리, 뭐 그런 뭐 옛날에 어른들

른드리 이야길 한데, 거른 사니 또 하네[129) 이낀 이쓰요.

그엄민[130) 데강′ 사는 응 그′르타, 그′지예?

— 예.

다른: 사는 지금 업꼬?

— 예.

그 다메 응 혹시 이::, 에, 그, 음, 동네 건처예에: 거 내까 이′르미나 강 이′름 가틍 거느 이씀미까?

강음 별로 엄능 거 가꼬, 주로 내엔데?

— 걸′치[131), 점부 사′니니까 살:[132) 미′테 흐르니깜[133) 머 가, 펄[134), 강은 어꼬, 머:, 여 하천 이르믄 벌[135), 큰 머 그른 하천 니르미 어, 업′쓰요.

그냥 머, 그냥 내′애′라고 부르고, 그냥, 예?

— 예, 예.

그럼며 여기에 혹시 어: 저′수지나 그런 염모 까튼 저수지는 쫌 이씀미까, 이 동네에?

— 이′ 동′네에 저수지:, 저′네는 우리 마으레[136) 웨′정시대, 어, 웨′정시자네[137), 웨정시대 제수지를 에정 말깁 때 저수지를 우리 마시레 으: 세:군′데르 판는데, 제일 큰 겨시 병′에지고[138), 또 하나노[139) 오′독찌[140), 하나 연정, 영정′지[141), 아, 니 게 판능 갑따, 하나 또 미깥′찌[142), 요레 모슬 쪼, 쪼구망 거스, 모′슬 파고 이따가: 그거′시 인자 헤겨리 안데 가주고 어: 궁가네느 지′슬, 지′슬지[143)라고 모슬 하남 마아[144) 가주고, 그′ 몸무를[145) 지끔[146) 마′음믈 헤서 여 꼴짜게, 이: 각뿌게는′ 그′ 물로[147) 가조 점부 농사을 다 저꼬, 지음 현제느 아머리 가무얼도 물 걱쩡하지르 아항′코 농사 잘 지꼬 이서요, 지음.

그르메 거: 지슬지너: 셍′긴 지가 얼마 안 데는대′애′, 어: 거기 지슬지는 어느 쪼게, 아까 이야기헤뜬 체정산 그쪼게서 네려오늠 무림미까?

— 그′르쵸, 체영사안 니러오는[148) 무, 그 무리지요.

이 이야기를 하셨는데, 그런 산이 또 하나 있긴 있어요.

그러면 대강 산은 음, 그렇다, 그렇지요?

— 예.

다른 산은 지금 없고?

— 예.

그 다음 혹시 이, 에, 그, 음, 동네 근처에 그 냇가 이름이나 강 이름 같은 것은 있습니까?

강은 별로 없는 것 같고, 주로 내(川)인데?

— 그렇지, 전부 산이니까 산 밑에 흐르니까 뭐 강, 별로, 강은 없고, 뭐, 여기 하천 이름은 별로 큰 뭐 그런 하천 이름이 없어, 없어요.

그냥 뭐, 그냥 내라고 부르고, 그냥, 예?

— 예, 예.

그러면 여기에 혹시 어, 저수지나 그런 연못 같은 저수지는 좀 있습니까, 이 동네에?

— 이 동네에 저수지, 전에는 우리 마을에 왜정시대, 어, 왜정시절에, 왜정시대 저수지를, 왜정 말기 때 저수지를 우리 마을에 음, 세 곳을 팠는데, 제일 큰 것이 "병해지", 또 하나는 "오독지", 하나는 영전, "영전지", 아, 네 개 팠는가 싶다, 하나는 또 "미갓지", 요래 못을 조금, 조그마한 것을, 못을 파고 있다가 그것이 인제 물 해결이 안 돼 가지고 어, 근간에는 "지슬지", "지슬지"라고 못을 하나 막아 가지고, 그 못물을 지금 막음으로 해서 여기 꼴짜기에, 이 각북에는 그 물을 가지고 전부 농사를 다 짓고, 지금 현재는 아무리 가물어도 물 걱정하지를 않고 농사를 잘 짓고 있어요, 지금.

그러면 그 "지슬지"는 생긴 지가 얼마 안 되는데, 어 거기 지슬지는 어느 쪽에, 아까 이야기했던 "최정산" 그쪽에서 내려오는 물입니까?

— 그렇지요, "최정산"에서 내려오는 물, 그 물이지요.

그암 거′기가 무′리 아주 조, 아까 여 제일 조타고 이야기헤떤: 그런 무′
리고?

　－ 그르지, 예, 예.

아까′ 또 미까′찌하고?

　－ 영전지, 오독찌.

에애, 거, 어:, 하나는: 그 영전직 그기느 왜, 영즈, 이름믄 왜 영전진지늠
모르고예?

　－ 그언149) 잘 모르게스요.

　－ 그언 녀 그 드′으′리, 그 꼴′짜기 영정꼴짜기라 카는데, 그 유래는 마:
잘 모리게세요150).

그암 이 또 영전지, 그 다음메 오독찌?

　－ 예, 예.

　－ 미까찌.

미까찌?

　－ 네.

예.

어:, 그 다으메 여기 혹시 그거 들;, 드른 머 크게 느르진 안능 거 가튼
데::, 드레 데에서 알고, 들 이름 인스며 쯤 이야기헤 주십시오.

그리고 또 그 드레 데에서′어′ 쯤 설명, 아시는 데로 머 유레 가틍 거 아시
며는 쯤 알려주시믄 더 조케씀미다.

　－ 그 여′게′151)는 보마152) 우리 마을 아′페: 어::153) 제일 큰 드리 에:,
떡빠′뜰, 떡밭, 인자 이 각뿌게 여 보마 떡빤, 남반, 음:, 빌:반, 달반, 정
반, 이레 가주고 인자 오:반, 오바′데, 야154) 반 카′능 거는 여게 말로는′
바′다라 카는 마를 오반 켄′는데, 오바데, 옌나 어른드른 오바데′, 에::155),
복파네: 다라메′인: 정′자낭기156) 이따 이레 가주고, 어:, 옌나레 서울 정′
성′드리157) 그글 구경할라꼬158) 이께정159) 와따능 그런 전′서리 인는데,

그럼 거기가 물이 아주 좋다고, 아까 여기 제일 좋다고 이야기했던 그런 물이고?

  — 그렇지, 예, 예.

아까 또 "미갓지"하고?

  — "영전지", "오독지".

예, 그, 어, 하나는 그 "영전지" 거기는 왜, 영전, 이름은 왜 "영전지"인지는 <u>모르고요</u>?

  — 그건 잘 모르겠어요.

  — 그건 여기 그 들이, 그 골짜기를 "영전골짜기"라고 하는데, 그 유래는 그냥 잘 모르겠어요.

그럼 이 또 "영전지", 그 다음에 "오독지"?

  — 예, 예.

  — "미갓지".

"미갓지".

  — 예.

예.

어, 그 다음에 여기 혹시 그것 들, 들은 뭐 크게 넓지는 않은 것 같은데, 들에 대해서 알고, 그 들 이름이 있으면 좀 이야기해 주십시오.

그리고 또 그 들에 대해서 좀 설명, 아시는 대로 뭐, 유래 같은 것을 아시면은 좀 알려주시면 더 좋겠습니다.

  — 그 여기는 보면 우리 마을 앞에 어, 제일 큰 들이 에, "떡밭들", "떡밭", 인제 이 각북에 여기 보면, "떡밭", "남밭", 음, "별밭", "달밭", "정밭", 이래 가지고 인제 "오밭", "오밭"에, 인제 "밭"이라고 하는 것은 여기 말로는 바다라고 하는 말을 "오밭"이라고 했는데, "오밭", 옛날 어른들은 "오밭(+다섯 바다)"에, 에, 복판에 달아맨 정자나무가 있다고 이래 가지고, 어, 옛날에 서울 정승들이 그걸 구경하려고 여기까지 왔다는 그런 전설이 있는데,

그기160) 머:, 어'떤꼬 하면, 어 떡바'데하고, 어: 남바'데하고, 빌바'데, 달'바데, 정바'데, 그: 복'파네, 아까도 이야기헤따시피 일똥에 그 자연부라161) 그: 저: 워람, 한자로 마람 워'라미고, 다'래미 카는데, 다'래미를 다르맨', 다르메'인 정'자나무 그으 보'로162) 은자 와따느, 오바데 가운데 다레메인, 다론메인 정'자나물 보기 위에서 서울서 정성드리 와따능 그는 전서리 인:데, 그 인자 다레미 칸 데, 거게도 지금도 아::, 느티남'기, 여러 수'뱅 년 댄 느티남기 안지까이163) 사러 가주고, 지음 그 셍'존하고 인능 그른 우리 마164), 우리 꼬장에 유'레가 이써여, 지음도.

그 다으, 그러며 거기 떡빤:슨 웨 떡빠치 덴지 모름미까?

− 그 떡바뜬 한자로 말하마 쪼금 저네 인자 병헤.

− 뜯.

떡 병짜?

− 어, 떠 뺑짜하고 바다 헤짜.

− 그를, 그레 떡바데 거 은자 떡 그 녀 병에고 떡바디고, 빌바165) 카'능 거는 근 네 한자를 네가 머 잘 멀 모르니까 그에 머 지음 빌바또 머 뜨시 이써 가주고, 빌바슨 순순 우리마리고, 한짜로 하마 거 먼 떡'빤, 빌'반, 남'반, 정바:, 달'반, 여 은자166) 다른 머 월헤레 헤레 헨능강, 머 근 잘 모리게써요, 근 네 한.

그럼며 아까 이약헤이, 헨션능 거 중에서, 어 달받 거'기가 워라밈미까?

− 달바튼 워'라미 아~이'지167).

− 떡받하'고, 달바데하고, 떡, 저 남바'데하고, 정바지하고, 그 복'파네 은자: 다'리미가168) 워, 워람 카능 그기'이169) 산 미테 그기 그: 자엽부라 기 산 여170) 체정사'네서 쭉: 그 삼매기171) 흘르 네르간 젤 끈트머리간172) 형성이 덴 동네가 은자 워'람, 그 다리민데, 거기에 정제나무가 이따 마이.

사이에.

− 정제나'무가 이스이께네173) 그 다'습174) 바다 들 가운데: 인자 다래

그게 뭐, 어떤가 하면, 어 "떡밭"하고, "남밭"하고 "별밭", "달밭", "정밭", 그 복판에, 아까도 이야기했다시피 지슬 일동에 그 자연부락이 저 "월암", 한자로 말하면 "월암(月巖)"이고, "다래미"라고 하는데, "다래미"를 달아맨, 달아매인 정자나무 그걸 보러 인제 왔다는, "오밭" 가운데 달아매인, 달아매인 정자나무를 보기 위해서 서울에서 정승들이 왔다는 그런 전설이 있는데, 그 인제 "다래미"라고 하는데, 거기는 지금도 아, 느티나무가 여러 수백 년 된 느티나무가 아직까지 살아 가지고, 지금 거기서 생존하고 있는 그런 우리 마을, 우리 고장에 유래가 있어요, 지금도.

그 다음, 그러면 거기 "떡밭"은 왜 "떡밭"이 되었는지 모릅니까?

－ 그 "떡밭"은 한자로 말하면 조금 전에 인제 "병해(餠海)".

－ 떡.

떡 병자.

－ 어, 떡 병자하고 바다 해자.

－ 그래, 그래 "떡밭"에 그 인제 떡 그 여기 "병해"고 "떡밭"이고, "별밭"이라고 하는 것은 그 인제 내가 한자를 내가 뭐 잘 뭐 모르니까 그 뭐, 지금 "별밭"도 뭐 뜻이 있어 가지고, "별밭"은 순수 우리말이고, 한자로 하면 그 뭐 "떡밭", "별밭", "남밭", "정밭", "달밭", 여기 인제 달은 뭐 월해(月海)라, 월해라 했는가, 뭐 그건 잘 모르겠어요, 그건 내 한자를.

그러면 아까 이야기하신, 하셨는 것 중에서 어, "달밭" 거기가 "월암"입니까?

－ "달밭"은 "월암"이 아니지.

－ "떡밭"하고, "달밭"하고, 떡, 저 "남밭"하고, "정밭"하고, 그 복판에 인제 "다래미"가 월, "월암"이라고 하는 그게 산 밑에 그게 그 자연부락이 산 여기 "최정산"에서 쭉 그 산맥이 흘러 내려가서 제일 끄트머리가 형성이 된 동네가 인제 "월암", 그 "다래미"인데, 거기에 정자나무가 있다는 말이지 사이에.

－ 정자나무가 있으니까 그 다섯 "밭" 들 가운데 인제 "다래미"가 있으니.

미가 이스이께175), 다렌, 다르메'인 정제나무가 이따 카이께네 그 마:리 유명
헤가176) 옌날 서울서177) 그른178) 니'러와따는179) 전서리 이서, 이 고'오'장에.

꺼, 그름'면 아까 이야게던 남받하고, 정받하고는 저 아렌똥네 쪼게?

— 그르치요.

그럼 이 이쪽:: 우'에도 보며는 땅드리 쫌 인는데, 이쪼게 이름드리 업씀
미까?

— 거180) 지'시른181) 인자 양동에는 여182) 떡바'데하고 빌바'데하고 두
바'데는 지스레 이꼬, 인자:183) 떠, 저: 남바데는 고'오'184) 야페185) 인자
오, 여 오상186) 카는 데, 오상 카는 데 거 남바데 이꼬, 인자 달'바데는 덕
산하고 오 남산하고 고 사이에 달바데 이꼬, 정바'데는 어데가 인노 하면
저: 풍'가게, 풍강면187) 카느 쪼금 각북 고188) 인접핸 며닌데, 풍강면 거
기 어데 그른 쪼그마는189) 거 펭야를 어 불러서 그 정바데라고 한다고 합
띠더.

그럼 이 아'페 이리로도 바또 이꼬 저뜨스, 마을 저쪽 펴네도 이꼬 한데, 그
런 쪼게는 받 이'름드리 업씀미까?

다, 동네에?

— 그른 머 이르믄 별로.

— 거 브 쪼그마느 여 머 머 시:젇' 칸 데도 이꼬.

시저슨 어데가 그거예?

— 시저슨 요190) 지'실 바로 요 인자 우미산', 우미사'네서 네려완는 삼
매게191) 제일 끈트머리 덴 인자192) 꼴짜게 인자 고 미테 인자 쪼끄마나
은자193) 고 은잔 노'나고 바'다고194) 형성이 덴느 그걸로 은자 쉬, 쉬저시
라 한데, 옌나레느 인자 쇄'애'를 인자 소'를 보고 은자 여: 사투리느 인자
쉐'에'라 카는데, 암메 소: 머슨, 우미산도 소캉 괄려이 데가 이꼬, 산 이
르미, 고 꼴짝또'오' 시전 카능 거는 머: 소: 머 저'슬 이야기하능 깅강, 그
우미사'네 거 잘 모리게쓰요.

까, 달아, 달아맨 정자나무가 있다고 하니까 그 말이 유명해서 옛날 서울에서 그렇게 내려왔다는 전설이 있어, 이 고장에.

그, 그러면 아까 이야기했던 "남밭"하고, "정밭"하고는 저 아랫동네 쪽에?

— 그렇지요.

그러면 이, 이쪽 위에도 보면 땅들이 좀 있는데, 이쪽에 이름들이 없습니까?

— 거기 "지슬"은 인제 두 동네에는 여기 "떡밭"하고 "별밭"하고 두 밭은 "지슬"에 있고, 인제 또, 저 "남밭"은 고기 옆에 인제 오산, 저 오산이라고 하는데, 오산이라고 하는 데 거기 "남밭"이 있고, 인제 "달밭"은 덕산하고, 남산하고 고 사이에 "달밭"이 있고, "정밭"은 어디에 있느냐 하면 저 풍각에, 풍각면이라고 하는 조금 각북 고기에 인접한 면인데, 풍각면 거기 어디에 그런 조그마한 그 평야를 어, 불러서 그 "정밭"이라고 한다고 합니다.

그러면 이 앞에 이리로도 밭도 있고 저쪽, 마을 저쪽 편에도 있고 한데, 그런 쪽에는 밭 이름들이 없습니까?

다, 동네에?

— 그런 뭐 이름은 별로.

— 거기 뭐 조그마한 여기 뭐, 뭐 "시젓"이라고 하는 데도 있고.

시젓은 어디가 그것은요?

— "시젓"은 요기 "지슬" 바로 요기 인제 "우미산", "우미산"에서 내려온 산맥의 제일 끄트머리에 댄 인제 골짝에 인제 고기 밑에 인제 조그마한 그 인제 논하고 밭하고 형성이 된 그것을 인제 시, "시젓"이라고 하는데, 옛날에는 인제 "쇠"를 인제 소를 보고 인제 여기 사투리는 인제 "쇠"라고 하는데, 아마 소 무슨, "우미산"도 소와 관련이 되어 있고, 산 이름이, 거기 골짝도 "시젓"이라고 하는 것은 뭐 소 뭐 젖을 이야기하는 것인가, 그 우미산에 관해 그건 잘 모르겠어요[195].

거 머 시절말고 또 아까 저쪼이 영전'도 이따 핸능 거 가튼데, 거 그릉꺼 그
른 쪼그로 머 가깍 지'름 이'름들 아시는 데로 좀 가르처 주십쇼.

─ 고 시저테 이꼬 고 야페느 인자 염전'196), 또 고짱197) 야펜 또 은자
뿔땅'꼴198) 칸 데 인는데, 뿔땅'골도 그에199) 인자 한:자가 아이'고200) 우
리말로 뿔땅고린데, 순수한 우리말 뿔땅고르 부르는데201), 한;자로는 그
어뜨께 머 표시르202) 핸능강 그 나 뜨슬, 한자가 화시리 알말203) 뜨슬 이
야기해 주겐데, 환자름 잘 모르게꼬.

─ 뿔땅골, 또 지슬, 부, 곡, 고 굼 쪼꿈 니르아마204) 또 산태꼴 칸 데
도 이, 사태꼴.

─ 은자: 고: 은자 그 쪼끔205) 저네 인자 빌'바'데 칸 데, 빌바데 간 느
고 우'에느 은자 미깥' 칸 데도 이꼬, 고럼 머 쪼끄마는 녀 덜 쪼끄마, 쪼
끄만 더리, 더리 위이 형성이 데가206) 이따카이.

에, 고론 머 어, 그암 꼴짜기 이름도 아시는 데로 함분 이야길 헤 주이소.

─ 꼴짱207) 니름뇨?

예.

─ 꼴짱 니름 만체208), 여.

예.

─ 꼴짱마이지음209) 스애임데 저, 우리 마실 인자.

또, 또 그 꼴짝 이'름하고, 그 꼴짝 이름 이야기 하시면서 유래 가틍 걸 아
시며는 좀 가치, 예, 설명헤 주시면 조케씀미다.

─ 유:래'느 잘 모르게'꼬, 어 머 인자 요 뇨 마을 요 디에는 잗210) 머
여'네골 칸 데도 이꼬 인자: 저레211) 올라가마 인자 어 가능골, 가능골
카능 거느 보이께네 고: 꼴짜'이212)가 산니 인자 새에 이 곧 니른 걸 무리
쪼'브니까 세천 그 말로 우리말로 가능골라 카지 싶어요, 지금 현제는.

─ 그르고 인자 세'갇 카는 데는 어: 그'이느213) 옌:나레 머어' 아 우 유레
가 우에214) 덴제, 세'가시라그 쩐데215), 이름 점부, 연216) 우림, 옌날 우리,

거기 뭐 "시젓" 말고 또 아까 저쪽에 "영전"도 있다고 했던 것 같은데, 거기 그러니까 그런 쪽으로 뭐 각각 지역 이름들 아시는 대로 좀 가르쳐 주십시오.

— 고기 "시젓"이 있고 고 옆에는 인제 "영전(嶺田)", 또 고쪽 옆에는 또 인제 "불당골"이라고 하는 데가 있는데, "불당골"도 그게 인제 한자가 아니고 우리말로 "불당골"인데, 순수한 우리말로 "불당골"이라 부르는데, 한자로는 그 어떻게 뭐 표시를 했는지 그걸 나는 뜻을, 한자를 확실히 알면 뜻을 이야기해 주겠는데, 한자를 잘 모르겠고.

— "불당골", 또 "지슬", 불당골, 고기 조금 내려오면 또 "사태골"이라고 하는 데도 있어, "사태골"

— 인제 고 인제 고 조금 전에 인제 "별밭"이라고 하는 데, "별밭"이라고 한 그 위에는 인제 "미갓"이라고 하는 데도 있고, 그럼 뭐 조그마한 여기 들 조그만, 조그만 들이, 들이 뭐 형성이 돼서 있다고 하니까.

예, 고런 뭐 어, 그럼 골짜기 이름도 아시는 대로 한 번 이야기를 해 주십시오.

— 골짝 이름이요?

예.

— 골짝 이름 많지요, 여기.

예.

— 골짝마다 쓰였는데 저, 우리 마을 인제.

또, 또 그 골짝 이름하고, 그 골짝 이름 이야기를 하시면서 유래 같은 것을 아시면 좀 같이, 예, 설명해 주시면 좋겠습니다.

— 유래는 잘 모르겠고, 어 뭐 인자 요 요기 마을 요 뒤에는 인제 뭐 "연내골"217)이라고 하는 데도 있고 인제 저리 올라가면 인제 뭐 "가는골"이라고 하는 것은 보니까 그 골짜기가 산이 인제 사이에 이 그 내려오는 개울 물이 좁으니까 "세천(細川)" 그 말을 우리말로 "가는골"이라고 하지 싶어요, 지금 현재는.

— 그리고 인제 "새갓"이라고 하는 데는 어 거기는 옛날에 뭐 아 우 유래가 어떻게 되는지, "새갓"이라고 지었는데, 이름이 전부, 여기는 우리, 옛

순'수한 우리'마로 부르기 따무레218) 한자느 어뜨게 쎙그능고, 세갈, 인저 고'눙 데도 이꼬, 저:리 가마 또 아까도 뿔땅'골도 케꼬.

− 뿔땅'골 그거또 인제 게곡 이'르민데, 뿔땅골 그거또 게곡 이르메며 서 미테: 노'나고 인자 바'다고 거219) 형성데가 인능 기고.

− 또' 기'어기 잘 안나네, 여: 머.

이쪽 펴네는 머 다, 다: 어디 꼴짜기 이쓰므 다 아리키 주시믄 뎀미다?

− 거 인자 또 일똥::, 아까 인제 일'리 그쪼게는' 머'골, 머 개:골', 또:: 석'실 칸 데도 이꼬, 꼴짝 이'르미.

− 어:, 또 은자:220) 석'실 칸 데 거'게느221) 은자 그 꼴짜에는222) 겡'자 이223) 꼴짜기가 기픈'데, 고:리 기퍼가즈224) 그 체영상 거 은저225) 본: 줄 기에 꼴짜긴데, 그'게는 거 옌날 어'른드리 거 아'네 가마 은자 범'구리라 꼬, 범구리라꼬 이써 가지고, 그기느 보통' 떼너 사레미226) 무서버227) 드 가이도228) 모 헨는데, 거'스 진짜 거 벙구리, 벙'굴' 마끼는 마자요.

− 만능 기'이', 아 한::, 한 오심 녀는 데찌 시푸다.

− 한 오심 년 데'쓸 때 우리 마을 사'암드리229) 그 당시에 어 대'애'지 를 자'블라고230) 요 올'미를231) 나'안는데232), 마'칭 그 버'어'미 올'미에 걸 린'는데233), 그 버'어'비 어데 걸런느, 범 발투'베234) 올'미아235) 딱 걸리 가236) 인능 거:를 그 사레미 인자 대지 주건느 시와237), 자핀느238) 쇼 올' 르 가브'이 버'어'미 홀끼, 홀끼가239) 이서는데, 이런 마: 딴 버른 아~'이 고 여 표'버민데, 거 홀끼가주, 그레 가즈고 그양 그 사라미 버믈 자버 가 지고, 홀낑 걸 자버 가주고 그레가 그뗌 머 버믈 이래 고기도 팔고 범 가 죽또 팔고 그런 이리 이써가, 그:: 이우240)로는 그 범믈 자꼬 나서는 이: 골짱241) 네에느 버'어'미 영 업'써전느 그른 그기, 기로기 이써요, 여기.

어: 그 버'어'미 그 나와끼 떼므 범꼬리라고?

− 그르치요.

그쫑 말고는 또 골짜기 또 업씀미까?

날 우리, 순수한 우리말로 부르기 때문에 한자는 어떻게 쓰는지, "새갓",
인제 그런 데도 있고, 저리로 가면 또 아까도 "불당골"도 말했고.

— "불당골" 그것도 인제 계곡 이름인데, "불당골" 그것도 계곡의 이름
이면서 밑에 논하고 인제 밭하고 거기에 형성되어 있는 것이고.

— 또 기억이 잘 안 나네, 여기 뭐.

이쪽 편에는 뭐 다 다 어디 골짜기가 있으면 다 가르쳐 주시면 됩니다.

— 거기 인제 또 일동242), 아까 인제 일리 그쪽에는 "머골", 뭐 "개골",
또 "석실"이라고 한 데도 있고, 골짜기 이름이.

— 어, 또 인제 "석실"243)이라고 하는 데 거기는 인제 그 골짜기에는
굉장히 골짜기가 깊은데, 골이 깊어서 그 "최정산" 거기 인제 본줄기의
골짜기인데, 거기에는 그 옛날 어른들이 그 안에 가면 인제 "범굴"이라고,
"범굴"이라고 있어 가지고, 거기는 보통 때는 사람이 무서워서 들어가지
도 못 했는데, 거기는 진짜 그 "범굴"이, "범굴"이 맞기는 맞아요.

— 맞는 게, 아 한, 한 오십 년은 되었지 싶다.

— 한 오십 년 됐을 때 우리 마을 사람들이 그 당시에 어 돼지를244) 잡
으려고 요 올가미를 놓았는데, 마침 그 범이 올가미에 걸렸는데, 그 범이
어디에 걸렸느냐, 범 발톱에 올가미가 딱 걸려서 있는 것을 그 사람이 인
제 돼지가 죽었는가 싶어서, 잡혔나 싶어서 올라가 보니 범이 홀쳐서, 홀
쳐서 있었는데, 이런 뭐 다른 범은 아니고 여 표범인데, 거기 홀쳐서, 그
래 가지고 그냥 그 사람이 범을 잡아 가지고, 홀친 것을 잡아 가지고 그
래서 그때 뭐 범을 이래 고기도 팔고 범 가죽도 팔고 그런 일이 있어서,
그 이후로는 그 범을 잡고 나서는 이 골짜기 내에는 범이 영 없어진 그런
그것이, 기록이 있어요, 여기.

어 그 범이 그 나왔기 때문에 "범골"이라고?

— 그렇지요.

그쪽 말고는 또 골짜기가 또 없습니까?

- 요 은자 아까 은자 워람: 디에 인자 돈달메 칸 데, 돈달메 카능 고사네 인자 워람 디: 산쭐'기르 돈달메 칸 데, 돈달매245).

- 야:: 그'기'246) 인자 우리말로 하머 인자 돈'달멘데, 그기: 머 고'게서 보'마 동쪼'글 딱 보'마 다:리:: 인자 돈달메야 그 뜨슬 네 확시라이 마메뜨, 다리 올라만 또, 돈달메 걸 비친'다느 그 뜨슬 카능 깅강아, 돈달메 카는 거또 이꼬, 또 터'꼴.

터'꼬른 웨 터'꼬리라 함미까?

- 그거또 머 유레'를 자시247) 모르게'써여, 점부.

- 어른들 옌나248) 헨 데 거이249) 여 쭈 은자 불'로 니'르온능 거 인저250) 꼴짝 이'름마251) 알지, 그이 어'뜨케 헤서 그 꼴짜기 이르미 저'언능 그252) 그 아이253) 확시라이 모리게따 카이, 요 마실.

- 우리 마실: 요 지'스르라 하는 이: 글짜 자체도', 여 우리 마실 옌나레 머 쩜 학'짜드리 쫌 사'러스마254) 그으슬255) 쫌 후:손드란테 기'로글 낭기 나'쓰맏256) 잘 저'네질 낀데, 그능257) 그도 어꼬258), 그러이 마259) 그냥마 이브로 이브로 저네 나오노 노이까 지'슬 카'는 어:260) 지'짜느 인자 초두 미테 갈 지짜 헨능 기고, 미테 인자 피퍼261) 설'짠데262), 이거를 두 자도 헤서를, 헤서글 잘할 사암, 지금 머, 지금도 잘 업쓰'이께네263) 그지264) 마겨'나이 마 지, 지시리다, 지스리다 이레 불러가 지음, 지긍까저 그레 부르고 이서요, 골짜기.

그:어리고 어:: 여'기에 그럼 이쪽: 이 꼴짜기하고 저 위에 아페 요른 야, 야트마한 요 산 이릉 거느 이르미 업씀미까?

바로 미테 요 아페?

예저네 다 다니실라 그러며는 어'디 저기 가자고 할 떼도 어디 가자고 이야기헤쓸 텐데?

- 그: 여게 인자.

이 아페 요 여'기도 이르케 골짝 데가 이꼬, 그르 데가 인는데.

– 요 인제 아까 인제 "월암" 뒤에 인제 "돈달메"라고 하는 데, "돈달메"라고 하는 그 산에 인제 "월암" 뒤 산줄기를 "돈달메"라고 하는 데, "돈달매"

– 어 그게 인제 우리말로 하면 인제 "돈달메"인데, 그게 뭐 거기에서 보면 동쪽을 딱 보면 달이 인제, "돈달메"야 그 뜻을 내가 확실하게 아마, 달이 올라오면 "돈달메" 거기에 비친다는 그 뜻으로 말하는 것인가, "돈달메"라고 하는 것도 있고, 또 "텃골".

"텃골"은 왜 "텃골"이라 합니까?

– 그것도 뭐 유래를 자세히 모르겠어요, 전부.

– 어른들이 옛날에 했는데 그게 여기 쭉 인제 불러 내려온 그 인제 골짜기 이름만 알지, 그게 어떻게 해서 그 골짜기 이름을 지었는지 그것은 아직 확실하게 모르겠다고 하니까, 요 마을은.

– 우리 마을 요 "지슬(芝瑟)"이라고 하는 이 글자 자체도, 여기 우리 마을에 옛날에 뭐 참 학자들이 좀 살았으면 그것을 좀 후손들한테 기록을 남겨 놨으면 잘 전해질 것인데, 그런 것도 없고, 그러니 막 그냥 막 입으로 입으로 전해져 놓으니까 "지슬"이라고 하는 어, 지자는 인제 초두(艹) 아래에 '갈 지자(之)'를 한 것이고, 밑에 인제 '비파 슬자(瑟)'인데, 이것을 두 자도 해설을, 해석을 잘할 사람, 지금 막, 지금도 잘 없으니까 그저 막 연하게 뭐 지, "지실"이다, "지슬"이다 이렇게 불러서 지금, 지금까지 그렇게 부르고 있어요, 골짜기.

그리고 어 여기에 그럼 이쪽 이 골짜기하고 저 위에 앞에 요쪽으로 야, 야트막한 요 산 이런 것은 이름이 없습니까?

바로 밑에 요 앞에?

예전에 다니, 다니시려고 그러면은 어디 저기 가자고 할 때도 어디 가자고 이야기했을 터인데?

– 그 여기에 인제.

이 앞에 요, 여기도 이렇게 골짜기가 되어 있고, 그래 되어 있는데.

- 여 인자 데'밭디꼴265) 카는 데 인자 그 사'니 겡장이 유명한 사닌데, 지슬서는 제일 명사~'266)이라고 카고 이써요.

- 그기' 인자 저:: 그 산 제일 정상 풍오'리가 어:: 실정보기, 신지, 실령봉267).

- 실령봉'이라 고 사'니, 제일 끈티'느 삐쪼간 산: 꼳, 꼭떼기 절루 인저268) 그에서 쭈오::269) 니르아가죠270) 이'그시 인자 이'르미 인잗 데'밭디'꼴' 카고 인는데, 고 산 바로 미테느 이 곧, 고 자염부'라이 또 일'똥인데, 고 사는 자 옌날 데바치라고 불'럭, 불'런는데, 조: 일동 인자 아간 쪼금 자271) 빠젼는데, 일똥이 자염부라기 인자 하'아'지라 켄는데, 하지에서도 데받', 세 세각'딴', 야 다레미, 요레 스, 셀 자염부라기 모이가 짐질 뚱이, 지슬 일리리가 데가 인는데, 고 은자 데받 디에 사'니 인자 데받디'꼬리라꼬, 데받디꼬 그 은자 고 데박 거 산 그으토 데받 칸 그 동'네가 데남'기 겡'자이 마나가지까 머 데바치라꼬 그 동네 이르믈 부치 시퍼요.

- 부'트 인데272), 그 인자 디사'늘 데바'꼴, 데받디'꼬르라꼬, 데받 디 꼴 짜'기라고 이레 불런는데', 거 산::줄기가 겡'자이: 조아가조 거게273) 인잠274) 여어 미량 박씨네드리 살기로는 전 각빵 남사'네275) 살고 인는데, 그에 전서를 보며는 그어: 미량 박씨드리 옌날 함말 떼는 어: 남사네 거 사오당 카는 거 제'시리, 제'스리 오세276) 말하마 거 머꼬, 지금 말함 머라고 말하노

- 그'이느 옌나레 마.

종, 종중드리 모여 여서 제사 지네는 예, 제실?

- 예.

예.

- 그 오세 마레서, 아, 서'원.

- 어, 서, 서'원 비스단 거 은자 이 그긴데.

- 그기277) 인자 그게 은자 거 미량 박씨네드리 세:도'가 얼'메나 시이 가주고 청도 거이 경찰서라꼬278) 어른드리 그느 은자 이 불'런는데, 그

— 여기 인제 "대밭뒷골"이라고 하는 데 인제 그 산이 굉장히 유명한 산인데, "지슬"에서는 제일 명산이라고 말하고 있어요.

— 그게 인제 저 그 산 제일 정상 산봉우리가 어 신령, 신령, "신령봉".

— "신령봉"이라고 고 산이, 제일 끄트머리는 뾰족한 산이 꼭대기, 꼭대기 저리로 인제 거기에서 쭉 내려와서 이것이 인제 이름이 인제 "대밭뒷골"이라고 하고 있는데, 그 산 바로 밑에는 고, 고 자연부락이 또 일동인데, 고 산은 인제 옛날 "대밭"이라고 불렀는데, 불렀는데, 저 일동 인제 아까 조금 인제 빠졌는데, 일동이 자연부락을 인제 "하지(下芝)"라고 했는데, "하지"에서도 "대밭", "새각단"[279], 인제 "다래미", 요래 세, 세 자연부락이 모여서 지금 "지슬" 동네가 "지슬" 일리가 되어 있는데, 그 인제 "대밭" 뒤의 산이 인제 "대밭뒷골"이라고, "대밭뒷골" 거기 인제 그 "대밭", 그 산 그것도 "대밭"이라고 한 그 동네가 대나무가 굉장히 많아서 그 동네 이름을 붙였지 싶어요.

— 붙어 있는데, 그 인제 뒷산을 "대밭골", "대밭뒷골"이라고, 대밭 뒤 골짜기라고 이렇게 불렀는데, 그 산줄기가 굉장히 좋아서 거기에 인제 여기 밀양 박 씨들이 살기로는 저기 각북 남산에 살고 있는데, 거기의 전설을 보면 밀양 박 씨들이 옛날 한말 때는 어 남산에 그 "사오당"이라고 하는 그 재실이, 재실이 요새 말하면 그 뭐냐, 지금 말하면 뭐라고 말하나.

— 거기는 옛날에 뭐.

종, 종중의 종손들이 모여서 여기서 제사를 지내는 예, 재실?

— 예.

예.

— 그 요새 말해서, 아, 서원.

— 어, 서, 서원 비슷한 그 인제 이 그것인데.

— 그게 인제 그것이 인제 그 밀양 박 씨들이 세도가 얼마나 세어 가지고 거기가 청도 경찰서라고 어른들이 거기는 인제 이렇게 불렀는데, 그

사람드리 그떼 어뜬 용한 풍'수가 와 가주고 지'시레 그 데박디꼴네 거게다가 박시네들 제'시를 저'꼬', 사'오'당을 거다 저꼬, 어: 남산:: 자기들 사는 데, 거'게는 인자 묘오'를 시라꼬280) 이래 케노이께네, 그라프 자기가 번창하다꼬, 할 끼라 케노이기네, 이 사'암드리 옌나레 풍수를 인자 마 그 아게 헤나 인자 몬: 살게 멘드능가 시퍼 가지고, 거짐말로281) 헤농가 시퍼가, 바까' 가지고 데받디꼬'레는 자기들 슨사'늘' 모'시꼬282), 사오당을' 남사네 저 노'이께네, 물롬 머 박씨네드리 짐 머 홍성하기느 홍성한데, 그르케 번창'하지 몬헤따는 그런 어 전'서리 지음283) 네려오고 이써요.

그어면 여이 데받디꼬'리 이꼬, 아까 세'각땅 그레씀미까?

— 예.

세'각따으느 웨 세'각땅임미까, 그거 웨?

— 세'각따능 고 유레느 은자 네아284) 어른드란 저어른데285), 옌나'레 일뚱'에, 하'아'지에 자염부라기 어: 데받하'고, 다'리미하고마 이선는데, 그 은자: 고게느 미 찜마 이'서는데, 그기' 인'286) 찌금 일리에 지슬 일리 자염부락 쭝에 지음 세'각땅 카능 그 부라기 젤 번'창에.

— 젤 잉구가 젤 망코.

— 그'게 자'꼬287) 이레 번창하'이께네 그이288) 인자 세각딴, 각딴', 각땅' 카는 녀289) 마을 비스단 그런 마린데, 그르 이 새로 마아'리 형성데따 헤서 그레 인저 세각따니라꼬 이르믈 부'쳐따 그라데이.

예어, 검 세'각땅 거'기도 에저네는 쫌 메 찌비 쫌 사럳, 안 살다가 인저 첨므로 사러따, 그지예?

— 그르치요.

거브이 여기아 데, 저기어 데바디꼬리고, 데받디꼬리고, 겅 거 압쪼게 고게 넙 머 그쪽 뚝, 뚜게늠 머 다른 이르믄 업씀미까?

— 산 이름?

네.

사람들이 그때 어떤 용한 지관이 와 가지고 "지슬"에 그 "대밭뒷골"에 거기에다가 박 씨들의 재실을 짓고, "사오당"을 거기에다 짓고, 어 남산 자기들 사는 데, 거기에는 인제 묘를 쓰라고 이래 말하니까, 그러면 자기가 번창한다고, 할 것이라고 말하니까, 이 사람들이 옛날에 지관이 인제 막 그렇게 말했나, 인제 못살게 만드는가 싶어 가지고, 거짓말을 하는가 싶어서, 바꾸어 가지고[290] "대밭뒷골"에는 자기들 선산을 모셨고, "사오당"을 남산에 지어 놓으니까, 물론 뭐 박 씨네들이 지금 뭐 흥성하기는 흥성한데, 그렇게 번창하지 못했다는 그런 어 전설이 지금 내려오고 있어요.

그러면 여기 "대밭뒷골"이 있고, 아까 "새각단"이라고 그랬습니까?

― 예.

"새각단"은 왜 "새각단"입니까, 그건 왜?

― "새각단"은 고 유래는 인제 내가 어른들한테 들었는데, 옛날에 일동에, "하지"에 자연부락이 어 "대밭"하고, "다래미"하고만 있었는데, 그 인제 고기에는 몇 집만 있었는데, 그기에 인제 지금 일리에 "지슬 일리"에 자연부락 중에 지금 "새각단"이라고 하는 그 부락이 제일 번창해.

― 제일, 인구가 제일 많고.

― 거기가 자꾸 이래 번창하니까 거기 인제 "새각단", "각단", "각단"이라고 하는 것은 여기 마을 비슷한 그런 말인데, 그래 이 새로 마을이 형성됐다 해서 그래 인제 "새각단"이라고 이름을 붙였다 그러데.

예, 그럼 "새각단" 거기도 예전에는 좀 몇 집이 좀 살았, 안 살다가 인제 처음으로 살았다, 그렇지요?

― 그렇지요.

그러면 여기가 대밭, 저기가 "대밭뒷골"이고, "대밭뒷골"이고, 그럼 그 앞쪽에 고개는 뭐 그쪽 쪽, 쪽에는 뭐 다른 이름은 없습니까?

― 산 이름?

예.

- 거'이도291) 산 이름 머 줘 또 고 디에느 인제 멀 독쪼고리구, 고 은 저 엄바'꼴.

- 엄바'골 카는 고 세각, 세'각딴 바로 디에 꼴짜기에는' 엄바꼴 카능 긴데, 거'이도 음바'꼴 머 이르믈 머 우일, 어끄뜨께 부친능 긴지 모르게 서, 음바꺼러 거 지음 현제꺼저 엔나부덤 부르고 네러오고 인는데.

음바'꼴 마고 또 독, 독'초꼴 그레씀?

- 어, 어 독쪼꼴, 엄바꼴.

독'초꼬른 웨 그런지도 그어늠 모르네예?

- 모리게써요, 독초꼴도.

그'암 그쭈::게 음바'꼴, 독초'꼴?

- 머'골, 개고'올', 고 아네 꼴짜기 망크등, 거게292) 아마293).

- 그 아까 게찌마 은저294) 거 은저 범골'도 이'꼬, 거 멀 서지'꼴, 석'실 머 이렏.

서지꼴로295) 웨 서지꼴 덴지 거또 잘 모르네요, 그죠?

- 거르쳐.

그'암 그쭉 위'에느 어 서지꼴하고 어: 어: 그'레 이꼬, 이쪼:게 아까' 이야 기하기로느 여 데바디꼬?

- 아 또, 걷, 거게 또 하나 빠저따.

- 신당'골 칸 데도 이, 신당'골.

그 신당고'른 거 웨 신당고'린지를 금 먹 에저에 신당이 이써씀미까, 거게?

- 그에296) 신낭'걸 웨' 신낭고리라297) 하면, 엔나레 또 인자 고오에 세' 각딴:: 거서 지금 현제 병헤지에 몹298) 마근: 그 자'리에 엔나'레 거: 이 지스 일'리에 부'우'자드리 사른: 데'가 그어:: 조은299) 저네 켄느 거 어데, 머르 켄느, 신당골.

- 신낭'골 거 이'꾸에 사르, 지'비 한 너더300) 찝 사'른는데:301), 그 사 름드리 지시 일'리에서는 제일 부자가 그 꼴짜기에 사'르따, 사'라땀미더.

－ 거기도 산 이름 뭐 저 또, 고 뒤에는 인제 뭐 "독초골"이고, 그 인제 "음밭골".

－ "음밭골"이라고 하는 그 "새각단", "새각단" 바로 뒤에 골짜기는 "음밭골"이라고 하는 것인데, 거기도 "음밭골" 뭐 이름을 뭐 어떻게, 어떻게 붙인 것인지 모르겠어, "음밭골"이라고 지금 현재까지 옛날부터 부르고 내려오고 있는데.

"음밭골" 말고 또 독, "독초골" 그랬습니까?

－ 어, 어 "독초골", "음밭골".

"독초골"은 왜 그런 지도 그것은 모르네요?

－ 모르겠어요, "독초골"도.

그럼 그쪽에 "음밭골", "독초골"?

－ "머골", "개골", 고 안에 골짜기가 많거든, 거기에 가면.

－ 그 아까 이야기했지만 인제 그 인제 "범골"도 있고, 그 뭐 "서지골", "석실" 뭐 이래.

"서지골"은 왜 "서지골"이 되었는지 그것도 잘 모르네요, 그렇지요?

－ 그렇지요.

그럼 그쪽 위에는 어 "서지골"하고 어 어 그래 있고, 이쪽에 아까 이야기하기로는 여기 "대밭뒷골"?

－ 아 또, 거기, 거기에 또 하나 빠졌다.

－ "신당골"이라고 하는 데도 있다, "신당골".

그 "신당골"은 그 왜 "신당골"인지를, 그 뭐 예전에 신당이 있었습니까, 거기에?

－ 거기에 "신당골"을 왜 "신당골"이냐 하면, 옛날에 또 인제 거기에 "새각단" 거기서 지금 현재 "병해지"에 못을 막은 그 자리에 옛날에 그 이 "지슬" 일리에 부자들이 살았던 데가 그 조금 전에 말한 그 어디, 머라고 말했나, "신당골".

－ "신당골" 그 입구에 살았는데, 집이 한 네댓 집 살았는데, 그 사람들이 "지슬" 일리에서는 제일 부자가 그 골짜기에 살았다, 살았답니다.

― 사'러 가주고 거 엔나레 저무302) 우리 마'시'레도 자염부락에는 점부
동'신'지303)를 이레 모신'데, 그어 신냥'골 칸 데 그 이'꾸에 그 신::나무'가
인는데, 지끔 거 머 모다네 더 머 수몰지구 데가304) 업써젼는데, 거'어
더305) 느티나무가 켕'제이 미 뺑 녀 덴느 느티나무가 저네 사러 이스따이.

그레서 거 골짜기 이르메 그?

― 예, 마메 그, 암메306) 그레 마307) 신당고르라 불렁 가테요.

어: 아까 이 저쭈 데바디'꼴 여페 그 아까 잠시 이야기로는 그 청게또오도
이따고 이야기?

― 아, 청게떵'308).

― 거' 은'자 고:: 데'밭' 디:에서 은자 여프로 보머309) 청농뜽' 카는데,
그이 인제 우리마'르 여 어른드른 마310) 그냐 처이, 청게뜽, 청게뜽 카는
데 그이 한:자로 마라마 청용등이라 카이, 청용등.

― 청, 푸를 쩡'차, 용 용짜, 덩 덩짜 이레 가지고 으, 푸른 용'이 이레:
인자 아'플 요 업뜨리가311) 이따는 그 뜨스로 그 청용등'이라 카는데, 그
얼 아까드 쪼끔 떠312) 이야기헤찜, 거 미'랑 박씨네드리 그은 데받디'꼬레
거: 사호동을 져'쓰마, 안 저꼬 묘를 서따 카안 데, 거: 묘, 명사니 거 청용
뜽 카느 그어 거 명산 삼맥, 명사'네다가 사오'당을 져'쓰마 미랑 박씨들
훾'씬' 더 번'청혜쓸 낀데 그게다 묘를 안 씨'고313) 산'수를314) 드리끼315)
따무네316), 물롬 머 조키느 조치마느 산소르 안 드리고 사오당을 져'쓰마
더 :안 나서껜나 칸데.

― 거: 지음317) 청용뜽 칸 데 그게 끈티'에 엔나레 거'게도, 거느 신'나
무가 아이'고 어: 느티나무가 켕'제이318) 거도 미 뺑 녀 덴 느티나무 이선
는데, 거 느티나무느 거 마으'레서319) 시'먼능 긴데, 어'른드리 시믄 낭긴
데, 그이320) 머 청용등'이 미랑 박씨네드 소유, 자이321) 땅이라 케 가지고
머 개이니 머 그 나무를 비322) 가뿐는데, 비 네' 뿐는데, 지, 그 짜리에
지금 현제 딴 머 또 느티나무를 하나 시머 노코 인는데, 거'게는 머 엔나

– 살아 가지고 거기 옛날에 전부 우리 마을에도 자연부락에는 전부 동신제(洞神祭)를 이래 모셨는데, 그 "신당골"이라고 하는 데 그 입구에 그 신나무가 있는데, 지금 그 뭐 못 안에 다 뭐 수몰지구가 되어서 없어졌는데, 거기에도 느티나무가 굉장히 몇 백 년 된 느티나무가 전에 살아 있었어요

　그래서 그 골짜기 이름이 그?

　– 예, 아마 그, 아마 그래서 그냥 "신당골"이라 부른 것 같아요.

　어, 아까 이 저쪽 "대밭뒷골" 옆에 그 아까 잠시 이야기로는 그 "청개등"도 있다고 이야기를?

　– 아, "청룡등".

　– 그 인제 고 "대밭" 뒤에서 인제 옆으로 보면 "청룡등"이라고 하는데, 그게 인제 우리말로 여기 어른들은 막 그냥 청개, "청개등", "청개등"이라고 하는데 그게 한자로 말하면 "청룡등"이라 말해, "청룡등".

　– 청, 푸를 청자, 용 용자, 등 등자 이래 가지고, 푸른 용이 이래 인제 앞을 요래 엎드려서 있다는 그런 뜻으로 그 "청룡등"이라고 하는데, 그게 아까도 조금 전에 이야기했지만, 그 밀양 박씨들이 그 "대밭뒷골" 거기에 "사오당"을 지었으면, 안 짓고 묘를 썼다고 하는 데, 거기 묘, 명산이 그 "청용등"이라고 하는 그, 그 명산 산맥, 명산에다가 "사오당"을 지었으면 밀양 박씨들이 훨씬 더 번창했을 것인데 거기에다 묘를 안 쓰고 산소를 들였기 때문에, 물론 뭐 좋기는 좋지만은 산소를 안 들이고 "사오당"을 지었으면 더 안 났겠나 하고 하는데.

　– 거기 지금 "청룡등"이라고 하는 데 거기 끄트머리에 옛날에 거기에도, 그것은 신나무가 아니고 어, 느티나무가 굉장히 거기에도 몇 백 년 된 느티나무가 있었는데, 그 느티나무는 그 마을에서 심은 것인데, 어른들이 심은 나무인데, 그게 뭐 "청룡등"이 밀양 박씨네들 소유, 자기 땅이라고 해 가지고 뭐 개인이 뭐 그 나무를 베어 가버렸는데, 베어내 버렸는데, 지금, 그쪽에 지금 현재 다른 뭐 또 느티나무를 하나 심어 놓고 있는데, 거

레 거 청용등 거 느티나무 이, 이쓸 떼는 어 거기가 여'르메느 어:찌 거 머꼬323), 어 경'치도 조코, 네리다 보마, 거이서 네리다 보마 빌'바데, 떡'바데, 남바'데, 달'바데, 어:: 인자 저 무꼬, 워람 칸 데, 그 다'레미, 다'레미하고, 정:바'데느 암 보이찌324) 거게서 네르다 보마 다 보이고 경치가 그리 조코 여'르메느 미테서 올로온 거 남풍이 불마 그'러컴 시워네 가지고 지실 마: 그 당시에 마지325) 상지, 중지, 하지 칼 꺼 업시' 여'르메느 점부 그게 남녀노소 업시 그어 한자리에 모이 가주오 옌나레느 노른 그기 이따고, 지금.

그어:고, 그, 검 저:쭈' 어 일'똥 쪼게너 그릉 골짜기 이름미 그, 궹자이 마'넌는데, 이쪼오'게느 이동 쪼'게너 그럼며 별로 업씀미까?

— 여'게도 아까 케찌만 저 이동 쪼에녀 여'네골, 가'능골, 머 세'가꼴, 또 머 사구장'꼴, 또 일로 너머오마 머 셍기기 잘 안 난다.

아까 그 오'독찌 헤 난느 거언느 그럼며느?

— 네'느'326) 그 꼴짜기 인자, 그 꼴짜'기: 인자 사구장'꼴, 인자 가'능골, 인자 세'가꼴, 으 거으 나오가 이꼬, 이쩌' 영정'지, 요쪼 마을 디 영전'지:, 영전몰 디쪼게느 그 인자 느링'골, 또 머, 각쭈'에 기어기 잘 안 나네, 그 머 그 인자 여느 꼴짜기 더, 거'도 꼴'짜'기 마는데.

여'기넙 이쯩 여'게늠 멈미'까?

요 마을 요 바로 여 디에 요'게너?

꼴짝 이렁 검 무승 꼴짜김미까, 요게너?

— 고 오'도꼴 꼴'짜'기자나.

오도꼬리고?

— 야, 오도꼬리고.

가미 이도, 여'기 이'동도 열 길쭉:하게 데가 인는데, 그람 이쪼게늠?

— 오'도꼴, 한쪽 꼬올'짜기느 오도꼬리고, 또: 고 사'이느: 무등'떼 카는 아까' 그 우미산:: 그거 쭐기 따'르 니러갸: 거쓰 제327) 인자, 산:쭐기를 무

기에는 뭐 옛날에 그 "청룡등" 그 느티나무 있, 있을 때는 어 거기가 여름에는 어찌나 그 뭐냐, 어 경치도 좋고, 내려 보면, 거기서 내려 보면 "별밭", "떡밭", "남밭", "달밭", 어 인제 저 뭐냐, "월암"이라고 하는 데, 그 "다래미", "다래미"하고, "정밭"은 안 보였지 거기에서 내려 보면 다 보이고 경치가 그렇게 좋고 여름에는 밑에서 올라온 그 남풍이 불면 그렇게 시원해 가지고 "지슬" 그냥 그 당시에는 말이지 "상지", "중지", "하지" 말할 것 없이 여름에는 전부 거기에 남녀노소 없이 그 한자리에 모여 가지고 옛날에는 놀았던 그게 있다고, 지금.

그렇고, 그, 그럼 저쪽 어 일동 쪽에는 그런 골짜기 이름이 그, 굉장히 많았는데, 이쪽에는 이동 쪽에는 그러면 별로 없습니까?

— 여기에도 아까 말했지만 저 이동 쪽에는 "연내골", "가는골", "새갓골", "사기장골", 또 이리로 넘어오면 뭐 생각이 잘 안 난다.

아까 그 "오독지"라고 해 놓은 거기는 그러면은?

— 역시 그 골짜기에 인제, 그 골짜기 인제 "사기장골", 인제 "가는골", 인제 "새갓골", 어 거기 나와서 있고, 이쪽에 "영전지", 요쪽 마을 뒤에 "영전지", "영전못" 뒤쪽에는 그 인제 "너린골"[328], 또 뭐냐, 갑자기 기억이 잘 안 나네, 그 뭐 거기는 여느 골짜기 더, 거기도 골짜기가 많은데.

여기는 이쪽 여기는 무엇입니까?

요 마을 요 바로 여기 뒤에 요기는?

골짝 이런 것은 무슨 골짜기입니까, 요기는?

— 고기는 "오독골" 골짜기잖아.

"오독골"이고?

— 예, "오독골"이고.

그러면 이동, 여기 이동도 여기 길쭉하게 되어 가지고 있는데, 그럼 이쪽에는?

— "오독골", 한쪽 골짜기는 "오독골"이고, 또 그 사이는 "무등대"라고 하는 아까 그 "우미산" 그것의 줄기를 따라 내려가서 거기서 인제, 인제,

'등'떼라 카고, 그 무'등'떼 젤: 깐티'에329) 고 쪼끔 인저 바다고330) 인능, 고기 인자 아까 네 케'찌만, 쪼금 저네 케'찌만 시이'저'테 칸 데고', 고 산자331) 야페느 은자 영전::꼴짝 케 가지고 그 전'체르 영정꼴짜'이라 칸데, 그게 인자 모시 인능 그글 인자 영전'지라꼬 카고, 거'에332) 가마 은자 머느링'골, 머 송:골, 그에도 꼴짜기 여러' 가지, 여르 멘333) 인젙 저 부'터 인'는데, 그 머 믄 보~'이께느334) 꼴짜335), 여 소, 소, 송고'른 꼴짜기 쫌 메336) 솔짝하~'이337), 드르간 데서 쫑 쪼'븐 디라338) 보~이, 스, 송고라 카고, 느링고른 보이끼네 이, 이'꾸가 쫌 느'리'고, 만데~'이339) 가여느 쩜 널꼬 인자 이른 데느 너린고라 하오, 이르 케찌 머.

그럼 무등떼느 그암 이르미 웨 그레 덴는진 모름미까?

— 모르게쓰, 무능떼느 머라그 진능지 모르게써.

검: 여기 지꿈 이동:도 어: 여'기느 머 부무꼴림미까, 여게너?

— 아, 상:지에?

애.

— 으 상:지로340) 마라마 옌날부터 인자 우리'가 사는 데 여'게느 인자 상:지가 여겨 은자341) 옌날 어른드른 마너 은자 이 동네가 벧'쓰리라342) 항거이, 배'애'.

— 바다 우에 띠아난 배'쓰리라 하 이 동네가.

— 배'가' 똑 배 모냥으로343) 보'파네느 부리고'오' 남부그로는 지'바니까'란저가344) 이'꼬, 까'란저가 인는데, 인야45) 부무꼴 카는 데는' 인자 북'쪼게 부터 인는데, 그 인자 중시'메서 상지에 인쟌 베' 모냥으 생각하이346) 복'파'이 부르이끼네 북쪼게 남부글 인제 양쭈 까란자 이쓰이 인제 북쪼겐 부무꼬인데347), 부무'꼴 캉 그녀 불목, 불무, 불무근 은자 그이 인자 어데 인제 지베 마네 불'무기 짐 디에 부'트가 이쓰이끼네: 불무기 그'레 가주거 이으 이르믈 불모기라 불러따 그라데요, 디 인자 동네 디에'니까 불모기락, 붐묵, 그레가 불무꼬'리라꼬 불러따 그웨.

산줄기를 "무등대"라고 하고, 그 "무등대" 제일 끄트머리에 거기 조금 저 밭하고 있는, 그것이 인제 아까 내가 말했지만, 조금 전에 말했지만 "시젓"이라고 하는 데고, 그 산 인제 옆에는 인제 "영전골짜기"라고 해 가지고 그 전체를 "영전골짜기"라고 하는데, 그게 인제 못이 있는 그것을 인제 "영전지"라고 하고, 거기에 가면 인제 뭐 "너린골,", 뭐 "손골348)", 거기에도 골짜기가 여러 가지, 여러 가지가 마찬가지로 인제 저기 붙어 있는데, 그 뭐, 뭐 보니까, 골짜기, 여기 손, 손, "손골"은 골짜기가 조금 솔게, 들어간 데서 좀 그 좁은 데다 보니, 손, "손골"이라고 하고, "너린골"은 보니까 입, 입구가 좀 넓고, 산마루에 비해서는 좀 넓고 인제 이런 데는 "너린골"이라고 하고, 이렇게 지금 뭐 부르고요

그럼 "무등대"는 그럼 이름이 왜 그렇게 되었는지 모릅니까?

― 모르겠어, "무등대"는 뭐라고 지었는지 모르겠어.

그럼 여기 지금 이동도 어 여기는 뭐 "불무골"입니까, 여기는?

― 아, "상지"에?

예.

― 어 "상지"를 말하면 옛날부터 인제 우리가 사는 데 여기에는 인제 "상지"가 여기 인제 옛날 어른들 말로는 인제 여기 동네가 "배"라 하는 것이야, 배.

― 바다 위에 띄워 놓은 "배"라 하는 것이야, 이 동네가.

― 배가 똑 배 모양으로 복판은 부르고 남북으로는 지반이 가라앉아서 있고, 가라앉아 있는데, 인제 "불무골"이라고 하는 데는 인제 북쪽에 붙어 있는데, 그 인제 중심에서 "상지"에 인제 배 모양을 생각하니 복판이 부르니까 북쪽에서 남북으로 인제 양쪽이 가라앉아 있으니 인제 북쪽에는 "불무골"인데, "불무골"이라고 하는 것은 "불무", "불무", "불무"는 인제 그게 인제 어디 인제 집에 많이 "불무"가 좀 뒤에 붙어 있으니까 "불무"가 그래 가지고 이것 이름을 "불무"라 불렀다고 그러데요, 뒤 인제 동네 뒤니까 "불무"라고, "불무", 그래서 "불무골"이라고 불렀다고 그래요.

그며 이건: 불무꼴, 또 저쪽 펴네너 옅 동네, 그암 동넴 길쭉한델 동네에 따르스 쪼금씩 이르미 다름미까, 여기도 그러면?

여′, 여′기늠 불무′꼬리고?

— 여′기늠 부물꼬리고, 어:: 딴′ 데느, 이′동에는 머 미테 인저 저 중, 므언저³⁴⁹⁾ 그게 중지 카′은 데 거게 인제 상지, 중지 칸 데 그′ 동네는 머 별′로 머 일똥메로³⁵⁰⁾ 거른 머.

저′기느 아까 머 세′각딴 ** 그런데, 여기는 머 각따느나 이런 이름 업쓰?

— 예예예, 예, 야, 역 어 그릉 건 어꼬.

여′ 그′르도 여기도 거: 중지, 상지, 중, 이거느 한:짜′라서 무 여기서 사용하덤 마류 월레 사용하듬 마루 우리마리 이찌시픈데, 업씀미까, 이쪼게는?

— 중지′이′나 어: 상지 거너어 머 지슬 중에서 위 쌍′짜 써 가주고 어 상지고 그 다임 중간쯤 데니까 중지고?

— 사′앙′지, 그러치, 그르치.

— 그 린자 인자 여 치′실 인자 이 옌나레 인자 치′시리라 칼 떼는: 인자: 상′지′가 동네서 제일로 젤로 노프근데:³⁵¹⁾, 우′에 부′터쓰~이³⁵²⁾ 사앙′지고, 고 미테: 인자 사′앙지 미테 자염부라이 붕 고 지여이 중지고, 인자′아′ 일똥에 인자 하′지 카능 거느 인자 걸:³⁵³⁾ 건네 거 또 인자 그 일똥 중에 거 인자 거 쫌 더 나즈이께네 하아′지라꼬 그레 머 불′러찌 시′퍼요, 보′이께네.

그어′미 여::기 아까 그 동네 이꾸 거쭉 동네 거너 머라고, 거기가 그러며는 중지미까?

— 그′러치요.

어 그 올로와 성당′ 인는데, 성당 인: 데 그쪼게너 머라고 부름미까, 그어며너?

— 거이가 중지라.

거′게 중지고?

— 야.

그러면 이 곳은 "불무골", 또 저쪽 편에는 여기 동네, 그러면 동네가 길쭉한데 동네에 따라서 조금씩 이름이 다릅니까, 여기도 그러면?

여기, 여기는 "불무골"이고?

― 여기는 "불무골"이고, 어 다른 데는, 이동에는 뭐 밑에 인제 저 "중지", 뭐 인제 거기 "중지"라고 하는 데 거기 인제 "상지", "중지"라고 하는 데 그 동네는 뭐 별로 뭐 일동처럼 그런 뭐.

저기는 아까 뭐 "새각단"** 그런데, 여기는 뭐 "각단"이나 이런 이름은 없습니까?

― 예예예, 예, 예, 여기 어 그런 것은 없고.

여기 그래도 여기도 그 "중지", "상지", "중지", 이것은 한자라서 뭐 여기서 사용하던 말이, 원래 사용하던 말이 우리말이 있지 싶은데, 없습니까, 이쪽에는?

― "중지"나 어 "상지" 거기는 저 뭐 "지슬" 중에서 위 상자 써 가지고 어 "상지"고 그 다음 중간쯤 되니까 "중지"고?

― "상지", 그렇지, 그렇지.

― 그래 인제, 인제 여기 "지슬" 인제 이 옛날에 "지슬"이라고 할 때는 인제 "상지"가 동네에서 제일, 제일로 높건대, 위에 붙었으니 "상지"고, 그 밑에 인제 "상지" 밑에 자연부락이 붙은 그 지역이 "중지"고, 인제 일동에 인제 "하지"라고 하는 것은 인제 개울 건너에 거기에 저 인제 그 일동에 그 인제 그 좀 더 낮으니까 "하지"라고 그래 뭐 불렀지 싶어요, 보니까.

그러면 여기 아까 그 동네 입구 그쪽 동네 거기는 뭐라고, 거기가 그러면은 "중지"입니까?

― 그렇지요.

어 아까 올라와 성당이 있는데, 성당 있는 데 그쪽에는 뭐라고 부릅니까, 그러면은?

― 거기가 "중지"라.

거기가 "중지"고.

― 예.

거′어′기에 머 다른 이르믄 업씀미까?

― 꺼′이늠 머 딴 니르믄 어꼬.

아까 여기 이쪼게 여 불모꼴 하드시, 머?

― 거′게늠 머 별다른 이르미 어꼬.

거어′기, 예, 계속 예, 그어 아′까 그′러며는 저 미테 그람감머 여겐 부무꼬
리고, 그럼 이 동네: 이동 가틍 경우에 아래똥네:는?

― 아, 그′레 마′람354) 네 이야기하, 아 저 셍′가기 난다.

― 여′게느 부무끄리고, 사앙′지 아페는 아끄′러이라355) 카능 기라.

에, 에.

― 아′끄렁.

― 거′ 인′자 우 요 은자 보′마 거 요 은자 거 여′네골356) 캬′느 골짜그
무리: 요리 허, 또 흐르′고 여 상지: 디로 허리고 요레가 인자 요 인자 부
무′꼴, 그 디께′랑357), 이′르케 이야기하고.

그라′며 요′고는 네′려가는 요고는?

― 어, 디께′랑′.

네:.

― 어, 디게′랑′이 캬′고, 요 부무′꼬리 하고, 저′게느 은자 상지 압쪼게느
은자 저짜 은자 느렁′골 그쪼′게서, 영연′지 쪼게서 무리 흘러 니르오이께
네 그 인자 아께랑′이라 카그덩.

― 이 마알′로너.

― 그 아, 아께랑′ 사′암′들358), 이으까 인저 붐무′꼴359) 사암들, 아께랑′
사′암들 이러케 호칭을 하고, 그 인자′ 저 미테 인자 중지는 그게 머.

아′까′ 므 버르′니라 헤씀미까?

― 아′, 아, 버른360).

― 버르′이라꼬 켄′는데, 거′게도 버른′ 카능 그기:, 그기 머슨 머 옌날
거게 머 지당 가틍 거′능 기, 무 물 라′능 거능 기 이썬능 깅강, 그레

거기에 뭐 다른 이름은 없습니까?

 — 거기는 뭐 다른 이름은 없고.

아까 여기 이쪽에 여기 "불무골"이라 하듯이, 뭐?

 — 거기는 뭐 별다른 이름이 없고.

거기, 예, 계속 예, 거기 아까 그러면은 저 밑에 그럼 여기는 "불무골"이고, 그럼 이 동네 이동 같은 경우에 아랫동네는?

 — 아, 그래 말하면 내 이야기하면, 아 저 생각이 난다.

 — 여기는 "불무골"이고, "상지" 앞에는 "앞그렁(앞개울)"이라고 하는 거야.

예, 예.

 — "앞그렁".

 — 그 인제 위에 요 인제 보면 그 요 인제 그 "연내골"이라고 하는 골짝의 물이 요리 흐르고, 또 흐르고 여기 "상지" 뒤로 흐르고 요래서 인제 요 인제 "불무골", 어 뒷개울 이렇게 이야기하고.

그러면 요것은 내려가는 요것은?

 — 어, "뒷개울".

예.

 — 어, "뒷개울"이라고 하고, 요 "불무골"이라고 하고, 저기에는 인제 "상지" 앞쪽에는 인제 저쪽에 인제 "넓은골" 그쪽에서, "영전지" 쪽에서 물이 흘러 내려오니까 그 인제 "앞개울"이라고 하거든.

 — 여기 말로는.

 — 그 앞, "앞개울" 사람들, 이러니까 인제 "불무골" 사람들, "앞개울" 사람들 이렇게 호칭을 하고, 그 인제 저 밑에 인제 "중지"는 그게 뭐.

아까 뭐 "버른"이라 했습니까?

 — 아, 아, "버른".

 — "버른"이라고 했는데, 거기에도 "버른"이라고 하는 그게, 그게 무슨 뭐 옛날 거기에 뭐 지당(池塘) 같은 그런 것이, 뭐 물이 나는 그런 것이

버르'리라꼬.

― 고 은자' 고 버른' 디에'에' 인자 또 지'금도 홰애'간 아'펠 고울'로 은자 들 하네 인네, 거는 자 디뻐'러'이라 카고, 디뻐'른'.

― 디뻐'른, 이레.

가므 거, 감 그게 아'뻐른도 이씀미깜, 디뻐른 이쓰며는?

― 아'뻐'른 마르' 어거, 디뻐러'이 그마르 이따이, 디뻐르이.

디뻐르'이라 그라고, 어: 그러'며느 인제 에:, 여:기에서 아까 저'기에 세'각딴 하드시 저쭈'오:게 위'에 인는 사'암들 감며 이쪼게 아레'똥네 사'암들 머 아레깍'따니라고도 함미까?

― 그'러치요, 버른, 브른 사'람보고 주로 아레각'땅, 우각'딴.

― 전지361) 총 트'러 마'알362) 떼는 사앙'지를 알, 우깍'따인라 카고, 인자 이레 마 쫌 은자 한짜'로 마을 떼 상'지, 중지 카는데, 은363) 데충 우리'말 인저 머, 순수한 부르는 말 보마 인자 우깍'딴 사'람, 아레각딴 사람, 중지' 사람 보고 주로 알까난 사람, 인자 우'에 인자 항이364) 사암 우깍'딴 사람.

― 여' 은'자 여 은자 아까 일'똥에 웨, 야365) 데바테 건 데바깍'딴.

― 데바깍'딴 이러케 부르느.

가머 저쭈게 세, 어 세각따니고, 거느?

― 세'각따, 세'각따, 에여 각딴.

― 각'딴' 카'능 그기 머' 마을' 이르밍강366), 우리: 엔나레.

주로 그'러케 불'러따, 그지예?

― 예.

그러며'느 그쪼'게 인제 아'까' 이야기 하션는데, 이 여'기서 네러오는 요'고는 디께'랑이고, 저쪼'게 아페서 압께랑이고, 거임 저:쭈'게?

― 어, 어, 아께랑, 어.

― 니러옴367) 거근 인자 통'지미거리라그, 통'지미거른.

있었던 것인가, 그래 "버른"이라고.

— 고 인제 고 "버른" 뒤에 인제 또 지금도 회관368) 앞에 거기로 인제 들이 하나 있는데, 거기는 인제 "뒷버른"이라고 하고, "뒷버른".

— "뒷버른", 이래.

그럼 거기, 그럼 거기에 "앞버른"도 있습니까, "뒷버른"이 있으면은?

— "앞버른"이라는 말은 없고, "뒷버른" 그 말은 있다니까, "뒷버른"이.

"뒷버른"이라 그러고, 어 그러면은 인제 어, 여기에서 아까 저기에는 "새각 단"이라 하듯이 저쪽에 위에 있는 사람들이 그러면 이쪽에 아랫동네 사람들을 뭐 "아랫각단"이라고도 합니까?

— 그렇지요, "버른", "버른" 사람 보고 주로 "아랫각단", "윗각단".

— 전체 총 틀어 말할 때는 "상지"를 아래, "윗각단"이라고 하고, 인제 이래 그냥 좀 인제 한자로 말할 때 "상지", "중지"라고 하는데, 인제 대충 우리말 인제 뭐, 순수한 부르는 말을 보면 인제 "윗각단" 사람, "아랫각 단" 사람, "중지" 사람 보고 주로 "아랫각단" 사람, 인제 위에 인제 "상 지" 사람은 "윗각단" 사람.

— 여기 인제 여기 인제 아까 일동에 왜, 인제 대밭에 거기는 "대밭각단".

— "대밭각단" 이렇게 부르는.

그러면 저쪽에 새, 어 새각단′이고, 거기는?

— "새각단", "새각단", 예예 "각단".

— "각단"이라고 하는 그게 뭐 마을 이름인가, 우리 옛날에.

주로 그렇게 불렀다, 그렇지요?

— 예.

그러면은 그쪽에 인제 아까 이야기를 하셨는데, 이 여기서 내려오는 요것은 "뒷개울"이고, 저쪽에 앞에서 "앞개울"이고, 그럼 저쪽에?

— 아, 응, "앞개울", 응.

— 내려오는 그것을 인제 "통지미개울"이라고, "통지미개울".

- 통'지미369).

- 통'지미거'른.

- 그 전'체', 꼴짝 전'체를 톡'헤가370) 니'론371) 꼴짝 전'체를 쪼그마:한'
꼴짜'는372) 마'는데, 그 꼴짝 전'체를 말할' 떼느 통'지미라꼬 이야기 하는
데, 그 통'지미 카능 거는 그 잘 모르게'쓰, 머슨 뜨싱고, 통'지미 카능 거.

- 거 은자 우, 그또 통지미 우림, 순수한 우리마린데, 한자로 말함373)
머슨 마린다 몰르, 통지미 카는데.

혹심 머 짐 지능 그릉 거하응 광게 업씀미가, 통지미 헤 난데?

- 모리게'써요374), 그 머 우'에375) 뎅 깅고376).

- 그리377) 옌나'레 거 부자'드리 마~이 사'르쓰이끼네'378), 거 머 그 당
시에 인자 부자드리 농사르 어데다 젼'나 하면 아'빼' 떡바'데' 여'게도 토지
가 별, 더'른' 이'써도, 여'게도 우리 마'을 사암드리 그이 저'꼬, 이냐::379)
빌'바데 칸 데 거도 우리 마을 사암들 거이 저꼬, 저: 남바'데 칸 데 거
가380) 바, 오바'데' 중'에 드리' 제일 널'끼로381) 남바'데'가 더리 제일 널븐
데, 그 통지미 그게 부자드리 그 남'바데 그게 농사를: 점부 져'따능 기라.

- 져' 가주고 점부 마 지'믈도382), 머슴들 지믈도 지고 올'로오고, 인자
소등더'리도 지고 올로오가383) 그레 가주고 머 지믈 지고 올로따 케가 그레
가주고 그 꼴짝 이르믈 만 통트'러가 통'지미라꼬 불런능 극 가'끼도 하고

**거람 거 통'지미 이꼬, 그쭈이 또 그엄 머 어 또 다릉 거'또 이'쓰미까, 그
쪼게?**

고'게 이름믄 여기?

- 거 통'지미 거'서 인자: 인자 그기 인자, 옌나레너:, 오세'느 인자 차'
가 마:니 발'따리 데' 가주고 인자 교통이 발따이 즈음384) 차로 뎅기는
데:385), 옌'나느 여 우리 요기 인자 지금 녀 산 요기 경계가 지음 데구:지
콰시가 데' 가주고, 옌'나레 머 우리 어른들도 데'우386) 갈' 떼느 점부 통'
지미 그에 디로 가마 거 체'형산 거 은저 고 인저 고'게가 인는데 거 은

─ "통지미".

  ─ "통지미개울".

  ─ 그 전체, 골짝 전체를 통해서 내려오는 골짝 전체를 조그마한 골짝은 많은데, 그 골짝 전체를 말할 때는 "통지미"라고 이야기 하는데, 그 "통지미"라고 하는 것은 그건 잘 모르겠어, 무슨 뜻인지, "통지미"라고 하는 것을.

  ─ 그 인제 우리, 그것도 "통지미"도 우리말, 순수한 우리말인데, 한자로 말하면 무슨 말인지 몰라, "통지미"라고 하는데.

  혹시 뭐 짐을 지는 그런 것하고는 관계가 없습니까, "통지미" 해 놓았는데?

  ─ 모르겠어요, 그 뭐 어찌 된 것인지.

  ─ 그래 옛날에 거기 부자들이 많이 살았으니까, 그 뭐 그 당시에 인제 부자들이 농사를 어디에 지었나 하면 앞에 "떡밭" 여기도 토지가 별로, 들은 있어도, 여기도 우리 마을 사람들이 거의 지었고, 인제 "별밭"이라고 하는 데 거기도 우리 마을 사람들이 거의 지었고, 저기 "남밭"이라고 하는 데 거기가 "밭", "오밭" 중에 들이 제일 넓기로는 "남밭"이 들이 제일 넓은데, 그 "통지미" 그게 부자들이 그 "남밭" 거기에 농사를 전부 지었다는 것이라.

  ─ 지어 가지고 전부 그냥 짐을, 머슴들 짐도 지고 올라오고, 인제 소등에도 지고 올라와서 그래 가지고 뭐 짐을 지고 올라왔다고 해서 그래 가지고 그 골짝 이름을 그냥 통틀어서 "통지미"라고 부른 것 같기도 하고.

  그럼 거기 "통지미"가 있고, 그쪽에 또 그럼 뭐 어, 또 다른 것도 있습니까, 그쪽에?

  고′개 이름은 여기?

  ─ 거기 "통지미" 거기서 인제 인제 거기 인제, 옛날에는, 요새는 인제 차가 많이 발달이 돼 가지고 인제 교통이 발달이, 전부 차로 다니는데, 옛날에는 여기 우리 요기 인제 지금 여기 산 요기 경계가 지금 대구광역시가[387] 돼 가지고, 옛날에 뭐 우리 어른들도 대구 갈 때는 전부 "통지미" 거기 뒤로 가면 그 "최정산" 그 인제 고 인제 고개가 있는데 그 인제 "청산

자 청상고'게 카이, 청상고'게.

― 점'부 데'구로 가마 어데 가노하마 인저388) 청상고'겔 너머가능 기라.

― 그람' 앙 그라머 또 요짜 인자' 요게 저 상'시미 칸 데.

― 요'게 인자' 아까 케찌만 요게 독'쪼꼴, 독'쪼골 디산 고기' 또 쪼끔 나'저 가주고 골로' 너'무가도 데우 가고, 여 통'지미 아'늘 드가가389) 체경 사늘 너머가도 데구 가, 두 골'짜글 너므가 데구 가는데, 주'로 통'지밀, 그 리: 너머가 데구로 마'이' 점'부 데구 와따 가.

그'엄'며너 으: 그 교통'이 인제 그'리로 예저네 차러?

― 그르지, 엔'나은, 그'르치요, 점'부 글로 다 뎅기찌요, 점부 머.

― 차가 업'쓰~이390).

― 데'구 갈'라391) 카마.

그암 청, 체정사'니라고 아 하고 이 동네 사암 청'사이라 하네예?

― 청, 청산, 청산.

― 머 학'짜드른 머 체정사'이라 부르는데, 점'부 여 주민드른 머 머 여 모리은392) 사'암 점'부 청사~이라393) 청산.

청사이나 그라고?

― 예.

그러'며는 아까' 데'구로 너머갈 떼는 거 쭉: 그 무 고'게 두 게가 이꼬, 또 다른 쪼'그로 너머가능 고'게는 업씀미까?

요즘 저'리'로 너머가는?

― 그는 저 요즈믄' 인저394) 그러하고 인저 미테 여: 은저395) 각뿌게 저 쪼'금 미테 사람드'른 헐'티고게도396) 너'머가고, 인자 융:기쩨397), 위잉' 기쩨도 너머가고 고'레 가주오 또 고에 너'머가마 저: 데구 쪼게는 또 인 자 저: 화언 카는 글로: 인자 갈라 카'마 거게 가마 또 여 가창 쪼게 너머 가마' 인자: 수'바쩨, 장다'이쩨.

고개[398]"라 말하는, "청산고개"

　－ 전부 대구로 가면 어디로 가느냐 하면[399] 인제 "청산고개"를 넘어
가는 것이야.

　－ 그럼 안 그러면 또 요쪽 인제 요기에 저 "상시미"라고 하는 데.

　－ 요게 인제 아까 말했지만 요기에 "독초골", "독초골" 뒷산 고기가 또
조금 낮아 가지고 고리로 넘어가도 대구로 가고, 여기 "통지미" 안으로 들
어가서 "최정산"을 넘어가도 대구로 가고, 두 골짜기를 넘어서 대구로 가
는데, 주로 "통지미"를 그리 넘어서 대구로 많이 전부 대구로 왔다 가요.

　그러면은 어 그 교통이 인제 그리로 예전에 차로?

　－ 그렇지, 옛날에는, 그렇지요, 전부 그리로 다 다녔지요, 전부 뭐.

　－ 차가 없으니까.

　－ 대구 가려고 하면.

　그럼 청, "최정산"이라고 안 하고 이 동네 사람들은 "청산"이라 하네요?

　－ 청, "청산", "청산".

　－ 뭐 학자들은 뭐 "최정산"이라 부르는데, 전부 여기 주민들은 뭐, 뭐
여기 모르는 사람들은 전부 청산이라, 청산.

　청산이라 그러고?

　－ 예.

　그러면은 아까 대구로 넘어갈 때는 그쪽 그 뭐 고개 두 개가 있고, 또 다른
쪽으로 넘어가는 고개는 없습니까?

　요즘 저리로 넘어가는?

　－ 거기는 저 요즘은 인제 그러하고 인제 밑에 여기 인제 각북에 저 조
금 밑의 사람들은 "헐티고개"도 넘어가고, 인제 "욍계재", "욍계재"도 넘
어가고 그래 가지고 또 고개 넘어가면 저 대구 쪽에는 또 인제 저 화원이
라고 하는 거기로 인제 가려고 하면 거기에 가면 또 여기 가창 쪽에 넘어
가면 인제 "수밭재", "장단재".

- 장다'이쩨라400) 카는 인자 제'는 왤 장다'이쩨나 하멸 고: 장달쩨르바르401) 너머오'마 그'게 인제 월'밴데402), 어 화워'닌데403), 그 옌나레 어른드른 그 꼴짜'이가 제'널 그게 노프지404) 안데, 그 꼴짜이 겡'자이 지'러405) 가'주고 가도 가도 거 장다'이라꼬, 함무리 좀, 도르도 거'기고 항고'비 도르도 거게오, 그레가즈 그 이, 제 이르믈 장다이쩨라꼬 그레 옌날 어른드리 그 불러와는 그기 이따카이.

그'르고 그'러며너 그어쪼'게 에 인제 제가 이꼬, 주로 그러며너 그리로 예저네너 너머가며너 어 요즘 달성구니다, 그지예, 예전 가트면?

- 그'르치, 그르, 그르치요.

그르코, 너'머가며는 그럼며는 달성군 어디가 나옴미까, 여 고'게 너'가며너?

- 인저'.

아까 이야기?

- 아까 요'게 인저 독'쪼골 요게 요쓰406) 디로 고린 인자 너머, 황'시미407), 상'시미제'루 너'머가마 인냐408) 달성군 은자 간, 지금 마라머 가창떼엠' 젤: 상수원 젤: 끈티' 꼴짜기 마떼'인 데가 인제 고'리고, 골:로 너무 아 은제 삼'통409) 네르가마 인자 가창떼'믈 나오 가주고 지끔 마리 용게'동 골로 빠저 나오능 기고.

- 인자' 청산제라 카능 거는 인자 어데감 자410) 통'지미 꼴짜'글 너'머가마, 건 사'늘 너'머가마, 거'어' 너메가마 인자 지금 자 달성군 가창읍 가창면 주동 칸' 데가 나온데, 골'로' 니'러가마411) 거 인자 옌나레 거 어 넹'천'412), 고레 가주고 그 꼴짝또 인자 결과저그러는 저 어데 가면 저 용게'동 가마 여 상'시미제로 가능 기나 청산제로 가능 기나 고게 가마 서로 만'난다이~, 요 골짜게.

- 대'구 가'은413) 사암 골'로' 가고, 여 화원: 이쪼그로 가는 사'암드른 요은 상'시미제 너'머 가주고 또 장다'인쩨를 너므가 가'는 사'암도 이꼬, 수'바쩨 너'머가은 사'암도 이꼬, 거느 즈기 쩌 화원 쪼게 가은 사암드414)

- "장단재"라고 하는 인제 재는 왜 "장단재"냐 하면 그 "장단재"를 바로 넘어오면 그게 인제 월배인데, 어 화원인데, 그 옛날에 어른들은 그 골짜기가 재는 그렇게 높지는 않은데, 그 골짜기가 굉장히 길어 가지고 가도 가도 "장단"이라고, 아무리 한 번 굽이를 돌, 돌아도 거기고 한 고비 돌아도 거기고, 그래서 그 이, 재 이름을 "장단재"라고 그래 옛날 어른들이 그 불러온 그게 있다고 하니까.

그리고 그러면은 그쪽에 에 인제 재가 있고, 주로 그러면은 그리로 예전에는 넘어가면은 어 요즘 달성군이다, 그렇지요, 예전 같으면?

- 그렇지, 그렇, 그렇지요.

그렇고, 넘어가면은 그러면은 달성군 어디가 나옵니까, 여기 고개를 넘어가면은?

- 인제.

아까 이야기?

- 아까 요기에 인제 "독초골" 요기에, 요기에서 뒤로 고리로 인제 넘어, "상시미", "상시미재"로 넘어가면 인제 달성군 인제 가, 지금 말하면 가창댐 제일 상수원 제일 끄트머리 골짜기가 맞닿은 데가 인제 고리고, 고리로 넘어와서 인제 곧장 내려가면 인제 가창댐을 나와 가지고 지금 마을이 용계동 고리로 빠져 나오는 것이고.

- 인제 "청산재"라고 하는 것은 인제 어디냐 하면 인제 "통지미" 골짝을 넘어가면, 그 산을 넘어가면, 그 넘어가면 인제 지금 인제 달성군 가창면 주리415)라고 하는 데가 나오는데, 고리로 내려가면 그 인제 옛날에 그 어 냉천, 그래 가지고 그 골짝도 인제 결과적으로는 저 어디냐 하면 저 용계동 가면 여기 "상시미재"로 가는 것이나 "청산재"로 가는 것이나 고기에 가면 서로 만난다니까, 요 골짝에.

- 대구 가는 사람은 고리로 가고, 여기 화원 이쪽으로 가는 사람들은 요기 "상시미재"를 넘어 가지고 또 "장단재"를 넘어 가는 사람도 있고, "수밭재"를 넘어가는 사람도 있고, 거기는 저기 저 화원 쪽에 가는 사람도

그레 가고.

그러′며느: 그: 여′기에 인제 그 아까 들:판′하고 그 다으메 이야기를 쭉: 헤 주시꼬, 골짜기도 헤 주셔꼬 한데, 혹′씨 이 근′처에 어 머 산: 가틍 거 마′ 알′고 어 쫌 머 쩌 자그만한 머 바, 아 머 바′위라든지 또는 나무라든지 머 이 링: 게 머 전′설하고 어 전′서리라든지 머 이런 인는 나무′나 또는 바이 가틍 게 인는 게 이씀미까, 이 동네에?

— 바′이는 인자 귀: 통′지미 거어슨 자 청사′늘 너′머가는데, 거′ 가마 인자 한차:암416) 거 꼴짜굴 올′라가마 넙뜩빠′우417)라 카′능 기 인는데, 거 넙뜩빵′우느 거 은자 거 들거~′이 인자 들:, 사′네 인자 사′니 무능′게자 덜, 도오′리 인자 콱: 인느 그 은자 들, 여 말:, 여 사름 마르 인자 들거~′ 이라 하기덩.

— 냐418) 사, 산 새에 인자 이 먼 도리 콱 모이가419) 인능 그걸 인제 들근뜨, 우에, 젠나레느 우에 큰 방우가 그기 마 오레데가주 거 쁘, 뿌사 져가420) 그이421) 구불르422) 니라 그기 모잉 그기 인자 돌 모, 모둥, 그 린 녀423) 들거이라 카기더, 여기 머, 여 사암 글거이라424) 간데, 거 들경 복 파네 그 도리 유이카게425) 앙 깨지고 아 마 얼만 널븐지 넙떡한 방우가 이데, 그걸 은자 엔나 어른드리 그 사네 너므염 거 시어따 가고 한데, 거 은자 방에너 넙뜩빵어라 카이.

— 거 넙뜩방우 미′테는 항상′ 그어426) 산 중어린데도 물′소리가 미′텔 니′르가는427) 무리 소리가 나능 기라.

— 웨: 물소리 나이, 그 인자 아까′도 이야기헤 비 그얼 체정′상 카너, 청상 카능 그 산′ 미′테 점부 무링강, 거, 거 산 저′테느428) 어느 꼴′짜이 무리 그′러쿰 수′매이 조꼬 무리 마이 니라.

— 그′레 그 우′쫌429) 올′러가마 고 청′산 초′끔 몽 가마 데어 매방′우 카′ 능 기 인는데, 어 매방′우 인자 아 그게 인저 그이 머슴 바이, 뻬′들케방 우430) 카′능 긴데, 인냐: 뻬′들께방우 그느 은자 이 유레′가 인제 어른들

그래 가고.

그러면은 그 여기에 인제 그 아까 들판하고 그 다음에 이야기를 쭉 해 주셨고, 골짜기도 해 주셨고 한데, 혹시 이 근처에 어 뭐 산 같은 것 말고 어 좀, 뭐 저 자그마한 뭐 바위, 아 뭐 바위라든지 또는 나무라든지 뭐 이런 게 뭐 전설하고 어 전설이라든지 뭐 이런 게 있는 나무나 또는 바위 같은 게 있는 게 있습니까, 이 동네에?

— 바위는 인제 그 "통지미" 거기에서 인제 "최정산"을 넘어가는데, 거기 가면 인제 한참 그 골짝에 올라가면 "넓적바위"라고 하는 것이 있는데, 그 "넓적바위"는 그 인제 그 "들경"[431]이 인제 들, 인제 산에 인제 산이 뭉개져서 돌, 돌이 인제 꽉 인제 그 인제 들, 여기 말, 여기 사람 말로 인제 "들경"이라 하거든.

— 인제 산, 산 사이에 인제 이 뭐 돌이 콱 모여서 있는 그것을 인제 "들경"도, 위에, 옛날에는 위에 큰 바위가 그게 그냥 오래돼서 그 부, 부서져서 그게 굴러 내려와서 그게 모인 그것이 인제 돌이 모, 모인, 그것을 인제 "들경"이라 하거든, 여기 뭐, 여기 사람들은 "들경"이라고 하는데, 그 "들경" 복판에 그 돌이 유일하게 안 깨지고 아 그냥 얼마나 넓은지 넓적한 바위가 있는데, 그것을 인제 옛날 어른들이 그 산을 넘어가면 거기서 쉬었다 가고 했는데, 그 인제 바위를 "넓적바위"라니까.

— 그 "넓적바위" 밑에는 항상 거기가 산의 중허리인데도 물소리가 미테 내려가는 물이 소리가 나는 게라.

— 왜 물소리가 나니까, 그 인제 아까도 이야기했듯이 그 "최정산"이라고 하는, "청산"이라고 하는 그 산 밑에 전부 물인가, 그 산, 그 산 곁에는 어느 골짜기나 물이 그렇게 수맥이 좋고 물이 많이 내려와.

— 그래 그 위쯤 올라가면 고 "청산" 조금 못 가면 저 "매바위"라고 하는 게 있는데, 어 "매바위" 인제 아 그게 인제 그게 무슨 바위냐, "비둘기바위"라고 하는 것인데, 인제 "비둘기바위" 그것은 인제 이 유래가 인제

마른 자432) 고 바'이가 보:한' 바이가 데충 시커믄'데, 고 바'이가 보:하'이 먼 데서 마 또 은자 삐'들께가치 셍겨따 케서이 삐'들께방우.

― 고레 인저 고:짱'433) 너'머가마 저: 은저 가창 주'동 칸'느 그으짜 가 머 또 매애'방우 카능 긴데, 매'방우 그 너믄 또 인자 매:가치 셍'겨따 그 러타 매:바우 카느 그른 마 전서리 머 이따이.

머 여'기 이 동네너 다른: 전스, 장군바'이나 이런 머 뜨 그런 전설 인늠 바 이느 업씀미까, 이 동네너?

― 이' 동네느 그렁 건 어꼬, 아까도 케찌만 저게' 비'슬사네, 그게는 머 어 그 데'은사434) 저'레 그어 그: 머 우리, 내 이야기를 헤도 겐차에요?

예예, 겐'잔습다, 예.

― 거 내:가' 그떼 어:: 네'가435) 끄 초'등하꼬 뎅'길' 뗀데, 어: 웨'정시뗀 데, 내 나가 그떼 아'옵'사링가 요레 무' 가주고 지'베 조'본님436) 따라 그 에 가 가주고 거 은냐437) "장군수" 물' 차'즈러 간다꼬 간'는데, 그'레 거 가이~438) 점부 거 데은사 절'도 아까도 이야이439) 쓰 다 마'애 뿌고440), 그 근'처에 암'저가 겡'제이441) 마네.

― 쪼꼬마442) 니러 암'자 마는데, 그 암'자 디에 인자 할부지하고 여 마 을 사'암 미'치443)하고 딜꾸가444) 가주고, 거 인자 가'이끼네 거 "장군수" 무'를 점'보 모'리고 낭'기 콰445) 긴'느 거 은저446) 토불 간 비여 네고 그레 인자' 아'아'들도447) 쫌 몸찝 큰' 사'암드448) 드'가이도 모 다고, 여 베'를 따악' 밀고 드가'이끼네449) 어: 오세450) 그트엄 머 이레 머 전:등이나 가따 대쓰 모을451) 긴데, 그에드452) 그르 가주오 아네 드가이 물 따가453) 나오 라 케 드가가이께 무리 우메이454), 그에 그 무'리 인자 "장군수" 무'리라 카 인자 안데, 그레 인자 하라부'지가455) 은제 이야기 하기로느, 여기 옌 나레 장구'니 무꼬 가'민서 도를 우에 가저 더푸 뿌땅 에, 거 세메 우에더 더'퍼는데, 거 비'을사네 돌, 그 바'이가 점: 껌'뭉 바인데, 그 더'픈 바'이느 큰: 바인데, 이 게우'레 보:한' 바일 하느 더프 나따카이.

어른들 말은 인제 그 바위가, 보양 바위가 대충 시커먼데, 그 바위가 보양게 먼 데서 그냥 또 인제 비둘기같이 생겼다고 해서 "비둘기바위".

－ 고래 인제 곧장 넘어가면 저 인제 가창 주동이라고 하는 그쪽으로 가면 또 "매바위"라고 하는 것인데, "매바위" 그 놈은 또 인제 매같이 생겼다고 그렇고 "매바위"라고 하는 그런 뭐 전설이 뭐 있다니까.

뭐 여기 이 동네는 다른 전설, 장군바위나 이런 뭐 그런 전설이 있는 바위는 없습니까, 이 동네는?

－ 이 동네는 그런 것은 없고, 아까도 말했지만 저기 비슬산에, 거기에는 뭐 어 그 대견사 절에 그, 그 뭐 우리, 내 이야기를 해도 괜찮아요?

예예, 괜찮습니다, 예.

－ 그 내가 그때 어 내가 그 초등학교 다닐 땐데, 어 왜정시대인데, 내 나이가 그때 아홉 살인가 요래 먹어 가지고 집에 조부님 따라 거기에 가가지고 그 인제 "장군수" 물을 찾으러 간다고 갔는데, 그래 거기에 가니 전부 그 대견사 절도 아까도 이야기했다 싶이 다 망해 버리고, 그 근처에 암자가 굉장히 많아요.

－ 조그만 이런 암자가 많은데, 그 암자 뒤에 인제 할아버지하고 여기 마을 사람 몇하고 데리고 가 가지고, 그 인제 가니까 그 "장군수" 물을 전부 모르고 나무가 꽉 있는 그 인제 톱을 가지고 베어 내고 그래 인제 아이들도 좀 몸집이 큰 사람은 들어가지도 못 하고, 여 배를 딱 밀고 들어가니까, 어 요즘 같으면 뭐 이래 뭐 전등이나 갖다 대었으면 모를 것인데, 그래도 그래 가지고 안에 들어가니 물을 떠서 나오라고 해서 들어가니까 물이 우물이, 그러니 그 물이 인제 "장군수" 물이라고 하니 인제 하는데, 그래 인제 할아버지가 인제 이야기하기로는, 여기 옛날에 장군이 먹고 가면서 돌을 위에 가져다가 덮어 버렸다는 거야, 그 샘의 위에다가 덮었는데, 그 비슬산에 돌, 그 바위가 전부 검은 바위인데, 그 덮은 바위는 큰 바위인데, 이 개울에 보양 바위를 하나 덮어 놨다고 하니까요.

― 더프 나웅 구 그레가 무'꾸 와 가지고, 그라'고 그게르 모, 가지르 모 나고 이따가 저:지'나네 네가, 그이끼네 그 한, 한 오'심 년 이따'가 거 갈르, 차즈러 가 가지고 거 쯔, 차찌느 모 나고 와 뿐는데, 그른 그 전서리 이뜨라 하이, 이 비'을싸네.

나무'와 괄'련덴 그런 전설 가틍 건 업씀미까?

나무, 유명안 나무라든지 머 크?

― 여'게 지음 유명한 나무느 각뿌게 드러프 여 적456), 인자 덕'상 카는데가 그이457) 오세 이 헹'정구여게느 덕촌 일, 일'린데, 엔나 인자 덕'사~이라 카는데, 거'게 아 끄엄458) 보마 저: 버드나:무:: 케 가주고 이 인자 느티나무가 아이 그 버드낭'긴데, 거 지영459) 그거너 청도: 여 경상북또 어:460) 머 머 지방 머 오세 머라 카노, 그거 머 그기 머 쩌, 지'정이 데 가지고 어 꺼 오세 으 그 괄리하고 인느, 그 버튼, 버드낭'기 그리 오'레데따 그러데여, 그기.

에, 에.

그럼' 지굼 이 마을: 가틍 경우에 데채저'그로 어: 아까 이야기하신 데로 그어 넘'머가며는 그거 아까 그어 고게를 너머가며 통'짐미나 저리러 너머가며 너 어 데구 쪽, 달성군 쪼기고, 어 요즘 데'구지마는, 아어 그러코, 에저네 그럼며느 시, 여기서 경제생'화르 할 떼 시장이나 이렁 경우느 어디를 주로 어 봄미까?

― 그러치.

― 우리가 쫌 커'써는 여 점부 풍'각면 여게 인자 산서, 청도 이저461) 산서 카며 인자 각뿍, 풍'가, 이서', 강'남, 화양, 청'도, 요레가 인자 산선데, 요 풍'각 칸' 데가 인자 이서', 강'남, 각뿍, 사 개' 며네 중심'지가 풍'각시장인데, 주로 인자 풍'각시장을 마이 바: 무우꼬, 뎅기미 인자 시장을 바:꼬.

― 엔날 어'른'드른 참 웨'정시데늠 마 어른들 할 떼는 여'기서 여 서'까

- 덮어 놓은 것을 그래서 먹고 와 가지고, 그리고 거기에 못 가고, 가질 못 하고 있다가 저지난해에 내가, 그러니까 그 한, 한 오십 년 있다가 거기에 가려고, 찾으러 가 가지고 거기를 저, 찾지를 못 하고 와 버렸는데, 그런 그 전설이 있더라고 하니까요, 이 비슬산에.

나무와 관련된 그런 전설 같은 것은 없습니까?

나무, 유명한 나무라든지 뭐 큰?

- 여기 지금 유명한 나무는 각북에 들어오면 여기 덕산, 인제 덕산이라고 하는 데가 그게 요즘 이 행정구역으로는 덕촌 일, 일리인데, 옛날 인제 덕산이라고 했는데, 거기에 앞, 시내를 보면 저 버드나무라고 해 가지고 이게 인제 느티나무가 아니고 그건 버드나무인데, 거기는 지금 그것은 청도 여기 경상북도 어 뭐, 뭐 지방 뭐 요즘 뭐라고 하나, 그걸 뭐 그게 뭐 저, 지정이 돼 가지고 어 거기 요즘 어 그 관리하고 있는, 그 버드나무, 버드나무가 그래 오래되었다고 그러던데요, 그게.

예, 예.

그럼 지금 이 마을 같은 경우에 대체적으로 어 아까 이야기하신 데로 그걸 넘어가면은 그거 아까 그거 고개를 넘어가면 "통지미"나 저리로 넘어가면은 대구 쪽, 달성군 쪽이고, 어 요즘 대구지만은, 어 그렇고, 예전에 그러면은 시장, 여기서 경제생활을 할 때 시장이나 이런 경우는 어디를 주로 어디에서 봅니까?

- 그렇지요.

- 우리가 좀 커서는 여기 전부 풍각면 여기 인제 "산서지역", 청도 인제 "산서"라고 하면 인제 각북면, 풍각면, 이서면, 각남면, 화양읍, 청도읍, 요롷게 인제 "산서"인데, 요 풍각이라고 하는 데가 인제 이서, 각남, 각북, 네 개 면의 중심지가 풍각시장인데, 주로 인제 풍각시장을 많이 봐 먹었고, 다니면서 인제 시장을 봤고.

- 옛날 어른들은 참 왜정시대에는 그냥 어른들이 할 때는 여기서 여기

레 나무 어이[462] 저이 목'제집 져'마[463] 우에[464] 인자 언지느[465] 서'까레를 인느[466] 멩드러[467] 가주고 지'게' 질'머지고 여게 상시미 여 므꼬, 독 쪼굴로 헤가 상시밀제를 너'므 가지고 그게서 또 수'바쩨를 너머 가주고 장단'시를[468] 너머가을 사'암도 이꼬, 그레가 화언장'에 가 가지고 서'까레를 그'어다[469] 팔고, 대'구 사'암드른 그쭉 사암드 른자[470] 나무가 업'쓰이 께네 그 서까레러[471] 팔고 그게다아 인자 머 모 곡'식도 팔고 머 소금'도 팔고 이레 가지고 엔나레는 어른드른 일'부느 그레 와꼬, 일'부느 푸앙짱'에서[472] 인자 거 장을 바다 무꼬, 점부 엔나에 점부 그레 가이 마이, 그떼 차도 어꼬, 전보 소: 등에 실꼬 가고 니언 주로 인자 가갈[473] 껀 땅 근 어 꼬 점부 나무헤' 가지고, 사네 나무헤 가지오 점부 가따 팔고, 파러 가주 고 점부 인자 곡식또 구헤고, 점부 그레 사르.

그아'무 거이여 풍각짱'이다, 그지예?

― 그 인저 풍각장.

그'람 풍각장 말'고는 으 다른 장:은 업서씀미까, 옌나레너?

― 푸앙짱' 말고'는 저 청도쟝'이 인는데, 청도장은 너므, 청도장 가니: 대'우가, 대'구나 청도자'이나[474] 비스당'기라[475].

― 그'르인[476] 주로 데우당' 가고, 그레가조 또 인자 헤:방'이 데'고 나' 여느: 또 풍각짱'이 또 은자 여 각뿍 사람드르 은자 웨 우리 각뿍 사'암드 이 풍앙짱'에 가열 도'오'늘 버'리노, 우리 각뿍 사'암드은 가뿌 사람끼이 무구 사두로나 멘드자, 이레 가'지고 각'뿌게 여게 인자 소:말 칸 데 지그 은자 남산 일'또[477], 일'리라 칸데, 옌나레 소'마르라 칸 소말 그' 동네에 인자' 냐 각뿍시자~'을 하느 만드르 나앙거더.

― 만드러 노'이[478] 그기' 안 덴'다 하이.

― 시장이 안 데고 점'부 주럽, 마 풍악짜'에 가' 뿌고 그래가 함'분 멘드아 시장도 안, 멘드라따 시, 그 시장은 머 결'구은[479] 망헤 뿌 안 데뜨.

서까래 나무 어찌 저기 "목재집"을 지으면 위에 인제 없는 서까래를 잇는, 그것을 만들어 가지고 지게에 짊어지고 여기 "상시미" 여기 뭐냐, "독초골"로 해서 "상시미재"를 넘어 가지고 거기에서 또 "수밭재"를 넘어 가지고 "장단재"를 넘어가는 사람도 있고, 그래서 화원장에 가 가지고 서까래를 거기에다 팔고, 대구 사람들은 그쪽 사람들은 인제 나무가 없으니까 그 서까래를 팔고 거기에다가 인제 뭐, 뭐 곡식도 팔고 뭐 소금도 팔고 이래 가지고 옛날에는 어른들은 일부는 그래 왔고, 일부는 풍각장에서 인제 거기서 장을 봐 먹고, 전부 옛날에 전부 그래 가지고 많이, 그때 차도 없고, 전부 소 등에 싣고 가고 여기는 주로 인제 가져갈 것은 다른 것은 없고 전부 나무해 가지고, 산에서 나무해 가지고 전부 가져다 팔고, 팔아 가지고 전부 인제 곡식도 구하고, 전부 그래 살았어요.

그러면 거기가 풍각장이다, 그렇지요?

― 그 인제 풍각장.

그럼 풍각장 말고는 어 다른 장은 없었습니까, 옛날에는?

― 풍각장 말고는 저 청도장이 있는데, 청도장은 너무, 청도장으로 가느니 대구가, 대구나 청도장이나 비슷한 거야.

― 그러니까 인제 주로 대구장을 가고, 그래서 또 인제 해방이 되고 나서는 또 풍각장이 또 인제 여기 각북 사람들은 인제 왜 우리 각북 사람들이 풍각장에 가서 돈을 버리느냐, 우리 각북 사람들은 각북 사람끼리 먹고 살도록 만들자, 이래 가지고 각북에 여기 인제 "소말"이라고 하는 데 지금 인제 남산 일동, 일리라고 하는데, 옛날에 "소말"이라고 했던 "소말" 그 동네에 인제, 인제 각북시장을 하나 만들어 놓았거든.

― 만들어 놓으니 그게 안 된다고 하니까.

― 시장이 안 되고 전부 줄어, 그냥 풍각장에 가 버리고 그래서 한 번 만들었다가 시장도 안 되고, 만들었다가 시장, 그 시장은 뭐 결국은 망해 버리고 안 됐다.

■ **주석**

1) 이는 조사자의 담화표지이며 조사자의 발화에서 자주 등장하는 어형이다.

2) 이는 '대해서'로 대역되며 '대해서 → 대애서(ㅎ탈락현상) → 데에서(모음중화에 따른 고모음화 현상)'의 과정을 거쳐 실현된 예이다.

3) 이는 '보려고'로 대역되며 '보(見)- + -ㄹ려고(의도형)'의 구성이다.

4) 이는 '정확한'에서 모음 사이에서 'ㅎ'음이 탈락된 경우이며 이런 현상은 일상 대화에서 흔한 음운현상 중의 하나이다.

5) 이는 '어찌'에 대응되는 이 지역어형이 아니라 '우(上) + -에(관형격조사)'의 구성으로 이루어진 어형으로 '윗대 또는 윗대의'로 대역되는 이 지역어형이다. 참고로 이 지역어에서 '어찌'에 대응되는 '우예'는 성조가 '우'예'로 실현된다.

6) 이는 '임진왜란'으로 대역되며 이중모음의 실현제약에 따른 이 지역어형이다.

7) 이는 같은 발화에서 '마알'형과 공존하는 개신형에 해당하며 이를 비롯해 '말'과 같은 다양한 변이형이 등장한다. 또 제보자의 일상적인 발화에서는 더 보수적인 어형인 '마실'형도 실현됨을 확인했지만 구술발화에서는 드물게 실현되는 편이다.

8) 이는 '말하다'의 대동사로서 사용된 예다.

9) 이 제보자의 발화에서 수의적으로 치조마찰음인 'ㅆ'음이 수의적으로 실현되기도 하지만 음운론적 변별성을 지니는 것은 아니다. 즉, 이 제보자의 발화에서는 'ㅅ'음과 이 음의 된소리인 'ㅆ'음이 수의적으로 실현될 뿐이다.

10) 이는 '뭐'로 대역되는 이 지역어의 담화표지이다.

11) 이는 이 지역어에서 'ㅡ'와 'ㅓ'모음의 변별이 이루어지지 않아 중화된 어형이며 '-가'는 '-(어)서'에 대응되는 이 지역어형이다.

12) 이는 후행하는 원순자음에 의한 역행원순모음화와 어중 위치에서 경음화가 이루어진 예이며, 이 지역어에서 이 음운현상은 매우 일반적이다.

13) 이는 '한 분도 → 함 분도(양순음화)'의 과정을 거친 실현형이며 이 지역어에서 자음의 위치동화는 단어 경계를 사이에 두고서도 음운현상이 일반적으로 실현되고 있다.

14) 이는 '없고'로 대역되며 '없- + -고 → 업꼬(어중 경음화) → 어꼬(음절말자음 탈락)'의 과정을 거쳐 실현된 어형이다.

15) 이는 '조금'으로 대역되며 '조금 → 조끔(어중 경음화) → 쪼끔(어두 경음화) → 쪼꿈(역행원순모음화)'의 과정을 거쳐 실현된 예다.

16) 이는 '많이 → 만이(ㅎ탈락) → 마~니(비모음화) → 마~이(ㄴ탈락)'의 과정을 거쳐

실현된 어형이며 이 지역어를 비롯한 경상도방언에서 일반적으로 실현되는 음운현상이기도 하다. 또, 비모음화가 이루어지지 않은 수의적인 변이형인 '마이'형으로도 실현된다.

17) 이는 담화표지이며 이 밖에도 '어::' 형 등으로도 실현된다.

18) 이 동네의 행정상 이름은 '경상북도 청도군 각북면 지슬2리'이다. 여기서 지슬은 한자로 '芝瑟'에 해당한다. 제보자의 설명을 통해서도 알 수 있듯이 이 지명은 원래 '치실'이었고 이를 비슷한 음의 한자로 옮긴 음차(音借)이며 한자의 원래 뜻과는 관련이 없는 예이다. 제보자의 설명대로 이 지역은 대한제국 시대에는 행정명이 현재와 같은 청도군이 아니라 '대구부' 소속이었으며 한자로 '只谷'으로 기록되어 있음을 알 수 있고 이보다 이른 시기인 1709년에는 상지동(上只洞), 하지동(下只洞)으로 등장하는데 모두 치실을 기록한 표기이다. 이를 통해 볼 때, 이 지명은 일제강점기인 1914년 이 지역의 고유 땅이름인 '치실'을 음차하여 기록한 것이 현재의 표기인 '芝瑟'이며 지금처럼 '지슬'로 발음하기보다 '치실'로 발음하는 것이 더 정확하다. 즉, '瑟 = 谷'에 대응되는 것으로 전자는 음독표기이며 후자는 훈독표기이다. 즉, 골짜기에 해당하는 우리말인 '실'을 음독하거나 훈독한 글자이다. 또, 이 지역은 그 지역의 형세가 농기구인 '키(箕)'의 모양처럼 생겼으며 이에 따라 '키(箕)'의 이 지역 어형인 '치(경구개음화된 어형)'를 음독한 것으로 판단된다. 일설로 '고개 즉, 티의 끝에 있는 마을'이라는 의미로 마을이 유래되었음을 설명하기도 하지만 오산리나 금천리(시실)의 경우에도 비슷한 상황인 것을 보면 그렇게 합리적인 설명은 아닌 것으로 판단된다.

19) 이는 담화표지 중의 하나이다.

20) 이는 '행정상으로'형으로 대역되며 '행정상 + -으는(보조사) → 행정상아는(모음동화) → 행정사아는(음절말비음 탈락) → 행정사아느(어절말 비음 탈락)'의 과정을 거쳐 실현된 어형이다.

21) 이는 '말하다'의 대동사로 사용된 예이다.

22) 이는 행정구역상으로 경상북도 청도군 각북면 지슬1리에 해당하는 자연 부락 중의 하나이다. 이는 한자어 지명으로 '월암(月巖)'이며 원래 자연부락 이름으로는 '다래미 또는 다리미'이며 여기서 지명소 '미'는 삼국사기 지리지에 등장하는 고대 우리말의 물에 해당하는 차자표기 '買, 米' 등으로 음차 표기한 '*mi'에 해당하는 지명소로 판단되는 예이다.

23) 이는 '마을'로 대역되며 축약에 의하여 '말'로 실현된 어형이다.

24) 이는 그 기본형이 '분리(分離)되다'이며 '분리되- + -어 → 분리돼(축약) → 불리돼(설측음화) → 불리데(이중모음 실현제약에 따른 단모음화)'의 과정을 거쳐 실현된 어형이다.

25) 이는 '인제'로 대역되는 이 지역어의 담화표지형이다.

26) 구술발화 조사를 한 뒤에 다시 제보자로부터 확인한 바에 따르면, 상지와 중지는 예전에는 각각 '웃각단[욷깍딴], 아랫각단[아랟깍딴]'으로 불리웠다고 한다.

27) 이는 '요것 + -도'의 구성으로 '요곳도 → 요고또(경음화)'의 과정을 거쳐 실현된 어형이다.

28) 이는 '한말, 구한말(舊韓末)'로 대역되며 역행순자음화현상이 실현된 이 지역어형이다. 잘 알려져 있다시피 여기서 '한말'은 조선말부터 대한제국시대를 가리키는 시대이다.

29) 이는 '여기'로 대역되며 이의 준말이다.

30) 이는 '같(如)- + -는 → 간는(비자음화)'의 과정을 거쳐 실현된 어형이다. 이는 직역으로 하면 '같은 게'로 대역하는 것이 맞지만 앞의 문맥과 의미를 고려하여 '그랬던 것'을 보완하여 해석했다.

31) 이는 '것이'로 대역되며 '것이 → 게(축약) → 기(고모음화 현상)'의 과정을 거쳐 실현된 어형이다.

32) 이는 '보면'으로 대역되며 '보(見)- + -마(연결형어미)'의 구성이다.

33) 이 지역어에서는 '놓(置)-'의 기본형이 '낳다'이다.

34) 이는 '지금'의 발화실수형이다.

35) 이는 '지금'으로 대역되는 이 지역어형이며 '지금 → 지끔(수의적 경음화현상) → 지꿈(역행원순모음화현상)'의 과정을 거쳐 수의적으로 '지꿈'형으로도 실현된다.

36) 이는 '사람'으로 대역되는 어휘이며 모음 사이에서 유음이 탈락된 예이다.

37) 이는 '나가고'형에서 모음 사이에서 연구개 평음 'ㄱ'음이 탈락된 예이다.

38) 이는 '많이'로 대역되며 '만히 → 마니(ㅎ음 탈락) → 마~니(비모음화) → 마~이(비자음 탈락)'의 과정을 거쳐 실현된 어형이며 이는 수의적으로 '마이'형으로도 실현된다.

39) 이는 '이런'으로 대역되며 어절 경계가 놓였지만 자음의 위치동화 즉, 양순음화가 일어나서 실현된 어형이다.

40) 이는 '칠십(七十)'으로 대역되는데 후행하는 단위명사 '호(戶)'와 결합하여 융합현상이 일어나는 것이 보통인데 여기서는 음절말 자음 'ㅂ'음이 탈락된 된 경우이며 어저말 자음이 탈락되는 경우가 이 제보자의 발화에서 많은 편이다.

41) 이 지역어에서도 모음조화가 잘 지켜지지 않는 예 중의 하나이며 '살- + -었(과거시상선어말어미)- + -는데(어미)'의 구성으로 이루어진 어형이며, '살었는데 → 사릈는데(모음중화현상) → 사른는데(비자음동화현상)'의 과정을 거쳐 실현된 예이다.

42) 이는 한자어로서 '양동(兩洞)'에서 음절말자음이 탈락되어 실현된 어형으로 '두 동, 양동'으로 대역된다.

43) 이 지역어에서는 '엎다'의 뜻이 비유적으로 사용되어 '합치다'의 의미로 사용된 경

우이다.

44) 이는 '부를'로 대역되며 '부르(呼)- + -ㄹ(관형사형어미) → 불(축약)'의 구성으로 이루어진 예다.

45) 이 지역은 숙종 10년(1884)에 대구부에 귀속되었다가 광무 10년(1906)에 청도군으로 이속되어 각북면이라 하였으며, 1914년에 상북면과 합병되어 현재의 각북면에 이르고 있다.

46) 여기서 각북면은 '경상북도 청도군 각북면'을 가리키며 각북면은 원래 이서국의 한 부분이었다가 43년에 신라에 복속되어 상화촌현(上火村縣)으로, 757년엔 상부촌(上部村)으로 풍각현(豊角縣)에 속했다. 고려 시대에는 풍각현으로, 995년에는 밀양군에 속한 풍산현으로, 1018년 유산현으로 바뀌었다. 조선이 건국되면서 풍각현으로 소속되었으며 1884년 숙종 10년에 대구부(大邱府)에 귀속되었다가 1906년 광무10년 청도군으로 이속되어 각북면이 되었다. 1914년 상북면(上北面)과 합병하여 현재에 이르고 있으며 행정리(行政里)는 15개리이며 자연부락 숫자는 26개 부락으로 형성되어 있다. 이 이름은 '풍각현'의 북쪽에 있다는 데에서 유래되었다. 각북면은 청도군에서 가장 서북쪽에 위치하며, 뒤쪽은 청도군 서북쪽에서 가장 높은 비슬산을 중심으로 홍두깨산과 헐티재를 경계로 대구광역시 달성군 즉, 서쪽은 달성군 유가면, 북쪽은 달성군 가창면과 접하고 있다. 서남쪽으로는 풍각면 수월리와 경계를 하며 동으로는 이서면과 경계를 두고 길쭉하게 남북으로 형성된 면이다. 비교적 높은 산 때문에 협곡으로 이루어져 있으며, 청도천이 이곳에서 발원하여 풍각면에서 부곡천과 합류하여 각남면으로 흘러 들어간다. 이 지역은 농지가 좁기는 하지만 경지정리가 비교적 잘 되어 있고 저수지가 많아서 농사를 짓기에 알맞으며, 토양은 사질토가 많아서 송이버섯이 많이 나오며 감, 사과, 복숭아 같은 과일의 재배가 많은 편이다. 또 도로는 강을 따라 남북으로 902번 지방도로가 있어서 풍각면과 달성군 가창면으로 연결된다(각북면 누리집(Homepage) 및 향토문화대전에서 인용함).

47) 이는 '제일'로 대역되며 '제일 → 젤(축약현상)'의 과정을 거쳐 실현된 예이다.

48) 이는 '많(多)- + -고 → 만고(ㅎ탈락) → 망고(연구개음화)'의 과정을 거쳐 실현된 어형이며, 중부방언에서는 유기음화가 실현되지만 이 지역어에서는 'ㅎ'음이 탈락된 과정을 보이는 예다.

49) 이는 '인제'로 대역되는 이 제보자의 담화표지이다.

50) 이는 '나 + -여(연결형어미) + -는(보조사)'의 구성으로 이루어진 어형이다.

51) 이는 '조금'으로 대역되며 어두경음화가 실현된 예이며 역행원순모음화 현상이 실현된 '쪼꿈'형으로 실현되기도 한다.

52) 이는 어중자음 'ㄱ'음이 탈락된 예이며 '지금'으로 대역된다.

53) 이는 어중자음 'ㄱ'음이 탈락된 예이며 '가구(家口)'로 대역된다.

54) 이는 '수(數)도'로 대역되며 '수(數)- + -더(보조사 '-도')'의 구성이다.

55) 이는 '유입(流入)하- + -였(과거시상)- + -는(관형사형어미)'의 구성으로 'ㅎ음 탈락 현상'이 이루어진 다음 축약이 일어난 예다.

56) 이는 '때문에'로 대역되는 이 지역어형으로서 이 어형은 이 지역어 외에도 전라도방 언에서 실현됨이 보고되어 있다.

57) 이는 어중경음화가 실현된 예로서 이 지역어에서는 어중 및 어두 위치에서 경음화 의 실현이 일반화되는 경향이 있다.

58) 이는 한자어 '타지(他地)' 또는 '다른 마을'의 의미인 '타마을' 정도로 실현되어야 할 예지만 발화가 순간적으로 생략된 경우이다. 즉, '각북면의 다른 동네보다'와 같은 표현을 하려고 한 표현이다.

59) 이는 '여기'의 준말이며 이 지역어 및 이 제보자의 발화에서 일반적으로 실현되는 어형이다.

60) 이는 '사람 + -드(보조사 '-도')'의 구성이며 이 제보자의 발화에서는 보조사 '-도'가 '-더 ~ -드'로 실현되는 경우가 많다. 이 두 어형은 이 지역어에서 모음 /ㅓ/와 /ㅡ/ 가 중화되었으므로 수의적으로 실현된다.

61) 이는 '지금'으로 대역되는 어형이며 어중자음 'ㄱ'음이 탈락된 예이며 이 지역어에 서는 어중 연구개 예사소리가 탈락되지 않으면 경음화현상이 실현되고 있다. 이 지 역어에서는 어중 및 어말자음의 탈락이 흔한 예이며 이 예도 그 중의 하나다. 그리 고 이 어형은 하나의 발화 안에서 '지끔, 지음, 저긍' 등과 같이 다양한 형태로 실현 된 경우이다.

62) 이는 '많은'으로 대역되며 '많(多)- + -은(관형사형어미)'의 구성으로서 축약이 이루 어진 예이다.

63) 이는 '구성(構成)'으로 대역되며 어중 연구개비음이 탈락된 예이다.

64) 이는 '나우(去: 나가 > 나아 > 나우-(이화))- + -가(연결형어미)'의 구성이다.

65) 이는 풍각중학교로 대역되며 어중ㅎ음탈락과 경음화현상이 실현된 결과이다. 이 중 학교는 1949년 4월 6일에 풍각고등공민학교의 설립 인가가 났으며 이를 바탕으로 1952년 4월 1일에 풍각면 송서리에 사립 풍각중학교로 개교했다. 1959년 1월 1일에 공립으로 바뀌었으며 2016년 2월까지 모두 10,198명의 졸업생을 배출하였다. 또, 각 북면 남산리에 풍각중학교 각북분교장이 있다. 각북분교장은 1973년도에 각북중학 교로 설립되었지만 학생수의 감소로 인해 풍각중학교 분교로 바뀌었다. 또 1968년 에는 이 학교에 병설로 풍각농림고등학교가 설립되어 지금은 풍각전자고등학교로 이름이 바뀌었으며, 이어지는 발화의 중고등학교는 풍각중학교와 풍각전자고등학교 를 가리키는 뜻이다.

66) 이는 '아이(<아니)- + -마(연결형어미 '-면')'의 구성이다.

67) 이는 이서면 서원리에 있는 이서중학교와 이서고등학교를 가리키는 말이다. 이서중

학교는 1949년 9월 3일 이서고등공민학교로 출발하여 그 뒤 박원묵, 박재만 씨의 노력으로 1952년 2월 12일 사립중학교인 이서중학교로 개교했다. 1966년에는 이서학원에서 병설로 고등학교를 개교했으며 2003년에는 고등학교가 분리되었으며, 이후 여러 재단으로 바뀌었다가 2011년부터 무일교육재단이 운영을 하고 있는 중고등학교이다. 2016년 4월 1일 기준으로 일반 5학급으로 운영되며 2015년까지 모두 13,272명의 졸업생을 배출했다.

68) 이는 일제강점기인 1935년 9월 11일 각북보통공립학교로 인가되어 각북면 남산리에 세워진 학교로서 그 이후에, 각북국민학교로 개명되었고 1949년에 덕산분교를 두었으며 학생 수의 감소로 인해 1998년 덕산초등학교로 통합되었다(청도군지)

69) 이는 '거기'로 대역되며 '거기 → 거이(ㄱ음탈락현상) → 거어(모음조화현상) → 그어(모음중화에 따른 모음변이)'의 과정을 거친 어형이다.

70) 이는 '아(童) + -들(복수접미사) + -도(보조사)'의 구성이며 이 어형의 성조는 '아들', 아들'과 같이 실현되는 반면에 동음이의 관계인 '아'들(子)'의 성조와 차이를 보인다.

71) 이는 '올해'로 대역되며 '올해 → 올애(ㅎ탈락) → 올래(설측음화현상)'의 구성으로 이루어진 어형이다.

72) 이는 '여기'로 대역되는 이 지역어형이다.

73) 이는 '덕산초등학교 + -에(처소부사격조사) + -가(이는 주격조사 '-가'가 보조사의 기능처럼 역할을 하는 경우임.)'의 구성이다. 덕산초등학교(德山初等學校)는 경상북도 각북면 덕촌리에 있는 공립 초등학교이며 1949년 10월 5일 각북국민학교 덕촌분교장으로 시작하여 1951년 5월 4일에 덕산국민학교로 개교하였다. 그 후 1985년 9월 1일 덕산국민학교 병설 유치원을 개교하였으며, 1996년 3월 1일에 덕산초등학교로 개명하였다. 또, 1998년에는 각북면 소재지의 각북초등학교를 통합하였으며 2016년 2월 17일 제63회 졸업생까지 총 2,557명의 졸업생을 배출하였고, 2016년 4월 1일 현재 일반학급 4학급, 27명의 작은 규모의 학교이다.(한국향토문화전자대전, 한국학중앙연구원)

74) 이는 '지금(只今)'의 준말이다.

75) 이는 외국인 영어교사가 파견되는 학교로 지정되었다는 의미이며, 제보자의 발화가 중간에 일부 생략되어 일어난 표현이다.

76) 이는 '여기에'로 대역되며 '여(여기) + -에(처소부사격조사)'의 구성으로 이루어진 어형이다.

77) 이는 '요기'로 대역되는 이 지역어형이다.

78) 이는 '근처에'로 대역되는 이 지역어형이며 '근(近) + -에(처소부사격조사)'의 구성이다.

79) 이는 '비슬산인데'로 대역된다. 여기서 말하는 비슬산(琵瑟山)은 대구광역시 달성군

옥포면과 경상북도 청도군 각북면의 사이에 있는 높이 1,084m의 산이며 1986년 2월 22일에 군립공원으로 지정되었다. 암괴류(岩塊流)는 큰 자갈 또는 바위 크기의 둥글거나 각진 암석 덩어리들이 산의 네 면이나 골짜기에 아주 천천히 흘러내려 쌓인 것을 말하는데, 이 산의 암괴류는 중생대 백악기 화강암의 거석들로 이루어진 특이한 경관을 보인다. 뿐만 아니라 규모가 길이 2㎞, 폭 80m, 두께 5m에 달하고, 암괴들의 직경이 약 1~2m에 이르는 것으로 국내에 분포하는 수 개의 암괴류 중 규모가 가장 커서 학술·자연학습적 가치가 매우 큰 편이다(위키 백과사전 참조). 이 산의 최고봉은 대견봉(大見峰 : 1,084m)이며 이 산의 꼭대기에는 진달래 군락이 유명한 편이다.

80) 이는 '마을에서'로 대역되며 '마실 +에서(처소격조사)'의 구성이다. 이 어형은 이 지역어에서 고형은 '마실'이지만 축약형으로 '말'형이 등장하며 'ㅅ'음이 탈락된 개신형으로 '마을, 마알' 등이 등장하기도 한다.

81) 이는 '보이는 게'로 대역되며 '기'는 고모음화에 따른 실현형이다.

82) 이는 '바로'로 대역되는 이 지역어형이며 이 어형은 강원도방언에 실현되는 것으로 보고된 바 있다.

83) 이는 '아마'로 대역되는 이 지역어형이다.

84) 이는 '지금'의 이 지역어형이며 이 제보자의 발화 특징인 어중 자음의 탈락에 의한 실현형이다.

85) 대견사(大見寺)는 대구광역시 유가면 용리 즉, 비슬산에 있는 절 이름이다. 이 절은 당나라 문종이 하루는 낯을 씻으려고 대야에 떠 놓은 물에 아름다운 풍광이 나타났고 문종이 이곳을 찾아 절을 지으라고 명했다. 중국에서 찾지 못하여 문종은 신라에 사신을 파견하여 찾게 했고 이곳이 곧 그 절터이다. 중국 즉, 대국에서 보여준 절터라는 이름을 갖게 되었다는 설화가 있다. 이 절의 종파는 원래 교종에 속했고 이절의 폐사는 임진왜란 전후로 알려져 있으며 20세기 들어서 영친왕의 즉위를 기념하여 이재인에 의해 중창하였으나 1917년에 다시 폐허가 되었다. 2011년 11월에 다시 재건되었으며 이 절은 전성기에는 비슬산의 중심 사찰이었으며 절의 축대 밑에는 맑은 샘이 있는 것으로 알려져 있다.(한국민족문화대백과사전)

86) 이 음성형은 '거기'로 대역되는 이 지역어형이며 어중자음인 'ㄱ'음이 탈락된 경우이며 부사 '거의'도 같은 음성형으로 실현된다.

87) 이는 '굉장히'로 대역되며 '굉장히 → 겡장히(이중모음의 단모음화) → 겡장이(어중 ㅎ음 탈락) → 겡자이(음절말비음 탈락)'의 과정을 거쳐 실현된 예이며 수의적으로 비모음화현상이 적용된 '겡자~이'형으로도 실현된다.

88) 이는 부사 '그냥'의 이 지역어형이다.

89) 이는 '거기'의 이 지역어형이다.

90) 이는 '망(亡)하고'로 대역되며 어중의 'ㅎ'음이 탈락된 예이다.

91) 이는 '흔적(痕迹) + -만(보조사)'의 구성으로 비음동화 현상이 일어난 예이다.

92) 이는 '그리고'로 대역되며 '그리고 → 그르고(후설음화)'의 과정을 거쳐 실현된 예이다.

93) 이는 최정산(最頂山)인데, 이 산은 대구광역시 달성군 가창면에 위치하고 있는 해발 905m의 산이다. 태백산맥의 지맥인 비슬산맥에 솟아 있으며 비슬산과 비슷한 형태의 산이다. 이 산과 통점령 사이에 있는 700m 고지는 국내에서 강원도의 대관령과 함께 스위스 샬레(Chalet)와 같은 형태의 고위평탄면 지형을 가지고 있는 곳으로 이국적인 분위기를 자아내며 대구지역에서 유일하게 고랭지 농업과 목축업이 성행하고 있는 곳이다. 이 산은 이 지역에서 가까운 곳이며 대구로 가는 길목 중의 하나이다. 이 지역어에서는 최정산을 예전에는 주로 '청산'으로 많이 불렀다고 한다.

94) 이는 '비슬산'의 발화실수형이며 '비슬산의'로 대역되는 내용이다.

95) 이는 '싶은'으로 대역되며 '싶은 → 시푼(원순모음화) → 시풍(후행 어절의 연구개음에 의한 자음동화)'의 과정을 거쳐 실현된 예이다.

96) 이는 이 구술발화에서 다양한 형태로 실현되는 이 제보자의 담화표지 중의 하나이다.

97) 이는 '고여서'로 대역되며 '고이- + -어가(연결형어미 '-어서')'의 구성이다.

98) 이는 '골짜기마다'로 대역되는 이 지역어형이며 '골짜기 + -마꿈(보조사 '-마다')'의 구성이다.

99) 이는 '좋은지'로 대역되며 원순모음에 의한 원순모음동화가 실현된 예다.

100) 이는 담화표지 '뭐'로 대역되는 이 지역어형이다.

101) 이는 '어디에'로 대역되며 이 어형의 준말이다.

102) 이는 조사자의 발화에서도 어중자음의 탈락이 이루어진 예이다.

103) 원래 이 부분은 조물주가 '그 장소에 세 봉오리가 있도록 해서'로 해석해야 제보자의 원래 의도대로 해석하는 것이지만 전체 문맥 의미가 맞도록 다소 의역을 해서 제시했음을 밝힌다.

104) 이는 '또'의 이 지역어형이다.

105) 이는 '못지 않게'의 준말이다.

106) 이는 '최정산'을 발화한 예이며, 실제로 이 마을 위치에서 보면 북동쪽에 위치한 산이다.

107) 이는 '걸쳐서'로 대역되며 '걸치- + -어가(연결형어미 '-어서')'의 구성이다.

108) 이는 '인제'로 대역되며 '인자'형의 수의적인 변이형이다.

109) 이는 이 지역어에서 '솥박산'으로 불리며 정확한 산이름은 알 수 없다. 이 마을의 남쪽 방향에 있는 산이며 산 너머는 청도군 풍각면 및 달성군 가창면과 연결되는 지역이며 이 지역사람들에 의하면 솥을 엎어놓은 형상과 같다고 하여 이름이 붙여

졌다고 한다.

110) 이는 '산(山) + -은(주제표시 보조사)'의 구성이며 '산은 → 사느(음절말자음 탈락) → 사너(모음중화)'의 과정을 거쳐 실현된 예이다.

111) 이는 한자어 '개벽(開闢)'이며 '개벽 → 개벅(이중모음 실현제약에 따른 단모음화) → 개복(원순모음화)'의 과정을 거쳐 실현된 예이다.

112) 이는 '말이지'로 대역되는 이 어형이다.

113) 이는 '산(山) + 만뎅이'의 구성이며 '만뎅이'는 '산마루, 꼭대기'의 뜻을 지닌 이 지역어의 어형이다.

114) 이는 '솥 # 하나'의 구성이며 '솥 하나 → 솓 아나(ㅎ탈락) → 소다나'의 과정을 거쳐 실현된 어형이다.

115) 이는 '자리 + -마(보조사 '-만')'의 구성이며 '-만'의 음절말자음이 탈락된 예이다.

116) 이는 '나머지에는'로 대역되며 '나머지에 → 나무지에(원순모음화 현상)'의 과정을 거쳐 실현된 예이며, 예사소리와 ㅎ음의 결합에 의한 융합현상이 일어나지 않고 ㅎ음이 먼저 탈락된 경우이다.

117) 이는 '솥박산 → 솥빡산(어중경음화 현상) → 소빡산(음절말자음 탈락) → 소빡산~(비모음화) → 소빡사~(비자음탈락)'의 과정을 거쳐 실현된 예이다.

118) 이는 '요쪼악 + -에(처소부사격조사)'의 구성이며 '요쪽에'로 대역되는 예이다.

119) 이는 '인제'로 대역되는 이 지역어의 담화표지이다.

120) 이는 '그게'로 대역되며 '그게 → 그기(고모음화)'의 과정을 거쳐 실현된 예다.

121) 이는 '사투리로는'으로 표현할 부분이지만 발화의 뒷부분이 생략된 경우이다.

122) 이는 '사투리로는'으로 대역되며 이 어형의 발화실수형이다.

123) 우미산(牛尾山)은 이 마을과 대구시 달성군 가창면 우록동 사이에 있는 산이다. 이 어형은 '우미산이라 → 우미산~이라(비모음화) → 우미사~이라(음절말 비자음 탈락)'의 과정을 거쳐 실현된 예다.

124) 이는 '한데'로 실현되어야 할 어형이지만 발화실수로 실현된 예다.

125) 이는 '그게'로 대역되며 '그게 → 그기(고모음화 현상) → 그이(어중자음 탈락)'의 과정을 거쳐 실현된 예다.

126) 이는 '정확하게'로 대역되며 '정확하- + -이(부사화접사) → 정화카이(융합 현상) → 정와카이(어중ㅎ 탈락)'의 과정을 거쳐 실현된 예다.

127) 이는 '모르겠는데'로 대역되며 '모리(不知: 모르- > 모리-(전설모음화)) + -겠(추측의 선어말어미)- + -는데(연결형어미)'의 구성이다.

128) 이는 제보자의 착각으로 '화악산'을 창녕에 있는 '화왕산'으로 잘못 발화한 경우이다. 화악산은 높이가 931m이며 경상북도 청도군 청도읍 청도면과 경상남도 밀양

시 부북면에 걸쳐 있다. 이 산은 북쪽의 밤티재로 청도군의 남산에 연결되며 만만 찮은 높이와 시원스런 조망, 아기자기한 바위능선이 어우러져 산행의 다양한 맛을 느낄 수 있는 태백산맥 남부의 준령 중 하나이다.(한국민족문화대백과사전)

129) 이는 '하나가'로 대역되며 '하나 + -이(주격조사)'의 구성으로 이루어진 예다.

130) 이는 '그러면'으로 대역되며 '그러면 → 그러민(이중모음 실현제약에 따른 단모음화) → 그어민(어중자음 탈락) → 그엄민(양음절화)'의 과정을 거쳐 실현된 예다.

131) 이는 '그렇지로'로 대역되며 '그렇지 → 그러치(융합 현상) → 거러치(모음중화) → 걸치(축약)'의 과정을 거쳐 실현된 예다.

132) 이는 '산'으로 대역되는 어형이며 발화실수로 실현된 예다.

133) 이는 '흐르- + -니까(연결형어미) + -ㅁ(보조사)'의 구성이다.

134) 이는 '별(別)'로 실현되어야 할 어형이지만 어두유기화에 의하여 실현된 예다.

135) 이는 한자어 '별(別)'로 실현되어야 할 어형이지만 '벌'로 발화된 예다. 이는 이중모음 실현제약에 따른 실현형이다.

136) 이 제보자의 발화에서 '마을'형은 옛 어형인 '마실'과 개신형인 '마을'형이 번갈아 실현되는 공존현상을 보이고 있다.

137) 이는 '왜정시절에'로 대역되는 어형이며 일제강점기를 말한다.

138) 이는 이 지역에 위치하는 저수지로서 행정명이 '병해지(餠海池)'이며 이 지역 사람들은 이를 주로 '떡밭못'으로 부르는 것으로 확인되었다. 떡밭은 이 저수지가 있는 곳의 들판을 가리키는 말이다. 이는 '병해지 → 병애지(어중ㅎ음 탈락) → 병에지(모음중화)'의 과정을 거쳐 실현된 예다.

139) 이는 '하나는'으로 대역되며 '하나는 → 하나느(어절말자음 탈락) → 하나노(후행어절 원순모음에 의한 원순모음동화)'의 과정을 거쳐 실현된 예다.

140) 이는 이 마을 지슬2리를 감싸고 흐르는 물 줄기 중의 하나인 오독골에 연못을 막은 저수지이며 지금은 저수지로서의 기능을 거의 상실한 경우이다. 이 저수지가 위치한 오독골은 이 마을의 뒤쪽 즉 동쪽 방향에 위치하고 있는 저수지이다.

141) 이는 '영전지(嶺田池)'지를 가리키며 발화실수가 일어난 예다. 영전지는 이 말에서 알 수 있듯이 이 마을의 뒤쪽 중 동남쪽에 위치한 일대의 밭과 논을 재 아래에 있는 밭이라 해서 영전으로 불렸고 그 곳에 위치하는 저수지를 가리킨다.

142) 이는 '미갓지'로 대역되는데 이 마을의 남서쪽에 위치하고 있는 작은 연못이다. '미갓'은 이 마을의 남서쪽에 있는 논과 밭을 가리킨다. 이 지명은 '물이 많은 산'이라는 뜻을 나타내며 '미'는 물을 뜻하는 지명소이다.

143) 이는 최근에 지슬1동을 관통해서 흐르는 계곡에 저수지를 막아서 각북면 일대의 농업용수를 해결하고 있는 연못이다. 비교적 저수량이 많은 연못이다. 제보자로부터 뒤에 다시 확인한 바에 따르면, 지금은 그 흔적도 사라졌지만 연애골에도 연못

이 있었으며 그 이름은 '연애골못'으로 알려졌다. 이 어형은 실제로 못이 생겨서 생긴 지명으로 연애골(淵內谷)에 다시 못이 합성된 어형이다.

144) 이는 '막아'로 대역되며 어중자음 ㄱ음이 탈락된 예이다. 이 제보자의 발화에서는 어중자음 탈락이 빈번하게 일어나고 있는 편이다.

145) 이는 '못물을'로 대역되며 양순음화에 의하여 치음이 양순음으로 동화가 실현된 예이다.

146) 이는 '지금'으로 대역되며 이 어형은 이 제보자의 발화에서는 어중경음화가 실현되어 '지끔'으로 실현되거나 아니면 어중자음 탈락에 의하여 '지음'으로 실현되는 데 이 현상은 수의적으로 일어나고 있다.

147) 이는 '물을'로 대역되며 이 지역어를 비롯하여 경북방언에서는 일반적으로 목적격 조사의 형태가 '-로'로 실현된다.

148) 이는 '내려오는'으로 대역되며 '내려오- → 니려오-(고모음화) → 니리오-(이중모음 실현제약에 따른 단모음화)'의 과정을 거쳐 실현된 예이다.

149) 이는 어중자음 'ㄱ'음이 탈락된 예이다.

150) 이는 기본형이 '모르다'이며 치음 아래에서 전설모음화가 일어난 예이다.

151) 이는 '여기'로 대역되며 과도교정에 따른 실현형이다.

152) 이는 '보(見)- + -마(연결어미)'의 구성이며 '보면'으로 대역된다.

153) 이는 이 제보자의 발화에서 실현되는 담화표지의 한 형태이다.

154) 이는 '인제'로 대역되는 이 지역어의 담화표지형태이다.

155) 이는 이 제보자의 담화표지 중의 한 형태이다.

156) 이 제보자의 발화에서는 '나무'형과 옛 어형인 '낭기'형태가 공존하지만 '나무'형이 더 널리 사용되는 것으로 판단된다.

157) 이는 '정승(政丞)들이'로 대역되며 모음중화에 따라 실현된 예이다.

158) 이는 '구경하려고'로 대역되며 '구경하- + -ㄹ라고(의도형어미)'의 구성이다.

159) 이는 '이까지'로 대역되며 '이 + -꺼정(보조사) → 이께정(ㅣ모음동화)'의 과정을 거쳐 실현된 예이다.

160) 이는 '그게'로 대역되며 '그게 → 그기(고모음화)'의 과정을 거쳐 실현된 예이다.

161) 이는 '자연부락'으로 대역되며 어절말자음이 탈락된 예이다.

162) 이는 '보러'로 대역되는 이 지역어형이며 '보(見)- + -로(목적형어미)'의 구성이다.

163) 이는 '아직까지'로 대역되며 이는 '안직(안직 → 안지(음절말자음탈락)) + -까이(보조사 '-까지')로 구성되는 예이다.

164) 이는 '마을 또는 말' 정도로 실현될 어형이지만 음절말 자음이 탈락된 예이다.

165) 이는 '별밭'으로 대역되며 '별밭 → 빌받(이중모음실현 제약에 따른 고모음화) → 빌바(어절말자음 탈락)'의 과정을 거쳐 실현된 우리말 땅이름이다. 여기 등장하는 지명은 월암을 중심으로 골짜기가 형성되어 있으며 그 골짜기를 바다에 비유한 것으로 판단되며 아마도 '바다'와 '밭'이라는 음의 유사성으로 인해 설화가 형성된 것으로 판단된다.

166) 이는 '인제'로 대역되는 이 지역어의 담화표지이다.

167) 이는 '아니지'로 대역되며 '아니지 → 아~니지(비자음에 의한 비모음화) → 아~이지(비자음탈락)'의 과정을 거쳐 실현된 예다.

168) 이 마을은 이 지역어에서도 실제로 '다래미 ~ 다리미'형이 서로 교체되고 있다. 후자는 전자에 고모음화가 실현된 예이다.

169) 이는 '그게'로 대역되는 이 지역어형이며 고모음화로 인해 '그기'로 실현된 경우이다.

170) 이는 '여기'를 나타내는 이 지역어형이다.

171) 이는 '산맥(山脈)이'로 대역되는 이 지역어형이며 양순음동화에 의하여 실현된 예이다.

172) 이는 '끄트머리가'로 대역되며 '끄트머리 + -가(주격조사) → 끈트머리가(ㄴ음 첨가)'의 과정을 거쳐 실현된 예이다.

173) 이는 '있으니까'로 대역되며 '있- + -으께네(연결형어미) → 이시께네(전설모음화 현상)'의 과정을 거친 어형이다.

174) 이는 '다섯'으로 대역되며 '다섯 → 다슷(모음중화) → 다습(후행 어절에 의한 양순음화)'의 과정을 거쳐 실현된 예이다.

175) 이는 '있으니까'로 대역되며 '있- + -으께(연결형어미)'의 구성이다.

176) 이는 '유명해서'로 대역되며 '유명하- + -가(-아서)'의 구성이다.

177) 이는 '서울에서'로 대역되며 '서울 + -서(처소부사격)'의 구성이다.

178) 이는 '그런'으로 실현된 예이지만 문맥상을 고려하여 '그래'로 의역했다.

179) 이는 '내려왔다는'으로 대역되며 '내려오다 → 네려오다(모음중화) → 니려오다(고모음화 현상) → 니러오다(이중모음 실현제약에 따른 단모음화)'의 과정을 거쳐 실현된 예이다.

180) 이는 '거기'로 대역되는 이 지역어형이다.

181) 이 마을은 '지실, 치실'이 원래 이름이며 현재의 행정명 '지슬(芝瑟)'은 음차로 표기한 예다.

182) 이는 '여기'로 대역되는 이 지역어형이다.

183) 이는 '인제'로 대역되는 이 지역어의 담화표지이다.

184) 이는 '고기'로 대역되는 어형이며 이는 이 지역어를 비롯하여 경상도방언에 실현

되는 어형이다.

185) 이는 '앞(側) + -에(처소부사격조사)'의 구성이며, 이 지역어에서는 '옆'의 대응형이 '앞'으로 실현된다.

186) 이는 이 마을의 부근에 있는 마을이름으로 경상북도 청도군 각북면의 행정명 중의 하나이다. '오상'은 후행하는 어절의 연구개음에 의하여 연구개음화가 실현된 예이다.

187) 이는 각북면에 인접해 있는 청도군 풍각면(豊角面)을 가리킨다. 이 지역은 신라시대에는 풍산현 관할이었고, 조선조에는 경상도 밀양군에 소속되었고 약 200년 전 숙종 때 대구부로 관할구역이, 1906년에 청도군으로 관할구역으로, 1914년 이동면과 현내면이 통합되어 풍산현에서 풍각면으로 이름이 바뀐 지역이다(풍각면 홈페이지 참조).

188) 이는 '고기'에 대응되는 이 지역어형이다.

189) 이는 '조그마한'으로 대역되는 이 지역어형이며, 이는 '조그만하- + -은 → 조그만은(ㅎ탈락 및 음절축약) → 쪼그마는(경음화현상)'의 과정을 거쳐 실현된 예이다.

190) 이는 '요기'로 대역되는 이 지역어형이다.

191) 이는 '산맥(山脈)에'로 대역되며 양순음화현상이 실현된 어형이다.

192) 이는 '인제'로 대역되는 이제보자의 담화표지이며 이 제보자의 발화에서는 다양한 형태의 담화표지가 실현된다.

193) 이는 '인제'로 대역되는 이 제보자의 담화표지 중의 하나이다.

194) 이는 국어의 무성파열음과 ㅎ음이 만났을 때 일반적으로는 실현되는 융합현상이 일어나지 않고 ㅎ음이 먼저 탈락된 음운과정을 거친 실현형이다. 즉, '밭 + -하고 → 받아고(ㅎ탈락현상) → 바다고(음절경계 조정)'의 과정을 거쳐 실현된 예다.

195) 제보자의 설명에 의하면 '우미산' 아래의 밭과 논을 '시젓'이라고 부르는데 이 지명의 유래도 '우미산'에서 유래를 찾고 있는 듯하다. 즉, 우미산의 뜻이 소꼬리 모양의 산이므로 그 아래쪽의 전답은 '소의 젖'에 해당하는 것으로 설명하고 있지만 확신은 없는 듯하다. 여기서 이 지명의 형태소를 '시젓'으로 잡은 것은 음절말자음이 'ㅅ'음으로 발화되므로 그렇게 잡은 것이다. 다만 제보자의 설명대로라면, '*쇠젓(소의 젖, 15세기중엽어형) > 시젓(단모음화 및 고모음화현상) > 시젓(음절말자음의 중화현상)'의 과정을 거쳐서 실현된 것으로 가정할 수 있는 어형이며 체계적으로 설명이 된다.

196) 이는 제보자의 발화실수형이며 원래는 '영전(嶺田)'으로 실현되어야 할 어형이다. 이 어형은 한자지명으로 고개 바로 아랫쪽에 있는 위치하며 이에 따라 붙여진 이름으로 판단된다.

197) 이는 '고쪽'으로 대역되는 이 지역어형이다.

198) 이는 '불당골(佛堂골)'로 대역되며 어두 및 어중 위치에서 경음화가 실현된 예이다.

이 어형은 순수한 우리말이 아니라 한자어인 "佛堂+골"로 구성된 지명으로 판단되며 예전에 이곳에 불당이 있었던 것으로 판단된다.

199) 이는 '그것이'의 준말인 '그게'형이며 '그게 → 그에(어중ㄱ음탈락)'의 과정을 거쳐 실현된 예다.

200) 이는 '아니고'로 대역되며 '아니고 → 아이고(어중ㄴ음탈락)'의 과정을 거쳐 실현된 예다.

201) 이 부분의 발화를 통해 볼 때 이 제보자도 '불당골'의 어원을 정확히 모르고 있다. 이 제보자도 '뿔땅골'이라는 경음화가 실현된 지명을 어렸을 때부터 습득했을 것으로 판단되며 이 내용으로 볼 때 그곳에 불당(佛堂)이 없어진 시기도 꽤나 오래 되었던 것으로 판단된다. 앞의 각주에서도 제시했듯이 이 어휘는 한자어 '불당'과 고유어 '골'이 결합한 합성어이다.

202) 이는 '표시를'로 대역되며 '표시 + -르(목적격 조사 '를')의 구성이다.

203) 이는 '알마'로 실현되어야 할 예지만 후행하는 어절의 목적격 조사의 영향에 따라 '알말'형으로 발화실수가 일어난 예이다. 이는 '알(知)- + -마(연결형어미 '-면')'의 구성이다.

204) 이는 '내려오면'으로 대역되며 '내려오-(내려오- → 네려오-(모음중화) → 니려오-(고모음화) → 니러오-(이중모음실현 제약에 따른 단모음화) → 니르오-(모음중화)' + -마(연결형어미 '-면') → 니르아마(모음동화)'의 과정을 거친 실현형이다.

205) 이는 어두 및 어중위치에서 경음화가 실현된 어형이며 '지금'으로 대역된다.

206) 이는 '되어서'로 대역되며 '되(化)- + -가 → 데가(이중모음 실현 제약에 따른 단모음화)'의 과정을 거쳐 실현된 예이다.

207) 이는 '골짝'으로 대역되는 이 지역어형이며 후행하는 비자음의 영향으로 비음화가 실현된 예이다.

208) 이는 '많지요'로 대역되며 '많(多)- + -지여'의 구성이다.

209) 이는 '꼴짱(谷) + -마이지음(보조사 '-마다')'의 구성이며 '골짝마다'로 대역된다. 여기서 '마이지음'은 '마줌, 마즘' 등으로 실현되는 보조사이다.

210) 이는 담화표지의 한 형태인 '인제'로 대역되는 이 지역어형이다.

211) 이는 '저리'로 대역되며 이는 모음중화에 의하여 '저래 ~ 저레'형으로 수의적으로 교체하는 양상을 보이며 이 어형은 제주방언에도 실현되는 것으로 보고되어 있다.

212) 이는 '골짜기'로 대역되며 어중ㄱ음이 탈락된 형태이다.

213) 이는 '거기는'으로 대역되며 어중ㄱ음이 탈락된 예이다.

214) 이는 '어찌'로 대역되는 이 지역어형이며 주로 '우예, 우에' 등으로 실현되며 경상도방언에 일반적으로 분포하는 어형이다.

215) 이는 '지었는데'로 대역되며 '지었는데 → 찌었는데(경음화현상) → 쪘는데(축약) → 쩐데(축약)'의 과정을 거쳐 실현된 예이다.

216) 이는 '여기는'으로 대역되며 '여기는 → 연(축약)'의 과정을 거쳐 실현된 예이다.

217) 앞에서 이 마을에 막은 저수지는 '병해지, 오독지, 영전지, 미갓지'와 최근에 막은 '지슬지'만 있는 것으로 소개했지만 이미 상당히 앞선 시대에 앞의 네 저수지와 함께 하나의 저수지가 더 있었는데 이 저수지 안 쪽의 골 이름이 '여내골'이며 한 자어로 '연내(淵內)골'이다. 다만 이 저수지의 이름에 대해 정확히 아는 사람이 없 는 것으로 상당히 오래된 저수지 중의 하나로 판단된다.

218) 이는 '때문에'로 대역되며 '따문'은 '때문'의 이 지역어형이다.

219) 이는 '거기에'로 대역되는 이 지역어형이다.

220) 이는 이 제보자의 담화표지의 한 형태이며 '인제'형으로 대역된다.

221) 이는 '거기에는'으로 대역되며 '거기 +-에(처소부사격) + -는(보조사) → 거겐(축 약)'의 과정을 거쳐 실현된 예다.

222) 이 제보자의 발화에서는 '꼴짜기(谷)'와 이의 축약형인 '꼴짝 ~ 꼴짱 ~ 꼴짜'형이 수의적으로 실현된다.

223) 이는 '굉장히'로 대역되며 '굉장히 → 겡장히(이중모음실현제약에 따른 단모음화) → 겡자이(ㅎ탈락) → 겡자이(연구개비음 탈락)'의 과정을 거쳐 실현된 예이다.

224) 이는 '깊어서'로 대역되며 '깊(深)- + -가즈(연결형어미)'의 구성이다.

225) 이는 이 제보자의 발화에서 자주 등장하는 담화표지의 한 형태로서 '인제'로 대역 된다.

226) 이는 '사람이'로 대역되며 '사람이 → 사래미(움라우트 현상) → 사레미(모음중화)' 의 과정을 거쳐 실현된 예다.

227) 이는 '무서워'로 대역되며 이 지역어에서는 활용을 할 때 ㅂ규칙으로 활용되는 게 일반적이지만 수의적으로 불규칙 활용을 보이기도 한다.

228) 이는 '들어가지도'로 대역되며 '드가(들(入)- + 가(去)-)- + -지 + -도 → 드가이도 (어중자음 탈락)'의 구성이며 조어법상으로 동사어간 끼리 결합한 합성어이다.

229) 이는 '사람들이'로 대역되며 어중자음 'ㄹ'이 탈락된 예이다.

230) 이는 '잡으려고'로 대역되며 '잡- + -ㄹ라고(연결형어미 -려고)'의 구성이다.

231) 이는 '올무'의 이 지역어형이다.

232) 이는 '놓았는데'로 대역되며 이 지역어에서는 '놓다'형이 '낳다'로 대응된다.

233) 이는 '걸렸는데'로 대역되며 '걸리(顯)- +-었(과거시상)- + -는데(연결형어미) → 걸 렸는데(축약) → 걸린데(이중모음실현제약에 따른 동화현상)'의 과정을 거친 예 다. 이 어형은 '걸런는'으로도 실현되는데 이는 이 제보자의 개신형으로 판단된다.

234) 이는 '발톱'의 이 지역어영이다.

235) 이는 '올미(올무) + -가(주격조사) → 올미아(어중ㄱ음 탈락)'의 과정을 거쳐 실현된 예이다.

236) 이는 '걸려서'로 대역되며 '걸리- + -가(연결형어미)'의 구성이다.

237) 이는 '싫어'로 대역되며 '싫- + -어(연결형어미) → 시파(음절경계조정) → 시와(자음탈락에 의한 이중모음화)'의 과정을 거쳐 실현된 예이다.

238) 이는 '잡혔나'로 대역되며 '잡히- + -었- + -는 → 자피었는(융합) → 자피있는(모음동화) → 자핐는(축약) → 자핀는(비음동화)'의 과정을 거쳐 실현된 이 지역어형이다.

239) 이는 '훑쳐서'로 대역되며 '훑끼- + -가(연결형어미 '-어서')'의 구성이다.

240) 이는 '이후(以後)'로 대역되는 이 지역어형이며 어중ㅎ음이 탈락된 예이다.

241) 이는 '골짝(谷)'으로 대역되는 이 지역어형이며 '골짝 → 꼴짝(어두경음화) → 꼴짱(후행음절 비음에 의한 비음동화)'의 과정을 거쳐 실현된 예이다.

242) 여기서 일동은 '지슬일동'을 말하며 행정명으로는 '지슬일리'이며 이 지역에서는 지슬일리를 '하지(下芝)'로, 이리를 '상지(上芝)'로 부르기도 한다. 다만, 행정명으로 지슬일리는 자연부락명 하지와 다래미(월암)를 합쳐서 부르는 지명이다.

243) 이 지명은 '석(石) + 실(谷)'의 결합으로 이루어진 지명이며 아마도 제보자의 설명대로 돌로 된 굴이나 골짜기의 의미로 만들어진 지명으로 추론된다.

244) 여기서는 돼지는 '멧돼지'를 가리키는 뜻이다.

245) 이는 '돈달메'로 대역을 했다. 이 제보자의 발화에서 모음중화로 인해 수의적으로 '돈달메 ~ 돈달매'로 실현되는 양상을 보이며 이 지명도 산이므로 고유지명소인 '메(山)'을 고려하여 이렇게 대역했다. 제보자의 설명으로는 이 지명은 '돌이 돈아서 비치는 곳'이라는 뜻으로 풀이하고 있는데 이는 이 지역의 다른 지명과 관련된 설명과도 어느 정도 부합한다. 즉, 이 지역의 지명과 관련된 전설과 관련된 설명으로 판단되며 이 지명의 정확한 유래는 지금으로서는 알기가 어렵다. 다만, '돈은 메'로 뜻 풀이를 유추할 수도 있지만 정확하지 않다.

246) 이는 '그게'로 대역되는 '그것이'의 준말이다. '그게 → 그기(고모음화)'의 과정을 거쳐 실현된 이 지역어형이다.

247) 이는 '자세히'로 대역되는데 '자세(仔細)히 → 자시히(고모음화) → 자시이(어중ㅎ음 탈락) → 자시(축약)'의 과정을 거쳐 실현된 과정이다.

248) 이는 '옛날 또는 옛날에'으로 대역되며 '옛날 → 옌날(비음동화) → 옌나(어말자음 탈락)'의 과정을 거쳐 실현된 예이다.

249) 이는 '그게'로 대역되며 '그게 → 그기(고모음화) → 그이(어중ㄱ음탈락)'의 과정을 거쳐 실현된 예이다.

250) 이는 담화표지 중의 한 형태이며 '인제'로 대역되며 바로 앞에 발화된 '은자'형과 도 같은 계열이다.

251) 이는 '이름만'으로 대역되며 '이름 + -마(보조사 '-만')'의 구성이다.

252) 이는 '지었는지'로 대역되며 '짓(作)- + -었(과거시상)- + -는그(의문형어미)'의 구 성이다. 이 구성에서 어중자음 'ㅅ'음 탈락과 비음동화에 의하여 실현된 어형이다.

253) 이는 '아직'으로 대역되는 이 지역어형이며 '아직 → 아지(ㄱ탈락) → 아이(어중자 음ㅈ 탈락)'의 과정을 거쳐 실현된 예이다.

254) 이는 '살았으면'으로 대역되며 '살- + -었(과거시상)- + -으마(연결형어미)'의 구성 이다. 이 지역어에서는 형태소의 경계에서 모음조화 현상이 잘 지켜지지 않는 특 성을 보인다.

255) 이는 '그것을'로 대역되며 '그어슬(어중자음 탈락) → 그으슬(모음중화)'의 과정을 거쳐 실현된 이 지역어형이다.

256) 이는 '놓았으면'으로 대역되며 '낳('놓'의 이 지역어형)- + -았(과거시상)- + 으만 (연결형어미)'의 구성이다.

257) 이는 '그런'으로 '그런 → 그넌(비음화) → 그능(어절)'의 과정을 거쳐 실현된 예이다.

258) 이는 '없고'로 대역되며 어중경음화와 어중자음 탈락이 일어나서 실현된 예다.

259) 이는 '그냥'과 비슷한 의미를 지닌 어휘지만 '마 그냥 마' 이렇게 연이어 실현되는 것으로 봐서 그 기능의 차이가 있는 것으로 판단된다. 경상도방언에서 '그냥'이라 는 의미로 실현되는 것과 달리 이 지역어에서는 의미는 비슷하지만 '막, 마구'의 의미로 사용된 것으로 판단된다.

260) 이는 이 제보자의 담화표지의 한 형태이다.

261) 이는 '비파(琵琶)'의 발화실수형이다.

262) 이는 한자음이 '슬(瑟)'인데 모음중화에 따른 발화실수형이다.

263) 이는 '없(無)- + -으니께네(연결형어미 -니까) → 업쓰니께네(어중경음화) → 없쓰이 께네(어중자음 탈락)'의 과정을 거쳐 실현된 예이다.

264) 이는 '그저'로 대역되며 '그저 → 그즈(모음중화) → 그지(전설모음화)'의 과정을 거 쳐 실현된 예이다.

265) 이는 '대밭 뒷골'로 대역되는데 이 지역에는 아직도 대나무가 조금 남아 있다고 한 다. 이 지역은 기후 여건으로 볼 때 그렇게 대나무가 잘 자라는 곳이 아니며 주로 큰 대나무보다 세죽(細竹)이 더 흔한 지역이지만 지금은 세죽이든 큰 대나무든 그 렇게 많이 남아있지 않고 조그마한 대밭이 있다.

266) 이는 한자어 '명산(名山)'이며 '명산 → 명산~(비모음화) → 명사~(비모음화에 따 른 비자음탈락)'의 과정을 거쳐 실현된 예다.

267) 실제 이 지역에서는 '신령봉(神靈峯)'을 그냥 '실령 만데이, 실령 만데이~' 등으로 많이 부르며 '실령봉'형은 한자어를 섞은 개신형이라고 할 수 있다.

268) 이는 이 제보자의 담화표지 중의 하나로서 '인제'의 의미를 지닌 이형태 중의 하나이다.

269) 이는 부사 '쭉'에 대응되는 이 지역어형이다.

270) 이는 '내려와서'로 대역되며 '니르오(내려오다)- + -아가죠(연결형어미 '-어서') → 니르와가죠(축약으로 인한 활음화) → 니르아가죠(이중모음실현제약에 따른 단모음화)'의 과정을 거쳐 실현된 예다.

271) 이는 '인제'로 대역되며 담화표지의 한 형태이다.

272) 이는 '있는데'로 대역되며 이의 축약형이다.

273) 이는 '거기에'로 대역되며 이의 축약형이다.

274) 이는 '인제'로 대역되는 이 지역어의 담화표지 중의 하나이다.

275) 이는 청도군 각북면의 면소재지가 있는 동리의 이름이며 행정명으로 남산리이다.

276) 이는 '요새' 또는 '요사이'로 대역되는 이 지역어형이며 '요새 → 오새(단모음화) → 오세(모음중화)'의 과정을 거쳐 실현된 예다.

277) 이는 '그게, 그것이'로 대역되며 '그것이 → 그게(축약) → 그기(고모음화)'의 과정을 거쳐 실현된 이 지역어형이다.

278) 이는 우발적인 발화실수에 따라 어순이 잠시 뒤바뀐 경우이며 '거기 청도 경찰서라꼬'로 실현되어야 할 부분이다.

279) 이는 현재 지슬1리의 지슬지가 형성된 곳 통점골 아랫쪽의 자연부락을 가리키는 곳이며 '새(新) + 각단(지명소)'의 결합으로 이루어진 지명이다. 통점골도 이 지역에서는 주로 '통지미'로 불리었던 지명이다.

280) 이는 '쓰라고'로 대역되며 '시(用)- + -라꼬(연결형어미)'의 구성이다.

281) 이는 '거짓말로'로 대역되며 '거짓말 → 거진말(비음동화) → 거짐말(양순음화)'의 과정을 거쳐 실현된 이 지역어형이다.

282) 이는 '모셨고'로 대역되며 '모시- + -었- + -고 → 모시있고(모음동화) → 모셨고(축약) → 모싰꼬(경음화) → 모시꼬(어중자음 탈락)'의 과정을 거쳐 실현된 이 지역어형이다.

283) 이는 '지금'으로 대역되며 어중자음이 탈락된 예다.

284) 이는 '내가'로 대역되며 어중자음ㄱ이 탈락된 예이다.

285) 이는 '들었는데'로 대역되며 '더어른데'로 발화되어야 할 부분인데 발화실수가 일어난 예이다.

286) 이는 '인제'로 대역되는 이 제보자의 담화표지 중의 한 형태이다.

287) 이는 '자꾸'로 대역되는 이 지역어형이다.

288) 이는 '거기'로 대역되며 '거기 → 그기(모음중화) → 그이(어중자음 탈락)'의 과정을 거쳐 실현된 예다.

289) 이는 '여기'로 대역되며 '여'의 이형태이다.

290) 이는 '지관이 말한 내용을 바꾸어서'란 의미로 사용된 경우이다.

291) 이는 '거기도'로 대역되며 어중자음 ㄱ음이 탈락된 예다.

292) 이는 '거기에'로 대역되며 이의 축약형이다.

293) 이는 '가면'으로 대역되며 우발적 발화실수에 따른 실현형이다. 즉, '가(去)- + -마(연결형어미 '-면') → 아마(어두음탈락)'의 과정을 거친 예다.

294) 이는 담화표지로서 '인제'의 다른 이형태이다.

295) 이는 '서지꼴도'로 실현되어야 할 어형이지만 우발적인 발화실수형이다.

296) 이는 '거기에'로 대역되며 '거기에 → 거게(축약) → 거에(어중자음 탈락)'의 과정을 거쳐 실현된 예이다.

297) 이는 제보자가 잠시 착오를 일으켜서 '신당골'로 발화해야 할 부분이지만 '신나무'가 연상되어 발화된 실수형이다.

298) 이는 '못(淵)'으로 대역되며 후행하는 어절의 양순음에 의한 양순음화가 실현된 예이다.

299) 이는 '조금'의 수의적 변이형이다.

300) 이는 '네댓'의 이 지역어형이다.

301) 이는 '살았는데'로 대역되며 '살- + -었(과거시상)- + -는데(연결형어미) → 사런는데(음절말자음중화) → 사런는데(비음화)'의 과정을 거쳐 실현된 예이며 이 지역어에서는 일반적으로 모음조화가 파괴된 양상을 보이는 지역이다.

302) 이는 '전부'로 대역되며 '전부 → 전무(비음화) → 저무(음절말자음 탈락)'의 과정을 거쳐 실현된 예다. 이와 달리 바로 후행하는 '점부'형은 비음화가 일어나지 않고 양순음화가 실현된 예다.

303) 이는 '동신제'로 대역되며 '동신제(洞神祭) → 동신지(고모음화)'의 과정을 거쳐 실현된 예이며, 이 지역어에서는 '제사(祭祀)'도 '지사'로 실현되는 것이 일반적이다.

304) 이는 '되어서'로 대역되며 '되(化)- + -가(연결형어미 '-어서') → 데가(이중모음 실현제약에 따른 단모음화)'의 과정을 거쳐 실현된 예다.

305) 이는 '거기도'로 대역되며 '거어(거기) + -더(보조사)'의 구성이다.

306) 이는 '아마'로 대역되는 이 지역어형이며 선행하는 '마메'는 '아메'로 실현되어야 할 발화실수형이다.

307) 이는 '그냥, 막, 마구'로 대역되는 이 지역어형이며 여기서는 '그냥'의 의미가 가장 자연스러운 편이다.

308) 이어지는 제보자의 설명에 따르면 이는 한자어로서 '청룡'에 해당한다고 설명하므로 이를 존중하여 '청룡등'으로 대역했다.

309) 이는 '보면'으로 대역되며 '보(見)- + -머(연결형어미 '-면')'의 구성이다.

310) 이는 의미상으로는 '그냥'으로도 대역할 수 있지만 이어서 '그냥'형이 바로 실현되므로 '막'으로 대역했다.

311) 이는 '엎드려서'로 대역되며 '엎드리- + -가(연결형어미 '-어서') → 업드리가(음절말자음 중화) → 업프리가(어중경음화)'의 과정을 거쳐 실현된 예다.

312) 이는 '또'에 대응되는 이 지역어형이다.

313) 이는 잠시 제보자가 착각하여 발화실수한 부분이다. 제보자의 설명대로라면 '묘'가 아니라 '사오당'으로 표현되어야 할 부분이다.

314) 이는 '산소를'로 발화되어야 할 부분이며 우발적인 발화실수형이다.

315) 이는 '들였기'로 대역되며 '들이- + -었(과거시상)- + -기(명사형어미) → 들있기(모음동화 및 축약) → 드리끼(어중경음화 및 음절말자음 탈락)'의 과정을 거쳐 실현된 예다.

316) 이는 '때문에'로 대역되며 '따문'은 '때문'의 이 지역어형이며 이는 전라방언에서도 실현되는 것으로 보고된 바 있다.

317) 이는 '지금'의 이 지역어형이며 어중자음 탈락에 의하여 실현된 형이다.

318) 이는 '굉장히'의 이 지역어형이다.

319) 이 제보자의 발화에서 '마을'형은 '마실 ~ 마을'형으로 수의적으로 실현되고 있으며 '마을'형은 개신형이다.

320) 이는 '거기'로 대역되며 어중자음 ㄱ음이 탈락된 형태이다.

321) 이는 '자기'로 대역되며 어중자음 ㄱ음이 탈락된 예다.

322) 이는 '베어'로 대역되며 '비- + -어 → 비이(모음동화) → 비(축약)'의 과정을 거쳐서 실현된 예다.

323) 이는 '무엇이냐'로 대역되며 '머(무엇) + -꼬(의문조사)'의 구성이다.

324) 이는 '보였지'로 대역되며 '보이- + -었(과거시상)- + -지(연결형어미) → 보있지(모음동화) →보인찌(어중경음화) → 보이찌(음절말자음 탈락)'의 과정을 거쳐서 실현된 예다.

325) 이는 '말이지'로 대역되며 '말이지'의 축약형이다.

326) 이는 '역시'로 대역되는 이 지역어형이며 '네느, 네나, 내나' 등으로 수의적으로 실현된다.

327) 이는 담화표지 중의 한 형태이며 '인제'형이다.

328) 이는 '넓은골'의 뜻으로 사용된 예이며 '넓은골'로 대역하지 않고 고유지명이므로 현실 지명에 가깝게 대역했다.

329) 이는 'ㄲ트머리에'로 대역되며 '깐티'형은 'ㄲ트머리'에 대응되는 어휘이다.

330) 이는 '밭 + -하고(접속조사) → 받하고(음절말자음 중화) → 바다고(어중자음ㅎ 탈락)'의 과정을 거쳐서 실현된 어형이다. 이 경우, 일반적인 국어 음운현상은 '바타고'처럼 융합현상이 일어나는 것이 일반적이지만 여기서는 ㅎ음 탈락이 먼저 일어난 예다.

331) 이는 담화표지의 한 형태로서 '인자'형으로 실현되어야 할 어형이다.

332) 이는 '거기에'로 대역되며 축약형이다.

333) 이는 '마찬가지로'로 대역되는 이 지역어형이다.

334) 이는 '보니까는'으로 대역되며 '보(見)- + -니께(연결형어미) + -는(보조사) → 보니께느(음절말자음 탈락) → 보~니께느(비모음화) → 보~이께느(비음탈락)'의 과정을 거쳐 실현된 예다.

335) 이는 '골짝'으로 대역되며 '골짝(谷) → 꼴짝(어두 경음화) → 꼴짜(어말자음 탈락)'의 과정을 거쳐 실현된 예다.

336) 이는 '조금'으로 대역되는 이 지역어형이다.

337) 이는 '솔게'로 대역되는 이 지역어형이다.

338) 이는 '데라'로 대역되며 '데(所)라 → 디라(고모음화)'의 과정을 거쳐 실현된 예다.

339) 이는 '산마루'로 대역되며 '만데이, 만데~이, 만디~, 만다' 등과 같은 형태로 수의적으로 실현된다.

340) 이는 '상지를'로 대역되며 '상지(上芝) + -로(목적격조사)'의 구성이다.

341) 이는 '인제'로 대역되는 이 지역의 담화표지이다.

342) 이는 '배선이라'라는 뜻이며 '배'와 '선(船)'은 같은 뜻이므로 '배'로 대역했다.

343) 이는 '모양으로'로 대역되며 '모냥(模樣) + -으로(도구격조사)'의 구성이다.

344) 이는 '가라앉아서'로 대역되며 '까라앉(浸)- + -어가(연결형어미 '-어서')'의 구성이다.

345) 이는 '인제'로 대역되는 이 지역어의 담화표지 중의 하나이다.

346) 이는 '생각하니'로 대역되며 '생각하- + -니(연결형어미) → 생각하니(모음중화) → 생각하이(비자음탈락)'의 과정을 거쳐 실현된 예다.

347) 이는 '불무꼴'로 대역되며 '불무 + 골(谷) → 불무꼴(어중경음화) → 부무꼴(음절말자음 탈락)'의 과정을 거쳐 실현된 예다.

348) 이는 "솔다" 즉, 좁다의 뜻을 가진 어형이다. '솔- + -ㄴ(관형사형어미) # 골(谷)

→ 손골(자음탈락) → 송골(비음화)’의 과정을 거쳐 실현된 어형이다.

349) 이는 ‘인제’로 대역되는 이 지역어의 담화표지 중의 하나이다.

350) 이는 ‘일동(一洞)처럼’으로 대역되며 ‘일동 + 메로(비교격조사) → 일똥메로(어중경음화)’의 과정을 거쳐 실현된 예다.

351) 이는 ‘높건대’로 대역되며 ‘높- + -으건데(연결형어미 ‘-건대’) → 노프건대 → 노프근대(모음중화) → 노프근데(모음중화)’의 과정을 거쳐 실현된 예다.

352) 이는 ‘붙었으니’로 대역되며 ‘붙었으니 → 부터쓰~니(비모음화) → 부터쓰~이(비자음탈락)’의 과정을 거쳐 실현된 이 지역어형이다.

353) 이는 ‘개울’의 이 지역어형이며 이는 경북 및 평안도방언에 분포하는 것으로 보고되어 있다.

354) 이는 ‘말하면’으로 대역되며 ‘말하- + -마(연결형어미) → 마라마(어중자음 ㅎ탈락) → 마람(축약)’의 과정을 거쳐 실현된 예다.

355) 이는 ‘앞개울, 앞내’로 대역하는 것이 정확하지만 이 지역의 고유지명이므로 그냥 ‘앞그렁’으로 대역했다. 이 지명은 지슬2리의 남쪽을 흐르는 ‘개울’을 뜻하기도 하고 그쪽에 형성된 마을을 가리키기도 하므로 이 지역의 지명의 형태소를 밝혀서 그대로 대역했음을 밝힌다. 여기서 ‘그렁’은 ‘개울, 내, 시내’를 뜻하는 이 지역 어휘이며 수의적으로 ‘그랑, 게랑, 께랑’으로도 실현된다.

356) 이는 우리말로는 ‘못안골’에 해당하며 한자로 ‘연내(淵內)골’이며 이 지역 지명의 하나이다.

357) 이는 ‘뒷거렁’에서 경음화와 ㅣ모음동화가 일어난 예다. 이 말의 대역은 ‘뒷내’로 대역할 수 있지만 이 지역의 지명이므로 이를 살려서 대역했다.

358) 이는 ‘사람들’로 대역되며 어중자음 르음이 탈락된 예다.

359) 이는 ‘불무골’로 대역되며 ‘불무골 → 불무꼴(어중경음화) → 부무꼴(어중자음 르탈락) → 붐무꼴(양음절화)’의 과정을 거쳐 실현된 예다.

360) 이는 ‘벌(野) + 은’의 구성으로 보이며, 벌판의 뜻으로 판단되는 지명이다.

361) 이는 ‘전체’로 대역되며 ‘전체 → 전치(고모음화현상) → 전지(발화실수형)’의 과정을 실현된 이 지역어형이다.

362) 이는 ‘말할’로 대역되며 ‘말할 → 말알(어중ㅎ음탈락) → 마알(어중르음탈락)’의 과정을 거쳐 실현된 예다.

363) 이는 ‘인제’로 대역되는 담화표지의 한 형태이며 ‘은자’로 실현되어야 할 어형으로 판단된다.

364) 이는 ‘상지’로 발화되어야 할 부분이지만 우발적인 발화실수가 일어난 어형이다.

365) 이는 ‘인제’로 대역될 수 있는 담화표지 중의 하나이며 ‘인냐’ 정도로 실현될 어형

이 축약된 예다.

366) 이는 '이름인가'로 대역되며 '이름 + -이다(서술격조사) + -ㅇ강(의문조사)'의 구서이다.

367) 이는 '내려오는'으로 대역되며 '니르오-(내려오- → 네려오-(모음중화) → 니려오-(고모음화) → 니러오-(이중모음실현제약) → 니르오-(모음중화)) + -ㅁ(명사형어미)'의 구성이며 표면적으로는 동사의 명사형으로 표현되었지만 문장 구조상으로 볼 때 관형사형이 와야 하므로 대역은 그에 맞게 조정을 했다.

368) 이는 이 부락의 마을 주민들이 회의를 하고 경노당이 있는 장소인데 이를 '마을회관 또는 회관'이라고 부르고 있다.

369) 이는 현재 지도상으로 '통점골'로 표시되어 있지만 '통지미'란 지명이 이 지방 사람들이 실제로 부르는 이름이며 이 지명이 더 이 지명과도 부합하는 것으로 판단되어 그대로 대역했다. 제보자의 설명대로, 짐과 관련된다면 '통짐 + -이(명사화접사)'의 구성으로 판단되지만 물과 관련된 지명소인 '-미'와 관련된다면 구성을 지금으로서는 설명하기가 어려운 부분이다.

370) 이는 '통혜가'로 발화되어야 할 부분이지만 발화실수형이다.

371) 이는 '내려오는'으로 대역되는 어형이며 '니르오(앞의 각주 참조)- + -ㄴ(관형사형어미) → 니론(모음충돌에 따른 축약)'의 과정을 거쳐 실현된 어형이다.

372) 이는 '골짝은'으로 대역되며 '꼴짝 + -는(보조사)'의 구성이며 자음탈락에 의해 실현된 예다.

373) 이는 '말하면'으로 대역되며 '말하- + -면(연결형어미)'의 구성으로 축약에 의해서 '말함'형으로 실현된 경우이다.

374) 이 제보자의 발화에서는 '모르다'에 대해 '모리다'형과 '모르다'형이 공존하는데 '모르다'형이 개신형으로 판단된다.

375) 이는 '어찌'로 대역되며 '우예'형으로도 수의적으로 실현된다.

376) 이는 '것인지'로 대역되며 '것- + -이다(서술격조사) + -ㄴ고(의문조사) → 게신고(움라우트현상) → 게인고(어중자음탈락) → 기인고(고모음화) → 긴고(축약) → 깅고(비음화)'의 과정을 거쳐 실현된 예다.

377) 이는 '그래'로 대역되며 '그래 → 그레(모음중화) → 그리(고모음화)'의 과정을 거쳐 실현된 예다.

378) 이는 '살았으니까'로 대역되며 '살- + -었(과거시상)- + -으니께네(연결형어미 '-니까') → 사르쓰니께네(모음중화) → 사르쓰이께네(어중자음탈락)'의 과정을 거쳐 실현된 예다.

379) 이는 이 제보자의 담화표지 중의 한 형태이며 '인제'로 대역할 수 있다.

380) 이는 '거기가'로 대역되며 여기서 '거'는 '거기'의 이 지역어형이다.

381) 이는 '넓(廣)- + -기(명사형어미) → 넓끼(경음화현상) → 널끼(어중자음탈락)'의 과
정을 거쳐 실현된 예다.

382) 이는 '짐 + -을(목적격조사) + -도(보조사)'의 구성이며 이것이 일반적인 구성과
달리 목적격조사 다음에 보조사 '-도'가 연결된 것은 보조사 '-도'의 기능적 변화
라고 할 수 있다.

383) 이는 '올라와서'로 대역되며 '올로오(올라오)- + -가(연결형어미 '-어서')'의 구성이다.

384) 이는 부사 '전부'로 대역되는 이 지역어형이다.

385) 이는 '다니다'의 이 지역어형이며 '댕기- + -는데'의 구성이다.

386) 이는 지명 '대구(大邱)'를 가리키는데 어중자음 ㄱ음이 탈락된 예다.

387) 발화대로라면 '대구직할시로'로 대역해야겠지만 행정단위의 편제가 바뀌었으므로
현행 편제대로 '대구광역시'로 대역한 부분이다.

388) 이는 이 제보자의 담화표지 중의 한 형태이며 '인제'로 대역된다.

389) 이는 '들어가다'에 대한 이 지역어형이며 '드가- + -가(연결형어미 '-어서')'의 구
성이다.

390) 이는 '없으니까'로 대역되며 '없(無)- + -으니(연결형어미) → 업쓰니(어중경음화)
→ 업쓰~니(비모음화) → 업쓰~이(비음탈락)'의 과정을 거쳐 실현된 예다.

391) 이는 '가려, 가려고'로 대역될 수 있으며 후행하는 어휘 '카마'를 고려해 '가려고'
로 대역했다. 이는 '가(去)- + -ㄹ라(의도형어미)'의 구성이다.

392) 앞에서도 지적했지만 이 발화에서는 보수형인 '모리다'로 실현된 예이며 '모리(不
知)- + -은(관형사형어미)'의 구성이다.

393) 이 제보자의 발화에서는 어중자음의 탈락이 매우 흔한 현상이며 '청산이라 → 청
산~이라(비모음화) → 청사~이라(비음탈락)'의 과정을 거쳐 실현된 예다.

394) 이는 이 제보자의 담화표지 중의 하나이며 '인제'로 대역되는 이 지역어형이다.

395) 이도 이 제보자의 담화표지 중의 한 형태이며 '인제'로 대역된다.

396) 여기서 말하는 헐티고개 또는 헐티재는 경상북도 청도군 각북면과 대구시 달성군
가창면을 연결하는 지방도로(902)에서 두 군 사이의 경계에 놓인 고개 이름을 말
한다. 이 고개도 원래는 차량이 다니는 길이 아니었지만 각북면 오산리와 가창면
정대리를 잇는 고개에 차량이 다닐 수 있는 도로가 개설됨으로써 지방도로가 완성
된 고개이며 이는 달성군 가창면 정대리의 용계골로 이어지며 현재 가창댐으로 연
결되는 도로이다.

397) 이는 헐티재와 비슷한 위치에 있는 고개 이름이며 청도군 각북면 금천리 뒷산과
달성군 가창면 정대리를 잇는 고개이며 이 고개는 찻길이 아니라 사람이 다닐 수
있는 자연 그대로의 길이며 정대리 윙계골로 연결된다.

398) 이것은 앞에서도 말했지만 이는 '최정산'을 가리키며 행정지명으로 '최정산'이며 이 지역어 사람들은 모두 '청산'으로 부른다.

399) 원래 발화에 대한 정확한 대역은 '어디 가면'으로 대역해야 되겠지만 의미가 통하지 않으므로 조금 의역을 한 부분이다.

400) 이 '장단재'는 지도상으로 정확히 어느 지점인지 알 수는 없지만 제보자의 설명에 따르면 달성군 가창면 정대리의 정대숲 근처에서 도란골을 지나서 월배 용연사 쪽으로 이어지는 길을 말하는 것으로 판단된다. 이곳은 예전부터 사람이 다니던 길이 있었다.

401) 이는 부사 '바로'에 대응되는 이 지역어형이다.

402) 원래 이는 경상북도 달성군 화원읍에 소속된 지역이지만 지금은 대구시로 편입되어 대구시 달서구 일대의 한 지역이다.

403) 이는 대구시 달성군 화원읍 일대를 말하는 지역이다.

404) 이 지역의 발화에서는 '높(高)- + -지(연결형어미)'의 구성으로 실현되지 않고 자음 사이에 모음이 개재되는 경우가 많은 특징을 보이며 이것도 그런 예 중의 하나이다.

405) 이는 '길어'로 대역되며 이 어형은 경구개음화가 실현된 어형이다.

406) 이는 '요기에서'로 대역되며 '요 + -쓰(시발격조사)'의 구성이다.

407) 이는 '상시미'로 발화되어야 할 예이며 발화실수형이다.

408) 이는 '인제'로 대역되는 이 제보자의 담화표지 중의 하나이다.

409) 이는 '곧장'으로 대역되는 이 지역어형이다.

410) 이는 이 지역어의 담화표지 중의 하나로서 '인자'형의 일부분이 실현된 예다.

411) 이는 '내려가면'으로 대역되며 '니러가 + -ㅁ(연결형어미 '-면')'의 구성이다. '내려가다'는 '내려가 → 네려가(모음중화) → 니려가(고모음화) → 니러가(이중모음 실현제약)'의 과정을 거쳐 실현된 예다.

412) 이곳은 대구광역시 달성군 가창면 냉천리를 가리킨다.

413) 이는 '가는'으로 대역되며 어중자음이 탈락한 형태이다.

414) 이는 '사람도'로 대역되며 '사암(사람 → 사암(어중자음 탈락) + -드(보조사 '-도')'의 구성이다.

415) 이는 행정명으로 대구광역시 달성군 가창면 주리이며 제보자가 가창면을 가창읍으로 착각하여 발화했다가 다시 증정한 부분이다.

416) 이는 '한참'으로 대역되는 이 지역어형이다.

417) 이는 '넓적바위'로 대역되며 '바위'에 대응되는 이 지역어형은 '바우, 빠우, 방우, 빵우' 등의 형태처럼 다양하게 실현된다.

418) 이는 담화표지 '인냐' 형이 축약된 어형이며 '인제'로 대역되는 어휘이다.

419) 이는 '모여서'로 대역되며 '모이- + -가(연결형어미)'의 구성이다.

420) 이는 '부셔져서'로 대역되는 이 지역어형이며 '뿌사지다(부셔지- → 뿌셔지-(경음화현상) → 뿌사지-(이중모음 실현제약에 따른 단모음화) + -가(연결형어미)'의 구성이다.

421) 이는 '그게'로 대역되며 '그것이 → 그게(축약) → 그기(고모음화) → 그이(어중자음 탈락)'의 과정을 거쳐 실현된 예이다.

422) 이는 '굴러서'로 대역되며 이는 그 기본형이 '구불다'이다. 이 어형은 경남방언에서 실현되는 것으로 보고되어 있지만 경북방언에서도 실현됨을 확인할 수 있다.

423) 이는 이 지역어의 담화표지 중의 하나이며 '인제'로 대역될 수 있다.

424) 이는 '들거이라'로 발화되어야 할 부분이지만 발화실수로 일어난 어형이다.

425) 이는 발화실수형이며 '유일(唯一)하게'로 발화되어야 할 부분이지만 착오로 일어난 실수형이다.

426) 이는 '거기가'로 대역되며 '거어(거기) → 그어(모음중화)'의 과정을 거쳐 실현된 예이며 주격조사가 생략된 경우이다. '거어'형은 경남지역어에 분포하는 것으로 보고되어 있지만 경북방언에도 자주 실현되는 예다.

427) 이는 '내려가는'으로 대역되며 '내려가 → 니려가-(고모음화) → 니러가-(이중모음 실현제약) → 니르가-(모음중화)'의 과정을 거쳐 실현된 예다.

428) 이는 '곁에는'으로 대역되며 '곁 → 졑(경구개음화현상) → 젙(이중모음실현제약현상) → 젇(음절말자음중화현상)'의 과정을 거쳐 실현된 예이며 전남방언에도 보고된 어형이다.

429) 이는 '위쯤'으로 대역되며 '우(上) + -쯤(보조사)'의 구성이다.

430) 이는 '비둘기바위'로 대역되며 '삐들께'는 '비둘기'의 이 지역어형이다. 이와 유사한 형태인 '삐들캐'는 경남지역어에 분포하는 것으로 알려져 있다.

431) 이는 지역에 따라 이름이 다른데 이 지역어를 비롯한 일부 경상도지역에서는 '덜경'으로, 다른 지역어에서는 '너덜바위'로 불리기도 한다. 이는 산의 암석 덩어리가 풍화작용에 의하여 여러 조각(실제로 개별 조각 바위도 규모가 큰 편)의 바위가 한꺼번에 내처럼 많이 모여 있는 것, 암괴류(巖塊類)를 말한다.

432) 이는 '인제'의 이 지역어형이며 이 지역어의 담화표지 중의 한 형태이다.

433) 이는 '곧장'으로 대역되며 '곧장 → 곧짱(어중경음화) → 고짱(음절말자음 탈락)'의 과정을 거쳐 실현된 예다.

434) 원래 비슬산에 있었던 절 이름으로 '대견사'이다. 이 절은 최근 복원이 이루어져 있으며 대구시 달성군 쪽에 위치하는 절이다.

435) 이는 '내가'로 대역되며 이 어형은 모음중화에 의하여 이루어진 어형이다.

436) 이는 '조부(祖父)님'으로 대역되며 '조부 → 조보(모음동화)'의 과정을 거쳐 실현된 이 지역어형이다.

437) 이는 '인제'로 대역되는 이 지역어의 담화표지 중의 한 형태이다.

438) 이는 '가니'로 대역되며 '가니 → 가니~(비모음화) → 가이~(비자음탈락)'의 과정을 거쳐 실현된 어형이다.

439) 이는 '이야기'로 대역되며 어중자음의 탈락으로 이루어진 어형이다.

440) 이는 '망해 버렸고'로 대역되며 '망해 → 망애(어중ㅎ음탈락) → 마애(음절말자음 비음탈락)'의 과정을 거쳐 실현된 예다.

441) 이는 '굉장히'로 대역되며 '굉장히 → 굉쟁히(움라우트현상) → 겡쟁히(단모음화) → 겡쟁이(모음중화에 따른 동화) → 겡젱이(어중ㅎ음탈락) → 겡제이(음절말자음 탈락)'의 과정을 거쳐 실현된 이 지역어형이다.

442) 이는 '조금만'으로 대역되며 '쪼꼬만'형에서 어절말 자음이 탈락된 이 지역어형이다.

443) 이는 '몇 + -이(접미사)'의 구성이며 '몇'으로 대역되며 고모음화에 의해 실현된 예다.

444) 이는 '데려가다'로 대역되는 이 지역어형이다.

445) 이는 부사 '꽉'으로 대역되며 후행하는 어절에 연음된 결과형이다.

446) 이는 '인제'로 대역되는 담화표지 중의 한 형태이다.

447) 이는 '아이들도'로 대역되며 이 어형은 '아(童)'의 고장조형이다.

448) 이는 '사람도'로 대역되며 '사람 + -드(보조사) → 사암드(어중자음ㄹ탈락)'의 과정을 거쳐 실현된 예다.

449) 이는 '들어가니까'로 대역되며 '들가- + -이끼네(-니께네 → 이께네(어중자음탈락) → 이끼네(고모음화)'의 구성이다. 다만 '드가다'형은 '들(入)- + 가(去)-'의 구성이며 이는 중세국어에서 많이 이루어진 합성법의 어형이다.

450) 이는 '요새'로 대역되는 어휘이며 '요새 → 오새(이중모음 실현제약) → 오세(모음중화)'의 구성이다.

451) 이 지역어에서는 '모르(知)-'와 '모리(知)-'의 쌍형이 공존하는 지역어다. 여기서는 '모르- → 모으-(어중ㄹ음탈락)'의 과정을 거쳐 실현된 예다.

452) 이는 '그래도'로 대역되며 '그래도 → 그레도(모음중화) → 그에도(어중ㄹ음탈락) → 그에드(비원순고모음화)'의 과정을 거쳐 실현된 예다.

453) 이는 '물을 떠서'로 대역되며 '뜨- + -가(연결형어미) → 떠가(모음중화) → 따가(모음동화)'의 과정을 거쳐 실현된 예다.

454) 이는 '우물이'로 대역되는 이 지역어형이며 '우물(井) + -이 → 우뮈리(움라우트현

상) → 우메리(이중모음실현제약에 따른 단모음화) → 우메이(어중ㄹ음탈락)'의 과
정을 거쳐 실현된 예다.

455) 이는 '할아버지가'로 대역되며 '할아버지 → 하라부지(원순모음화)'의 과정을 거쳐
실현된 형이다. 이 어형은 축약형인 '할부지'형과 함께 이 지역어에서 공존한다.
이 어형은 기존 연구에서는 '강원, 전남, 경남방언'에서 분포하는 것으로 보고되어
있지만 이 지역어를 비롯하여 경북 남부방언에서도 실현됨을 알 수 있다.

456) 이는 '덕산'의 첫 음절에 대한 발화실수형이며 여기서 '덕산'은 '경북 청도군 각북
면 덕촌리'를 가리키는 말이다. 이 발화에서 '덕상, 덕사~, 덕촌'으로 실현된 부분
이지만 행정명은 '덕촌리'이다.

457) 이는 '그게'로 대역되며 '그게 → 그기(고모음화) → 그이(어중자음탈락)'의 과정을
거쳐 실현된 예다.

458) 이는 '앞 끄엄'으로 실현되어야 할 어형이며 '앞 시내'로 대역될 예다. 여기서 '끄
엄'은 '그렁'의 수의적 실현형이다.

459) 이는 '지금'으로 대역되는 이 지역어형이다.

460) 이는 이 제보자의 담화표지 중의 하나이다.

461) 이는 이 지역어의 담화표지 중의 하나이며 '인제'로 대역된다.

462) 이는 부사 '어찌'에 대응되는 이 지역어형이다.

463) 이는 '지으면'으로 대역되며 '짓- + 으마(연결형어미) → 지으마(어중자음탈락) →
지어마(모음중화) → 져마(축약)'의 과정을 거쳐 실현된 예다.

464) 이는 '위에'로 대역되며 '우(上) + -에(처소격조사)'의 구성이다.

465) 이는 '얹는'으로 대역되며 '언지- + -는'의 구성이다.

466) 이는 '잇(繼)- + -는 → 인는(자음동화) → 인느(어절말자음탈락)'의 구성이다.

467) 이는 '만들어'로 대역되며 '맹들(作)- +-어'의 구성이다.

468) 이는 '장단재를'의 발화실수형이다.

469) 이는 '거기에다'로 대역되며 '그어(거기) + -다(조사)'의 구성이다.

470) 이는 이 제보자의 담화표지중의 하나이며 '은자'형이다. 선행 어절의 'ㄹ'음이 연
음되어 실현된 어형이다.

471) 이는 '서까래를'로 대역되며 '서까레 + -러(목적격조사)'의 구성이다.

472) 이는 '풍각(豊角)장에서'로 대역되며 '풍각장에서 → 풍악장에서(어중자음탈락) →
풍악짱에서(어중경음화현상) → 풍앙짱에서(유추에 의한 동화) → 푸앙짱에서(음절
말자음탈락)'의 과정을 거쳐 실현된 예다.

473) 이는 '가져가다'로 대역되는 이 지역어형이며 기본형이 '가가다'이다.

474) 이는 '청도장이나'로 대역되며 '청도장이나 → 청도자이나(음절말비음탈락)'의 과정을 거쳐 실현된 예다.

475) 이는 '비슷한 것이라'로 대역되며 '비슷한 → 비스단(어중ㅎ음탈락) → 비스당(후행어절의 영향에 따른 연구개음화)'의 과정을 거쳐 실현된 예다. 이 경우 일반적인 음운현상은 무성자음 'ㄷ음'과 후행자음 'ㅎ'음의 융합에 의한 유기음화 현상이 일반적인데 여기서는 탈락이 일어난 경우이다.

476) 이는 '그러니까'로 대역되며 이 지역어에서는 '그러(어간) + -이(서술격조사) + -니께(연결형어미) → 그러인(축약) → 그르인(모음중화)'의 과정을 거쳐 실현된 예다. 일반적으로 '그러'는 어근으로 사용되지만 이 지역어에서는 어간으로 사용된 경우이다.

477) 이는 행정명으로 청도군 각북면 남산1리이며 '일동 → 일똥(어중경음화) → 일또(음절말자음 탈락)'의 과정을 거쳐 실현된 예다.

478) 이는 '놓으니'로 대역되며 '놓- + -니(연결형어미) → 노니(ㅎ탈락)'의 과정을 거쳐 실현된 예다.

479) 이는 '결국은'으로 대역되며 어중에서 연구개자음이 탈락된 예다.

02 생업 활동

논농사 106

논농사

　인제 쪼금 네용:을 어 쫌 바′꾸어 가지고 어 농′사에 데한 이′야기를 쫌′ 하도록 하게씀미다.

　어:: 이 논′농사와 괄′련덴 이야긴데에′, 응:: 여′기는 그어 벼라고 함미까, 나라기라 함미꺼?

　― 연 주루 나′라기라.

　음 나′라:기 보통 인저 그 잉′는 시′기에 따라서어′ 품종돈 다르지 안씀미까?

　― 그′르치.

　거′며 여기 주로: 어 머 품종드른 그 일′찍 그 열메가 멘는 경우도 이꼬 느께 멘능 경우도 인는데, 그 나락 종뉴, 표, 푸, 품종으 어′뜽 게 인느지 함 이야길 헤 주십시오.

　― 여′게 참 웨정::, 웨′정, 웨′정 카능 거 은자 일본, 일본 제우, 일본 제욱′찌[1]시데를 보고 여 웨′정시데라 카는데, 그 당시에는 여 참 사′네 마머 지′금도 노루도 망코 대애′지도 만치마는, 그′떼늠 멀 노루아고[2] 대지가 얼마나 오는지′이, 그′떼느 비′로도 어꼬 순 사′네 인자 풀′로[3] 비 가주고 인자 농′사를 저′얼[4] 뗀데, 그 당시에 인자 그어′ 나락 품종을 이야기하라 카′이끼네, 그 당시 인저[5] 웨에′구′뻬라 함미, 나′레기[6] 저 세′까리 뿔구리:한, 세′까리, 수′여미 마 지다:꾸′마이[7] 마이 뗘 요른, 자로 말하마 수염 기′리가 한 십 센찌 정도 기′리가 그마궁[8] 기′어, 근[9] 옌날 나랙 종자가 이′스따, 옌나레 니런.

　― 그′기′ 웨′ 그으믈 은자 꼴′짱[10] 노네느 글르 마이 연′나 하면, 데에′지가 니라[11] 가주고 마 가′아′레[12] 나락 페′ 오리맘 맘 시′이′미′[13] 엄는 너믈머 점′무 다 훌터 무′ 뿌고 마 점부 거 맘 멀 대:지가 무′꼬 그어 맘 마장 나늘 처가 다 뻬′데[14] 쁘 이′레 한 머리[15] 그 인저 웨′우′뻬′ 카능 그너믈

인제 조금 내용을 상어 좀 바꾸어 가지고 어 농사에 대한 이야기를 좀 하도록 하겠습니다.

　어 이 논농사와 관련된 이야기인데, 어 여기는 그 벼라고 합니까, 나락이라고 합니까?

　— 여기는 주로 "벼"야.

　그럼 벼가 보통 인제 그 익는 시기에 따라서 품종도 다르지 않습니까?

　— 그렇지.

　그러면 여기 주로 어 뭐 품종들은 그 일찍 그 열매가 맺는 경우도 있고 늦게 맺는 경우도 있는데, 그 벼의 종류, 품, 품, 품종은 어떤 것이 있는지 한 번 이야기를 해 주십시오.

　— 여기 참 왜정, 왜정, 왜정이라고 하는 것은 인제 일본, 일본 제국, 일본 제국주의시대를 보고 여기서는 왜정시대라고 하는데, 그 당시에는 여기 참 산에 그냥, 뭐, 지금도 노루도 많고 돼지도 많지만은, 그때는 뭐 노루하고 돼지가 얼마나 오는지, 그때는 비료도 없고 순전히 산에 인제 풀을 베 가지고 인제 농사를 지을 땐데, 그 당시에 인제 그 벼 품종을 이야기하라고 하니까, 그 당시 인제 "애국벼"라고 하면서, 벼이삭이 저 색깔이 불그스름한, 색깔이, 수염이 뭐 기다랗게, 많이 저 요래, 자로 말하면 수염 길이가 한 십 센티 정도 길이가 그 만큼 길어, 그런 옛날 벼 종자가 있었어, 옛날에 이런.

　— 그게 왜 그놈을 인제 골짝 논에는 그것을 많이 넣었냐 하면, 돼지가 내려와 가지고 그냥 가을에 벼가 펴서 올리면 뭐 수염이 없는 놈을 뭐 전부 다 훑어 먹어 버리고 그냥 전부 그 뭐, 뭐 돼지가 먹고 그 뭐, 뭐장난을 쳐서 뭐 다 밟아 버리고 이래 하는 바람에 그 인제 "애국벼"라고

자 시'므마 시'이'미가 지니까 대:지가 무'이16) 꺼끄러버17) 가주고 시메 찔러 사~'이끼네18) 나'라글 암 뭉능 기라, 안.

― 미' 께' 홅'터 보'구는19) 마: 딴 데 어데 시:미 엄는 그 노'늘20) 저 가뿐 머리, 그 머'리에 꼴'짱' 노넨, 꼴짜'게는 점부 웨욱'삐라 하는 그거 은자, 이르미 예:구뻬 카'능 그기' 므 아 일본서 나오는 이르강, 그늠 모르겐'데, 우리 여' 말로 어른든느 예'구뻬라 하는데, 그'노믈 주로 꼴장 노네너 헤'야 어더묵'찌.

― 그으늠'21) 머 소출'도 마이 나'지도 아나고, 거 소출 카능 거 인저22) 셍'산 카능 그인데, 우리말 소추'린데, 소출도 마이 다23), 나이도24) 아나고, 그레가지25) 그걸 으자26) 쭉: 해꼬, 그 들:로레느27) 은자 주로 은자 근대:지가 잘 안 니르오이께네 고 수염28) 짜린: 나라그, 그'릉 걸 헨데, 엔나레 오, 응'칸29) 오르데느이 난, 나락 종자 이'르믈 잘 모리겐는데, 고롱 거 헤꼬.

― 그레가 인제 긍가네 인자 야30) 박데통려이 인자 머 참 머 머 형'며을 하드시 마 이레 모듬 마 농'초네 점'부 형'머을 일:바'시31) 가지고 종'자를 마 참 나'락또 이금32) 마 조은 나라글, 이 품'종을 보급헤 가지고, 그레 그 당시엔 은자 참 통'일벼 카능 그기33) 나오 가'주고, 그레가34) 참 우리 인저35) 멀 엔나레 참 몸 무'꼬 살'도36) 부조켕, 그 통일벼 거쓰 마 나락 그거 소출'도 마이 나고 머 베'에' 나'이끼네, 저네 마 이른 저네 예우'뻬 그릉 기나 맘 마 머 베'어 아'이라 멈 머 삼' 베', 사' 베' 더 나찌.

― 그르 나'이께네37) 그레 하'다가 그기' 또 은자 또어 머 쫌 지'나이께네 그기 떰 밤'마시38) 업따 헤 가지고'오' 떠39) 사'레미 쩜 잘 사~'이끼네, 그'러이40) 그 토옹'일벼느 저 업'서지 뿌고, 그어:: 지'끄믄 은자 푸리41) 줘러42) 마이 하능 기 인자 아까바리43) 카능 그게 인제 일본' 이'르민데, 일본 품조인데, 그게 인자 오세 인 야까바'리 카능 그기 인니 우리마르 은자 추청벼' 카능 그인데, 그거 품종을 지금 마, 지금 마~이 하고 그라이마'

하는 그놈을 인제 심으면 수염 그것이 기니까 돼지가 먹으니 깔끄러워 가지고 수염에 찔려 놓으니까 벼를 안 먹는 거야, 안.

― 몇 개 훑어 보고는 그냥 다른 데 어디 수염이 없는 그 논으로 저기가 버리는 바람에, 그 바람에 골짜기 논에는, 골짜기에는 전부 "애국벼"라고 하는 그것을 인제, 이름이 "애국벼"라고 하는 그것이 뭐 아, 일본에서 나온 이름인가, 그것은 모르겠는데, 우리 여기 말로 어른들은 "애국벼"라고 하는데, 그놈을 주로 골짝 논에는 해야 얻어먹지.

― 그거는 뭐 소출도 많이 나지도 않고, 그 소출이라고 하는 것은 인제 생산이라고 하는 그것인데, 우리말로 소출인데, 소출도 많이 더, 나지도 않고, 그래서 그것을 인제 쭉 했고, 그 들논에는 인제 주로 인제 그 돼지가 잘 안 내려오니까 그 수염이 짧은 벼를, 그런 것을 했는데, 옛날에 워, 워낙 오래되어서 벼, 벼 종자 이름을 잘 모르겠는데, 그런 것을 했고.

― 그래서 인제 근간에 인제, 인제 박대통령이 인제 뭐 참 뭐, 뭐 혁명을 하듯이 뭐 이래 그냥 모든 농촌에 전부 혁명일 일으켜 가지고 종자를 그냥 참 벼도 이것은 그냥 좋은 벼를, 이 품종을 보급해 가지고, 그래 그 당시엔 인제 참 통일벼라고 하는 그것이 나와 가지고, 그래서 참 우리 인제 뭐 옛날에 참 못 먹고 쌀도 부족했는데, 그 통일벼 그것은 그냥 벼 그것 소출도 많이 나고 뭐, 배로 나니까, 전에 그냥 이런 전에 "애국벼" 같은 것이나 그냥, 그냥 뭐 배가 아니라 뭐, 뭐 삼 배, 사 배 더 났지.

― 그래 놓으니까 그래 하다가 그게 또 인제 또 뭐 좀 지나니까 그게 또 밥맛이 없다 해 가지고 또 사람이 좀 잘 사니까, 그러니까 그 통일벼는 저 없어져 버리고, 그거 지금은 인제 우리가 주로 많이 하는 게 인제 '아끼바레'라고 하는 그게 인제 일본 이름인데, 일본 품종인데, 그게 인제 요즘 인제 "추청벼"라고 하는 그것이 인제 우리말로는 인제 추청벼라고 하는 그것인데, 그 품종을 지금 뭐, 지금 많이 하고 그러면 뭐 요새 뭐 기

오세 머 기어기 잘 안난다.

— 오'세'[44] 머 동긴일'호니[45] 오세 이런 품조을 마이 하은데, 그리 옌
난너:[46] 주로 인제 예욱'삐 카능 그능 거 인자 차', 찬'나락또:[47] 인자 찬
나락 칸 인잔 찹쌀', 찰'벼 은자야 살로, 나라기라 한긴데, 찬나락또: 똑'
예욱'뺑가치 이'피 지다'아'꿈한 거, 그능 거 근 찬나라글 웨 인자 열 마'이',
꼴짜'이는 마이 시믄나 하면 저: 꼴짜'기느 차'암무리 마'리지 차'버 가지고
나레기 안 데능 기라.

— 마 무리 엉'캉 차버 가지고.

— 그 나'라기 머 가을 데머[48] 머, 나럴 페'가' 이 고'게르 너머 가가주
고, 나'러기 열메'가 데'이 덴데, 아'리 차여[49] 데는데, 이'기 마 차, 엉'카[50]
차'브노이, 여르메 참', 참'물 데[51] 노'이께네 가으'레 나'러기 요레: 페'다가
마 가 올'로이도 아나'고, 그'레가 열메 데다 아헤.

— 그'레 가주고 거 찬'나락 그거 은자, 이 찬'나레기나 예욱'벼나 거 시:
미' 인능 그너 에 참'물레 잘 던, 전'디 가지고 그'레 꼴'짜인 주로 그'느 글
마이 혜 가지오 고에 나러글 농사 져따 카이.

그러명 그으릉 에오삐너 그릉 거는 어디 조셍종'은 아니다, 그지예?

마?

— 그'르치, 그'릉 거는 머 한, 한 중간쭘미나 마 그쯤, 월, 올 데진 안나고
그암' 여 올벼:나 어 그렁 거느 예저너 이'선는데, 요즘 인저 기어기 지금
잘 안난다, 그지예?

— 그'르쳐.

어 예'저네 그람'며너 여'기도 올:데능 그'런 나'락, 올벼도 하기도 하고 쪼
금 는나락또 하기도 하고 그러씀미까?

— 거러, 그'르치, 예.

— 겐' 네 엉'칸 오'레데 나이 종자 이'르믈 잘 기'어기 잘 안 난느고, 인
자 예우'삐 칸 그릉 그근너 기어기 학시라이[52] 난나.

억이 잘 안 난다.

- 요새 뭐 동진일호니 요새 이런 품종을 많이 하는데, 그래 옛날에는 주로 인제 "애국벼"라고 하는 그런 것을 인제 찰벼, 찰벼도 인제 찰벼라고 하는 인제 찹쌀, 찰벼 인제 쌀을, 벼라고 하는 것인데, 찰벼도 똑 "애국벼" 같이 잎이 기다란 거, 그런 것 그 찰벼, 그걸 왜 인제 여기 많이, 골짜기는 많이 심었냐 하면 저 골짜기는 찬물이 말이지 차 가지고 벼가 안 되는 거야.

- 그냥 물이 워낙 차 가지고.

- 그 벼가 뭐 가을이 되면 뭐, 벼가 패서 이 고개가 넘어가 가지고, 벼가 열매가 돼야 되는데, 알이 차야 되는데, 이게 뭐 차, 워낙 차니까, 여름에 찬, 찬물을 대어 놓으니까 가을에 벼가 요래 패다가 뭐 그 올라오지도 않고, 그래서 열매가 되지도 않아.

- 그래 가지고 그 찰벼 그것 인제, 찰벼나 "애국벼"나 그 수염이 있는 그것은 어 찬물에 잘 견, 견뎌 가지고 그래 골짜기에는 주로 그런 것을 많이 해 가지고 그래 벼를 농사를 지었다고 하니까.

그러면 그런 "애국벼"나 그런 것은 어디 조생종은 아니다, 그렇지요?

만생종?

- 그렇지, 그런 것은 뭐 한, 한 중간쯤이나 그냥 그쯤, 올, 올되지는 않고

그럼 여기 올벼나 어 그런 것은 예전에는 있었는데, 요즘에는 인제 기억이 지금 잘 안 난다, 그렇지요?

- 그렇지요.

어 예전에 그러면은 여기도 올되는 그런 벼, 올벼도 재배하기도 하고, 조금 늦벼도 재배하기도 하고 그렇습니까?

- 그래, 그렇지, 예.

- 그건 내가 워낙 오래돼 놓으니 종자 이름은 잘 기억이, 잘 안 나고 인제 "애국벼"라고 하는 그런 그것은 기억이 확실히 난다니까.

- 그금 마 울 마리 엉감 마이 시믄 따무레.

그:: 하'이뜬 예저네 그르도 머 올:라락또 이꼬 는나락'또 이꼬 다 이스따, 그지예?

- 그르치, 예.

- 디'고53) 올'라는54) 어꼬, 디고 오라노, 그지55) 마 요즘 마리마 준셍, 중셍종, 만셍종, 이 정도로 이'스찌, 오세 마 이야 머 오세 컥, 극조셍종, 오세 머 저 머 저 머더고, 이 머슴 나라이 거 오세 일찌이 나온 나, 그른 나르56) 엔나레 업서꼬.

어: 그 다으메 이 인저 벼농사를 그 지'을려머너, 여 나랑농스, 나락이람미 까 나랑농사다, 그지예?

- 예.

나랑농사를 진능 과'정에 데에서 함무 이야길 헤 주십시오?

- 그'기' 인자 우리 마으'레느57) 여 참 곡쩌리 마는데, 여'기는 전 엔: 나레 널'븐 들'파네: 인는 사'암드른 뎌58) 사네 가가지고 뿍'띠기를59) 인자 뜨더 가'지고, 뿍띠'길 머얼' 뿍띠기라 하며 은자 여'르메 인자 푸'초가:60) 자'라 가주고 그게 인지61) 가알62) 데가 인자 은제 세'기 벼네가 은자 겨'으레 거 인자 말라주거 가주고, 저 먼 눔'비'에 마 마저 가점 마 자쁘'아'지능 그글 인자 뿍띠'이'라 하그덩, 사'네, 뿍띠'기라 칸뎅, 여게섬 나아가점 주 우리: 여그 아'쎄, 아 어지드63) 이야기헤'찌먼 쩌 거 저 체정사'네, 청'산 카'는 데, 그 사네 그 만데'이64) 가'마 벌'리, 버'리라 카능 기라.

- 벌: 카능 거늠 머슴 버르업, 버'를, 머슨 떠'실 버리'라 카마 널'따른 그어 뜨'슬 인저 버리라 하는데, 인자 그 산'니, 그 사'니 유명하기로 그 삼만데'가, 어느 삼만데라도 산'네 가'마 꼭떼'기는 사'닌 쩨'쎄단데, 청상 그 사'네느 산데입, 산만데'이 가마 마' 운동장 여'러 수:벡 쎄 마 너린 그'레 퍼언::한 이레 마 벌'판메르 그른 데가' 인데, 거'게다 은자 저:게 인자 쪼끔 덜: 너린' 데 사'암드른 소'를 모꼬 올라가주고 그'게다가, 게가'브니

- 그건 그냥 우리 마을에 워낙 많이 심었기 때문에.

그 하여튼 예전에 그래도 뭐 올벼도 있고 늦벼도 있고 다 있었다, 그렇지요?

- 그렇지요, 예.

- 되게 올벼는 없고, 되게 올벼는, 그저 그냥 요새 말하면 중생, 중생종, 만생종, 이 정도로 있었지, 요새 그냥 이런 뭐 요즘 극, 극조생종(極早生種), 요새 뭐, 저 뭐, 저 뭐냐, 이 무슨 벼가 그 요새 일찍이 나오는 벼, 그런 벼는 옛날에 없었고.

어 그 다음에 이 인제 벼농사를 그 지으려면은, 여기 벼농사, "나락"이니까 "나락"농사다, 그렇지요?

- 예.

벼농사를 짓는 과정에 대해서 한 번 이야기를 해 주십시오?

- 그게 인제 우리 마을에는 여 참 곡절이 많은데, 여기는 저 옛날에는 넓은 들판에 있는 사람들은 인제 산에 가서 북데기를 인제 뜯어 가지고, 북데기는 무엇을 북데기라 하느냐 하면 인제 여름에 인제 풀이 자라 가지고 그게 인제 가을이 되어 인제 인제 색이 변해서 인제 겨울에 그 인제 말라죽어 가지고, 저 뭐 눈비에 그냥 맞아 가지고 뭐 인제 부러지는 그것을 인제 북데기라 하거든, 산에, 북데기라고 하는데, 여기서 나가서 저 우리 여기 앞에 어, 어제도 이야기했지만 저 거, 저 "최정산"에, "청산"이라고 하는 데, 그 산에 그 꼭대기에 가면 벌이, 벌이라고 하는 거야.

- 벌이라고 하는 것은 무엇을 벌이라, 벌을, 무슨 뜻을 벌이라고 하느냐 하면 널따란 그런 뜻을 인제 벌이라고 하는데, 인제 그 산이, 그 산이 유명한게 그 산마루가, 어느 산마루라도 산에 가면 꼭대기는 산이 뾰쪽한데, "청산" 그 산에는 산마루, 산마루에 가면 뭐 운동장 여러 수백 배, 뭐 넓은 그런 평평하게 이래 뭐 벌판처럼 그런 데가 있는데, 거기에다 인제 저기 인제 조금 들이 넓은 데 사람들은 소를 몰고 올라가서 거기에다가,

까 뿍띠'기 그'너물 뜨더 가주고 노네 네가주오, 그떼 비료도 업써시이까 노넨 나'라글 헤 무'꼬.

― 어' 우리들 꼴짜'게는 산, 점'부 사'니니까 점'부 인자 푸'를 비 가지고 인다65) 농'사를 전:는데66), 인자 그'떼느 농'약또 어'꼬 나67) 그'떼느 벼엉'도 어꼬, 그게 인자 오세 가마: 셍가헤 보니까 그 푸'레서, 그 푸'레서 그 머꼬, 즈 풀' 비어 너멍 그 푸레 마지 무리 꺼:머'이 이레 막: 우러나오는데, 그 푸레서 그 우'러나능 그기 병추에늘68) 점부 그기 방지하'지 시'파.

― 그르큰'데이 그'떼는 머 야글 안 쳐'도 벌'레도69) 어'꼬, 그 당시에느 벌'레도 어'꼬, 주'로' 달'리등70) 거 미띠71), 밀띠'기 그기'나 다을드까.

― 밀띠'기 그느 인자' 표'줌말 인자 메뚜'기라 하드마너72), 밀뜨기 그이'나 주로 달러드러 가주고 멸떼'기, 미띠'기, 머 여어치 이능 기 인자 헤치하지73) 벼'로 헤치 안 아나기느 아는데, 그레 인자 첨 농사전능 과'정에는 그 저 푸'를 마 점'부 그 당시에는 머 점부 지'게르 지고 사'네 가 풀'로 비 가주고, 아: 풀로'오' 농'사이 시'미 이꼬74) 농사 조'곰 자간 사'람드는 푸'를 짝'두에다가 푸'를 사'리75) 가주고 그레애 노네 인자 푸'를 마~이네, 쫑쫑 사'리 가주고 저 노네 인자, 옌날 점'부 은자 꼴짜'게는 인자 오:싱게 카능 거느 은자 데 일, 일'모작 그르 오싱게76)라 하는데, 오싱게 노'네 가 가'라가 일띠'기 인자 무'리 업'쓰이께느 모'또 업'쓰이 일찌이 물르잠능 기라, 보'메, 초'보'메.

― 머 비'머77) 오'엄 물 자'버' 가지고 그어더 인저 풀'로 비 연'는데, 그레 인자 일'꾼 조'꼬78) 논농사 쫌' 저근 사'음더른 농사 더 마'이', 나'락 잘데'기 이에서 푸'를, 저 풀' 마이 네농는 노'네는 나'악79) 더 잘 데'고, 풀저께80) 노넨 절', 나'라기 절' 데'는데, 그레 풀' 사'리 가주고 까'러 가주고 물 자바가, 무를 자버가' 논뚜'러81) 멘드'아 물' 가두'능 거 물' 잠는데 퀜데, 그 자바아 그 풀 쪼 까 그르 가주오 또 은자' 훝찌'이 떠 푸'를 자82)

가벼우니까 북데기 그놈을 뜯어 가지고 논에 내서, 그때 비료도 없었으니까 논에 벼를 해 먹었고.

- 어 우리들 골짝에는 산, 전부 산이니까 전부 인제 풀을 베 가지고 인제 농사를 지었는데, 인제 그때는 농약도 없고 인제 그때는 병도 없고, 그게 인제 요새 가만히 생각해 보니까 그 풀에서, 그 풀에서 그 뭐냐, 저 풀 베 놓으면 그 풀에서 말이지 물이 꺼멓게 이래 막 우러나오는데, 그 풀에서 그 우러나는 그게 병충해를 전부 그게 방지했지 싶어.

- 그러하건대 그때는 뭐 약을 안 쳐도 벌레도 없고, 그 당시에는 벌레도 없고, 그 당시에는 벌레도 없고, 주로 달려드는 것은 메뚜기, 메뚜기 그것이나 달려들까.

- "밀띠기" 그것은 인제 표준말로 인제 메뚜기라 하던데, 메뚜기 그것이나 주로 달려들어 가지고 메뚜기, 메뚜기, 뭐 여치 이런 것이 인제 해하지 별로 해하지 않기는 않은데, 그래 인제 좀 농사짓는 과정에는 그 저 풀을 그냥 전부 그 당시에는 그냥 전부 지게를 지고 산에 가서 풀을 베 가지고, 어 풀을 내어야 농사가 힘이 있고 농사가 조금 적은 사람들은 풀을 작두에다가 풀을 썰어 가지고, 그래야 논에 인제 풀을 많이 내지, 쫑쫑 썰어 가지고 전 논에 인제, 옛날 전부 인제 골짝에는 인제 올심기라고 하는 것은 인제 이 일모작 그것을 올심기라 하는데, 올심기는 논에 가서 갈아서 일찍이, 인제 물이 없으니까, 못도 없으니까 일찍이 물을 잡는 거야, 봄에, 초봄에.

- 뭐 비만 오면 물을 잡아 가지고 거기에 인제 풀을 베 넣는데, 그래 인제 일꾼이 많고 논농사가 좀 적은 사람들은 농사 더 많이, 벼가 잘 되도록 풀을, 저 풀을 많이 내 놓는 논에는 벼가 더 잘 되고, 풀을 적게 낸 논에는 덜, 벼가 덜 되는데, 그래 풀을 썰어 가지고 깔아 가지고 물을 잡아서, 물을 잡아서, 논두렁을 만들어서 물을 가두는 것을 "물 잡는다"고 했는데, 그래 잡아서 그 풀을 죽 깔아서 그래 가지고 또 인제 극젱이로

가러 엄능 기'라.

─ 어'퍼야, 푸'리 땅 쏘'에83) 드가야 푸'리 써'그이께네, 어퍼 가주고 그 또 은자 금 도84) 덜 석찌 시퍼아 또 함 디비'고85), 이 자우간 만 저 나'락 시'믈 떼까지 과정이 홀찌'이럴 한두 버'이나 시'86) 분'쯤 이레 모 수물87), 멘들러 깔람 하맙 홀찌'이가 한 시 분쓰 노네 드가야 데능 기라.

─ 드'가'야 데'이끼네.

그'엄 농가'리를 세 분?

─ 그르친, 그르친너 가럼능88) 거라.

─ 그'레 해'야 푸'를 인저 그 엉'캄 마이 가따 비어 나시 그름 저 엉능 점도 서'거야 모'를 심기덩.

─ 그 은저89) 머 그 그카 인자' 헐과 하비 데'야 머 이지, 앙 그라'멈 점' 모 더 머 풀 꼬제'이가90) 거 가 먼 나구도 머 안데고, 그레'이께네, 그른 사, 그'레 한 사'암도91) 이'꼬, 어뗀 사'암 풀' 마 비 가주고 떠문떠무떰 나 가주 이레 인자 가르엄능 거너, 갸'르엄능 과정은 마 다: 똑 까꼬.

─ 그르 가'주고 머 그 풀' 베'미 마 점부 그 당시에 맙 참 골빙 다 드르쩨.

─ 다 드러, 그레가져 인자 모'르 시'믄데92), 그 당'시'엔 인자' 하'지'::탄 다 이 카그더.

─ ˘오'싱게.

─ 나93) 왜 하'지'탄다 하며 하'진' 저'네넌너 모'르 안 심능 기라.

─ 하지 이'네 모'르 시프 노마 모'가 뿌'리두, 뿌'리더94), 뿌'리를 레'집, 네'리진 아나고, 니'르오친, 니'르오, 니'르가진 아너고, 점95) 뿌'리 끈티'이 가 메구'체메로96) 끈티'이가 이레 뿌'리'이가 몬나오 뻴가~'이 이레간 나' 레이 마 크'지르 뻴가~'이 요게 인자 어'른'드리 저 인저 하:지탄다 이러 데능기라.

─ 그'느이 인자' 하'지' 지네고 은자 첨부 오싱'게르 인자 싱'고 이라은

또 풀을 인제 갈아엎는 거야.

– 갈아엎어야 풀이, 땅 속에 들어가야 풀이 썩으니까, 엎어 가지고 그
것을 또 인제 그것도 또 덜 썩지 싶어서 또 한 번 뒤집고, 이 좌우간 뭐
저 벼를 심을 때까지의 과정이 극쟁이를 한두 번이나 세 번쯤 이래 모를
심을 수 있도록, 만들어 깔려고 하면 극쟁이가 한 세 번씩은 논에 들어가
야 되는 거야.

– 들어가야 되니까.

그럼 논갈이를 세 번?

– 그렇지, 그렇지 갈아엎는 것이라.

– 그래 해야 풀을 인제 그 워낙 많이 가져다 베어 놓아서 그것이 저
어느 정도 썩어야 모를 심거든.

– 그 인제 뭐 그 그것과 인제 흙과 합이 되어야 뭐가 있지, 안 그러면
전부 저 뭐 풀 꼬챙이가 거기 거 뭐 나고도 뭐 안 되고, 그러니까, 그런
사람, 그렇게 하는 사람도 있고, 어떤 사람은 풀을 뭐 베어 가지고 드문드
문 놓아서 이래 인제 갈아엎는 것은, 갈아엎는 과정은 그냥 다 똑 같고.

– 그래 가지고 뭐 그 풀을 베며 그냥 전부 그 당시에 뭐 참 골병이 다 들었지.

– 다 들어서, 그래서 인제 모를 심었는데, 그 당시에는 인제 "하지탄
다" 이렇게 말하거든.

– 올모심기

– 인제 왜 "하지탄다"고 하냐 하면 하지 전에는 모를 안 심는 거야.

– 하지 이전에 모를 심어 놓으면 모가 뿌리도, 뿌리도, 뿌리를 내리
지, 내리지는 않고, 내려오지는, 내려오, 내려가지는 않고, 전부 뿌리
끝이 꽹과리채처럼, 끝이 이래 뿌리가 못 나오고 빨갛게 이래선 벼가
그냥 크지를, 빨갛게 요게 인제 어른들이 저 인제 "하지탄다" 이러는
것이라요.

– 그러니 인제 하지를 지나고 인제 전부 올모심기를 인제 심고 이러는

데, 그 인자' 하:아'지라 카'능 기 지'끔도 그 은저 이 양녁, 음넉 그 절'루르97), 그'어'르98) 무'시르 모 나웅 기.

— 요짐99) 야:무'리 머 나, 양녀으러 사용한다 하지면 그 저'루 카'능 그 거는 마지, 하'아'지라 카'능 기100) 모:든 여름 고'시기, 나'라이고 이'능 기, 곡'시기 하'아'지를 기준 헤 가지고, 갈: 곡'시근 하'아'지르 기준혜가 시'므야 그기아 제일, 찌'금도 마' 요즘 머 양녀그 마 한 머 유'궐: 한 머 한 이' 시 빌 러'머가믄 나'를 심:는'데, 엔'난'너이 하'아'지가 음'녀글, 양'녈 말하이 한, 아 처 오올 한 이, 이시 빌 너'머가마 이 오세' 나'르이 심:데, 그기 인자 하'지가 음녁 유월 이시비 일 경에 하지 항상 고'레 데'이끼네, 그 당시에 인자 하지탄다 케 가주 은자 하지 지네고 은자 모를 시머 가주고 그 농사 저안데, 그 과'정에느 은자 이여 탐 마림, 저 이'리 망'끄덤.

— 그'어' 은자 그'떼는 이 기'게도 어꼬, 모 심능 거, 그 인저 왜'정시데 은자 기'에틀101) 카'능 거, 기'게몰 항 그기' 나오가 인데102) 어뜬 모 나오가 헨나메 인자 이냐 석쭐베'기 인자 인자 가께모'를103) 짝 이, 그기' 인녀 그 인녀 왜'넘드리 만드'러가 네 낭, 보급헨능 긴데, 서꿀베'기 인자 가께 몰' 서 쭐 땅 나 가주고 고'다가 은자 여 은자 복'파네느 은자 여엔 여 므꼬, 철'로가 열 메드열 아'페 뗑'기맏 들'마 요이 딱땅 너머가이 데가 이서.

— 그르인 따무104) 은자 욘, 고'레가 은저 요'게 인잠' 고게 만데'이 표시로 은자 딱따 하, 모숭'울105) 자리르 표시으 딱따 헤 나이, 헤나'마 고'레안 조작, 한' 줄마 야불떼'기106) 딱: 처 노 고 줄' 따라 이렌 기게멀 숭구 착착 능가마 고기 마 정'족식', 저잉, 정조시이 데능 기라.

— 요'리' 바도 기리 토'까고, 조리 바도 또까꼬 그언데.

— 고'레가 고 기'게트리 저'네 왜'넘드리 멘드러가 헤가주 헨는데, 그걸 하이 상데'이107) 더'딩 기라.

— 시'므 노므 참' 보기도 조꼬 펼'리한데, 더'디고 그나'이끼네 마 점보 마 그어 논뚜름따'라 논 가'는 데로 어 꼬뿔랑 까불락 꺼'께이메러108) 요'

데, 그 인제 하지라고 하는 게 지금도 그 인제 이 양력, 음력 그 절후를, 그거를 무시를 못하는 게.

－ 요즘 아무리 뭐 양, 양력을 사용한다고 하지만 그 절후라고 하는 그 것은 말이지, "하지"라고 하는 게 모든 여름 곡식이, 벼고 이런 게, 곡식 이 하지를 기준 해 가지고, 가을 곡식은 하지를 기준해서 심어야 그게 제 일, 지금도 그냥 요즘 뭐 양력은 뭐 한 유월, 한 뭐 한 이십 일 넘어가면 벼를 심는데, 옛날에는 하지가 음력을, 양력으로 말하면 한, 아 저 오월 한 이, 이십 일 넘어가면 이 요즘 벼를 심는데, 그게 인제 하지가 음력 유 월 이십이 일 경에 하지가 항상 그렇게 되니까, 그 당시에 인제 "하지탄 다"고 말해 가지고 인제 하지를 지나고 인제 모를 심어 가지고 그렇게 농 사를 지었는데, 그 과정에는 인제 여기 참 많은, 저 일이 많거든.

－ 그 인제 그때는 이 기계도 없고, 모 심는 것, 그 인제 왜정시대에 인 제 기계틀이라고 하는 것, 기계모라고 하는 그게 나와서 인제 어떤 모가 나 와서 했느냐 하면 인제 인제 세줄배기 인제 인제 각목을 쫙 이, 그게 인제 그 인제 왜놈들이 만들어서 내 놓은, 보급한 것인데, 세줄배기 인제 각목을 세 줄 딱 놓아 가지고 거기에다가 인제 여 인제 복판에는 인제 여기 여 뭐 냐, 철로 여기를 매서 앞을 당겨 들면 요기가 딱딱 넘어가도록 되어 있어.

－ 그렇기 때문에 인제 요기, 고래서 인제 요게 인제 고게 꼭대기의 표 시로 인제 딱딱 해, 모심을 자리를 표시를 딱딱 해 놓으면, 그러면 그래 인제 저 쪽에, 한 줄만 옆에 딱 쳐 놓고 그 줄을 따라 이래 기계모를 심 어서 착착 넘기면 그게 뭐 정족식, 정족, 정족식이 되는 거야.

－ 요리 봐도 길이 똑 같고, 조리 봐도 똑 같고 그런데.

－ 고래서 고 기계틀이 전에 왜놈들이 만들어서 해서 했는데, 그것으로 하니까 상당히 더딘 거야.

－ 심어 놓으면 참 보기도 좋고 편리한데, 더디고 그러니까 그냥 전부, 그냥 그 논두렁따라 논 가는 대로 어 꼬부랑 꼬부랑 지렁이처럼 요래 가

레 가즈거 마 모'르 싱꼬.

  — 이'레 가주오 고 은저 모 싱'꼬' 나'마 옌나 은자 제초제더 어'꼬' 점'
부 은저 소늘 가 은자 노'늘 메애109) 덴데, 고 오'세' 표줌마른 저 김:메기
칸데, 노늘 녀 움 마으 여'네는 노'늘 메'이' 데는데, 그 은자 노움, 인자
모'를 싱'꼬 마 노'늘 빨'리 메이 데.

  — 빨'리 메'야아' 지'스미110) 아'111) 올'로오지112), 그이113) 덜 지슴 올
지여 빨'리 메'야 나'락또, 그 함 메준데 그기 메능 과'정'에서 그에 산소도
그 아네, 오세' 셍'강아이 산소도 그게 땅 미테 유'이떼고 멘:, 땅'을 디비능
과정에, 논 빨'례빨'리 멜'수록 나'레기 팔'리 끙게114) 자라으115), 잘: 자'라
고, 연데 그 노'느 은자 아시놈'메기하고 또 쪼'116) 이쓰마, 한 여'르117)
이쓰마 또 두불메'이 데고, 또 쫌' 이'쓰마 시불롬'메이118) 헤'이 뎅 기'라.

  — 시불롬'메기 하능 거느 은자' 가을: 랴119), 시불롬'메이 하프 지'스믈'
가을: 지'슴 놈멘, 논 찌'슴 논는'다 이 카'는데, 시불롬'메이 할 레 데'마 혹
씨 아시놈'멩이 하다가 놈 멜'따가 지'스믈 다 몸 메고 빠'즌 지'스믄 시블
롬'메이 할 레 데'마 꼬'치 버실120) 필 정도아 그르 뎅'게이, 시불롬'메이 갈
뗀 나'레기121) 버'시'러 배'애'가 밸'라꼬 칼' 그릉 과정에 인자 시불롬'메이,
그리 시: 분 은자 노'늘 메고 나면 은자 이잔 놈메인'122) 다 인자 끈'나 뿌
고 그레 뿌머 인자 나'레기 인지 지데로123) 페' 가주고 그렘 머 가으렘 머
나'124) 까지고 나락 비고 머 그러치 머.

  그라'므' 인제 쭉 점반저그로 이야길 헤 주'션는데, 볍'씨'를 인제 그으 아
까 아 그 논, 농가'리르는 아까 세 번 정도 한다고 하션는데, 보통 언제쯤 함
미까, 그러며너?

  — 으

농가리에 시기느?

  — 요' 초'보'메 인자: 무리, 그떼음 무리 업'스니까 마 해'동마 하마 마이
여125) 겨'으레 지'나고 땅'마 노'그마, 물'마 이쓰마 무'를 자바 논능 기'라, 노'네.

지고 뭐 모를 심고.

─ 이래 가지고 고 인제 모를 심고 나면 옛날에는 인제 제초제도 없고 전부 인제 손을 가지고 인제 논을 매야 되는데, 그 요즘 표준말은 인제 김매기라고 하는데 논을 여기 우리 마을 여기는 논을 매야 되는데, 그 인제 논, 인제 모를 심고 그냥 논을 빨리 매야 되거든.

─ 빨리 매야 김이 안 올라오지, 그게 또 김이 올라오기 전에 빨리 매야 벼도, 그 한 번 매 주는데 그게 매는 과정에서 그게 산소도 그 안에, 요새 생각하니 산소도 그게 땅 밑에 유입되고 매는, 그 땅을 뒤집는 과정에 논을 빨리빨리 맬수록 벼가 빨리 검게[126] 자라고, 잘 자라고, 이런데 그 논은 인제 애벌논매기하고 또 조금 있으면, 한 열흘 있으면 또 두벌매기해야 되고, 또 조금 있으면 세벌논매기를 해야 되는 거야.

─ 세벌매기라고 하는 것은 인제 가을 인제, 세벌매기를 하면 김을, 가을 김 논맨, 논 김매기를 놓는다 이렇게 말하는데, 세벌매기 할 때 되면 혹시 애벌매기하다가 못 맸다가, 김을 다 못 매고 빠진 김은 세벌논 맬 때 되면 꽃이 벌써 필 정도로 그래 되니까, 세벌논 맬 때는 벼가 벌써 배어서 배려고 할 그런 과정에 인제 세벌매기, 그래 세 번 인제 논을 매고 나면 인제 인제는 논매기는 다 인제 끝나 버리고 그래 버리면 인제 벼가 인제 제대로 패 가지고 그래 뭐 가을에 뭐 낫을 가지고 벼를 베고 뭐 그렇지 뭐.

그러면 인제 쭉 전반적으로 이야기를 해 주셨는데, 볍씨를 인제 그 아까 아 그 논, 논갈이는 아까 세 번 정도 한다고 하셨는데, 보통 언제쯤 합니까, 그러면은?

─ 응.

논가리의 시기는?

─ 요 초봄에 인제 물이, 그때는 물이 없으니까 그냥 해동만 하면 그냥 여기 겨울이 지나고 땅만 녹으면, 물만 있으면 물을 잡아 놓는 거야, 논에

― 무'를, 무를 가다 논능 기'라.

― 노'느, 논'뚜를 멘드'러가, 머 그를 물 잠는'다 칸데, 물 자'브 나'야 나
락 숭가'지, 디에 머 비'가 마'이 오'마 겐차은데, 비 안 오마 그 나'라을 몬'
시'므니까[127].

― 우'이[128] 머 저'수지도 어'꼬 하'이끼네.

― 그레 머 쩌 상'꼴'짱'물[129], 꼴짱'물, 구'까' 인저 하'인'데 물 자'브머, 그
르 인녀 우'이서 모지'르[130] 차레차레 물 자꾸 자'브 니르오'능 기'라, 무를.

― 우'이서 자구 자'브네, 우'에서 자'브 니롱 고 물 또 흘러니르가 미테
또네[131] 드가가 또 자'버 네르 가주고 머 보'메, 초'보'메 자'브 노마 그'떼
늠, 나무입또 안나오가'이도 물 잠는다 카~이.

― 나무입또 안 나오가조 물' 자'버 노마 그르가 나무입 피' 가'주고 그'
풀' 빌: 떼 데마 그르 풀 비가, 그레 가'주오 고'떼서 인자 가, 나'무[132] 나
락 시'믈 떼까지, 모 시'믈 그 고 기간 네'애' 인저 홀찌'이를[133] 시 부~'이,
한 서너 분 니 가러엄능 기라.

― 머이 풀' 써꿀'라꼬.

그 인저 그으'레' 하고, 그 다'으메 인제 볍'씨를 골'라야 델 꺼 아임미까?

― 그'르치.

거 여 볍'씨라 함'미까, 여 나락'씨'라 하는 지 모르게씀미다.

― 신'나럭, 신'나라[134].

신나락?

― 신나'락 아'이가.

거 신'나라긍 거'ㅁ' 어 싱'나라근 어'뜨에 고롬미까?

― 신나'라근, 은저 가'아'레 신나락' 할 인자 예[135] 종자도 은자 여러
가지 하'이끼네 예 종자를 머 다 모 이'야겐는데[136], 자'이가[137] 올'게[138]
요'날, 요'노믈 헤 보'이~게[139] 제미'가 이스마, 소:추'리 만냐 욜 잘 하'만
고 신'나라글 고 할만'칭 고 땅을 나'륵 비'기 저'네 고'게는 피'를 겡'자~이

- 물을, 물을 가두어 놓는 거야.

- 논을, 논두렁을 만들어서, 뭐 그것을 물 잡는다고 하는데, 물을 잡아 놓아야 벼를 심지, 뒤에 뭐 비가 많이 오면 괜찮은데, 비가 안 오면 그 벼를 못 심으니까.

- 위에 뭐 저수지도 없고 하니까.

- 그래 뭐 저 산골짜기물, 골짜기물, 그것을 가지고 인제 하는데 물을 잡으면, 그래 인제 위에서 모조리 차례차례 물을 자꾸 잡아 내려오는 거야, 물을.

- 위에서 자꾸 잡아 내서, 위에서 잡아 내려온 그 물이 또 흘러내려서 밑에 논에 들어가서 또 잡아 내고, 이래 가지고 뭐 봄에, 초봄에 잡아 놓으면, 그때는 나뭇잎도 안 나와서도 물을 잡는다고 하니까요.

- 나뭇잎도 안 나와서 물을 잡아 놓으면 그래서 나뭇잎이 피어 가지고 그 풀을 벨 때 되면 그래 풀을 베서, 그래 가지고 고때에 인제 나, "나락", "나락" 심을 때까지, 모를 심을 그, 그 기간 내에 저 극젱이를 세 번, 한 서너 번 이래 갈아엎는 거야.

- 뭐 풀을 섞으려고.

그 인제 그렇게 하고, 그 다음에 인제 볍씨를 골라야 될 것 아닙니까?

- 그렇지.

그 여기서는 볍씨라 합니까, 여기서는 "나락씨"라 하는지 모르겠습니다.

- 볍씨, 볍씨.

볍씨?

- 볍씨 아니냐.

그 볍씨는 그러면 어 볍씨는 어떻게 고릅니까?

- 볍씨는, 인제 가을에 볍씨를 할 인제 어 종자도 인제 여러 가지를 하니까 어 종자를 뭐 다 못 외우겠는데, 자기가 올해 요것, 요놈을 해 보니까 재미가 있으면, 소출이 많이 나고 잘 하면 그 볍씨를 그 할 만큼 그땅을 벼를 베기 전에 거기에는 피를 굉장히 일찍 뽑는

알쭈 뽀'븐능 기라, 피'를.

— 그 인잦' 피 그 씨'가 부'터 이'따가 신'나랑 마녀 한데 모'에시140) 피
가 따'라 드가 뿌마 피' 거처141) 뽀'브야 데'이 고'이 머 이 여'간 문제 아이
그등142).

— 그'르이께네 피' 가주143) 예를 뭉'144) 따무네 고'레 고' 은자 피 업시
딱: 나'라을145) 피 가레' 가'주고, 나'랑머146) 딱: 멘'드라, 고'레 가'주고 은
자 종자 할 ㄲ'너 나'라으147) 별'또로 비 가'주고, 별'또로 비가 별'또로 나
락따'늘 땅 무까' 가지고 인자: 홀'께148) 인저 나락 홀른데, 거 은저 타, 오
센'149) 탈'구끼 카'데, 인자 탈'구기 그 엔날 홀'껜데, 거' 홀터가 고느 별'또
로 신나'라 할 꺼'느 별'따로 인저 오'쟝'치150), 마: 그'떼는 여 가마~이 이
인데 가'므 고 은저 신나'라 항 ㄲ느이 점 쩌'메'마151) 하~'이 데'이끼네 가
'마~'이 근 데 여'치도 몬하고, 오'쟝'치, 이냐152) 지'프로 언자 논기 쪼메:
인자 쪼맹:쿠'로 이 멘드농 고 인뇨 오장' 켄노, 고'은데 인자 종자'를 헤
가주오이 따 은자 욘 나, 나:도'따가 이드메153) 은자 보'메 신나라긴 은자
노'네 뿌리능기지, 당가가조 뿌리링 기.

그은 신나'락 그거 인제 헤 가'주고 그어또 소'독'하고 함'미까?

— 옌'나렌 소도기 어'디 서'.

— 소'독또 아 나'고 그'냥 멈 무'레 당가 가'주고 삭, 이레 약까154) 헤'뜩
헤'뜽 나오'마 그레 노'네 가따 뿌'리는데, 마 이렌 마 들:: 로'네는 무'리 뜨
시'이께네 상가'이155) 엄'는데, 꼴'짜'156) 노'네는 무'리 차'버 가'주고 고 물
드릉 과정도'오' 에'수 짜, 에'수 짜 모'양을 고'레 쪼메넌' 물도'랑을 멘드'러
가'주고 요레 드러가뜨 막, 막 드라 뽐'마 차'브서가 신:나'레기 상'에과조,
신나레기 항 게도 안 덴'다이.

— 그'느이께네 무'리' 요 꺼'께이 요레 드가따'가 조레 드아따157) 욜 디
아따 요르 드아우, 드러 가'주 끈티' 와가 인자 머 신나락 헨데 고' 드가드
러 이레 멘드'넝 워'니'는 고' 무'리 드가따 낭' 과정에 열 전 해'삐치 비치'

거야, 피를.

― 그 인제 피 그 씨가 붙어 있다가 볍씨를 만약에 하는데 모에 피가 따라 들어가 버리면 피 그치도록 뽑아야 되니까 그래 뭐 이 여간 문제가 아니거든.

― 그러니까 피를 가지고 애를 먹기 때문에 그래 그 인제 피 없이 딱 벼를 피를 가려내 가지고, 볍씨만 딱 만들어서, 그래 가지고 인제 종자로 할 것은 벼를 별도로 베어 가지고, 별도로 베서, 별도로 볏단을 딱 묶어 가지고 인제 벼훑이로 인제 벼를 훑는데, 그 인제 탈곡기, 요새는 탈곡기라고 하데, 인제 탈곡기가 그 인제 벼훑이인데, 거기 훑어서 그것은 별도로, 볍씨를 할 것은 별도로 인제 오쟁이, 뭐 그때는 인제 가마니가 있는데 가마니 그 인제 볍씨를 할 것은 좀 조금만 하면 되니까 가마니 그런 데 넣지도 못하고, 오쟁이, 인제 짚으로 인제, 인제 조금 인제 조그마하게 이 만든 그 인제 오쟁이라고 했는데, 그런 데 인제 종자를 해 가지고 딱 인제 요 놓아, 놓아두었다가 이듬해 인제 봄에 볍씨를 인제 논에 뿌리는 것이지요, 담가 뿌리는 게.

그러면 볍씨 그것을 인제 해 가지고 그것도 소독하고 합니까?

― 옛날에는 소독이 어디에 있어.

― 소독도 안 하고 그냥 뭐 물에 담가 가지고 싹, 이래 약간 해뜩해뜩 나오면 그래 논에 가져다 뿌리는데, 그냥 이런 그냥, 들 논에는 물이 따뜻하니까 상관이 없는데, 골짝 논에는 물이 차 가지고 그 물을 들이는 과정도 에스(S) 자, 에스(S) 자 모양으로 그래 조그마한 물도랑을 만들어 가지고 요래 들어가도록 막, 막 들어가 버리면 차가워서 볍씨가 상해서, 볍씨가 한 개도 안 된다니까.

― 그러니까 물이 요 지렁이처럼 요리 들어갔다가 조리 들어갔다가 요리 들어갔다가 요리 들어갔다가, 들어가서 끄트머리에 와 가지고 인제 저 뭐 볍씨를 했는데 거기 들어가도록 이렇게 만든 원인은 그 물이 들어갔다

가 물 쫌 뜨사'가158) 드'간'다능 고'른 옌'나레 어른들 고레 연구르 혜가주 고'레 가'주우 신나라 한'데.

- 요즈'메'느 신나'라거 빨리 크'지도 아 나고 머 어'뜬 헤는 마 보메 머 추'분 헤'는 신나'레기 마 사~'애159) 가'지고 마 신나'레기 반'또 안 데고 그'러너이 마 옌나렌 머 점'부 모'가 모지레' 가'지고, 점'부 흔'처160) 나~이 양'더'리 다 안 올'로오고 하이게161) 모'아 모지레'가162) 어뜬 지에'늠163) 마 모 구'하러 어데 머 심' 니 바'께도 모 구하'러도 모 구하러 가고, 앙 그 람'머 그 정'연 모 몽 구하느마 옌날거틈 마 첨 모 마'을 떼 거'트멀 두 포'기 시'믈 떼 함 포'이 빼' 뿌고 함 포기 싱:꼬 니'르 가도 농사 지, 옌'나'레 져'따이, 옌나레.

그엄 그어: 인제 씨'나락 뿌'릴라 그'러며능 모'파늘 만드러야 데는데, 모' 파느 어뜨게 만드?

- 그'르치, 모'파는 녀 우'에164) 데남 인자, 모'파는 인잡165), 이거 풀' 나오그 저네 인자 모'파늘 멘드'러가 신'나레기 드가'이 덴데, 그'떼 인저 겡'자'리르 켄'는데, 인냐 여게 마리 겡자'린드, 그기 머존, 겡자'리 마리 머 슴 마링거 하며 은자 인자 풀' 나'이166) 저'네 인자 사네 여 낭'게 임'167) 나기 저네 땅'에 여 일'런초 풀 나'능 그너믈 자 겡'자'이라 카는데, 그 인 자 쓰 멀 마 자감168) 머 저 게울까'에던지 마 따선 머 논, 논 디'구서게 따 신' 데, 곤 데 가'마 일'찡'히 푸리 올라가능 거'느믈 나슬 가 점 비 가지오, 끄'느 가주고 그'느믈 거 은자 고 모판 멘'든데 고 땅 고'게다가 버여, 그어 다 점 번능 기'라.

- 딴' 푸른 업'쓰이너 그거 혜가주 우에던169) 꼬 비'로도 어'꼬 하'이기 너 고'골 헤아 거:도 은자 가'러어퍼가조 고'놀무 서까'가조 구기' 이자 그 기'170) 그르'미라.

- 그기, 풀 그'느미.

- 거러무 그'르가 인자 고 으녀171) 인자 서, 인점 홀찌이 가르가 은자

가 나가는 과정에 여기 저 햇빛이 비쳐서 물을 좀 데워서 들어간다는 그런 옛날에 어른들 그래 연구를 해서 그래 가지고 볍씨를 했는데.

– 요즘에는 볍씨가 빨리 크지도 안 하고 뭐 어떤 해에는 그냥 봄에, 그냥 추운 해에는 볍씨가 그냥 상해 가지고 뭐 볍씨가 반도 안 되고 그래 놓으니까 그냥 옛날에 뭐 전부 모가 모자라 가지고, 전부 흩쳐 놓으니 전체 양이 다 안 올라오고 하니까 모가 모자라서 어떤 집에는 그냥 모를 구하러 어디 뭐 십 리 밖에도 모를 구하러도, 모 구하러 가고, 안 그러면 뭐 전혀 모를 못 구하면, 옛날 같으면 그냥 전부 모 많을 때 같으면 두 포기를 심을 때 한 포기를 빼 버리고 한 포기만 심고, 이래 가지고도 농사를 짓고, 옛날에는 지었다니까, 옛날에.

그럼 그 인제 볍씨를 뿌리려고 그러면은 모판을 만들어야 되는데, 모판은 어떻게 만듭니까?

– 그렇지, 모판은 여기 어찌 되느냐 하면 인제, 모판은 인자, 이거 풀 나오기 전에 인제 모판을 만들어서 볍씨가 들어가야 되는데, 그때 인제 "겡자리"172)라고 했는데, 인제 여기 말이 "겡자리"인데, 그게 무슨, "겡자리"라는 말이 무슨 말인가 하면 인제 인제 풀이 나기 전에 인제 산에 여기 나무에 잎이 나기 전에 땅에 여 일년초 풀 나는 그놈을 인제 "겡자리"라고 하는데, 그 인제 저 뭐, 뭐 좌우간 뭐, 저 개울가에든지 뭐 따뜻한 뭐 논, 논 뒤 구석에 따뜻한 데, 고런 데 가면 일찍 풀이 올라오는 그놈을 낫을 가지고 전부 베어 가지고, 끊어 가지고 그놈을 그 인제 그 모판 만들어 놓은 고 땅 거기에다가 부어, 거기에다 전부 붓는 거야.

– 다른 풀은 없으니까 그것을 해서, 어쨌든 그 비료도 없고 하니까 고것을 해서 거기도 인제 갈아엎어서 그놈을 섞어서, 그게 이제 그게 거름이야.

– 그게, 풀 그놈이.

– 그러면 그래서 인제 고 인제, 인제 써레, 인제 극젱이로 갈아서 인

서'어리 그르 민 자 서'어'리질 헤 가지고 근' 너마 인자, 서:질[173] 헤 노
마 인자 풀: 그'넘하고 헐[174]하'고 인자 마 한테이 업치' 가주얼 뿡땅뿍딱
하~이[175] 요레 멀 머 고'물메로[176] 고데 인자 물 고래 데가 인데, 고레
가 은자 하'모[177] 우'에 수굼포가[178] 가주 우에 사:: 여 다라마 이 꽁 니러
멘늘멘들하며[179] 고 인제 멘드:리해'야 신나'레기 우'예 딱 언체지, 심나레
긴 똠 마 우예 숙: 드가[180] 뿌'마 디'에 모'찔 떼 마 나락바'리[181] 미테
마~이 드가 뿌마 모'를 그 찌'질 몬하능 기라.

— 모 찌그, 뽀, 은녀[182] 뽄, 뽑는다 한데, 그 찐, 저 우운너 찐'다 칸'
데, 모를 바'리 엉'칸 드가 머 모'를 몬 찌'느이, 아'파이 몬찌느, 그거 방지
하기 위에서[183] 곤 매 다라' 가주고 신나'라글 고 파'늘 머 시낙 흔'즐 떼
야:깐 말라'능 기'라.

— 야:끈, 고 쪼꿍 꼬드꼰드할 고 증도로 말라'야마 신나'를[184] 헌'체마
소 간 드가고 우'에 언치거 이떼, 바'리 쫌 저끼 니'르가지 고 인저 모' 찌
고, 모 찌'기 조'코 안 찌고 조뀌는 고 모판 다루'어가'주 고 은저 고 과정
인 제일 중요항 기라.

— 거 기술 인: 사'암드른 골'[185] 잘 멘드러가 은저 모 찌기 참 조:코,
기술 엄'[186] 사'암드른 마, 마 모'찌기 애 무고.

— 그'르가주 모'를 벼'가'이, 고레가 모'를 키'우능 게지.

모를 그:러면 인제 모판 만들어서 씨'를 뿌'리고 그 다으메 뿌'릴 떼는 머
그냥 소느로?

— 그르치, 소'늘, 소'느로 뿌리짐.

— 소'느 은자 치'이~'[187] 영 걸 다머 가'주검, 신나'락 다머가주, 치'이~'
에 다무가 이레 야뿌떼'이[188] 끄'랑꼬 이레가주 소, 손, 녀 손 조중'이지.

— 소'니 요'레 차::알[189] 하는 사'암드른, 증'베[190] 잘 하는 사'암더느 신
나'레이 고루고로 흔'차간 하고 그'어' 쫌 머 쫌 그'얼 둔'한 사'암드른 마
간' 데'느 한'데' 소:이[191] 가 뿌고 앙 간' 덴 영: 앙 가 뿌고 머 신나'레

제 써레 그놈을 인제 써레질해 가지고, 그래 놓으면 인제, 써레질해 놓으면 인제 풀 그놈하고 흙하고 인제 그냥 한 데 엎쳐 가지고 복닥복닥하게 요래 뭐, 뭐 고물처럼 그렇게 돼 인제 물을 그래 대어서 인제, 그래서 인제 하면 위에 삽을 가지고 위에 살살 여기를 고르면, 꼭 눌러서 매끈매끈하면 그 인제 매끈해야 볍씨가 위에 딱 얹혀서, 볍씨가 똑 그냥 위에 쑥 들어가 버리면 뒤에 모를 찔 때 뭐 벼뿌리가 밑에 많이 들어가 버리면 모를 그 찌지를 못하는 거야.

─ 모 찐, 뽑, 인제 뽑, 뽑는다고 하는데, 그 찌는, 저 우리는 찐다고 하는데, 모의 뿌리가 워낙 들어가서 뭐 모를 못 찌는 거야, 아파서 못 찌는 거야, 그것을 방지하기 위해서 곧 잘 달아 가지고 볍씨를 고 판을 뭐 볍씨를 뿌릴 때 약간 말리는 거야.

─ 약간, 고 조금 꼬들꼬들할 고 정도로 그 말려야만 볍씨를 흩치면 깊이 안 들어가고 위에 얹히거든, 뿌리가 좀 적게 내려가지, 고 인제 모를 찌고, 모를 찌기 좋고 찌기 안 좋기는 그 모판 다루어서 고 인제 고 과정이 제일 중요한 것이라.

─ 그 기술이 있는 사람들은 고것을 잘 만들어서 인제 모를 찌기가 참 좋고, 기술이 없는 사람들은 그냥, 그냥 모를 찌기에 애를 먹고.

─ 그래서 모를 부어서, 그래서 모를 키우는 거지.

모를 그러면 인제 모판 만들어서 씨를 뿌리고 그 다음에 뿌릴 때는 뭐 그냥 손으로?

─ 그렇지, 손을, 손으로 뿌리지.

─ 손을 인제 키에 여기, 거기에 담아서, 볍씨를 담아서, 키에 담아서 이래 옆에 끌어안고 이래서 손, 손, 인제 손의 조종이지.

─ 손이 요래 잘 하는 사람들은, 배분을 잘 하는 사람들은 볍씨를 골고루 흩쳐서 하고, 거기 좀 뭐, 좀 그게 둔한 사람들은 그냥 간 데는 한 데 많이 가 버리고 안 간 데는 영 안 가 버리고 뭐 볍씨가 움푹 처박혀서 그

기[192) 움푹 찌바이[193) 그레 데가 그르타이.

커머 인제 무어판 그레가 부, 씨 뿌리거 노우'크느 거이 멀 비료나 이렁 거 또 쫌 함미까, 앙 그러몀 모 기룰' 떼느 그냥 두머뎀미까, 모너?

— 그 런'저[194) 비료 나와'슬 떼는 고게 인녀 비료을 야깐 자 그떼 헤'꼬, 그뗀 비로 나오그느 농사지끼 수'울꼬[195), 비로 나'오'기 저'네 여:게 으 즈거 나올 떼 헤'방' 데'고느 비'로가 나와'스니까 농사 저끼 수'오꼬[196), 왜'정시데느 비로가 업'썬능 기라.

— 일본놈드이 비로 만들찡 아'르찌마느 비됴[197) 만드'르가 여에[198) 비료 줄' 쭐도 몰라꼬, 줄, 줄, 줄, 줄 돈도 어꼬, 일본놈드.

= 그'르이 비'료가 업'써가 하지탄다 앙' 카나.

— 전장하는 머리, 전장에 돈 점부 전자아[199) 다 가따 바치 부고 머 하는 머리 여 비료도 어고, 그넘 머리 그뗀 폴로 가주오 하늠 머리 하지타는 이예가[200) 인난능 기.

= 하지탄다 **[201).

— 요즈믄 말 요즘 비료가 하는, 비료 가 한당 거 오세느 아무 떼느 시'머듬, 오세' 마 한 양녀 한 오월 머 이시빌 너머거 나'락 시'머도 오세 마 하지 안 타고 잘 데자나.

= 비'료머[202) 이'쓰마[203) 하지[204) 업짜나'.

— 그너 비료, 그떼 비료 업서찌.

모'파는 보통 한 언', 떼'는 언'제쯤 모오팜 만듬미까?

만드는 떼는?

— 모'파는 가, 모'판는 떼'느' 은자 요 인니[205) 풀 요게 일'련초 풀, 보'메 거 인저 음'다'레 거튼 데느 안 데고 양다'레: 은저 풀 고 은녀[206) 따실[207) 떼느, 아니 양다'레 빨리 나오~'이끼네 꺼느 요줌[208) 마, 날짜로 말하마 한 양녁 한, 한 사월 한 초쯤 데마 다 만드러이 데.

— 만드러 신나'악 드가야 델 떼라.

래 되어서 그렇다니까.

그러면 인제 모판을 그래서 뿌려, 씨 뿌리고 놓고는 거의 뭐 비료나 이런 것도 좀 합니까, 안 그러면 모 기를 때는 그냥 두면 됩니까, 모는?

— 그 인제 비료가 나왔을 때는 거기에 인제 비료를 약간 인제 그때 했고, 그때는 비료가 나와서 농사짓기가 수월해졌고, 비료가 나오기 전에는 여기 어 저거 나올 때 해방 되고는 비료가 나왔으니까 농사짓기가 쉽고, 왜정시대에는 비료가 없었던 거야.

— 일본 놈들이 비료 만들지는 알았지만은 비료 만들어서 요기에 비료를 줄, 줄도 몰랐고, 줄, 줄, 줄, 줄 돈도 없고, 일본 놈들.

= 그러니까 비료가 없어서 "하지탄다"고 하지 않느냐.

— 전쟁하는 바람에, 전쟁에 돈을 전부 전쟁에 다 갖다 바쳐 버리고 뭐 하는 바람에 여기 비료도 없고, 그러는 바람에 그때 풀을 가지고 하는 바람에 "하지탄다"는 이야기가 일어난 게.

= "하지탄다" **.

— 요즘은 그냥 요즘 비료로써 하는, 비료 가지고 한다고 하면 그 요새는 아무 때나 심어도, 요새 뭐 한 양력 한 오월 뭐 이십일 넘어서 벼를 심어도 요새 그냥 "하지 안 타고" 잘 되잖아.

= 비료만 있으면 "하지 타는 것이" 없잖아.

— 그래 비료, 그때는 비료가 없었지.

모판은 보통 한 언제, 때는 언제쯤 모판을 만듭니까?

만드는 때는?

— 모판은 그, 모판은 때는 인제 요 인제 풀 요게 일년초 풀, 봄에 그 인제 음달 같은 데는 안 되고 양달 인제 풀 고 인제 따뜻할 때는, 아니 양달에 빨리 나오니까 그러니 요즘 그냥, 날짜로 말하면 한 양력 한, 한 사월 한 초쯤 되면 다 만들어야 돼.

— 만들어서 볍씨 들어가야 될 때라.

그르가 인저 키'워 가'주고 인자 그 모네기를 하'는데, 인저?

— 그르치, 하, 어 하지: 임시, 하지 마 자운[209] 지네자[210] 모네요.

그럼미누 예'저네는 모:를 찌 가주고 인제 그거?

— 뭉까'기덩[211].

— 모'춤' 뭉깐'데, 그 인자 모'침[212] 카'는데, 몸, 모, 모르 은자 인자 모'
춤 크기'이' 뭉'끄느 사'암도 이'꼬, 저끼 무'끄느 사'암도 인데, 데충 인자
여그 마: 오세 말하마 이자 사:레'미 쫌 모지라능 그른 사'암더른 이레 께
가지구 양쪽 소'네 이레 인젤 찌'는데, 모'온' 찌는 사'암더느 한쪽' 송 가
찌'고, 거드 잘 찌, 기'술 이은 사'암드른 마 두 송 가여 띠'는데, 보통 기술
엄 싸'암 한' 츰 찔' 따나 잘 찌는 사'안더른[213] 두 춤 찌은 사암 세, 마니
씨, 찌'그더.

— 찌'는데, 그에 모'춤 인자' 기술 엄 사'암듬 모'춤 뭉꾸'지도 모나능
기라.

— 모'춤 잘 무까'야 모' 심'는데 그기 능률 올'라가지, 모치믈 인자 몬
시음 삼 주로 은자 하' 노굼[214] 뭉까가 모'추믈 인자 새'끼로 가'지오 인자
가'머가 한 춤 뜨 카'미 떠 이나, 고늠 머 제맹'코[215] 글 모춤 자 뭉군 사
암 인자 씨, 시 모'굼 뭉까 가'지오 함'문, 함' 모'춤 멘드은 사'암도 이'꼬,
니'이' 모'꿈[216] 뭉까' 가'지고 모침 하나 멘드는 사'암드 이'꼬 인데, 니: 모'
꿈 문 사람 모치민 인녀 그 마큼 크'고, 멘' 데 고 모치브 요리하고 조리하
고 딱딱 언'저가 헤 가여 고골' 인자 디엔 인저 노'네 모 숭굴' 떼 골 따 모
춤 은자 메'가 인자 메간, 메까지검, 모춤 고 메가'지 고 푸르고 나마 고
은자 하' 노콘샫 톡톡 떠'르지[217] 나'와야 고 모'를 숭구마[218] 여 소을 여,
송'깔[219] 여르 하맘 모가 이 저 소소슬 나오거더, 고'레야 모를 잘 싱구'지.

— 그기 마 뿌리~'이도[220] 앙 간츨리'고 모'거 니'르가따 올'르가따 머
검, 그어 간출라'야[221] 모간 숭'기지 앙 싱기기그더.

— 그'느이너 에'르 뭉'다~이.

그래서 인제 키워 가지고 인제 그 모내기를 하는데, 인제?

　- 그렇지, 하지, 어 하지 인제, 하지 그냥 좌우간 지내자마자 모를 내요.

그러면은 예전에는 모를 쪄 가지고 인제 그거?

　- 묶거든.

　- 모춤을 묶는데, 그 인제 모춤이라고 하는데, 모, 모, 모를 인제, 인제 모춤을 크게 묶는 사람도 있고, 작게 묶는 사람도 있는데, 대충 인제 여기 그냥 요즘 말하면 인제 사람이 좀 모자라는 그런 사람들은 이래 쪄 가지고 양쪽 손에 이래 인제 찌는데, 못 찌는 사람들은 한쪽 손 가지고 찌고, 그것도 잘 찌는, 기술 있는 사람들은 그냥 두 손 가지고 찌는데, 보통 기술 없는 사람들이 한 춤 찔 동안에 잘 찌는 사람들은 두 춤 찌는 사람, 세 춤, 많이 쪄, 찌거든.

　- 찌는데, 그래 모춤 인제 기술이 없는 사람들은 모춤을 묶지도 못하는 거야.

　- 모춤을 잘 묶어야 모를 심는데 그게 능률이 올라가지, 모춤을 인제 못 심는 사람은 주로 인제 한 옴큼 묶어서 모춤을 인제 새끼를 가지고 인제 감아서 한 춤 딱 하면서 또 이래 그것은 뭐 조그맣고, 그 모춤 인제 묶은 사람 세, 세 모숨을 묶어 가지고 한 번, 한 모춤 만드는 사람도 있고, 네 모숨 묶어 가지고 모춤 하나 만드는 사람도 있고 이런데, 네 모숨 묶는 사람은 모춤이 인제 그만큼 크고 이런데, 그 모춤 요리하고 조리하고 딱딱 엎어서 해 가지고 그것을 인제 뒤에 인제 논에 모를 심을 때 그것을 딱 모춤 인제 매서 인제 매서, 매서, 모춤 그 모가지를 그 풀고 나면 그 인제 한 움큼씩 톡톡 떨어져 나와야 그 모를 심으면 여 손을 여, 손가락을 넣으면 모가 이 저 솔솔솔 나오거든, 그래야 모를 잘 심지.

　- 그게 그냥 뿌리도 안 간추리고 모가 내려갔다 올라갔다 뭐 그, 그게 간추려져야 모가 심어지지 안 심어지거든.

　- 그러니 애를 먹는다니까.

그'럼' 인제 거: 모'는 주로 인제 저'다 날'러씀미까, 앙 그엄 어뜨게?

— 굴'찌언, 점'부 저'다 날러찌여, 점'부 지'게로.

지'게로 점 저'다, 모'넘 머: 소에도 실더 모하고 마, 거 모'춤 머 뿔게'뿌맘 머 모'도 숭'끼아 그느 어'르브이께네 점'므 저'다 나리고.

— 그레 가즈어 참 쩌금222) 저'네 인자 머 이야기하다 십 겁 박'대통려, 박정이가 인자 지'꾼'하이 나'이너 거 니아까'토 나오고, 니아까도223) 인제 시'르도 날'라꼬.

— 예저네는.

꼬거 인제 그 모'를 인제 시'믈라그럼 모내기 할'라 그라며는 마른노'늘 인제 물 데고 어 그 다메 다시 또 갈고 헤야 데지 안씀미까?

거 물' 데'고 할려믕 그'어'늠, 물' 데고 하고느 어떠케 함미까, 거게너?

— 그' 아까 오싱게224) 헨'능 거'너 그레 한 서너 분 이에225) 이른 홀찌'인느226) 가'르 가'주고 푸'를 서까' 가지고 그르가 인자 인저 서'리질 헤어 그레 인자 노늘 다라가227) 그레 모심능 기고, 인자 또 그'으'느 오싱'게고, 인자 느싱'게 카'능 거는 머'어'슬 보고 느싱게 하이 이모자을 느싱'기라 하능 기'라.

— 니:싱'게228) 한 데느 머:냐 하며 인자 밀'도 갈고 보리'도 갈고 이도, 저 안, 안해 가으'레 시 뿌리 나'따가 거 은녀 월'똥헤 가'주오 겨'으레 지나 가'주고 보메 인저 커 가'주고 밀:, 가알' 참', 보리 그'너미 인자 페'가'이'거야 냐 미리고 보리고 망'종'이 지네야' 거이 잉는 기'라.

— 망준229) 저'네느 비'마 안 데'이께네 그레 망종' 지내'고 이레 하마 마마 니'비230) 미'이'고231) 이'라마 마 즘 느싱게늠 마 한, 하지 훾'얼'씬 지내에 몰' 심능 기라.

— 오싱게 다: 시'므노꼬

— 그르러식 거'기늠 머 점'부 은자 거 밀'하고 나, 보'리' 비고 나마 거 미테 껄띠'기232), 그기 이쓰~'이게네 그거 점부 인자 그 은자 함'부르233)

그럼 인제 그 모는 주로 인제 져서 날랐습니까, 안 그럼 어떻게?

— 그럴 때에는 전부 져서 날랐지, 전부 지게로.

지게로 전부 져서, 모는 뭐 소에도 싣지도 못 하고 뭐, 그 모춤을 뭐 부러뜨리면 뭐 모도 심기가 그렇게 어려우니까 전부 져서 나르고.

— 그래 가지고 참 쪼끔 전에 인제 뭐 이야기했다시피 그 박대통령, 박정희가 인제 집권하고 나서는 그 리어카도 나오고, 리어카로도 인제 실어도 날랐고.

— 예전에는.

그거 인제 그 모를 인제 심으려면, 모내기를 하려고 그러면 마른 논을 인제 물 대고 어 그 다음 다시 또 갈고 해야 되지 않습니까?

그 물 대고 하려면 그것은, 물 대고 하고는 어떻게 합니까, 거기는?

— 그 아까 "올심기" 했는 것은 그래 한 서너 번 이래 이런 극젱이로 갈아 가지고 풀을 섞어 가지고 그래서 인제, 인제 써레질을 해서 그래 인제 논을 골라서 그래 모심는 것이고, 인제 또 그것은 "올심기"고, 인제 "늦심기"라고 하는 것은 무엇을 보고 "늦심기"라고 하냐 하면 이모작을 "늦심기"라 하는 거야.

— "늦심기"라고 하는 데는 뭐냐 하면 인제 밀도 갈고 보리도 갈고 이 것 또, 저 안, 지난해 가을에 씨 뿌려 놓았다가 그 인제 월동해 가지고 겨울을 지나 가지고 봄에 인제 커 가지고 밀, 가을 참, 보리 그놈이 인제 피어서 익어야 인제 밀이고 보리고 망종이 지나야 거의 익는 거야.

— 망종 전에는 베면 안 되니까 그래 망종 지나고 이래 하면 그냥, 그냥 누에 먹이고 이러면 그냥 전부 "늦심기"는 뭐 한 하지 훨씬 지나야 모를 심는 것이라.

— "올심기" 다 심어 놓고.

— 그러니까 거기는 뭐 전부 인제 그 밀을 하고 나면, 보리 베고 나면 그 밑에 그루터기, 그게 있으니까 그것을 전부 인제 그 인제 먼저 갈아엎

가'라엄능 기라, 점부.

— 가러어퍼 가'주고 그'너믈 은자 거'어다 은자 푸'를 은자 오싱'게는 암 말루'고[234] 저 생'풀로 마 가따 여'찌마는, 여게느 인자 보리하고 밀하고 이쓰~'이께네 푸를 몽 까~이께네 푸'를 말라'야 데능 기라.

— 푸'를.

— 지'고 와가죠 헤가 와 저: 논뚜'러에 말라'가 풀 이 재: 나'따가 글 인저 보리하'고 밀'하고 헤 네고 노머 그 우'에 은자 푸'를 자 헌능 기'라.

— 말람'[235] 풀 헌'쳐가 그걸 은녀 가'라 가'주고 홀찌이느 가'러 가지고 그러가저 인자 서'레, 서'리'지르 하는데, 물리 저: 논도 여 머 사'토답 염 모래땅:, 여 거'얼' 시페[236] 모'래땅은 무리 히'뻐'[237] 가주고 거겐 농사 즈' 으이기가 왜'르 뭉'능 기라.

— 나'라근 잘 데'는데 그 데신 무'를 감당 몬 하능 기라.

— 그느이께네 마 홀찌~'이도 전 네, 아시가'리 후 여 인제 가'르어퍼 가'주고, 거 이느 보리 껄'띠이, 밀 껄'띠이 가'라어퍼 가'조 그르 인자 아시 가'리 칸'데 어퍼가 가, 아시가리헤' 나뜨가 또 은자' 그'레 가'주고 은자 가르 가'주고 은자 무'를 여키더.

— 여'마 은자 두루'믈[238] 떠' 가주고, 여 두르'믈 떠능 거 느자 두루' 물 멘드'언 나'야 무'를 가'두는 그거 은저 두름' 떤'다 카는데, 그르 두름 떠가 두루'믄 저 헤 부'치', 소'늘 꺼얼'져 두루'물 헤 부'쳐 노코, 그레가 인저 두름 떠가지 헤부쳐 노꼬 나마, 그레 물 자'브 노코 나마 은자 그 다'으멘 인자 물' 조은 데느 곰마 서'어'리 가지오 막 드'가'고 마 아페 아'시간능 거 막' 대충 이리 서'르' 나도 무'리'이' 마딘'니까 마: 그 레가 모를 심:는데, 물 히'픈 노'네느 홀찌~'이느 담 또 드 가는, 그 간 데, 그거 인저 물가'리라 카는데, 홀찌이라, 홀찌~'일 한 똔 똔 드 가'르 즈능 기라.

— 그라'이 그그 은조[239] 홀찌~'이 함문[240] 더 드가'제, 전 함만, 함모,

는 거야, 전부.

― 갈아엎어 가지고 그놈을 인제 거기에다가 인제 풀을 인제 "올심기"는 안 말리고 저 생풀을 마구 갖다 넣었지만, 여기는 인제 보리하고 밀하고 있으니까 풀을 못 까니까 뭐 풀을 말려야 되는 거야.

― 풀을.

― 지고 와서, 해서 와서 저 논두렁에 말려서 풀을 여기 재어 놓았다가 그것을 인제 보리하고 밀하고 해 내고 놓으면 그 위에 인제 풀을 인제 흩는 거야.

― 말린 풀을 흩쳐서 그것을 인제 갈아 가지고 극젱이로 갈아 가지고 그래서 인제 써레, 써레질을 하는데, 물이 저 논도 여 뭐 사토답(沙土畓), 여 모래땅은, 여기 개울 옆의 모래땅은 물이 헤퍼 가지고 거기에는 농사를 지으려니까 애를 먹는 거야.

― 벼는 잘 되는데 그 대신 물을 감당 못 하는 것이야.

― 그러니까 그냥 극젱이도 전에 "애벌갈이" 후에 여기 인제 갈아엎어 가지고 그것은 보리 그루터기, 밀 그루터기를 갈아엎어 가지고 그것을 인제 "애벌갈이"라고 하는데 엎어서 갈아, "애벌갈이"해 놨다가 또 인제 그래 가지고 인제 갈아 가지고 인제 물을 넣거든.

― 넣으면 인제 두렁을 떠 가지고, 어 두렁을 뜨는 것은 인제 두렁을 만들어 놓아야, 물을 가두는 그것을 인제 "두렁 뜬다"고 하는데, 그래 두렁을 떠서 두렁을 인제 해서 붙여서, 손으로 끌어올려 두렁을 해서 붙여 놓고 그래서 인제 두렁을 떠서 해서 붙여 놓고 나면, 그래 물을 잡아 놓고 나면 인제 그 다음에는 인제 물이 좋은 데는 고만 써레를 가지고 막 들어가고 뭐 앞에 "애벌갈이"한 것을 막 대충 이래 썰어 놔도 물이 마디니까 그냥 그래서 모를 심는데, 물이 헤픈 논에는 극젱이를 다음에 또 더 갈아, 그 가는데, 그것을 인제 "물갈이"라고 하는데, 극젱이로, 극젱이를 한 번 또, 또 더 갈아 주는 거야.

― 그러니 그것은 인제 극젱이 한 번 더 들어가지, 저것은 한 번만, 한

훌찌~' 함머 감 데는데, 함문 더 드가야 데제, 또 서'어'레질 하'는데 머
물: 조은 노'네, 근 데는 마지241) 물 마딘' 노'네느 서'어'리' 마 물 여'가 머
실:: 함문 여 가 뿜 머 그 헐'키, 저 근 데'너 헐'끼 그얼 찰'진 헐'키 데가
물' 드아머 헐'또 마 찰'지 가지어 머 존:데, 이레 몰게'얼242) 이'르믄 마지
흘'도 마지 몰'겐 바시전'헤 나이게 마 허른 먼 미'틀 니르 가 뿌고 우'예만
나, 풀'하고 밀' 끌띠'기, 보리' 끌티'이 그얼 끌티이마 울루 숙 올'라오~이
이래 모를 몬 심능 게라.

  ─ 모인, 모르, 모' 몬 심닝기 문제가 아이라 무리 히페 안데능 기아, 묵.

  ─ 금방 이라 뿌어, 물 띠'뿜맘 머 금바~'243) 바244) 떼 뿌잉게네.

  ─ 그레 인자 물가'리 함 더 처이245) 데제, 냐246) 서'리'르 간 그 뽀'버
선 하그더.

  ─ 뽀'버선다 하능 으247) 무슨 마링가 하면, 그냥 물 조은 노'네는 물'
마'딘' 노'네 서: 함 서리 이리 함뭉 와다가따가 헤'뿌므 데'는데, 이게에
느248) 인자, 뽀'버선능 거는 훌찌'이늠 인잠 솔 함 쭉: 땅을 밀고가 가주고
훌찌' 함 번 더'러따가 또 다'신추 훌찌~'이 지'이' 가지온 똥 여' 가마, 그'
레 뿌마 여 보마 소 디:에느 보마 똠 여그 머고, 물라부'리이249) 데드'시
올'러가따가 니'르가따 오, 이레 인자 그그또 다'으메 또 은조 훌쭈 옴메
그'너믈 또 다부250) 또 옹'기 나야 데능 기라.

  ─ 가따 나'앙 그'너머 다시 옹'기 나가 그레 가지어 근 다라'이야만
헐하'고 보리껄'테하고 칸테251) 하'비 데 가주고 그게 미테 여 은자 무리
잘 암 빠지게꿈, 미떼 물 암 빠지게끔 하'기덩252), 그'레 노마 그레 인자
하는 그게 인자 머 물가'레'하고 머 뽀'버서리오 그레 이'리' 그'러케 만타
카이.

  인제 그레가 인제 그어 노′늘 다루′고 나며너 은젬 모네기 아까 이야기헬뜨
시, 인제 모 인제 모심끼느 인제 한다 그지예?

  ─ 그르치, 예.

번만, 극젱이 한 번만 갈면 되는데, 한 번 더 들어가야 되지, 또 써레질을
하는데 뭐 물 좋은 논에, 그런 데는 말이지 물 마딘 논에는 써레 그냥 물
을 넣어서 뭐 슬슬 한 번 넣어 가 버리면 뭐 그 흙이, 저 그런 데는 흙이
그 찰진 흙이 되어서 물 들어가면 흙도 차져 가지고 그냥 좋은데, 이래
모래흙 이놈은 말이지 흙도 말이지 모래는 바스스해 놓으니까 뭐 흙은 뭐
밑으로 내려 가 버리고 위에만 남는, 풀하고 밀 그루터기, 보리 그루터기,
그런 그루터기만 쑥 올라오니까 이래 모를 못 심는 거야.

　─ 모, 모를, 모 못 심는 게 문제가 아니라 물이 헤퍼서 안 되는 거야, 물.

　─ 금방 이래 버리면, 물을 떼버리면 뭐 금방 밭이 되어 버리니까.

　─ 그래 인제 "물갈이"를 한 번 더 해야 되지, 인제 써레를 가지고 인
제 그 "뽑아서" 하거든.

　─ "뽑아선다" 하는 것은 무슨 말인가 하면, 그냥 물이 좋은 논에는, 물
이 마딘 논에 슥 한 번 써레 이래 한 번 왔다갔다가 해 버리면 되는데,
여기에는 인제, "뽑아선"는 것은 극젱이는 인제 손을 한번 쭉 땅을 밀고
가 가지고 극젱이 한 번 들었다가 또 다시 극젱이 쥐어 가지고 또 여기
가면, 그래 버리면 여기 보면 소 뒤에는 보면 또 여기 뭐냐, 물너울이 되
듯이 올라갔다가 내려갔다가 올, 이래 인제 그것도 다음에 또 인제 극젱
이가 오면서 그놈을 또 다시 또 옮겨 놓아야 되는 거야.

　─ 갖다 놓은 그놈을 다시 옮겨 놓아서 그래 가지고 그래 골라야만 흙
하고 보리 그루터기하고 한데 합이 되어 가지고 그게 밑에 여 인제 물이
잘 안 빠지게끔, 밑에 물 안 빠지게끔 하거든, 그래 놓으면 그래 인제 하
는 그게 인제 그 "물갈이"하고 뭐 "뽑아선다"이고 그래 일이 그렇게 많
다니까.

　인제 그래서 인제 그 논을 고르고 나면은 인제 모내기 아까 이야기했듯이,
인제 모 인제 모심기는 인제 한다, 그렇지요?

　─ 그렇지, 예.

어: 그′러며 그어′기 아까 인제 이야기 쪼끔 하′션는데, 어: 김′매기, 그′르 이깐 놈매′기라 그′럼미까?

— 글죠.

— 글죠, 놈멩이.

놈매′기 할음며너 보톤 아까 여 세 븐, 시블:놈′메이까지 한다 헤′씀미까?

— 어, 그러, 그 그이 세불롬메이.

그 처′음′ 놈메기 하능 거 아시놈메기한다 그렌는데, 아시놈′메기는 보통 언′제쯤 함미까, 그러며?

— 아시놈′메′기는 자²⁵³⁾ 나′라기 시머 너마 인자: 모′른, 모떼는 모판 이 슬데 나리 까무리하그덩.

— 고 인지 무 힌데 골롬 모를 쪄′ 가주고 옴′기마: 옹′기는 과정에 나레 긴 자 발도 떠′르지고 인자 그 하늠 마리 인점 나라기 노레져 뿌능 기라.

— 시므 노끄 나마.

— 곤 노라전′느 고기 또 인자 쪼끔 시′가니 가마 고 미테 인자 양물′ 빠르무′꼬 나′르이 까무리:하~′이 가 송′니′비스²⁵⁴⁾ 까무리겐 나올라 하마 고떼 아시님′메 해′이 데능 기라.

— 아 나마 고′떼 인자 미테 노′네 인자 푸리 점므 아′꾸로 터 가지고 푸리 점부 쪼메스 삐쭈삐쭈 나온′다 하이.

— 고′오′ 시기 능가′뿌마 놈′메기가 예′르 뭉능 기라.

— 푸′미 더 마~′이 드′가고 그나 너이끼네 근네 품 저끼 드갈라꼬 고 일찌~′이 고 아구 틀′ 떼 노을 잘: 메′, 아시′놀 잘: 메 조′야 두불′논느 메 기 수꼬, 아시′논 암:따′나²⁵⁵⁾ 머 올랑 검 다 메′기당어 이레 빠′자 네삐리 뿌고 메 뿌′마 두벌론′, 시불론′ 메′그가 예:루′ 멍능 기라.

그며 인젤 두′불′로′는 언제쯤 멤미까, 그거느?

— 고 은자 아시′놈 메고 한′ 여′르 이따′가 또 두불 메고 또 한 여′흘 이 따가 시불론 메이.

어 그러면 거기 아까 이야기를 조금 하셨는데, 어 김매기, 그러니까 논매기라 그럽니까?

— 그렇지요.

— 그렇지요, 논매기.

논매기 하면은 보통 아까 여 세 번, 세벌매기까지 한다고 했습니까?

— 어, 그렇지, 그 그 세벌논매기.

그 처음 논매기 하는 것을 애벌논매기 한다고 그랬는데, 애벌논매기는 보통 언제쯤 합니까, 그러면은?

— 애벌논매기는 인제 벼를 심어 놓으면 인제 모는, 모일 때는 모판에 있을 때 벼가 거멓거든.

— 그 인제 뭐 그런데 그런 모를 쪄 가지고 옮기면 옮기는 과정에 벼가 인제 뿌리도 떨어지고 인제 그 하는 말이 인제 벼가 노래져 버리는 거야.

— 심어 놓고 나면.

— 그 노래진 고게 또 인제 조금 시간이 가면 고 밑에 인제 약물을 빨아먹고 벼가 까맣게 해 가지고 이 속잎에서 검게 나오려고 하면 그때 애벌매기를 해야 되는 거야.

— 안 하면 그때 인제 밑에 논에 인제 풀이 전부 아귀가 터져 가지고 풀이 전부 조금씩 빼족빼족하게 나온다니까.

— 고 시기를 넘겨 버리면 논매기가 애를 먹는 거야.

— 품이 더 많이 들어가고 그래 놓으니까 그래 품이 적게 들어가게 그 일찍이 그 아귀가 틀 때 논을 잘 매야, 애벌논을 잘 매 주어야 두벌논 매기가 쉽고, 애벌논을 아무렇게나 뭐 올라온 것 다 매지도 않고 이래 빼내버리고 매 버리면 두벌논, 세벌논 매기가 애를 먹는 거야.

그러면 인제 두벌논은 언제쯤 맵니까, 그것은?

— 고 인제 애벌논 매고 한 열흘 있다가 또 두벌논을 매고 또 한 열흘 있다가 세벌논을 매지.

- 그르이기네 아시논 시작해가 시불론'까지는 한 한' 달' 예 과정이 이데능 기라.

- 덴데, 그 사'이에 인제 한' 달쭘:256) 나'레이257) 크마 나'락도 그이 다 크'그던.

그르 인저 시불롬메'이까지 인저 하'며 는저 놈메'이느 그이 끈나능 거다, 그지예?

- 그, 그르치, 인자 저른 다 인제 이기 인자 놈메'그258) 할' 떼 인자 여게 보마 인자 풍'소비259) 보'마, 아시노'네느 머 거이 다 마 근'냐260) 이레 마 노'늘 메는데, 한 시불론'전261) 데'마 은자 여 만 나'륵또 조'코 농'민들도 기'분도 글짱'코 하~'이끼네 그떼늠 마, 물'론 아시노~'이고 두불로 이거 머 수'른 마 놈'멜 떼 마 주능 거는 마 그'어262) 정'한' 이치고, 참: 그'능 거는 마 조에 데는데, 인자 시불론'쭘: 데마 인자 인자 제일 인자 그어 인젤 놈'메능 그른 은잔 그날 저 논 저 푸마'씨 헤 가지오 오'마, 푸마'씨도 다 모 나'마 인냐 사꾼'도 사'고 이레 가즈엄 마 논사 쫌 마~'이 지언 사'암드른 마 하루에 마 마 한 삼'심 며'이석 한 사심 명썩 이레 동원헤 가주우 즈 그짐 논 다 멜'라 가마 그레 헤'이 데그더.

- 그'느이게네263) 그레 하맘 마 한 삼십 끄 논' 하네264) 앞에 잘'알' 매'야 하'로265) 함, 혼차 함 마지'이' 매능 기라.

- 그레 함 마지'기' 삼심 명, 삼심 마지266) 전'는 사'암 한 삼심 명하고 이렌 마지이 또렉 이레지 허, 허는데.

- 그러 오'야267) 한 사'라므 은자 붕268) 미고, 그 사암 논'도 암 메고 아페 인냐 아소리269) 미'이'고270), 요 그어 보마 인자 주'로 인제 오저'네는 그넝 메고 노'늘, 그냥 메고 인자, 하고 인녀271) 오후'에는 데마 저 오후에 인자 한'나제니까272), 더'부이273) 몸 메고, 점심 무꼬 쪼무274) 쩌 그느 나무 미테 시'어따가 한, 오세 마르 시가늘 마라마 한 오후 한, 한 네'시나 이쯤 데'야 인자 놈'메러 가기더.

─ 그러니까 애벌논 시작해서 세벌논까지는 한 한 달의 과정이 이 되는 거야.

─ 되는데, 그 사이에 인제 한 달쯤 벼가 크면 벼도 거의 다 크거든.

그래 인제 세벌매기까지 인제 하면 인제 논매기는 거의 끝나는 것이다, 그렇지요?

─ 그, 그렇지, 인제 저런 모두 인제 이게 인제 논매기 할 때 인제 여기 보면 인제 풍속이 보면, 애벌매기 논에는 뭐 거의 다 뭐 그냥 이래 뭐 논을 매는데, 한 세벌매기 논쯤 되면 인제 여 뭐 벼도 좋고 농민들도 기분도 그렇지 않고 하니까 그때는 그냥, 물론 애벌논매기고 두벌논매기고 뭐 술은 그냥 논맬 때 뭐 주는 것은 뭐 그것은 정한 이치고, 참 그런 것은 그냥 줘야 되는데, 인제 세벌매기쯤 되면 인제, 인제 제일 인제 그 인제 논매는 그런 인제 그날 저 논 저 품앗이를 해 가지고 오면 품앗이도 다 못 하면 인제 삯꾼도 사고, 이래 가지고 뭐 농사 좀 많이 짓는 사람들은 그냥 하루에 그냥 그냥 한 삼십 명씩, 한 사십 명씩 이래 동원해 가지고 저 그 집 논 다 매려고 하면 그래 해야 되거든.

─ 그러니까 그래 하면 그냥 한 삼십 그 논 하나 앞에 잘 매야 하루 한, 혼자 한 마지기를 매는 거야.

─ 그래 한 마지기 삼십 명, 삼십 마지기 짓는 사람은 한 삼십 명하고 이래 마지기에 따라 이래 하, 하는데.

─ 그래 책임자 한 사람은 인제 북을 메고, 그 사람은 논도 안 매고 앞에 인제 앞소리를 먹이고, 요 그 보면 인제 주로 인제 오전에는 그냥 매고 논을, 그냥 매고 인제, 하고 인제 오후에는 되면 저 오후에 인제 한낮이니까, 더우니까 못 매고, 점심 먹고 좀 저 나무 그늘 밑에 쉬었다가 한, 요새 말로 시간을 말하면 한 오후 한, 한 네 시나 이쯤 되어야 인제 논매러 가거든.

― 가, 드가마275) 자 앞쩨'비 인자 한 사람 붕' 미'고' 압쏜'리 미'이'고 디에느 은저 디'소리 따'러가 그레 노'늘, 노레한다 가이.

― 노레하고 그레 또 은점 똔 머 저쓰 사, 그기' 맹크더어, 시:파'래~이276).

― 그'능 거하'고 마 무'르서 안 데능 기라, 파'레.

― 그 은냐 한 사'라믄 또 은자 풀' 하나 끄'녀 가주고 도고 데르뎅 인저 노'늘 리제 또:까치 일'렬로 올'라가이덩.

― 올'라가마, 그스 한 사'암 도 인제 그 이 파래~'이 혼'치277) 조야 뎅기라.

― 아:주 놈' 몸 메능 기라.

― 그어 잠니'라꼬278).

― 그어 뿌 아'파여.

― 그어 송'까 잠니라 안 데고 그 항상 푸'를, 파레~'이 홀처 주으 한 사'람 이'꼬, 아페느 인자 북' 치'고, 이냐 소리 미'이'고 한' 사'암 이'꼬 넘 메'이 그'레 안하나.

― 그레 끄, 그레 끈'티이279) 가에느, 끈티 가인 다: 인제 그 진 노 은 자 마지망' 노'네는 야 논' 한', 한' 논' 조'지 뿌능 기라.

― 나'라글.

― 쪼그만: 노'늘 하네 맨드'러아280), 거느 일부러 인자 마지망 멘드는 노늘 멘드네, 그'으믄 드가만 논'도 메'이더281) 아 나고 마 마 카드 인자 마 오'예'하머 그아 멀 춤'도 추'고 그 노'느서 막 그레가 막 꺼, 끈테 가'여 마, 그레 끈테가여 마 꼴지바께'에'헤양 케 쁘잉기라, 마.

― 마 힘'신 너'믐 게자 힘 야'칸 누므 이 마 물'꾸디이 드가가 막 헐'', 흑'떠'기 데고 마 그레 그 노'늘 마 나'악 다 삐'데삐고 항' 이더 엄능 기라.

― 근'데 그렉 삐'다고 나마 나'라글 점 뿌'라징 어 이레이레 점부 송' 가282) 일바'시283).

- 가서, 들어가면 인제 앞잡이가 인제 한 사람이 북을 메고 앞소리를 먹이고 뒤에는 인제 뒷소리를 따라서 그래 논을, 노래한다고 하니까.

- 노래하고 그래 또 인제 또 뭐 저, 그게 많거든, 쉬파리.

- 그런 것하고 그냥 물어서 안 되는 거야, 팔에.

- 그 인제 한 사람은 또 인제 풀을 하나 끊어 가지고 돌아다니면서 인제 논을 이제 똑같이 일렬로 올라가거든.

- 올라가면, 거기서 한 사람은 또 인제 그 이 파리를 쫓아 줘야 되는 거야.

- 아주 논을 못 매는 거야.

- 그거 잡느라고.

- 그거 아파서.

- 그걸 손으로 잡으려고 하면 안 되고 그 항상 풀을, 파리 쫓아 주는 한 사람이 있고, 앞에는 인제 북을 치고, 뭐 소리 먹이는 한 사람이 있고 논매기는 그래 하지 않나.

- 그래 끝, 그래 끄트머리에 가서는, 끄트머리에 가서는 다 인제 그 집 논 인제 마지막 논에는 인제 논 한, 한 논을 조져 버리는 거야.

- 벼를

- 조그마한 논을 하나 만들어서, 거기는 일부러 인제 마지막 만드는 논을 만들어서, 거기는 들어가면 논도 매지도 안 하고 그냥, 그냥 하도 인제 "옹해야!" 하며 거기 뭐 춤도 추고 그 논에서 막 그래서 막 끝, 끝에 가면 그냥, 그래 끝에 가면 그냥 "거꾸러뜨리기"라고 해 버리는 거야, 뭐.

- 그냥 힘센 놈은 그냥 힘 약한 놈 뭐 이 그냥 물구덩이에 들어가서 막 흙, 흙떡이 되고 그냥 그래 그 논을 그냥 벼를 다 짓밟고 한 개도 없는 거야.

- 그런데 그래 짓밟고 나면 벼를 전부 부러진 것을 이래, 이래 전부 손으로 일으켜.

─ 일바'시여, 일, 일바시 노긴, 노'마 그놈 드 그레 그 뻐겐 또으드 그 나'레이[284] 잘데, 그으커, 디에 보'므.

거 그엄' 그 놈메기할 떼 에 그 또 머 노'래도 부르고 그람미까, 거이느?

─ 그'루치.

= 카'이요, 오:옹'헤야 잘또 한다, 옹헤야.

─ 그레 인자 제일 처'메 인자 오저'네느 은자 그 은자 놈메기하며 그 은저 여 카이더 은자.

─ 어 이'마디소리[285] 인니[286] 오저네 은자 그 놈메기 인자 그 북' 치'우 그렌 아 나고 기'양[287] 메머, 그 인자 마'아' 자기 마 이'레, 나안 노래 잘 몬 하는데, 마 이렌 구슬픈 노'래 엔 요리 오세'느 말함 저: 정슨아리랑 그어, 굳, 구설쁜느 가락, 그릉 가라'글 저 하 마디써이 죽:: 이레 오저네 그'레 하고, 그레 오'호'에느 인자 냐 북 치미 인자 북 치는 사에미[288] 인자 미기능[289] 기라.

─ 미김 머르 카음 인자 부[290] 치느 사아미 "예: 히어로오오 옹헤야아" 이 카마 그얀 또 인자 디에 인자 놈메은 사암드 또 글, 그데, 그기 인녀 후려'미라, 오세 마'라'마, "예 히어로오오 옹헤야아" 카마 은자 그네이 쁘 아뻬 인자 압서리 린 사암드 이자 부글 퉁퉁 치미 자 "어어어어어어어어 어 장하다 우리 농군" 이 카마 또 디에 사암 또 "예 히에로오오 옹헤야" 이 카기디.

─ 이'레가 인지 조: 은녀 미게'다가 끈티이[291] 가에느 인자 냐 그'어' 인자 노레를 한' 데가 어뎅 아주 쪼끔 데 짜 아까 은자 쫌만' 노네 인자 장난첸는 그 노'네 가이 그레 한다 가이끼네.

─ 그레 한데 끈'테'[292] 가인 마 "옹헤야 잘또 한다 옹헤야", 후렴, 후'르 믄[293] 만날 "잘또한다" 가고 압쏘'이느 인자 "잘또 한다 옹헤야" 머 이쌈 카마, 그레 한참 하다가 막 그럄 막 서가지오 마 춤도 추고 마 그레 그 기' 인자 행'사르 하고 그레 그게 인자 그날 은제 지'너'게[294] 헹사하고 나'

─ 일으켜요, 일, 일으켜 놓거든, 놓으면 그놈 또 그래 그 짓밟은 또 그 벼가 잘돼, 그게, 뒤에 보면.

그 그럼 그 논매기할 때 어 그 또 뭐 노래도 부르고 그럽니까, 거기는?

─ 그렇지.

= 말하니까요, 옹헤야 잘도 한다, 옹헤야.

─ 그래 인제 제일 처음에 인제 오전에는 인제 그 인제 논매기하면 그 인제 여기 하거든 인제.

─ 어 외마디소리 인제 오전에는 인제 그 논매기 인제 그 북 치고 그렇게는 안 하고 그냥 매면, 그 인제 그냥 자기 그냥 이래, 나는 노래를 잘 못하는데, 그냥 이래 구슬픈 노래 옛, 요래 요즘 말하면 정선아리랑 그거, 구, 구슬픈 가락, 그런 가락을 인제 한 마디씩 쭉 이래 오전에 그래 하고, 그래 오후에는 인제 인제 북을 치면서 인제 북을 치는 사람이 인제 메기는 거야.

─ 먹이면 뭐라고 하느냐 하면 인제 북 치는 사람이 "예 히어로오오 옹헤야" 이렇게 하면 그 다음 또 인제 뒤에 인제 논매는 사람들이 또 그대로, 그대로, 이게 인제 후렴이야, 요즘 말하면, "예 히어로오오 옹헤야" 이렇게 하면 인제 그러면 앞에 인제 앞소리 하는 사람이 인제 북을 퉁퉁 치면서 인제 어 "장하다 우리 농군" 이렇게 하면 또 뒤에 사람이 또 "예 히에로오오 옹헤야" 이렇게 하거든.

─ 이래서 인제 죽 인제 메기다가 끄트머리에 가서는 인제, 인제 그 인제 노래를 하는 데가 어디냐 하면 아까 조금 전에 아까 인제 조그마한 논에 인제 장난쳤던 그 논에 가서 그래 한다니까.

─ 그렇게 하는데 끝에 가서는 뭐 "옹헤야 잘도 한다 옹헤야", 후렴, 후렴은 만날 "잘도 한다"고 하고 앞소리는 인제 "잘도 한다 옹헤야" 뭐 이러면서 하면, 그래 한참 하다가 막 그럼 막 서서 뭐 춤도 추고 그냥 그래 그게 인제 행사를 하고, 그래 그게 인제 그날 인제 저녁에 행사하고 나면

마' 그이 또 저능 무'러 가이 더'이.

－ 저듬295) 무'꼬 나'마 그 지'베 인자 부'자'찌'베는 똑 나제 한 행'사를 또 그대로 하'능 기라.

－ 그집 마'당'에서.

－ 그 은저' 그 구징할'라꼬296) 온:동'네 남녀 엽'씨 마 다 모이능 기라.

－ 그짐 머 박빠가리:혀'이297) 그릉 크, 그'른 지'베는 옌날 부'자찌베느 음시글 쫌' 마~'이 만들고, 그리고 지니298) 오'므 동네 사'암드도 술도 한 접 젤 데집 해'이데이더.

－ 그'레 그날 찌'네겜 마 그 논'메능 과'정', 전과'정을 거서 다 재여'늘 하능 기라, 그 사'암드리.

－ 그걸' 옌나'레 인자 구경하고 그 인녀 오세'느 마라머 그기 인자 머 민'속 그얼 머 하지, 오세 그어 그 하고 인데, 오세므 다 이자뿌고 점부 마:.

인적 인제 그'르가 인제 아 하'고 나며너 인제 어 타자글 한다, 그지예?

－ 엉, 걸'치우, 그'레 하오 나운299) 인저 노는 자 노넨 인자 송 갈'리리 엄'능 기러.

－ 엉:꼬 은'자 가아'레300) 인자 나'라이 이'그마 은자 송'가 은자 나 까저 나륵 비루 가이진 먼 자.

그러 인제 머 나락 베 가지고 은접 어 말려 가지고?

－ 그 나'라 긴자301) 점무 인자 비 가'주오 점302) 무꺼때303), 나'피능304) 기라.

－ 거 줄'주'리.

－ 혼'차 인자 그 마 한 넉: 쭈'리던제305) 다'스 쭐, 요레 쩌 주'를 자, 아가 머 꼬강, 꼬오'랑 주'르 숭'가끼나 바'르 숭'강게 주'른 이쓰'이~'끼네306) 한 너긴, 넉 쭐주엔 다아 쭐 이레 자'버가 이런 넝가'마, 고 비 능가'마 또 디에 또 따'르가 비 능고 이'라마 고 주리 쪽: 인느 고얼 가마 은저 어느 짐도 말르따 시프마 자 나락'따느 무까이 데, 나락'딴.

그 또 저녁 먹으러 가야 되니.

— 저녁 먹고 나면 그 집에 인제 부잣집에는 또 낮에 한 행사를 또 그대로 하는 거야.

— 그집 마당에서.

— 그 인제 그것을 구경하려고 온 동네 남녀 없이 그냥 다 모이는 거야.

— 그 집 뭐 빡빡하면 그런 그, 그런 집에는 옛날 부잣집에는 음식을 좀 많이 만들고, 그리고 저녁에 오면 동네 사람들도 술도 한 잔 저 대접을 해야 되거든.

— 그래 그날 저녁에 그냥 그 논매는 과정, 전 과정을 거기에서 다 재연을 하는 거야, 그 사람들이.

— 그걸 옛날에 인제 구경하고 그 인제 요새는 말하면 그게 인제 뭐 민속 그걸 뭐라고 하지, 요즘 그걸 그것 하고 있는데, 요새는 다 잊어버리고 전부 뭐.

인제, 인제 그래서 인제 어, 하고 나면은 인제 어 타작을 한다, 그렇지요?

— 어, 그렇지요, 그래 하고 나면 인제 논은 인제 논에는 인제 손 갈 일이 없는 거야.

— 없고 인제 가을에 인제 벼가 익으면 인제 손으로 인제 낫 가지고 벼를 베러 가야지, 뭐 인제.

그러면 인제 뭐 벼를 베 가지고 인제 어 말려 가지고?

— 그 벼를 인제 전부 인제 베 가지고 전부 묶어서, 눕히는 거야.

— 거기에 줄줄이.

— 혼자 인제 그 그냥 한 네 줄이든지 다섯 줄, 요래 저 줄을 잘, 아까 뭐 꼬부랑, 꼬부랑 줄로 심었든지 바로 심었든지 줄은 있으니까 한 네, 네 줄이나 다섯 줄 이래 잡아서 이래 넘기면, 그 베어 넘기면 또 뒤에 또 따라서 베 넘기고 이러면 고 줄이 쭉 있는 그것이 가면 인제 어느 정도 말랐다 싶으면 인제 볏단을 묶어야 돼, 볏단.

― 고 쪼'메꾸너307) 깨'땅308) 카능 긴데, 인제 다'늘 여 한 마 한 요메: 꿈 한 쪼을 연 생나'락 한 시 오'꿈309) 정도 빈능 거를 말라마 고 부피 즘 장아지'으등.

― 고기 인자 깨'땅 카능 긴데, 그웁 마~'이 뭉까'뿌마 나락 홀른'데 그기 버'그브서 왜'를' 무'꼬, 고 델 슴 자끼'310) 뭉까'야 데는데 자끼 물르 카이 일 능'유리 아 올라가능 기라.

― 깨'딴' 뭉'끄다 볼릴 버이.

― 그'느겐 데 승 이승 쫑 크'기 무끄 난데, 그레 크이 무'끄마 이자 타 젝할' 떼 이리 쫌' 마는데, 그레 깨'당 뭉까 가주오여, 고이 무까가, 뭉꾸'마 여르 땅' 뭉'까 가주온 땅 무까아 저 매끼 딱 헤가 매끼 이코 은저 고 원 매낀데 매깨 닥 트르 가주우 해마 나'라기 미'테 인능 기 울로 헤뜩 올로 오능 기라.

― 우'예 말른 나'르 미트 드가 뿌고.

― 고'레 나'레이311) 빠짱 말라 뿌네요.

― 고레가지 뭉'까' 가'지겸 머 하'루네 이따가 그 나'락 은자 조312) 모' 다야 데능 기라.

― 나릉노'네313).

― 조' 모다 인자 타'자을 하지.

― 그 인제 발'가'레314) 카'는데, 그 나'러글 인저 한'테 이레 모다'가 이 레 처안, 모다능 거느 은자 발'가'레.

― 그르 발'가'레 모다 가주고 나아따가 그르 가'주고 어: 원, 요즈'름 마 기게가 이쓰'이니 머 기'에315) 가'지구 암316) 머 지금 현데 마 트륵타317) 가 막' 비' 뿌는 데더 이꼬, 요즘 모다가 그지 마 절 겨'웅기가318) 하은 데 도 거 가가지, 현장 가'이 하'지마, 옌'난느 거 몰, 옌'난느 조' 모둘 여'이 도319) 어'꼬 거 발'가리 칠' 여'이도 어'꼬 마: 안누른나 나'랑 뭉꾸'마, 뭉 까 노마 자: 남'자드는 오'후 데마 오:저'네 뭉까거이 거 은저 디비 너이

─ 그 조그마하게 "볏단"이라고 하는 것인데, 인제 단을 여기 한 뭐 한 요만큼 한 저 여 "생벼320)" 한 세 움큼 정도 벤 것을 말리면 그 부피가 좀 작아지거든.

  ─ 고게 인제 "볏단"이라고 하는 것인데, 그것 많이 묶어버리면 "나락"을 훑는데 그게 버거워서 애를 먹고, 고것 될 수 있으면 작게 묶어야 되는데 작게 묶으려 하니 일 능률이 안 올라가는 거야.

  ─ "볏단" 묶다가 볼일 보니.

  ─ 그러니까 될 수 있으면 좀 크게 묶어 놓는데, 그래 크게 묶으면 인제 타작할 때 일이 좀 많은데, 그래 "볏단"을 묶어 가지고, 그래 묶어서, 묶으면, 요래 딱 묶어 가지고 딱 묶어서 저 매끼 딱 해 가지고 매끼를 잇고 인제 그 원래의 매끼인데 매끼를 딱 틀어 가지고 하면 벼가 밑에 있는 게 위로 히뜩 올라오는 거야.

  ─ 위에 마른 벼는 밑으로 들어가 버리고.

  ─ 고래 벼가 바짝 말라 버려요.

  ─ 고래서 묶어 가지고 뭐 하루는 있다가 그 벼를 인제 주워 모아야 되는 거야.

  ─ 벼논에.

  ─ 주워 모아야 인제 타작을 하지.

  ─ 그 인제 낟가리라고 하는데, 그 벼를 인제 한 곳에 이래 모아서 이래 치운, 모은 것을 인제 낟가리.

  ─ 그래 낟가리를 모아 가지고 놓았다가 그래 가지고 어, 요즘은 뭐 기계가 있으니까 뭐 기계 가지고 하면, 뭐 지금 현재 그냥 트랙터를 가지고 막 베 버리는 데도 있고, 요즘 모아가 그저 뭐 저 경운기로 하는 데도 거기 가서, 현장에 가서 하지만, 옛날에는 그 못, 옛날에는 주워 모을 일도 없고 그 낟가리를 칠 여가도 없고 그냥 안사람이 벼를 묶으면, 묶어 놓으면 인제 남자들은 오후 되면 오전에 묶은 것을 인제 뒤집어 놓으면 말라

말라 뿌정.

- 오우'이321) 데'마 무'조건 지'베 시, 지'고, 소'게' 실거 지'베 오느 기라.
- 지'베 와가져 무즌 지'베서 인자 발가리가 아이고 나레삐'까리322) 제'능 기라, 나륵삐가리어.
- 그 나락삐'까린느 머냐 하며 인자 오세 말하마 이자 탐'메로 이사'근 알을 드가 뿌고 뿌리'이망 가세 벵: 도라가미 이레 막 통게'323) 올리너.
- 가::마'이 동'게 올려, 동'게 오르므 그기 마 농사 마안 지음 마 한 지 벰 마 나레삐까리가 마 열 께더 데검 마 머이 일구 게 데어 이넘 인데, 그늠 재' 나야 보리루324) 가'이끼네.
- 오세'메러325) 보리 앙 가능 거트먼326) 타자'을 마 하므 데은데, 타, 보리 가기 위에서 근 나이삐깔 재 논능 기라.
- 재' 노코 그 은자 겨'으레 추쪼이, 얼기 저'네 그헤 노'늘 점부 은자 가'러 가주고 그 은자 그 보리 가능 거 은저 농'골따겐다327) 하이등.
- 다: 총총 앙 갈:고 다문다뭉 가'러 가'지고 거'다가 또 서리질 헤 가 지고, 곰'배'질 헤328) 가지고, 곰배질 카느 은녀 헐띠~'이' 인저 뿌'수능 그이 즈 곰배지른드, 그레어 곰배질 헤가 거'다 새'러 또: 인자 거'더으 인 자 훌찌~'이가 제'벌꼴 바라'가 은녀 그레 세'아드 여'코 나'여 은자, 나마 은자 다: 그으 다 하고 나'마 지베 와가 인자 이레 삐'갈 재 낭 그어 뜨'드 가 타작한데이.
- 그'느이 어뜬 지'베느 나라글 쫌 덜 말른, 말라'가 재 난 지'베느 소 게 막 서'거 가지고 나'레기 마 떠' 가지우 그는 집또 이꼬.

그레 인제 나락 그얼 은제 지'베드가 인제 재 농 그어는 나락삐까'리라 하고?

- 그레, 나락삐까'이.

인점.

- 드레: 재'능 그느 발:가리 카고.

버리지.

- 오후가 되면 무조건 집에 지, 지고, 소에 싣고 집에 오는 거야.

- 집에 와서 우선 집에서 인제 낟가리가 아니고 볏가리를 재는 거야, 볏가리를.

- 그 볏가리는 뭐냐 하면 인제 요새 말하면 인제 탑처럼 이삭은 안으로 들어가 버리고 뿌리만 가에 뱅 돌아가면서 이래 막 포개 올리는 거야.

- 가만히 포개 올려서, 포개 올리면 그게 그냥 농사 뭐 많이 지으면 그냥 한 집에 그냥 볏가리가 그 그냥 열 개도 되고 그냥, 뭐 일곱 개도 되고 이래 있는데, 그놈을 재 놓아야 보리를 가니까.

- 요새처럼 보리를 안 가는 것이면 타작을 그냥 하면 되는데, 타작, 보리를 갈기 위해서 그렇게 볏가리를 재 놓는 거야.

- 재 놓고 그 인제 겨울에 춥고, 얼기 전에 그해 논을 전부 인제 갈아 가지고 그 인제 그 보리 가는 것을 인제 "논골따갠다"고 하거든.

- 다 총총 안 갈고 다문다문 갈아 가지고 거기에다가 또 써레질을 해 가지고, 곰방메질을 해 가지고, 곰방메질이라는 것은 인제 흙덩이를 인제 부수는 그게 저 곰방메질인데, 그래 곰방메질을 해서 거기에 새로 또 인제 거기에 인제 극젱이로 "재벌골329)" 바루어서 인제 그래 씨앗을 넣고 나야 인제, 나면 인제 다 그 다 하고 나면 집에 와서 인제 이래 볏가리 재 놓은 그것을 뜯어서 타작한다니까.

- 그러니 어떤 집에는 벼를 좀 덜 마른, 말려서 재어 놓은 집에는 속에 막 썩어 가지고 벼가 막 떠 가지고 그런 집도 있고.

그래 인제 벼 그것을 인제 집에다가 인제 재어 놓은 그것은 볏가리라고 하고?

- 그렇지, 볏가리지.

인제.

- 들에 재는 그것은 낟가리라고 하고.

그는 언지 쪼 드레:느′ 그냥 머 마 나락 쫌 말′리고 이러기 위에서 은저 그냥 발′가′리라 그람더, 그지예?

─ 그′러치, 응, 으.

어: 아까′ 인제 모내기 잠시 이야긴 하긴 하′션는데, 거: 그어 두룸 만들′ 떼는 머 어′뜨게 만듬′미까, 두룸:은?

소′느로 만′듬′미까, 앙 그러며는?

─ 두루′물 저 두룸′ 우′예330) 망그노′네 하며 인자 노′느 은자 가′러′엄′ 는데, 인냐 두′르′믄 그 노′네 물′리 인자 세′고 안 세′고는 그 두룸′ 맨드′르 넨331) 인닝 기라.

─ 두′룸′ 잘 맨드′는 사′암더른 노네 무리 항′ 게도 안 세′고, 주름 ′332) 잘몬 덴, 맨든′ 노′네는 우′에 노′니 미′테 논, 미′테 논 디꾸서′ 이333) 보마 우′에 늠 무′리 마 세′가′ 무리 줄줄 니르아이334), 그르이게 누 우′엘, 우′엘 논 부′친 사′암드 두룸′ 잘 몸 멘드는 사′암더른 미′틀 논 사′암 더′글 보닝 기라.

─ 우에 놈무′리 머 니′르가 뿌′이께네, 오세′거뜨 무리 마능′ 거′트머 피 롭찌마′너, 그떼 무리 업′쓰이께느 우에 데′끼너 우′예 논 무리 히′뿌게 멘′ 들′마 미, 그 노′니 뿜, 미′테 논 무리 다: 빠′지니까, 미′텐 지푸′니까, 빠′지 니까, 그닝기네 두룸 할′ 떼느 우′예 데′끼나 아페 거 두룸 맨드르 홀찌~′ 이닐 여러 붕 가′능 기라.

─ 다:가::따′335) 내′와따 헤′야 고′누이 마 찰′지게336) 헐키337) 이게′야만, 고 리 이게′가338) 두르′믈 딱, 고에 인 두룸 떤다 카′거덩, 두룸 떠′오고 나마 인자 깨~′이를 가′지고 하′, 하′든지 수굼포르 하등이 두루′믈 꺼′어′ 부치여 뎅′여.

─ 헐′클 여 두룸 쪼 압′뚜름 쯔로 미르부치 나이 뎅 이른.

─ 미르부′체 가′주고, 진′장 미′르부처어 두루′믈 하마 그이 찰′떵메러 멘′드러 낭′ 게로 무′리 그 두루′미 안 데능기′라.

─ 헐′키 니르아서′야.

그것은 인제 저 들에는 그냥 뭐, 그냥 벼를 좀 말리고 이러기 위해서 인제 그냥 낟가리라고 그런다, 그렇지요?

― 그렇지, 응, 응.

어 아까 인제 모내기는 잠시 이야기를 하기는 하셨는데, 그 두렁 만들 때는 뭐 어떻게 만듭니까, 두렁은?

손으로 만듭니까, 안 그러면은?

― 두렁은 저 두렁은 어떻게 만드느냐 하면 인제 논을 인제 갈아엎는데, 인제 두렁은 그 논에 물이 인제 새고 안 새고는 그 두렁 만드는데 있는 거야.

― 두렁을 잘 만드는 사람들은 논에 물이 한 개도 안 새고, 두렁 잘 못 된, 만든 논에는 위에 논이 밑의 논, 밑의 논의 뒤 구석을 보면 위의 논 물이 그냥 새서 물이 줄줄 내려가니, 그러니까 위에, 위의 논 부친 사람들은, 두렁 잘 못 만드는 사람들은 밑의 논 사람이 덕을 보는 거야.339)

― 위의 논물이 뭐 내려가 버리니까, 요새처럼 물이 많은 것 같으면 필요 없지만은, 그때는 물이 없으니까 어떻게 되든지 위의 논물을 헤프게 만들면 밑, 그 논이, 밑에 논물이 다 빠지니까, 밑은 깊으니까, 빠지니까, 그러니까 두렁 할 때는 어떻게 되었든 앞에 그 두렁 만드는 극젱이를 여러 번 가는 거야.

― 들어갔다가 나왔다가 해야 그놈이 그냥 차지게 흙이 이겨야만 그래 이겨서 두렁을 딱, 그게 이 두렁 뜬다고 하거든, 두렁 뜨고 나면 인제 괭이를 가지고 하, 하든지 삽으로 하든지 두렁을 끌어 붙여야 돼요.

― 흙을 여기 두렁 저 앞 두렁 쪽으로 밀어붙여 놓아야 돼, 이렇게.

― 밀어붙여 가지고, 진작 밀어붙여서 두렁을 하면 그게 찰떡처럼 만들어 놓은 것이므로 물이, 그 두렁이 안 되는 거야.

― 흙이 내려와서.

- 고'리 미르부우처 노'코 한 머 한 서너너어340) 시간 이따'가 가마' 고
헐'기 쯔 야깡' 구데'슬 떼, 고'떼 인자 두루'믈 저 부'친다 하'그더.

- 인자' 송'가주 이에 끄'르가 두루'믈 여레 멘'드러 부친 사'암더 이'꼬
사'블 가 이러 끄, 인자 깨~'이가 끌고 오니 사'암, 그레 끄올'리가 인냐
수'움포가 인냐 스, 깨~'이르 가' 사:악 발라 쁘'으든.

- 고 인저 두룸 멘든다느이.

두루:믈 그레 인제 만들'고 아까 인제 쪼음 이야긴 하'션는데, 아 모'를 은
제 모심끼 할' 떼 그어: 기'게모로 요즘 하능 경우가 만'치마느, 요즈믄, 어::
이 예'저네느 그므 줄::로 검 줄 헤서, 줄로 헤 가주고 그르케 함'미까, 앙 그
암' 머 벌모심끼 함미까, 주로?

- 으

- 거 이 젤: 자 오'레뎅 기 벌'모341)고, 옌'나레 므 벌모 그넌 마' 줄'도
어'꼬 그는 마' 아무 데'나 시'머 부능 기라.

- 그레 시'믄 데드 이'꼬, 또 어'뜬 데느 인자 고 은자 방매'름, 방 멘'
드르가 요:리' 한' 줄 싱'꼬 헤 가지고, 캉카'이 드가 가'주고 고레 미쿤' 고
능:: 귀'에, 곤느 거'너 쪼꾸' 인자 모싱게 쪼끔 팔달뎐.

= 고오'기' 요 요'레 한 데드 이'따.

= 우'예' 하나, 둘, 센, 네, 다스 께 요'리 시므나 노'코 고시, 고 은녀 줄'
로 치닝342) 기'라.

= 줄'로343) 요레 딱: 처가' 저'어' 사람, 여' 사'름 줄로 탁: 여레 마차
저'도 머리 고레 예'순344) 피345) 시'머나 노'코, 하나 이'꼬, 여'도 여스 피
쑤'우데.

= 그레 인자 줄'로 안자346) 요'다 젤 끈'티'이다 딱: 두'리'가 인자 마
지347) 숭'가 도로 가주오 은자 하고 또 요'도 또' 그레이 하군넘, 고 아'네
넉 쭐'썩'348) 사'르미 드가 가'주고 넉 쭐설 시'므349) 니'르가능 기라, 한 사'
레미.

− 고래 밀어붙여 놓고 한 뭐, 한 서너 시간 있다가 가면 그 흙이 저 약간 굳어 있을 때, 그때 인제 두렁을 인제 붙인다고 하거든.

　− 인제 손을 가지고 이래 끌어서 두렁을 요래 만들어 붙이는 사람도 있고 삽을 가지고 이래 끌고, 인제 괭이로 끌고 올리는 사람, 그래 끌어올려서 인제 삽으로 인제 삭, 괭이를 가지고 삭 발라 버리거든.

　− 고게 인제 두렁 만든다는 것이.

　두렁을 그래 인제 만들고 아까 인제 조금 이야기는 하셨는데, 어 모를 인제 모심기를 할 때 그 '기계모'로 요즘 하는 경우가 많지만은, 요즘은, 어 이 예전에는 그러면 줄로 그럼 줄로 해서, 줄로 해 가지고 그렇게 합니까, 안 그러면 뭐 벌모심기를 합니까, 주로?

　− 응.

　− 그 인제 제일 인제 오래된 게 벌모고, 옛날에 뭐 벌모 그것은 그냥 줄도 없고 그건 뭐 아무 데나 심어 버리는 거야.

　− 그래 심은 데도 있고, 또 어떤 데는 인제 그 인제 방 만들어, 방을 만들어서 요리 한 줄 심고 해 가지고, 칸칸이 들어가 가지고 그래 메우는 그런 것은 귀해, 그런 것은 조금 인제 모심기가 조금 발달된 것이고.

　＝ 고게 요 요래 하는 데도 있다.

　＝ 위에 하나, 둘, 셋, 넷, 다섯 개 요래 심어 놓고 거기, 고기 인제 줄을 치는 거야.

　＝ 줄을 요래 딱 쳐서 저기 사람, 여기 사람 줄을 딱 요래 맞춰서 저기도 머리 쪽에 그래 여섯 포기 심어 놓아 놓고, 하나 있고, 여기도 여섯 포기 심고.

　＝ 그래 인제 줄을 인제 요기에다 제일 끄트머리에 딱 둘이가 인제 마주 심어 들어와 가지고 인제 하고, 또 여기도 그래 하고는, 고 안에 넉 줄씩 사람이 들어가 가지고 넉 줄씩 심어 내려가는 거야, 한 사람이.

= 그'르이 씸'는 데드 이'꼬, 떠 줄 쳐'가 심는 데드 이'꼬.

− 그르 인자 제:일' 인자' 모싱 거 제을350) 인자 먼저: 핸'능 거너 벌'모.

− 마 아므따'나 마 지 아'페 마 머 줄'도 업'시 마 나음데르 그기 인즈 벌'모가 시'므꼬, 고: 과정이 쪼끔 자 지나가'여는 인자 왜'는드리, 적 헤 가즈 아까디351) 칸 네, 털목352) 헤 가즈어 그 아그 이야기하드너 그 가껨 목353) 헤 가지오 헨능 고기 나오가 이'꼬, 또 은자 고레 가'주오 은자 또 줄'모 카'능기 또 나오이.

− 줄'모 고'오'는 주'레다가 표'실 딱따354) 헤 낭 기러.

− 머 함 피'이' 시'믈 마지언 빨강 거르 표시으 딱따 헤 너.

− 그'너이 주'르 하, 저: 은잘355) 헤가지 말띠' 헤아 저'어' 노'이서356) 이짱 농'까지 헤 가지고 거 줄 자'븐 사람 인저 모 노으 마~이 헤가, 마~ 이 하른 사'암들 줄 자'브 준 사'아 별'또로 이'꼬 인자 사'라미 저근 사'암드 른 인낼 겨어즈 꼬'브 노코 드 바끼 나아 두'리' 꼬'브가 은자 '심꼬 또 나 우가 심꼬 이라이뻐어, 그 은저 그기 인저 심너이 줄'모고.

− 그'거' 은녀 끈'나고 나'여느 오'세'느 인자 점봄 머 구어'이 여 팜'모357).

− 판떼'기 오셈 마 헤가 하이끼네 머.

− 손, 소늘 까 모르 안 시'믕게, 이주메.

거 인제 이′양기로 이?

− 걸'쳐, 이양기로 항 기고.

그어며늡 예전::하′고 그거 팜′모, 기′게모, 므 거 팜′모할려며너 옌날하고 모′판 만드능 거′또 다르게 함′미까, 어떠케 함미까?

− 다르지여.

요즘 그′아머 그어느 어′뜨케 함′미까?

− 음 오즘 예 기'게모는 어뜨게 하느믄 은자 요'글 인자 날'짜를 마차' 능 기'라.

− 모싱: 그은 신나'러글 무레 딱 드가능 고'날로 헤가 사시보 일 기'주

= 그래 심는 데도 있고, 또 줄 쳐서 심는 데도 있고.

― 그래 인제 제일 인제 모심는 게, 제일 인제 먼저 했던 것은 벌모.

― 그냥 아무렇게나 그냥 자기 앞에 그냥, 뭐 줄도 없이 뭐 나름대로 그게 인제 벌모라고 심었고, 그 과정이 조금 인제 지나가서는 인제 왜놈들이, 저 해 가지고 아까도 말했는데, "틀모"라고 해 가지고 그 아까 이야기한 그 각목이라고 해 가지고 했던 그것이 나와 있고, 또 인제 그래 가지고 인제 또 줄모라고 하는 것이 또 나왔고.

― 줄모 고것은 줄에다가 표시를 딱딱 해 놓은 거야.

― 모 한 포기 심을 만큼 빨간 것을 표시를 딱딱 해 놔.

― 그러니 줄을 한, 저 인제 해서 말뚝에 해서 저 논에서 이쪽 논까지 해 가지고 그 줄을 잡은 사람은 인제 "모놉"을358) 많이 해서, 많이 하는 사람들은 줄을 잡아 주는 사람이 별도로 있고 인제 사람이 적은 사람들은 인제 그냥 꽂아 놓고 밖에 나가서 둘이 꽂아서 인제 심고 또 나와서 심고 이러니까, 그 인제 그게 인제 심는 것이 줄모이고.

― 그게 인제 끝나고 나서는 요새는 인제 전부 뭐 그 여 "판모".

― 판자에 요즘 그냥 해서 하니까, 뭐.

― 손, 손을 가지고 모를 안 심으니까, 요즘에.

그 인제 이앙기로, 이앙기로?

― 그렇지요, 이앙기로 하는 것이고.

그러면 예전하고 그거 "판모", 기계모, 뭐 그 "판모"하려면은 옛날하고 모판 만드는 것도 다르게 합니까, 어떻게 합니까?

― 다르지요.

요즘 그러면 그것은 어떻게 합니까?

― 음 요즘 인제 기계모는 어떻게 하느냐 하면 인제 요것은 인제 날짜를 맞추는 거야.

― 모심는 그 볍씨를 물에 딱 들어가는 그날을 해서 사십오 일을 기준

늘 하'능 기라.

- 사'시보' 일마'네느 신나'레기 지베 신나'라을 나아 낭 고 인자 신나'락 오세 인저 찌 여 침'종이러359) 칸'데, 우니 오세' 말'로 아 찌, 그 신나'르 무리 당굴' 떼 고이 침'종인데, 신낭울 당군: 고'날부터 사십오 일 데'는 헤 애 모'를 시'므이 데능 기라.

- 고'를.

- 고 네'가 은자 한 유'워리나 치를 참', 오워리나 유궐, 유궐 초에 아 이'맘 오월 마'릴쯤 모를 싱'끄더어.

- 심'데', 네가 머 이리 바'빠 가지고 한 마 유궐 한 시'빌'쯤' 시믈 예상 거트마 유'궐 시'비레서 디로 아플, 디로 뗑'겨 가주고 사시오360) 이레 기 준헤' 가'지고 고 신나'을361) 따 무'레 따 연능 기라.

- 고'라마 고 모'가 탁: 정'상'모'가 데'고 그어: 날'짜아362) 너므가머 모 가 늘'거 가주고, 사람 마라므 늘'거따 이 마르아.

- 여 처'녀들 시'지 뽀'넬363) 떼 참 머 오세 마 한 한 이십 쎄 한 고 한 창일 떼 고떼 시지뽀네능 깡 처녀들 한 서'른 너므가 시이보내느364) 그 이치여 또까더이.

- 모가 늘'거따네.

- 모가 늘'거'마 수확또 떠'르지우, 가으레, 그 소'추'리 떠르지능 기아.

- 나르 소추리 떠여.

- 고'레가 은녀365) 헤 가주고 오셈 기'게모로 오셈 머 구레 딱 우'에 헤그 은점 한 일쭈일쫌 무'를 당'가 농'능 게'라.

- 그 소독 헤가 딱 당'가 노'마 고레 은자 고올 근'즈 가지고 어데 바 체366) 가' 삐 그에읍 그 은녀 물'끼 업'씨 헤가주오 그레 가주오 인저 오세 이 꼬 또 고 신나'락 연는 기'게가 이'끄덩.

- 고 예'아 가'주고, 마 기에 땅 여아367) 고레 가주오, 고 기게 여 가주 고 인자 머 한, 고 사'기 잘 나'이고368), 그따느 아이 추'부니까 사기 잘

으로 하는 거야.

─ 사십오 일만에는 볍씨가 집에 볍씨를 놓아 놓은 그 인제 볍씨를 요즘 인제 저 어 침종(浸種)이라고 하는데, 우리 요새 말로 어 저, 그 볍씨를 물에 담글 때 그게 침종인데, 볍씨를 담근 그날부터 사십오 일 되는 날에는 모를 심어야 되는 거야.

─ 고것을.

─ 고 내가 인제 한 유월이나 칠월 참, 오월이나 유월, 유월 초에 아니면 오월 말일쯤 모를 심거든.

─ 심는데, 내가 뭐 일이 바빠 가지고 한 그냥 유월 한 십일쯤 심을 예상 같으면 유월 십일에서 뒤로 앞을, 뒤로 당겨 가지고 사십오 일을, 이래 기준해 가지고 고 볍씨를 딱 물에 딱 넣는 거야.

─ 그러면 그 모가 딱 정상적인 모가 되고 그 날짜를 넘어가면 모가 늙어 가지고, 사람으로 말하면 늙었다 이 말이야.

─ 여기 처녀들 시집보낼 때 참 뭐 요새 뭐 한, 한 이십 세 한, 그 한창일 때 그때 시집보내는 것과 처녀들 한 서른 넘어서 시집보내는 그 이치와 똑같아요.

─ 모가 늙었다고.

─ 모가 늙으면 수확도 떨어지고, 가을에, 그 소출이 떨어지는 거야.

─ 벼의 소출이 떨어져.

─ 그래서 인제 해 가지고 요새 기계모로 요즘 뭐 그래 딱 어떻게 해서 인제 한 일주일쯤 물에 담가 놓는 거야.

─ 그 소독을 해서 딱 담가 놓으면 그래 인제 그것을 건져 가지고 어디 받쳐서 빼서[369) 그래서 그 인제 물기 없이 해서 그래 가지고 인제 요즘 그 또 그 볍씨 넣는 기계가 있거든.

─ 거기 넣어 가지고, 그냥 기계에 딱 넣어 그래 가지고, 그 기계에 넣어 가지고 인제 뭐 한, 그 싹이 잘 나게 하고, 그때는 아직 추우니까 싹이

나에꼼370) 맙 보온뜨'께너이 더'퍼 가주오 나'두마 한 사 미린나 한 사 일쭘 이'쓰마 신나'리이 초'기371) 에 오시372) 오시 신나린, 나레기 오주, 올론다 하요.

— 올라마 고'떼 가주 가가주 모판 만드느 오셈 멀 트, 검 머꼬, 경웅기가 삭 고라 가지어 머 삭 고라 가'주구 오세늠 머 또 머 구'지포373) 미'테 뜨 깔'고 고 우에 하이끼네 모찌그374) 일떠375) 아이'고, 꾸'지포거 어끼 기양 노'네 마 구 판떼이 고 딱따 여 딱땅 나 가여 고 우엠 마 구'지포 딱 더프나 뿌맘 마.

— 옌난너', 구'지포 나오이 저'네너 고 비니루 가'주오 데' 골'쪼르 가즈어 꼬울랭, 꼬'브가 고 우'이 비니르 시야 가조 으에 헤가 글'떼는 맙 바람 분' 날나 마 비니르 한'제여 어 떠뜨 그마 비룬 날'라 가가지 마 허'라고376) 무'라고 먼 나'트돈377) 떼'리고 이레가 그'떼늠 마 부'부'가네 먹, 모파 나더 둘 스르 사'우고 한 사'암 세'애벤데378), 요즘 녀 구'지포 할' 떼늠 머 곤 머 신나'랑 무 굳 무 더'플 피'로도 어꼼 머 골'주 꼬'올 피'르도 어'꼼 마 꽁 판떼'이만, 모'팜마 따따 나아가 고 여 구'지포 딱 더프 나'뿌마 이'거너, 그 당'시엔 은자 할' 떼는 모 쫌 크마 그레, 마낙 비'끼고 절 헤조에데.

— 앙 그'라만 나'레이 타' 뿌능 기러.

— 어 여이, 여'를 마이 바'더가.

— 비니루여.

— 근데 구'지포 이'이'넌 테양열과안 아무 광게 엄'능 기'라.

— 열 암만 바'드보이 타'능 거'드 어'꼬, 구'지폰 덜 고 뜯, 또 뜨시구라 한 구어 보온 카능 고느 겡'자으 조아.

— 그'느이 요즘 구'지포 하음 마 더프나'드 그레 보고 자기 막 모'오' 어이379) 전더380) 커'따 시'부머 구지381) 요 비'기 뿌고.

— 그레 멈 머 그'레가 물' 려'뿌맘 머 모빠 지데으따.

잘 나게끔 뭐 보온뚜껑으로 덮어 가지고 놔두면 한 삼 일이나 한 사일쯤 있으면 볍씨가 싹이 제법, 제법 볍씨가, 벼가 올라, 올라온다니까요.

— 올라오면 그때 가서, 가서 모판 만드는 요새 뭐 트랙터, 그 뭐냐, 경운기로 삭 골라 가지고, 뭐 삭 고르게 해 가지고 요즘은 뭐 또, 뭐 부직포를 밑에 깔고 그 위에 하니까 모 찌기가 일도 아니고, 부직포가 없이 그냥 논에 뭐 그 판을 그 딱딱 여기 딱딱 놓아 가지고 그 위에 뭐 부직포를 딱 덮어놓아 버리면 뭐.

— 옛날에는, 부직포가 나오기 전에는 그 비닐을 가지고 대나무 골조를 가지고 꼬부랑하게 꽂아서 그 위에 비닐을 씌워서 어떻게 해서 그때는 그냥 바람 부는 날이나 그냥 비닐 한쪽이 여, 어떻다고 그러면 비닐이 날라가서 그냥, 흙하고 물하고 뭐 낮도 때리고 이래서 그때는 그냥 부부 간에 막, 모판을 놓고 둘이 서로 싸우고 하는 사람이 많았는데, 요즘 인제 부직포로 할 때는 뭐 그건 뭐 볍씨 뭐 그 뭐 덮을 필요도 없고 뭐 골조를 꽂을 필요도 없고 뭐 그냥 판만, 모판만 딱딱 놓아서 그 위에 부직포를 딱 덮어 놓으면 이것은, 그 당시에는 인제 할 때는 모가 좀 크면 그래, 만약에 벗기고 저 해 줘야해.

— 안 그러면 벼가 타 버리는 거야.

— 어 열, 열을 많이 받아서.

— 비닐에.

— 그런데 부직포 이것은 태양열과는 아무 관계가 없는 거야.

— 열을 암만 받아도 타는 것도 없고, 부직포는 또 고 따, 또 따뜻하게 하는 그 보온이라고 하는 고것은 굉장히 좋아.

— 그러니까 요즘 부직포로 하면 그냥 덮어놓아도 그래 보고 자기가 막 모가 어느 정도 컸다 싶으면 "부직포"를 여기 벗겨 버리고.

— 그래 뭐, 뭐 그래서 물 넣으면 뭐 모판이 제대로지.

예점'뽀다느 그르도 인제 마니 단축?

— 아주 머, 아주 머 간수아'지382), 머.

— 일또 아이'지, 모'파너.

= 소늘 가 시'믕 카'마 고'레' 헤, 신나'라 히 앙 기 소출떠383) 얼'메나 마'는지.

— 그'레 모즈믐 마 옌'날름.

= 양승'384) 모'지레뜽385) 기'이' 고래 헨는 모 시머나 너이끼네 머머 양스'이 나므, 나르'이 나'므나간데, 머.

인저 그럼 농업 기'수열 훨'씬 조아조쭈, 예즌?

= 조찌.

= 총총 씽'기가주 그마츰 소드기 마이 나니.

그: 그'어 여'기느 그엄 농사 지'을 떼 쓰'는 농기우 가틍 경우느 주로 어떵 게 이'씀미까, 여게너?

— 구 옌'나레는 홀찌~'이.

논'농사 즈, 논'농사 진는 데 쓰는?

— 어', 홀찌~'이, 서'어'리, 수굼'포, 깨~'이, 또 언 쪼구 홀찌~'이 여 지 나가 쪼꼼 자 발딸데엥 기 인자 쟁'기.

— 쟁'기느, 은자 홀찌~'이는 거: 요'동 모 나'고로 이리저르 몽 가라 하능 기고, 쟁'기너 재'끼마 이그 홀찌이 끈티이 저 쉬: 그'너미 와따가따 건늠 머리 웅, 거 은자 쫌 유동 인는 그기 인 기구, 은자 고이 좀 발달뎅' 기고.

— 오 저'네는 홀찌~'이고.

— 홀찌~'이 시'다가386) 은 또 조믄 이따 쟁'기 나오고, 고 쫌' 발딸데가 느' 은저 오세 인자 겨웅'기387) 나오고 겨웅'기 쫌 나오고 나이 오지 틀타' 나오고 은녀, 과정이 그'러침, 머.

— 농기구 발'따리.

예전보다는 그래도 인제 많이 단축되었네요?

— 아주 뭐, 아주 뭐 간소하지, 뭐.

— 일도 아니지, 모판은.

= 손을 가지고 심은 것보다 그렇게 해, 볍씨를 해 놓은 게 소출도 얼마나 많은지.

— 그래 요즘은 그냥 옛날에는.

= 양식이 모자랐던 게 고래 한 모를 심어 놓으니까 뭐, 뭐 양식이 남아, 벼가 남아나는데, 뭐.

인제 그럼 농업 기술이 훨씬 좋아졌지요, 예전?

= 좋지.

= 총총 심어서 그만큼 소득이 많이 나니까.

그, 그 여기는 그럼 농사 지을 때 쓰는 농기구 같은 경우는 주로 어떤 게 있습니까, 여기는?

— 그 옛날에는 극젱이.

논농사 짓는, 논농사 짓는데 쓰는?

— 어, 극젱이, 써레, 삽, 괭이, 또 인제 조금 극젱이가 여기 지나서 조금 인제 발달된 게 인제 쟁기.

— 쟁기는, 인제 극젱이는 그 요동을 못 하도록 이리저리 못 가라고 하는 게고, 쟁기는 젖히면 이게 극젱이 끄트머리가 저 쇠 그놈이 왔다 갔다 하는 바람에, 어 그 인제 좀 유동이 있는 그게 인제 기구, 인제 고게 좀 발달된 것이고.

— 요 전에는 극젱이고.

— 극젱이 쓰다가 인제 또 조금은 있다가 쟁기가 나오고, 고 좀 발달되어서는 인제 요새 인제 경운기가 나오고 경운기 좀 나오고 나니까 요즘 "트랙터"가 나오고 인제, 과정이 그렇지, 뭐.

— 농기구 발달이.

그어 여'기느 그러며는' 주로 추, 홀찌~'이를 마니 씀'미까, 쟁'기를 마니 써'씀미까?

— 여 주'로' 홀찌~'이 써'쩨388), 모.

— 홀찌~'이, 주로 홀찌~'이 스고 쟁'기느389) 절: 평'야지데 글'로느 우리 홀찌~'이 시' 떼는 그어세'늠 홀찌~'이가 넝'류리 아 올라가~'이께 사암느 정'기 서꼬.

— 근'디 여'게는 마 쟁'기느 여 꼴'짬논 쪼구마한' 데는 정'기르 스'질 모 나기덩.

— 그능이 주로 홀찌~'이 써따이.

검' 쟁'기어 더 기'피 드르감미까, 흐'게?

— 기'피390) 드'가고 질 띠이여 그그는 젱'이도391) 조'종하마 지피 드가고 야페 나간데, 홀찌~'이도 여 사람 홀찌~'이너 사람 손'쪼중잉 게라.

— 소'늘 홀찌~'이 가'지고 쫌 니루'마392) 마~'이 드간데, 그 데시네 소'가 주'글 찌'겨잉 기라, 소가.

— 근 쟁'기는 함'문 조종'을 땅 헤 나 뿌마 고 더'느 안 네'르가능, 쟁'기너.

— 똑: 그 양' 고'데로 네, 일정한 양' 고'데로 머 니'르가는데, 홀찌~'이는 사'람 소'늘 조종하'이끼네 마~'이 드'가따아 마~'이 나'워따 그르~'이 후, 소도 디'고393) 홀찌~'이질' 할', 일 모나은 사'암더른 홀찌~'이 마~'이 여'따아 자께 여따 하'이 소가 마 주'글 찡여, 소가 여 마 디거.

그 다'으메 여'기 어 아까 이야기헤떵 오 호메~'이도 쓰고?

— 글지, 홈메'이.

꿰잉이?

— 께~'이.

— 꾸얼 오세'은 또 은저 삽'.

— 이 쩌 므 사'븐 머 그 수굼'보라 앙 가나, 수움'포.

그 여기는 그러면은 주로 극, 극젱이를 많이 씁니까, 쟁기를 많이 썼습니까?

  - 여기는 주로 극젱이를 썼지, 뭐.

  - 극젱이, 주로 극젱이를 쓰고 쟁기는 저 평야지대 거기로는 우리 극젱이 쓸 때는 거기에는 극젱이가 능률이 안 올라가니까 사람들이 쟁기를 썼고.

  - 그런데 여기는 그냥 쟁기는 여기 골짜기 논 조그마한 데는 쟁기를 쓰지를 못 하거든.

  - 그러니까 주로 극젱이를 썼다니까.

그럼 쟁기가 더 깊이 들어갑니까, 흙에?

  - 깊이 들어가고 잘 뜨이는, 그것은 쟁기도 조종하면 깊이 들어가고 얕게 나가는데, 극젱이도 여기 사람 극젱이는 사람 손조종인 거야.

  - 손을 극젱이 가지고 좀 내리면 많이 들어가는데, 그 대신에 소가 죽을 지경인 거야, 소가.

  - 그런데 쟁기는 한 번 조종을 딱 해 놓아 버리면 거기에서 더는 안 내려가는 거야, 쟁기는.

  - 똑 그 양 그대로 내, 일정한 양 그대로 뭐 내려가는데, 극젱이는 사람 손으로 조종하니까 많이 들어갔다가 많이 나왔다가 그러니까 인제 극젱이, 소도 되고 극젱이질 하는 뭐 뭐, 일 못하는 사람들은 극젱이 많이 넣었다가 적게 넣었다가 하니까 소만 그냥 죽을 지경이야, 소가 여기 그냥 고되고.

그 다음에 여기 어 아까 이야기했던 어 호미도 쓰고?

  - 그렇지, 호미.

괭이?

  - 괭이.

  - 그 요새는 또 인제 삽.

  - 이 저 뭐 삽은 뭐 그 "수군포"라고 안 하나, "수군포".

- 또 고이' 쪼끔 자 께~'이가 쫌 발'딸혜가 은자 양께~'이 카거 나오 가지고.

= 보리밤394) 멜' 떼'에는 또 보리밤 멜' 떼'에는 소시래~'이395) 가 메'꼬.

- 어, 양께~'이가 나오고, 오세'는 마 오세'는 머 기구도 마 여러 가지 머 논 메는, 노, 수세, 소시레~'이도 나오고.

- 소시레~'이도 마 여 소' 그름 치'느 소시레~'이더 이'꺼 머 여'러 가 지 머 기'우가 나와이가, 다양하~'이 나오이끼.

그 다임 먼 나'또 이꼬 머 그'러타, 그지예?

- 그'러치, 나'슨 머 필수 여' 이쓰여 뎅 기고.

= 호'미도 밤 메'기 땀'메레396) 마 사시르' 이'쓰에 데.

검' 타작:할' 떼도 쓰는 도구늠 머 어떵 거 주로 쓰심미꺼, 예저네?

- 그 엔'나'레 인자 나'는 보'진 아 헨'데 엔날 어른들, 아주 엔'날 에'른 드 인자 잘께'타'자'397) 케 가주고 그 은냐 토망티'기'를398), 토'마을 하나 아페 나 노코 거 은자 께'딴399) 무깡' 거 그'너믈 은자', 그언 지꾸래~'이 한데, 지꾸래~'이 하능 건 머냐 하믄 젤 지'게 지'마 거 우'에 다'므가 뭉 꾸능 거, 무그, 뗑'기느 그 "지꾸레~'이"라고 한데, 지꾸레~'이 그'느믄 자 여'물게덩.

- 그 은저 오세'네 그 머 나이롱: 그'릉 기, 끄니 인다 우 그'르치마 엔 난느이 그릉 거또 어꼬, 점부 지'플 가지고 카 오, 오'즈메 살, 지플 세'끼 로 꼬'아 가지오, 세'끼를 오즈'메 당가' 가'지고, 오즈'메 당가'마 거 지피 호용호용혜400) 지능기라.

- 고 헤'즈면서401) 그'어이 기'겨이402) 찔'깅 기라.

- 오주'메, 오줌 그'르미 찌, 찔긴 성지리야 넌능 에.

- 그'레가주 고'고'르 가 인자 그어 자세'아403) 칸데, 자세'에네 더느 가 지고 그어 른자404) 시: 가'다으슬로 돌'리가주 꼬'아'가이 그느 한테 인자 어불'치가405) 멘드릉 거 인지 츠 그이 인자 엔날 지꾸레~'이 멘드른데.

- 또 그게 조금 인제 괭이가 좀 발달해서 인제 "양괭이"406)라고 하는 것이 나와 가지고.

= 보리밭 맬 때는 또 보리밭 맬 때는 쇠스랑을 가지고 맸고.

- 어, "양괭이"가 나오고, 요새는 그냥 요새는 뭐 기구도 그냥 여러 가지 뭐 논을 매는, 논, 쇠스랑, 쇠스랑도 나오고.

- 쇠스랑도 그냥 여, 소 거름 치는 쇠스랑도 있고, 뭐 여러 가지 뭐 기구가 나와서, 다양하게 나오니까.

그 다음 뭐 낫도 있고 뭐 그렇다, 그렇지요?

- 그렇지, 낫은 뭐 여기에 필수적으로 있어야 되는 것이고.

= 호미도 밭을 매기 때문에 그냥 사철 동안 있어야 돼.

그럼 타작할 때도 쓰는 도구는 뭐 어떤 것을 주로 쓰십니까, 예전에?

- 그 옛날에 인제 나는 보지는 못 했는데 옛날 어른들, 아주 옛날 어른들은 인제 개상 타작이라고 해 가지고 그 인제 나무토막을, 토막을 하나 앞에 놓아 놓고 그 인제 볏단 묶은 것 그놈을 인제, 그것을 "지꾸랭이407)"라고 하는데, "지꾸랭이"라고 하는 것은 뭐냐 하면 인제 지게를 지면 그 위에 담아서 묶는 것, 묶어, 당기는 것을 "지꾸랭이"라고 했는데, "지꾸랭이" 그놈은 인제 여물거든.

- 그 인제 요새는 그 뭐 나일론 그런 게 끈이 있기 때문에 그렇지만 옛날에는 그런 것도 없고, 전부 짚을 가지고 그 오, 오줌에 삭혀, 짚을 새끼로 꼬아 가지고, 새끼를 오줌에 담가 가지고, 오줌에 담그면 그 짚이 몰랑몰랑해지는 거야.

- 그렇게 되면서 그것이 굉장히 질긴 거야.

- 오줌에, 오줌 그놈이 질, 질긴 성질을 넣는 거야.

- 그래서 고것을 가지고 인제 그 자새라고 하는데, 자새에 들어 가지고 그것을 인제 세 가닥씩으로 돌려서 꼬아서 그것을 한데 인제 어울러서 만드는 게 인제 저 그 인제 옛날 "지꾸랭이"를 만들었는데.

- 그'느믈 갇, 지꾸레~'이 고 은자 나락 그 은녀 깨'땅 고'르믄 착 이
거'르 가주고 어'께 가조 아페 토'마게 뚜드리 페' 가주오 그렌 떠릅, 나'러
글 은잗 떠'러 가주오 멘드능 그기' 인자 잘께'타'자이라 하고.

- 인냐 고: 나오'고 은자 고' 하고 쪼굼 자 발딸덴능 기 머타'이야 하며
인자 거 인 너 기게:른 잘 이름[408] 모르겐'는데, 이'빠리 인자 이렌 천장을
보고, 하늘 보이 즈, 니빨 서가 이쓰'마 거'어더 나'를 여가 자브 뗑'기마
우'에느 너리'고 니른, 니르갈수오 여' 송: 기라, 이'빠리.

- 소'르가 거 우'에는 나'르기 마이 걸리가 니은, 니르갈수오 소은 데
거 걸리'믄 뗑'기마 나'레이 거 걸려가 인자 떠'르지능 기라.

- 고'능 기 인자 또 은 나오가 이'꼬.

- 고기' 또 인자 또 불'편헤 가주고 은자 머시 나'오노 인자 저
홀'께[409].

- 야 오세 먼 탈'고낑 기라.

- 인냐 홀께, 발른 홀게.

- 바', 발로 발그는 뻐 여 은녀 홀'께라 한데, 발른 홀'께 그 까즈오,
거 그기 나오꼬.

- 고'기 또' 은날 쪼금 발딸헤 가주오느 은제 머가 나오나 하며 인자,
저게' 겨'웅기: 나오기 저네느 은자 여게 바~'아, 방아.

- 바~'아, 방'아 그거 머곰, 그어는 머라카노.

- 동녁바'아, 그기' 인자 스 인'는데, 그'느믈 은자 돌리가 벨뜨 주를 그
게 메' 가주오 돌리 가지고 인냐 탈'고을라 하'는데, 그겐 인자 마 세'로 그
은 뜨 그는 탈'곰마[410], 나'랑마 떠 헤 가주오 세로 은자 풍'게가 세'러 지'
이'가조[411] 하고, 고기' 똠 자 쪼금 발딸리가 오세'는 잠 마 나랑마 가따
여어'마 께딴 멘드'러가 인자 얼 바인더 비아 께딴 멩'그'어가 여어'마 지데
로 홀기가조 자동쩌으러 지데러 홀끼어 지푼 집떼르 나오고 나'러근 나'갈
데르 홀끼'고.

― 그놈을 가지고 "지꾸랭이" 그 인제 벼 그 인제 볏단 그놈을 착 이래 걸어 가지고 어깨에 가지고 앞에 토막에 두드려 패 가지고 그래 떨어, 벼를 인제 떨어 가지고 만드는 그게 인제 "개상타작"이라고 하고.

 ― 인제 그 나오고 인제 그 하고 조금 인제 발달된 게 뭐냐 하면 인제 그 인제, 인제 기계는 잘 이름을 모르겠는데, 이빨이 인제 이래 천장을 보고 있는데, 하늘을 보고 인제, 이빨이 서 있으면 거기에 벼를 넣어서 잡아 당기면 위에는 넓고 내려, 내려갈수록 여기가 손 거야, 이빨이.

 ― 솔아서 그 위에는 벼가 많이 걸려서 내려, 내려갈수록 손 데 거기 걸리면 당기면 벼가 거기 걸려서 인제 떨어지는 거야.

 ― 고런 게 인제 또 인제 나와서 있고.

 ― 고게 또 인제 또 불편해 가지고 인제 무엇이 나오느냐 하면 인제 저 탈곡기

 ― 인제 요새 말하면 탈곡기인 거야.

 ― 인제 탈곡기, 밟는 탈곡기.

 ― 발, 발로 밟는 저 여기서는 인제 "홀깨"라고 하는데, 밟는 탈곡기 그 것 가지고, 그 그것이 나왔고.

 ― 고게 또 인제 조금 발달해 가지고는 인제 뭐가 나왔냐 하면 인제, 저것이 경운기가 나오기 전에는 인제 여기 방아, 방아.

 ― 방아, 방아 그것을 뭐냐, 그것은 뭐라고 하지.

 ― 원동기(412), 그게 인제 서 있는데, 그놈을 인제 돌려서 벨트 줄을 거기에 매 가지고 돌려 가지고 인제 탈곡을 하는데, 거기에는 인제 그냥 새로 그건 또 그건 탈곡만, 벼만 또 해 가지고 새로 인제 풍구가 새로 날려서 하고, 그게 또 인제 조금 발달해서 요즘은 인제 그냥 벼만 갖다 넣으면 볏단을 만들어서 인제 어 바인더(binder)로 베서 볏단을 만들어서 넣으면 스스로 훑어서 자동적으로 스스로 훑어서 짚은 짚대로 나오고 벼는 벼대로 훑이고.

- 고′레 고′기 쫌 발딸헤′가 오센 또 은자 요 콤바인 카′능 거 마 나′라 그 마 노네 가 막′ 비′ 뿌′맘 마 지픈 집데르413) 나오가 나라은 나알데 홀껴 나오느녀 그이 오세 체신 인제 기′게고, 과정이 고, 고능 과저이.

거 노′네 무′를 델기 웨스너 주로 예저넴 머 사용한 도′구′라든지 그′렁 게 이씀미까?

물 델려고 할 떼 어′떤 시우로 물 데′씀미까, 옌나레는?

- 무′른 머 오세 그뜸 호:수′루 가따 데프 데지마느 호:수′도 어′꼬 엔나 안 점부 인저 보′르 멘드러 가지고 마: 요 꼴′짜게늠 마 참′부 물도 엉케 총총 헤여야 마 보′를 말지 다′물 사′올리 가지고 물 고 드르야꿈 호′오′물 멘′드러 가주고 그기 인자 보′라 카는데, 점′무 거르 보′르 헤가림 물 다 데′찌, 옌난느 점부.

보′느 그럼며너 누고 개′이니 만드름미까, 앙 그암 볼를 누가 여러 사라미?

- 그게′ 인자 여겐 덜′, 드끄, 더′어′레 큰, 미′테쭘 드레 니′루오마 보가 공동보′가 데 가주고 물′도 마느′니까, 그리 공동보′을 데′ 가주고 그 공동보에 드러가′ 가주오 인제 니′르가머 그 각짜르 인 놓′을 여일 데′무꼬 한데, 저 꼴′짝 까′튼 데는 그능 기 엉′꼬 점부 개:인′ 노′느로 한 도가리마′414) 한 도가′리 점′부 기, 자깁, 점므 자기 봉′기라, 자기 요 쪼메꾸느 멘드러가 고리 물 러, 점무 그레 덴다.

검 인저쯔 쩔 드′으′리나 크, 널′븐 들: 가튼 데너?

- 인녀 고′가415) 구 운조416) 공동보′가 데가 이꼬.

그라믕 보 치′러 갈?

- 그르치, 그′을417) 떼는 마 여′러′시 인자 나아가 냐 오세′ 마라마 인자 가레 카′능 거, 가레가 어뜨나므 인자 그 인자 삼′메르418) 그르 데가 인는′데 잘리가 사랑 키′보다 더 지′러, 사엠419) 그 어이 어 잘리 그게 인제.

- 인데 그어덕 미′테 거′느 인자 가리 미′테응 끄네′끼가420) 은자 두 나치 부터가 인자 양쭈 하나슥 지′이고 뗑′기고 인자: 그 오′야느 은자 그 가

─ 고래 고게 좀 발달해서 요새는 또 인제 요 콤바인(combine)이라고 하는 거 그냥 벼는 그냥 논에 가서 막 베 버리면 그냥 짚은 짚대로 나오고 벼는 벼대로 훑어 나오고 그게 요즘 최신 인제 기계고, 과정이 그, 그런 과정이.

그 논에 물을 대기 위해서는 주로 예전에 뭐 사용한 도구라든지 그런 게 있습니까?

물을 대려고 할 때 어떤 식으로 물을 댔습니까?

─ 물은 뭐 요새 같으면 호스를 가지고 물을 대면 되지만은 호스도 없고 옛날에는 전부 인제 보를 만들어 가지고 뭐 요 골짜기에는 뭐 전부 물도 워낙 촘촘하게 해야 뭐 보를 말이지 담을 쌓아올려 가지고 물이 그 들어가도록 홈을 만들어 가지고 그게 인제 보라고 하는데, 전부 그렇게 보를 해서 물 다 댔지, 옛날에는 전부.

보는 그러면은 누가 개인이 만듭니까, 안 그러면 보를 누가 여러 사람이?

─ 그게 인제 여기는 들, 들, 들에 큰, 밑에 들에 내려오면 보가 공동보가 돼 가지고 물도 많으니까, 그래 공동보가 돼 가지고 그 공동보에 들어가 가지고 인제 내려가면 그 각자가 이래 논을 여기에 대 먹고 하는데, 저 골짝 같은 데는 그런 게 없고 전부 개인 논으로 한 배미이면 한 배미, 전부 자기, 자기, 전부 자기 보인 거야, 자기 요 조그마하게 만들어서 그래 물을 넣고, 전부 그래 댔지.

그럼 인제 저 들이나 큰, 넓은 들 같은 데는?

─ 인제 보가 그 인제 공동보가 되어 있고.

그러면 보 치러 갑니까?

─ 그렇지, 그럴 때는 그냥 여럿이 인제 나가서 인제 요새 말하면 인제 가래라고 하는 것, 가래가 어떠냐 하면 인제 그 인제 삽처럼 그렇게 되어 있는데 자루가 사람 키보다 더 길어, 사람 그 어 어 자루 그게 인제.

─ 인제 거기에도 밑에 거기 인제 가래 밑에 끈이 인제 두 줄이 붙어서 인제 양쪽에 하나씩 쥐고 당기고 인제 그 책임자는 인제 그 가래 원래

그것만 쥐고 이러면 당기면 그게 개울 인제 같은 것을 인제 보를 팔 때 그것을 많이 하는 거야.

─ 돌멩이하고 자갈하고 모래가 섞여 있으면 삽이나 괭이는 잘 안 들어 가거든.

─ 그러니까 그냥 그 가래 그놈을 대고, 하나는 대고 앞에서 둘이 당기 면 뭐 저절로 술술술 그 인제 원래 개울에, 그런 데 보를 팔 때 쓰, 쓰는 도구가 인제 가래 뭐 그런 것, 곡괭이 뭐 삽, 주로 이런 거 가지고 보를 파고 했지.

저 보도 파고 그 인제 물을 그러면은 어 인제 차례대로 그러면 물을 댑니까, 안 그러면 물은 어떤 식으로 댑니까, 물, 논에 물 대려면?

─ 그렇지, 물을 대면 여기 가물면 제일 위에 인제 상류, 하류, 하류, 중류, 어 상류, 중류, 하류 이래 해 가지고 상류에서 대서 내려오는 거야.

─ 물을 밑에서 가져갈 수도 없고 밑에 가져간다고 주지도 안 하고 위 의 사람이 대야 대니까.

─ 그래 인제 뭐 물이 귀하면 위에 뭐 모를 심고 나면 물을 안 주는 거야.

─ 모도 못 심는데, 같이 모심, 같이 심을 적에는, 같이 공동작업 해서 보 를 만들어 놓았으니까 물을 만들어, 찾아 놓았으니까 인제 밑에서는 위의 너희들 먼저 모를 심었으니까 물 대고, 모를 심고 나면 물을 안 주는 거야.

─ 딱 막아 버리고 또 다음에 또 모 심는 거야, 모 심는 것을 만들어 버리면, 그래 버리면 위에 모를 심은 사람, 일찍 한 사람은 모가 말라 버 리는 거야.

─ 논이 바짝 말라도, 말라도 일찍 심은 논이 나은 거야.

─ 제일 늦게 심어서 올라오면 여기 또 인제 그 다 심고 나면 여기 위 에서 물 또 여기 또 저 새로 물을 대 주거든.

─ 대 주니까 먼저 심은 논이 아무래도 벼가 낫, 말라도 낫더라니까.

레 원 그으마' 지고 이라마 떼'기마 그이 걸: 은자 거'틍 거 은자 보' 팔 떼 그 마이 항기라.

— 돌미'하곤421) 자'갈하고 모'레아 서껴 이쓰마 수굼'포'느 깨~'이하고 잘 안 드가기던422).

— 그'느이께네 마 그 가'레 그'늠 데'고, 하난 데'고 아피 뚜릴 뗑'기맘마 지대으423) 술술수 끄 그 인자 월렐 거'어'레, 근' 데 보' 팔 떼 쓰, 스는 도'우가424) 은자 가'레 머 그렁 검, 꼬께~'이 마 수굼포', 주로 이능 거 가주 보 파고 훼이.

저 보온드 파고 그 인지 무'우'를 그엄'며너 어 혼절 차'레데로 그러임 무'를 뎀'미까, 아 앙검 무른 어떤 시'우루 뎀'미까, 물, 노네 물 델'려면?

— 거'얼치, 물 뎀 녀 가'물마: 제일 우'예 인자 상구, 하구, 하구, 중구, 으 상구, 중구, 하구 이레 헤 가'지고 상구신' 데 니'로능 기라.

— 물 미'테 가갈 수도 어'꼬 미테 가갈 주'이도 아 너'고 우'이 사암 헤'야 덴데.

— 그'레 인자 머 무'리 기하마425) 우'예426) 마 모: 싱'꾸오 나'마 무 란' 주능 기라.

— 모도 몬 시'른데어, 가치 모, 가치 숭'구 저기넘427), 가치 공농자겁 헤'가 보' 멘드'러 나스~'이께네: 물, 메, 차'즈 나스~'이끼네 인자: 미'텐느 우예 느거 믄저 모: 시'머스~이어 물 데'고, 모 싱'꼬 남 물 안 주능 기라.

— 땅 마카'428) 뿌'오 또 다'으메 또 모' 숭'구능 기라, 모 숭 메거'러 붐마, 그'레 부머 우'예 모 숭'근 사'암, 일찌' 엔 서'엄 모 말러 뿌능 기라.

— 노'여' 빠정429) 말러도'오', 말러도 일찌~'이 숭운'430) 노'니 난능' 기라.

— 젤' 느께' 숭'거여 올'라마 여 또 은저 그 다 숭'구오 나'머 여으 우'예 서 물 또 예 세'로 물 데주이더.

— 데 주잉'기네 먼저 싱'믄 노'니 암망케'도 나'레기 나, 말러도 나뜨'라 카이.

가'암 무'를 인제 차레데로 인제?

— 그'러치여, 차'레, 숨분데'로 저이.

검 무'울' 데'고 거'엄 인제 노'네도 무를: 인제 물' 데고 나'며너 무'리 쫌 나'므며너 무'리 네러, 아렌'노'느로 네러가도록 거르케 물::, 그 물 조절헤 주능 그 물'꼬라 함'미까?

— 그 인자 거'게 인자' 그 은자 모'뚜'간, 참 보뚜가'미 인능 기라.

— 어 큼 거이너' 보또감 업'쓰마 서루 사'오사 안 데능 기라.

— 서로 네'가 머이431) 할라커오 저그'은' 안 한 딸무레 보또가'믈 네'가 주, 공정한 사'러믈, 정직한 사'름 보또강을 네'가: 그 사'라프 은제 일'려네: 머: 가'아레 나'러글 마 함 마지게 머 두 당'을 준다 카'든지 이'레 주는 데 드 이'꼬, 머: 도:늘' 준 데드 이꼬 그레마' 나'러글 후, 훌'터 가주오 가'아 레 저게 나'러글 얼메석 가드 준' 데도 이'고, 나락 다'늘 을메 준 데도 이 꼬 이은데, 그르 그 사'러미, 그 사'르만데 꼼장'을 모나느이, 주인 물 떼'고 지어도 몬 데고.

— 그 사'암 물 조야' 물 데'고 그러고 금 머 여 보또감 카'능 기 이 떵여.

너 은저 노'네도 언점 무:리' 어느 정도 차, 너무 차'도 안 데니까 물 조'절 항 그'얼 물'꼬라 함미까?

— 그러치, 물'꺼.

물꼬'도' 그엄며너 물'꼬느 어뜨에 만듬미까, 보통?

— 물'꼰 은자' 논뚜'루'믈 멘드은 나'스마 그 논뚜루메 노'니 크'마 물'꼬 를 하나 멘'들마 안 데기덩.

— 하나 멘'들'마 노'네 무리 와가 인데 각:쭝'에432) 여름 장마에 비가 마 포'우가 와 가지고 헤' 뿌마 물'꼬 하'나예 무리 그 노'네 물'하고 당긴' 물'하곤 천'수물하고 몬 빠'지 나아마 논뚜리'미 자빠'리저 뿌능 기라.

— 자뻐지~' 이'리' 얼메 만노.

그럼 물을 인제 차례대로 인제?

― 그렇지요, 차례, 순번대로 주니.

그럼 물을 대고 그럼 인제 논에도 물을 인제 물을 대고 나면은 물이 좀 남으면은 물이 내려, 아래 논으로 내려가도록 그렇게 물, 그 물을 조절해 주는 그것을 물꼬라고 합니까?

― 그 인제 거기 인제 그 인제 "못도감"[433], 참 "봇도감"이 있는 거야.

― 어 큰 거기는 "봇도감"이 없으면 서로 싸워서 안 되는 거야.

― 서로 내가 먼저 하려고 하고 저희는 안 하려고 하기 때문에 "봇도감"을 내서, 공정한 사람을, 정직한 사람 "봇도감"을 내서 그 사람을 인제 일년에 뭐 가을에 벼를 뭐 한 마지기에 뭐 두 단을 준다고 하든지 이래 주는 데도 있고, 뭐 돈을 주는 데도 있고 그러면 벼를 훑어, 훑어 가지고 가을에 저기 벼를 얼마씩, 얼마씩 갖다 주는 데도 있고, 볏단을 얼마씩 주는 데도 있고 이런데, 그래 그 사람이, 그 사람한테 꼼짝을 못 하는 거야, 주인이 물 대고 싶어도 못 대고.

― 그 사람이 물을 줘야 물을 대고 그리고 그 뭐 여 "봇도감"이라고 하는 게 있거든.

인제, 인제 논에도 인제 물이 어느 정도 차, 너무 차도 안 되니까 물 조절하는 그것을 물꼬라고 합니까?

― 그렇지, 물꼬.

물꼬도 그러면은 물꼬는 어떻게 만듭니까, 보통?

― 물꼬는 인제 논두렁을 만들어 놨으면 그 논두렁에 논이 크면 물꼬를 하나 만들면 안 되거든.

― 하나를 만들면 논에 물이 와 있는데 갑자기 여름 장마에 비가 그냥 폭우가 와 가지고 해 버리면 물꼬 하나에 물이 그 논에 물하고 담긴 물하고 천수하고 못 빠져 나가면 논두렁이 자빠져 버리는 거야.

― 자빠지면 일이 얼마나 많으냐.

- 일, 그 첨 똔뜨'름' 다 지'버이434) 데제, 미테 싸'암, 거 뭉게'제 미테 사'암 피예바' 뿌제.

- 그'르이끼네 논또'가리 좀 자양 그녀' 물'꼬 항' 게 멘들'고 큰' 데느 물꼬 두 계승 멘드'러 가'주고, 고 물꼬 노'피느 으'에 멘드'나 하며 인자 여안: 나랑'노니 딘'무리 안 드'가도 물'꼬 무'릴 딱 떠'르저도 노네 무'리 어네 즌더 게벼'가435) 이'또로 고레 물'꼬 조종'을 딱 하능 기러, 고 물고 굼, 물'꼬 노'피를.

- 딱: 헤' 가지오 곤' 노'고 인자, 곤' 노 이'쓰마 인자' 물 기얄 떼느 인 자 물 쫌 너'플라: 카마 물'꼬 우'에데아 헐'클 야아 쪼메 언지 나'따가 데 비'온다 카마 비'가 오'이~께네 고 우'예 언즈나우 물, 고울' 헐끄늘 뜨'드 느 보네'이 뎅 기아.

- 뜨네 보'네' 뿌'야 노'니 안 터'지제.

- 예, 고'러, 고'르게 조종, 미꾸 조종'을.

그 다으메 예저네 머 인제 그어 거 보루를 통헤가 물 데거나 앙 그염 보도 어꼬 어 머 그렁 경우 웅덩이나 이렁 거도 파서 무를 데기도 헸슴미까?

- 그러치.

- 열 드'을' 가운데 인자' 보'를', 공동보를 한 데도 보 미'테다가, 보'오' 미테 웅'덩이 인자 자짐, 자기 웅'덩이 인능 기, 잘 웅덩 자'리가 인능기라.

- 그 웅'등' 자리에: 그 봄'물436) 가 모지래'고 그어 봉루, 웅능, 본 바 르 미테 거:레', 보' 미'테 웅'덩을 파 가지고 무를 계속 퍼 가'주고 보'에 물'캉 보테' 가주고, 봄'물간 자그~'이 안 데니까 그'레가 마~이 하고, 또 은저' 논' 아'레도, 논' 아네더 그 짐 노'네 무리 마이 난 논' 이스마 쫌 난' 데, 거느 웅'디~이르 파' 가지고 가'물마 무'리 안 나그던, 노네 무리 업' 쓰이 그 웅'디이르 물'로 퍼 올'려가 그 노네 물 데무, 그'느이끼네 드'으'레 전 데'도 가마 들 가운데 웅'덩이가 겡자이 마넨능기러, 여느.

- 웅'데이437) 마너여.

— 일, 그럼 참 논두렁 다 기워야 되지, 밑의 사람도, 그게 무너져서 밑의 사람도 피해봐 버리지.

— 그러니까 논배미가 좀 작은 것은 물꼬를 한 개 만들고 큰 데는 물꼬 두 개씩 만들어 가지고, 그 물꼬 높이는 어떻게 만드느냐 하면 인제 어 볏논이 "뒷물"이 안 들어가도 물꼬 물이 딱 떨어져도 논에 물이 어느 정도 고여 있도록 그렇게 물꼬 조종을 딱 하는 거야, 그 물꼬 물, 물꼬 높이를.

— 딱 해 가지고 그래 놓고 인제, 그래 놓고 있으면 인제 물이 귀할 때는 인제 물이 좀 넘으려고 하면 물꼬 위에다가 흙을 약간 조금 얹어 놓았다가 인제 비온다고 하면 비가 오니까 그 위에 얹은 물, 그 흙을 떠내려 보내야 되는 거야.

— 떠내려 보내 버려야 논이 안 터지지.

— 예, 고렇게, 고렇게 조종, 물꼬 조종을.

그 다음에 예전에 뭐 인제 그 거 보를 통해서 물을 대거나 안 그럼 보도 없고 어 뭐 그런 경우에 웅덩이나 이런 것도 파서 물을 대기도 했습니까?

— 그렇지.

— 여기 들 가운데 인제 보를, 공동 보를 하는 데도 보 밑에다가, 보 밑에 웅덩이 인제 자기, 자기 웅덩이가 있는 게, 자기 웅덩이 자리가 있는 거야.

— 그 웅덩이 자리에 그 봇물 가지고는 모자라고 그 봇물, 웅덩이, 보 바로 밑에 개울에, 보 밑에 웅덩이를 파 가지고 물을 계속 퍼 가지고 보의 물에 보태 가지고, 봇물로는 적어서 안 되니까 그래서 많이 하고, 또 인제 논 안에도, 논 안에도 그 집 논에 물이 많이 나는 논이 있으면 좀 나는 데, 거기는 웅덩이를 파 가지고 가물면 물이 안 나거든, 논에 물이 없으니까 그 웅덩이의 물을 퍼 올려서 그 논에 물을 대고, 그러니까 들에 저런 데도 가면 들 가운데 웅덩이가 굉장히 많았던 거야, 여기는.

— 웅덩이가 많아요.

거럼′ 머론′ 판, 퍼옵미까, 무른?

― 물 저 퍼′능 거는 여러 가지지 여 혼′자 퍼능 거너′ 은저 머, 머즌, 점
머, 짝, 막떼′이 근 데드, 지다:능 막떼′이다, 끈티′이다감 자[438] 바가′치 여
은난 녀 옌나, 오세 마 박′, 박 끄녀 어셈 점부 은자 오세 시′공으로 머 점
보 은저 쩌메르마 무′우 뿌지마, 엔′난너 그′레 암 무끄′더′.

― 점′부 바가′치[439] 멘들′기더.

― 그 은녀′ 도구 삽도, 거′러글 멘들′라고 바가칠 멘드러, 그 바가치 박
킁′ 거는 마, 그르 바가치 여 글 멘드어 그어 은잡 거 꺼 껀티′이 당그레
메′ 가주오 바가지 끈 달, 그어 물로 가이 퍼올′리고, 또 은자: 쪼끔 또 은
자′ 쫌 그보다 쫌 더: 은자 무′리 쫌 마′는 데는 거 은자 무리 인자 너′어′
이′가 물 퍼능 거, 거 이르미, 이′르믈 잘 모르게따.

용두′렘미까?

― 어, 용두레 말고.

― 또 여.

― 너′이′가 드러가, 참 두′리가 드러가 므 체 끄레′끼르 멘드′러 가주오
물′ 인자 물함′지 멘드′러 가주고, 물함′지하느, 하느 머′뜨, 물함지르 멘드′
러 그레가 그 물로 펀 쓰이′꼬.

― 또 어′떤 데′너′, 거이, 그그리, 그기 용두′레아 캄 모으게따.

― 더: 은절 평′야지든, 덜′, 더′리[440] 나가′마 작떼′ 여 두 게 시′야 노꼬
그′어다 은자 끈티′에 무′를 데가 은저 혼차 여그 끈티 이지 디고 은저 보
도′[441] 노, 노오′ 저′뜨이즈, 노′ 저′뜨시 이 우′에선 이 하′마 엘 제′끼므 미
테 열 노가 빙 도르가이 휘킨 자이′드시, 이′으또[442] 우′예 여 이으 들′마
접 세′메′, 뭉데, 뭉데 숙 드가오 그리 버′뜩 들며 숙 올라가~′이 히뜩 버′
꼬 그′레 가 물′ 퍼는 그떼 기′구도 이′써고.

그라′고 인제 머 어이 쿼′그네 인저 관′정두 뚤′꼬 이러께 하는 모예저, 인
제 물, 어?

그럼 무엇으로 퍼, 펍니까, 물은?

― 물 인제 퍼는 것은 여러 가지 여기 혼자 퍼는 것은 인제 뭐, 뭐, 저 뭐, 막, 막대기 그런 데다, 기다란 막대기에다가, 끄트머리에다가 인제 바가지 여기 인제 여기 옛날, 요새 그냥 박, 박 그놈은 요새 전부 인제 요새 식용으로 뭐 전부 인제 조그만 할 때 먹어 버리지만, 옛날에는 그래 안 먹었거든.

― 전부 바가지를 만들거든.

― 그 인제 도구 삼아서, 그릇을 만들려고 바가지를 만들어, 그 바가지, 박 큰 것은 그냥, 그래 바가지를 그래 만들어 그래 인제 그, 그 끄트머리에 당겨걸어 매어 가지고 바가지 끝을 달아매서, 그 물을 가지고 퍼 올리고, 또 인제 조금 또 인제 좀 그보다 좀 더 인제 물이 좀 많은 데는 그 인제 물이 인제 넷이서 물을 퍼는 것, 그 이름이, 이름을 잘 모르겠다.

용두레입니까?

― 아니, 용두레 말고.

― 또 여.

― 넷이서 들어서, 참 둘이 들어서 저 끈을 만들어 가지고 물 인제 "물함지"를 만들어 가지고, "물함지"라고 하는가 모르겠다, "물함지"를 만들어서 그래서 그 물을 퍼서 썼고.

― 또 어떤 데는, 그, 그게, 그게 용두레라고 하는지 모르겠다.

― 저 인제 평야지대, 들, 들에 나가면 작대기를 여기에 두 개를 세워 놓고 거기에다가 인제 끝에 물을 대서 인제 혼자 여기 끝을 이래 쥐고 인제 배의 노, 노를 젓듯이, 노를 젓듯이 이 위에서 이렇게 하면 이래 젖히면 밑에 여기 노가 빙 돌아서 획 젖히듯이, 이것도 위에 여기 이것을 들면 저 샘에, 웅덩이에, 웅덩이에 숙 들어가고 그래 번쩍 들면 숙 올라가서 해뜩 붓고 그래 가지고 물을 퍼는 그때 기구도 있었고.

그리고 인제 뭐 어 최근에 인제 관정도 뚫고 이렇게 하는 모양이지요, 인제 물, 어?

─ 그'러치, 지꿈 머 저수지 멘들'고, 저수지 몬 한 데는 짐 오'세'어[443] 관'녕 점'무 파 가지오, 물 점'무 아서 올'리고, 점부 오세늠 머.

아까 인제 이'야기를 하'션는데, 어에 놈메'기한다 함'미까, 앙감' 지'슴멘다 함'미까, 머라?

─ 놈메'기, 놈메'이.

놈메'기한다 함?

─ 어.

놈메'기 인제 처음' 하'능 걸?

─ 아시놈'메'기.

아시놈'메'기고?

─ 두불놈'메기.

거 음메?

─ 시불놈'멩이.

거' 시불놈'메기 인'느 인자 마지막?

─ 어' 시불놈'메이 하'마 은제 지'슴나'따, 가을지'슴나'아따[444] 이 카으더.

─ 가을지슴나'따' 이 카만, "느그 은전 논' 우'예 덴'너[445]" 캄, "우린'느 가을지슴나'따" 켐 마 시불레힘 므 시불놈'메이 다: 헤'따느 인 인저 이름 마리 그 이쓰. 가, 가을지'슴 나'따 이께 부마 그 시불놈'메이 그이 가을지 슴나따.

－ 그렇지, 지금 뭐 저수지를 만들고, 저수지 못 하는 데는 지금 요새는 관정을 전부 파 가지고, 물을 전부 앗아 올리고, 전부 요즘은 뭐.

아까 인제 이야기를 하셨는데, 어 논매기한다고 합니까, 안 그러면 김맨다고 합니까, 뭐라고?

－ 논매기, 논매기.

논매기한다고 합니까?

－ 예.

논매기 인제 처음 하는 것을?

－ 애벌논매기.

애벌논매기고?

－ 두벌논매기.

그 다음에?

－ 세벌논매기.

그 세벌논매기는 인제 인제 마지막?

－ 어, 세벌논매기를 하면 인제 "김 놓았다", "가을김 놓았다" 이렇게 말하거든.

－ "가을김 놓았다" 이렇게 말하면, "너희 인제 논 어찌 되었느냐" 그러면 "우리는 가을김 놓았다"라고 하면 뭐 세벌논매기 뭐 세벌논매기 다 했다는 이런 인제 이런 말이 그 이 가을, "가을김 놓았다" 이렇게 말해 버리면 세벌매기 그게 "가을김 놓았다".

■ 주석

1) 이는 '제국주의(帝國主義)'로 대역되는 이 지역어형이며 '제국주의 → 제욱주의(어중 ㄱ음 탈락) → 제욱주이(이중모음실현제약에 따른 단모음화) → 제욱지(축약) → 제욱찌(경음화)'의 과정을 거쳐 실현된 예다. 선행 어절의 '제우'형은 '제욱'형에서 음절말자음이 탈락된 예이다.

2) 이는 '노루하고'로 대역되며 '노루 + -하고(조사)'의 구성이며 어중 위치에서 ㅎ음이 탈락된 예다.

3) 이는 '풀을'로 대역되며 '풀(草) + -로(목적격조사)'의 구성이며 이 지역어를 비롯하여 경북지역어에서는 '-로'형이 목적격조사로 일반적으로 사용된다.

4) 이 지역어에서 '짓(作)-' 대응되는 동사는 '젓다'이다.

5) 이는 이 지역어의 담화표지 중의 하나이며 '인제'로 대역된다.

6) 이는 '나락 + -이 → 나래기(움라우트 현상) → 나레기(모음중화)'의 과정을 거쳐 실현된 어형으로 이는 벼이삭을 가리키는 말이다.

7) 이는 '기다랗게'로 대역되는 어형이며 '지다꿈하- + -이 → 지다꾸마이(어중ㅎ음탈락)'의 과정을 거쳐 실현된 어형이다.

8) 이는 '그 만큼'으로 대역되며 '그 + -마궁(의존명사)'의 구성이다.

9) 이는 '그런'의 준말이다.

10) 이는 '골짝'으로 대역되며 '골짝 → 꼴짝(어두경음화) → 꼴짱(후행어절에 의한 비음화)'의 과정을 거쳐 실현된 예다.

11) 이는 '내려와'로 대역되며 '내려와 → 네려와(모음중화) → 니려와(고모음화) → 니라(축약)'의 과정을 거쳐 실현된 예다.

12) 이는 '가을에'로 대역되며 이 지역어에서는 '가알'형과 '가실'형이 공존한다. '가알'형은 개신형이다.

13) 이는 '수염'에 대응되는 이 지역어형이다.

14) 이는 '밟다 또는 밟아 짓이기다'라는 뜻을 지닌 이 지역어이다.

15) 이는 '때문, 바람'으로 대역되는 이 지역어형이다.

16) 이는 '먹으니'로 대역되며 '묵(食)- + -으니 → 무그니 → 무으니(어중자음 탈락) → 무니(축약) → 무이(어중ㄴ음 탈락)'의 과정을 거쳐 실현된 예다.

17) 이는 '깔끄럽다'에 대응되는 이 지역어형이며 이와 유사형으로 '까끄럽다, 꺼끄럽다'형으로 실현된다.

18) 이는 '놓다'에 대응되는 이 지역어형이다. 기본형은 '샇다'이며 '샇- + 으니께 → 사으니께(어중ㅎ음탈락) → 사니께(축약) → 사니~께(비모음화) → 사이~께(어중ㄴ 음탈락)'의 과정을 거쳐 실현된 예며 이 지역어에 매우 흔하게 실현되는 어휘이다.

19) 이는 '보- + -구(연결형어미) + -는(보조사)'의 구성이며 연결형어미 '-구'형은 '-고' 형에서 모음상승이 일어나서 실현된 어형이다.

20) 이는 '논으로'로 대역되며 '논 + -을(방향부사격조사)'의 구성이다.

21) 이는 '그거는'으로 대역되며 '그거는 → 그그는(모음중화) → 그으는(어중ㄱ음 탈락) → 그으늠(후행 어절에의한 양순음화)'의 과정을 거쳐 실현된 예이다.

22) 이는 이 지역어의 담화표지 중의 한 형태이며 '인제'로 대역된다.

23) 이는 부사 '더'의 발화실수형이다.

24) 이는 '나지도'로 대역되며 어중 자음 'ㅈ'음이 탈락된 예이다.

25) 이는 '그래서'로 대역되며 '그래 + -가지(연결형어미 -어서)'의 구성이다.

26) 이는 '인제'로 대역되는 이 지역어의 담화표지 중의 하나이다. 이는 '은자'형에서 음 절말자음 'ㄴ음'이 탈락된 예다.

27) 이 지역어에서는 표준어와 달리 '들논'은 하나의 합성어로 기능한다. 이는 산기슭에 있는 논이 아니라 '들판에 있는 논'이란 뜻으로 사용된 어휘이며 '들논에는 → 들로 네는(유음화) → 들로네느(어절말자음 탈락)'의 과정을 거쳐 실현된 어형이다.

28) 이는 앞의 이 지역어형인 '시:미'형으로 실현되지 않고 개신형인 '수염'으로 실현된 예다.

29) 이는 '워낙'의 이 지역어형이며 경남방언에 '엉칸'형으로 실현됨이 보고되어 있으면 이 지역어에서는 'ㅓ'와 'ㅡ'모음이 중화가 되었으므로 같은 어형이라고 볼 수 있다.

30) 이는 '인제'로 대역되는 이 지역어의 담화표지 중의 한 형태이다.

31) 이는 '일으켜'로 대역되며 '일바시- + -어 → 일바시이(동화) → 일바시(축약)'의 과 정을 거쳐 실현된 이 지역어형이다.

32) 이는 '이것은'으로 대역되며 '이건 → 이근(모음중화) → 이금(후행음절에 의한 양순 음화)'의 과정을 거쳐 실현된 이 지역어형이다.

33) 이는 '그게'로 대역되며 '그게 → 그기(고모음화)'의 과정을 거쳐 실현된 예다.

34) 이는 '그래서'로 대역되며 '그래 + -가(연결형어미 -어서)'의 구성이다. 여기서 연결 형어미 '-가'는 원래 동사 '가지다'에서 문법화가 이루어진 어형이며 일률적으로 문 법화가 이루어진 어형과 그렇지 않은 어형을 구분하기가 힘들지만 여기서는 일단 형태론적으로 정상적인 활용형이면서 원래의 의미에 가깝다면 동사로 처리하고 그 렇지 않고 활용형태가 축약되거나 생략되어 실현되고 그 의미도 본래의 의미에서 전이되었다면 문법화가 이루어진 어형인 연결형어미로 판단하고자 한다.

35) 이는 '인제'로 대역되는 이 지역어의 담화표지 중의 한 형태이다.

36) 이는 '쌀도'로 대역되며 이 지역어에서는 치조마찰음 'ㅅ : ㅆ'의 대립이 이루어지지 않는 지역이다.

37) 이는 '놓으니까'로 대역되며 이 지역어에서는 '놓(置)다'는 '낳다'로, '낳다(産)'형은 '놓다'로 실현된다. '낳- + -니께네(-니까) → 나니께네(어중 ㅎ음 탈락) → 나이께네(어중비자음 탈락)'의 과정을 거쳐 실현된 예다.

38) 이는 '밥맛이'로 대역되는 이 지역어형이며 '밥맛 + -이 → 밥마시(연음화) → 밤마시(비자음화)'의 과정을 거쳐 실현된 예다.

39) 이는 부사 '또'의 이 지역어형이며 수의적인 모음변이가 이루어진 경우이다.

40) 이는 '그러니'로 대역되며 '그러니 → 그러이(비자음탈락)'의 과정을 거쳐 실현된 예다.

41) 이는 '우리'로 실현되어야 할 부분이지만 발화실수로 실현된 어형이다.

42) 이는 '주로'로 대역되며 '주로 → 주러(이화작용) → 쥐러(모음동화)'의 과정을 거쳐 실현된 예다.

43) 이는 벼의 품종 이름으로 제보자의 설명대로 '아끼바레'는 일본어에서 유래된 것이다. 이는 어원이 일본어 秋晴[akibare]이며 일본계 외래어가 국어에 그대로 정착된 예다.

44) 이는 '요새'로 대역되는 이 지역어형이며 이는 '요새 → 오새(이중모음 실현제약에 따른 단모음화) → 오세(모음중화)'의 과정을 거쳐 실현된 예다.

45) 이는 벼 품종의 이름으로 '동진1호'이며 이는 경구개음화에 대한 과도교정형으로 실현된 예이다. 이는 중만생종으로 주로 충남북 이남지역에서 재배하며 키는 대략 82cm이며, 밥맛이 아주 좋고 쓰러짐과 견딜성은 좋지만 벼멸구에는 약한 품종으로 알려져 있다. 현재 우리 나라에서 가장 많이 재배되는 품종으로 알려져 있다.

46) 이는 '옛날에는'으로 대역되며 '옛날에는 → 옌날에는(비음동화) → 옌날는(축약) → 옌난는(비음동화) → 옌난넌(모음중화) → 옌난너(음절말자음 탈락)'의 과정을 거쳐 실현된 예이다.

47) 이는 '찰벼도'로 대역되며 '찬나락 + -또(보조사)'의 구성이다. 이는 '찰벼'처럼 '찰 + 나락 → 찬나락(비음화)'의 과정을 거쳐 실현된 예이다.

48) 이는 '되면'으로 대역되며 '데(化)- + -머(연결형어미 -면)'의 구성이다.

49) 이는 '차야'로 대역되는 이 지역어형이다.

50) 이는 '워낙'의 이 지역어형으로서 앞에 등장하는 '엉캉'형에서 음절말자음이 탈락되어 실현된 예다.

51) 이는 '대어'로 대역되며 '대다 → 데다(모음중화)'의 구성이다.

52) 이는 '확실하게'로 대역되는 이 지역어형이며 '확실(確實)하- + -이(부사화접사) → 학실하이(이중모음 실현제약에 따른 단모음화) → 학시라이(어중ㅎ음탈락)'의 과정

을 거쳐 실현된 예다.

53) 이는 부사 '되게'로 대역되는 이 지역어형이며 이는 '디기, 디게' 등으로도 실현된다.

54) 이는 '올벼'로 대역되는 이 지역어형으로 '올나락은'형이다. '올라(올나락 → 올라락 (유음화) → 올라(축약)) + -는(보조사)'의 구성이다. 이 어형에 대한 수의적 변이형 으로 '올나'형도 연이어 등장함을 볼 수 있다.

55) 이는 부사 '그저'형으로 대역되는 이 지역어형이며 '그저 → 그즈(모음중화) → 그지 (전설모음화)'의 과정을 거쳐 실현된 예다.

56) 이는 '벼'의 이 지역어형인 '나락'의 수의적 변이형이며 축약형으로 '나'형으로도 실 현되었음을 확인할 수 있다.

57) 이 지역어의 제보자에서는 구술발화에서도 '마을'에 대해 '마실'형이 간혹 실현되기 도 하지만 개신형인 '마을'형으로 실현되는 빈도가 제법 높음을 볼 수 있다.

58) 이는 이 지역어의 담화표지 중의 한 형태이며 '인제'로 대역된다. '인자, 인저, 인져, 인며, 며' 등으로 실현되는 담화표지 중의 한 형태이다.

59) 이는 '검불'로 대역되는 이 지역어형이며 이 제보자는 '검불'과 '북데기'를 구분하지 않고 사용하고 있음을 볼 수 있다. 이 어형은 '북데기 → 북떼기(어중경음화) → 뿍 떼기(어두경음화) → 뿍띠기(고모음화)'의 과정을 거쳐 실현된 예이며 이는 경남방언 에도 실현되는 것으로 보고되어 있다.

60) 이는 '풀이'로 대역되는 이 지역어형이며 '풀 + 초(草)'의 구성으로 이루어진 경우 이다. 이 어형은 경남방언에도 실현되는 것으로 보고되어 있다.

61) 이는 '인제'로 대역되는 이 지역어의 담화표지 중의 한 형태이다.

62) 이는 '가을'의 이 지역어형이며 모음동화에 의하여 실현된 어형이다. 이 지역어에서 는 보수형으로 '가실'이 있지만 여기서는 개신형으로 실현된 예다.

63) 이는 '어제도'로 대역되며 '어지(어제 → 어지(고모음화)) + -드(보조사)'의 구성이다.

64) 이는 '산마루, 산꼭대기'로 대역되는 이 지역어형으로 경상도방언에 일반화된 어휘 이다.

65) 이는 '인제'로 대역되는 이 지역어의 담화표지 중의 하나이다.

66) 이는 '짓는데'로 대역되는 이 지역어형이다. 이는 '젓(作)- + -는데 → 전는데(비음 동화)'의 과정을 거쳐서 실현된 예다.

67) 이는 이 지역어의 담화표지 중의 한 형태로서 '인제'로 대역된다.

68) 이는 '병충해를'로 대역되며 '병충해(病蟲害) + -를(목적격조사) → 병충애(어중ㅎ음 탈락) → 병충에(모음중화)'의 과정을 거쳐 실현된 예다.

69) 이 지역어에서는 주로 '벌거지'로 실현되는 것이 보수형이지만 이미 이 제보자에서 는 개신형인 '벌레'가 일반화된 형태로 실현됨을 알 수 있다.

70) 이는 '달려든'으로 대역되며 '달리들- + -ㄴ(관형사형어미) → 달리등(후행어절에 의한 연구개음화)'의 과정을 거쳐 실현된 예이다.

71) 이는 '메뚜기'의 이 지역어형이며 후행하는 형태인 '밀띠기, 미띠기' 등으로 실현되는데 이 어형은 '미띠기'로 실현될 어형 중 일부가 생략된 경우이다.

72) 이는 '하더만은'으로 대역되며 '하- + -더(보고시상)- + -만(보조사) + -은(보조사)'의 구성이다. 이는 '하더만은 → 하드마는(모음중화) → 하드마넌(모음중화에 따른 개모음화) → 하드마너(음절말자음 탈락)'의 과정을 거쳐 실현된 예이다.

73) 이는 '해치다'와 '해(害)하다'의 두 어형이 공존하는 상황에서 발화실수로 이루어진 어형이다. 즉, 이 두 어형이 자연스럽게 결합된 어형이며 '해치지, 해하지'로 대역될 수 있다.

74) 이는 '풀을 거름으로 많이 내어야 농사이 심이 있고(농사가 잘 되고)'로 실현되어야 할 부분이지만 표현이 일부 생략된 경우이다.

75) 이는 '썰다'의 이 지역어형이며 '사리- + -어 → 사리이(모음동화) → 사리(축약)'의 과정을 거쳐 실현된 어형이다.

76) 이는 '올모심기'로 대역되며 '올모심- + -개(명사화접사) → 올모심게(모음중화)'의 과정을 거쳐 실현된 어형이다.

77) 이는 '비만'으로 대역되며 '비(雨) + -머(보조사)'의 구성이다.

78) 여기서 '좋다'라는 의미는 '많다, 여유가 있다'라는 의미로 사용된 이 지역어형이다.

79) 이는 '나락'으로 실현되어야 할 어형이지만 어중자음이 탈락된 예이며, '벼'에 대응되는 이 지역어형이다.

80) 이 문장에서는 서술어인 '내다'가 발화실수로 생략된 경우이며 대역문에서는 이를 보충하여 대역했다.

81) 이는 '논두렁'의 이 지역어형이며 '논두렁 → 논뚜렁(경음화현상) → 논뚜러(어절말 자음 탈락)'의 과정을 거쳐 실현된 예다.

82) 이는 '인제'로 대역되는 이 지역어의 담화표지 중의 하나이며 '인자'의 첫 음절이 생략된 경우이다.

83) 이는 '속에'로 대역되며 어중자음 ㄱ음이 탈락된 경우이다.

84) 이는 '그것도'로 대역되며 이는 원래 '그 + 놈 + -도'의 구성으로 축약에 따라 실현된 어형이다.

85) 이는 '뒤집다'로 대역되는 이 지역어형이다. 이 지역어를 비롯한 경북지역어에서는 '디비다'는 성조에 따라 두 가지의 의미로 실현된다. 이 지역어에서는 '디비'다'형은 '뒤집다(轉)'이며 '디'비다'형은 '뒤지다(索)'의 뜻으로 사용된다. 이 어형은 경상도와 함경도방언에서 모두 실현되는 것으로 보고된 바 있다.

86) 이는 수관형사로서 '세(三)'의 의미이며 경남지역어에도 실현됨이 본고된 바 있다.

87) 이 지역어에서는 '심다'형이 '숨다'로 실현되는데 이의 활용형이다.

88) 이는 '갈아엎는'으로 대역되며 '갈아엎- + -는(관형사형어미) → 가림는(비음동화) → 가림능(후행 어절에 의한 연구개음화)'의 과정을 거쳐 실현된 예다.

89) 이는 '인제'로 대역되는 이 지역어의 담화표지 중의 하나이다.

90) 이는 '꼬챙이'로 대역되는 이 지역어 어휘이며 경남지역어에도 실현되는 것으로 보고되어 있다.

91) 이는 '사람도'에서 어중자음 ㄹ음이 탈락된 경우이다.

92) 이 제보자의 발화에서는 '심다'에 대한 실현형이 보수적인 '숨다'와 개신형인 '심다'의 어휘가 함께 공존하며 수의적으로 실현되는 것으로 판단된다.

93) 이는 '인제'로 대역되는 이 지역어의 담화표지 중의 한 형태이다.

94) 이는 '뿌리도'로 대역되며 '뿌리 + -더(보조사)'의 구성으로 보조사가 '-두'로 실현되는에 수의적인 변이를 보인다.

95) 이는 부사 '전부'로 대역되는 이 지역어형이며 '전부 → 점부(양순음화) → 점(축약)'의 과정을 거친 예다.

96) 이는 '꽹과리채처럼'으로 대역되며 '메구체(매구채 → 메구체(모음중화)) + -메로(처럼)'의 구성이다.

97) 이는 '절후(節候)를'로 대역되며 '절후 + -를(목적격조사) → 절우를(어중ㅎ음탈락) → 절루를(양음절화) → 절루르(음절말자음 탈락)'의 과정을 거쳐 실현된 예다. 한편, 24절후는 음력을 기준으로 한 것이 아니라 태양력을 기준으로 한 것으로 태양의 황경이 90도인 날을 가리킨다. 이 절후는 망종과 소서 사이에 위치하며 대체로 양력으로 6월 21일 또는 22일에 해당하는 날이다.

98) 이는 '그거를'로 대역되며 '그거를 → 그어를(어중자음 탈락)'의 과정을 거쳐 실현된 이 지역어형이다. 이 지역어에서는 어중자음 탈락이 매우 광범위하게 일어나며 어중 연구개 ㄱ음의 탈락도 일반적인데 후행하는 어절 '양녀그러'에서도 볼 수 있다.

99) 이는 '요즘'으로 대역되며 '요즘 → 요짐(전설모음화)'의 과정을 거쳐 실현된 예다.

100) 이는 '것이'로 대역되며 '-것(의존명사) + -이(주격조사) → 게(축약) → 기(고모음화)'의 과정을 거쳐 실현된 예다.

101) 이는 '기계틀'로 대역되는 이 지역어형이며 '기계틀 → 기게틀(이중모음 실현제약) → 기에틀(어중자음 탈락)'의 과정을 거쳐 실현된 예이다.

102) 이는 '인제'로 대역되는 이 지역어의 담화표지 중의 하나이며 '인제, 인자, 인잠, 인저, 은제, 은저, 은지, 인냐, 이냐, 냐' 등과 같은 다양한 형태로 실현된다.

103) 이는 '각목'으로 대역되는 어형인데 일본계 외래어이다.

104) 이는 '때문'의 이 지역어형이며 '따문'형은 전라도방언에 분포하는 것으로 보고되어 있지만 이 지역어에서도 확인할 수 있는 경우이다.

105) 이 지역어에서는 '심다'형에 대해 '숨다, 숭구다'형이 공존하며 여기서 '모숭울'형은 어중자음 ㄱ음이 탈락되어 실현된 예이며 후행 어절에 '숭굴'형으로 실현된 것을 확인할 수 있다.

106) 이는 '옆'으로 대역되는 이 지역어형이며 정확한 의미로는 '옆 쪽의 한 켠' 정도의 뜻이다. 이는 조어법상 '옆(옆) + 볼때기(볼 + 다기)'의 구성으로 이루어진 어형이다.

107) 이는 '상당히'로 대역되며 '상당히 → 상댕히(움라우트) → 상댕이(어중ㅎ음탈락) → 상대이(음절말자음탈락) → 상데이(모음중화)'의 과정을 거쳐 실현된 예이다.

108) 이는 '지렁이처럼'으로 대역되며 '꺼게(~깨)이 + 메로(처럼)'의 구성으로 이루어진 어형이다.

109) 이는 '매야'로 대역되며 '매- + -아 → 매애(ㅣ모음동화) → 매에(모음중화에 따른 상승) → 매이(고모음화)'의 과정을 거친 어형이다. 후행 어절에 등장하는 '매이'형은 고모음화가 추가로 실현된 것이다.

110) 이는 '김'의 이 지역어형이며 이 어형은 남부 경북지역어에 많이 분포되어 있는 어형이며 전남, 함경지역어에도 분포하는 것으로 보고되어 있다.

111) 이는 부정부사 '안'의 이 지역어형이며 음절말자음이 탈락된 예다.

112) 이는 '올라오지'로 대역되며 '올라오다'형에 모음동화가 일어난 어형이다.

113) 이는 '그게'로 대역되는 이 지역어형이며 '그게(← 그것이) → 그기(고모음화) → 그이(어중자음 탈락)'의 과정을 거쳐 실현된 예다.

114) 이는 '검게'로 대역되며 '검게 → 껌게(어두경음화현상) → 껑게(비음화) → 끙게(모음중화)'의 과정을 거쳐 실현된 이 지역어형이다.

115) 이는 '자라고'로 대역되며 '자라- + -그(연결형어미 고) → 자라으(어중ㄱ음탈락)'의 과정을 거쳐 실현된 어형이다.

116) 이는 '조금'으로 대역되는 이 지역어형이며 모음중화에 따라 '쪼매 ~ 쪼메'와 같이 수의적으로 실현된다. 이 어형은 경북지역어와 충북지역어에 분포하는 것으로 보고되어 있다.

117) 이는 '열흘'로 대역되는 이 지역어형이며 '열흘 → 여를(어중ㅎ음탈락) → 여르(음절말자음탈락)'의 과정을 거쳐 실현된 예이다.

118) 이는 '세벌논매기'로 대역되며 '시(수관형사, 세) + 불(단위명사) + 논매기'로 구성된 어형이다. '세벌논매기 → 시벌논매기(고모음화) → 시블논매기(모음중화) → 시불논매기(원순모음화) → 시불놈매기(양순음화) → 시불놈메기(모음중화) → 시불놈메이(어중ㄱ음탈락)'의 과정을 거쳐 실현된 예다.

119) 이는 '인제'로 대역되는 이 지역어의 담화표지 중의 한 형태이다.

120) 이는 '벌써'의 이 지역어형이며 후행하는 '버시러'형이 일반적이다. 이는 '버시러 → 버실(축약)'의 과정을 거쳐 실현된 예로 수의적인 실현형이다.

121) 이는 '벼가'로 대역되며 '나락이 → 나래기(움라우트현상) → 나레기(모음중화)'의 과정을 거쳐 실현된 예이다.

122) 이는 '논매기는'으로 대역되며 '논매기는 → 놈매기는(양순음화) → 놈메기는(모음 중화) → 놈메이는(어중자음ㄱ 탈락) → 놈메인(축약)'의 과정을 거쳐 실현된 이 지역어형이다.

123) 이는 '제대로'로 대역되며 '제대로 → 제데로(모음중화) → 지데로(고모음화)'의 과정을 거쳐 실현된 이 지역어형이다.

124) 이는 '낫'의 수의적인 이 지역어형이며 음절말자음이 탈락된 예이다.

125) 이는 '여기'의 이 지역어형이다.

126) 여기서 '검게 자라고'의 의미는 '벼의 발육이 좋아서 색깔이 검게 된 것'을 가리킨다.

127) 앞에서도 지적했지만 이 제보자의 발화에서는 '심다'에 대한 이 지역어의 전통적인 보수형인 '숭구다'와 '심다'가 서로 공존하고 있으며 같은 발화단위 안에서 함께 실현된 데서 알 수 있다.

128) 이는 '위'에 대응되는 이 지역어형이다.

129) 이는 '산골짝물'로 대역되며 '산골짝물 → 상골짝물(연구개음화) → 상꼴짝물(어중 경음화) → 상꼴짱물(비음화)'의 과정을 거쳐 실현된 이 지역어형이다.

130) 이는 '모조리'에 대응되는 이 지역어형이며 수의적으로 '모지리'형으로도 실현되며 경상도방언에서 일반적으로 분포하는 어휘이다.

131) 이는 발화실수로 이루어진 어형이다.

132) 이는 발화실수로 이루어진 어형으로 '나, 나락'으로 실현되어야 할 부분이다.

133) 이는 '극젱이'로 대역되는 이 지역어형이다.

134) 이는 '신나락'의 수의적인 발화형이며 이는 '볍씨'로 대역되는 이 지역어형이다. 원래 이 어형은 '씨 + 나락'의 결합형으로 이는 '씨나락 → 시나락(자음중화) → 신나락(양음절화에 의한 자음첨가)'의 과정을 거쳐 실현된 예이다.

135) 이는 '뭐'로 대역되는 이 지역어의 담화표지 중의 한 형태이다.

136) 이는 '외우는'으로 대역되며 '외우다'의 이 지역어형이다. 이는 '외우다 → 에우다 (이중모음실현제약에 따른 단모음화) → 이우다(고모음화)'의 과정을 거쳐 실현된 어형이다.

137) 이는 '자기가'로 대역되는 이 지역어형이며 '자기가 → 자이가(어중ㄱ음탈락)'의 과정을 거쳐 실현된 어형이다.

138) 이는 '올해'의 이 지역어형이며 이 어형은 전라방언에도 분포하는 것으로 보고된

바 있다.

139) 이는 '보니까'로 대역되며 '보(視)- + -니게(연결형어미 -니까) → 보니~게(비모음화) → 보이~게(어중ㄴ음탈락)'의 과정을 거쳐 실현된 어형이다.

140) 이는 '모여서'로 대역되는 이 지역어형이며 '모에(集)- + -서(연결형어미 -어서) → 모에스(모음중화) → 모에시(고모음화)'의 과정을 거쳐 실현된 예이다.

141) 이는 '그치도록'이라는 뜻으로 대역되는 이 지역어형이다.

142) 이 발화에서도 어중 자음의 탈락은 매우 흔한 편이다. 이 발화 부분에서 '데이(← 데니), 아이거등(← 아니거등), 고이(← 고기)'는 각각 자음 ㄴ, ㄱ이 탈락된 예이다.

143) 이는 '가지고'로 대역되며 '가지다' 동사로 활용된 예이다.

144) 이는 '먹은'으로 대역되는 이 지역어형이며 '묵(食)- + -은(관형사형어미) → 뭉(축약에 따른 비음화)'의 과정을 거쳐 실현된 어형이다.

145) 이는 '벼를'로 대역되는 이 지역어형이며 '나락 + -을 → 나라을(어중ㄱ음탈락)'의 과정을 거쳐 실현된 경우이다.

146) 이는 '나락 + -머(보조사 만) → 나랑머(비음화)'의 과정을 거쳐 실현된 어형이다.

147) 이는 '벼를'로 대역되며 '나락 + -을 → 나라을(어중ㄱ음탈락) → 나라으(음절말자음탈락)'의 과정을 거쳐 실현된 어형이다.

148) 이는 '벼훑이'로 대역되며 '홀개 → 홀깨(어중경음화) → 홀게(모음중화)'의 과정을 거쳐 실현된 어형이다.

149) 이는 '요새는'으로 대역되며 '오새(요새) + -ㄴ(보조사) → 오샌(모음중화)'의 과정을 거쳐 실현된 어형이다.

150) 이는 '오쟁이'로 대역되는 이 지역어형이며 이는 경남지역어에도 분포하는 것으로 보고된 바 있다.

151) 이는 '조금만'으로 대역되는 이 지역어형이며 '쩌매(쪼매의 수의적 변이형) + -마(보조사)'의 구성이다.

152) 이는 '인제'로 대역되는 이 지역어의 담화표지 중의 한 형태이다.

153) 이는 '이듬해'로 대역되며 '이듬해 → 이드매(어중ㅎ음탈락) → 이드메(모음중화)'의 과정을 거쳐 실현된 예이다.

154) 이는 '약간'에서 어절말자음 ㄴ음이 탈락된 어형이다.

155) 이는 한자어 '상관(相關)이'의 이 지역어형이며 '상관이 → 상가니(이중모음실현제약) → 상가이(어중ㄴ음탈락)'의 과정을 거쳐 실현된 어형이다.

156) 이는 '골짝'으로 대역되며 '골짝 → 골짱(후행 어절에 의한 비음화) → 골짜(어절말자음 탈락)'의 과정을 거쳐 실현된 어형이다.

157) 이는 '들어갔다가'로 대역되며 '들가- + -았(과거시상)- + -다가(연결형어미)'으로

구성된 어형이다.

158) 이는 '데워서'로 대역되며 '뜨사- + -가(연결형어미)'의 구성이다. 어휘 '뜨사다'는 이 지역어를 비롯하여 남부경북지역어와 경남지역어에 분포하는 것으로 보고되어 있다.

159) 이는 '상(傷)해'로 대역되며 '상해 → 상~해(비모음화) → 상~애(어중ㅎ음탈락) → 사~애(음절말비음탈락)'의 과정을 거쳐 실현된 이 지역어형이다.

160) 이는 '흩다'의 이 지역어형이며 경북 남부지역어에 두루 분포하는 어휘이다.

161) 이는 '하니까'로 대역되며 '하(爲)- + -니게(연결형어미) → 하이게(어중ㄴ음탈락)'의 과정을 거쳐 실현된 이 지역어형이다.

162) 이는 '모자라서'로 대역되며 '모지레- + -가(연결형어미)'의 구성이며 이는 제주방언에 분포하는 것으로 보고된 바 있다.

163) 이는 '집에는'으로 대역되며 '집 + -에(처소부사격) + -는(보조사) → 지베는 → 지에는(어중ㅂ음탈락) → 지에늠(후행어절에 의한 양순음화)'의 과정을 거쳐 실현된 예이다. 이 제보자의 발화에서는 어중 자음의 탈락이 매우 빈번한데 선행 어절의 '모아'도 주격조사 '-가'형의 연구개자음이 탈락된 경우이다.

164) 이는 '어찌'에 대응되는 이 지역어형이며 '우예'형으로 실현되기도 하며 경상도방언에 일반적으로 분포하는 어휘이다.

165) 이는 '인제'로 대역되는 이 지역어의 담화표지 중의 하나이다.

166) 이는 '나기'로 대역되는 이 지역어형이며 어중위치에서 ㄱ음이 탈락된 경우이다.

167) 이는 '잎'으로 대역되며 후행어절의 비음에 의한 비음화현상이 실현된 경우이다.

168) 이는 '좌우간'으로 대역되는 이 지역어형이며 '좌우간 → 자우간(이중모음실현제약) → 자간(축약) → 자감(후행어절에 의한 양순음화)'의 과정을 거쳐 실현된 예이다.

169) 이는 '어쨌든'에 대응되는 이 지역어형이다.

170) 이는 '그것이'의 준말인 '그게'로 대역되는 이 지역어형이며 '그게 → 그기(고모음화)'의 과정을 거쳐 실현된 예이다.

171) 이는 '인제'로 대역되는 이 제보자의 담화표지 중의 한 형태이며 담화표지가 연이어 발화된 경우이다. 이 제보자의 담화표지도 매우 다양하게 실현되는데 후행하는 발화에서 나타나는 '인점'도 그런 형태 중의 하나이다.

172) 이는 표준어로 대응되는 어형이 없으므로 그냥 '겡자리'로 대역을 했다. 이는 위의 제보자의 설명대로 '못자리나 모를 심을 논에 거름 대신에 사용할 생풀'을 가리키는 이 지역어 어휘이며 경남방언에도 분포하는 것으로 보고되어 있다.

173) 이는 '서어리질'로 표현되어야 할 부분인데 발화실수로 일어난 어형이다.

174) 이는 '흙'에 대응되는 이 지역어형이다.

175) 이는 '복닥복닥하게'로 대역되는 이 지역어형이며 모음조화에 어긋난 실현형이다. '북닥북닥하 + -이(부사화접사) → 북딱북딱하이(어중경음화) → 뿍딱뿍딱하이(어두경음화) → 뿡땅뿍딱하이(유추에 의한 음절말자음 비음화)'의 과정을 거쳐 실현된 예이다.

176) 이는 '고물처럼'으로 대역되는 이 지역어형이며 '고물 + -메로(보조사)'의 구성이다.

177) 이는 '하면'으로 대역되며 '하(爲)- + -모(연결형어미 -면)'의 구성이다.

178) 이는 '삽'으로 대역되는 이 지역어형이며 이 어형은 경상도방언에 고루 분포한다. 이는 기본적으로 영어계 외래어이며 영어 'scoop'에서 온 것이다.

179) 이는 '멘들멘들해야'로 발화될 부분이지만 발화실수로 일어난 어형이다. 여기서 '멘들하다'는 '매끈하다'로 대역할 수 있다.

180) 이는 '들어가다'로 대역되는 이 지역어형이며 이는 '들(入)- + 가(去)-'가 어간끼리 바로 합성된 어휘이며 이런 조어법적 특징은 15세기국어의 조어법에서 흔한 현상 중의 하나이다.

181) 이는 '벼뿌리'로 대역되며 '나락(稻) + 발'의 구성으로 이루어진 합성어이다.

182) 이는 '인제'로 대역되는 이 지역어의 담화표지 중의 하나이다.

183) 이는 '위해서'로 대역되며 '위해서 → 위헤서(모음중화) → 위에서(어중ㅎ음탈락)'의 과정을 거쳐 실현된 예이다.

184) 이는 '볍씨를'으로 대역되며 '신나 + -를'의 구성이다.

185) 이는 '고것을'으로 대역되며 '고(고것) + -ㄹ(목적격조사)'의 구성이다.

186) 이는 '없는'으로 대역되며 '없- + -는(관형사형어미) → 엄는(비음화) → 엄(축약)'의 과정을 거쳐 실현된 어형이다.

187) 이는 '키(箕)'로 대응되는 이 지역어형이다.

188) 이는 '옆쪽'으로 대역되는 이 지역어형이다.

189) 이는 '자::알'로 실현되어야 할 어형이지만 발화실수로 일어난 예이다.

190) 이는 한자어 '증배(增配)'를 가리키며 '배급량이나 배당량을 늘리는 것'이 원래의 의미지만 여기서는 '씨를 고루 뿌리는 행위'를 뜻한다.

191) 이는 '손이'로 대역되는 이 지역어형이며 '손이 → 소이(어중비음탈락)'의 과정을 거쳐 실현된 어형이다.

192) 이는 '볍씨가'로 대역되는 이 지역어형이며 '신나락이 → 신나래기(움라우트현상) → 신나레기(모음중화)'의 과정을 거쳐 실현된 어형이다. 선행하는 '신나레이'형은 이 어형에서 어중자음 ㄱ음이 탈락된 경우이며 어중 자음의 탈락은 이 제보자를 비롯한 이 지역에서 매우 활발한 음운현상 중의 하나이다.

193) 이는 '처박혀서'로 대역되는 이 지역어형이며 '찌박- + -이(연결형어미)'의 구성이

다. '처박히- + -어(연결형어미) → 츠박히어(모음중화) → 치박히어(전설모음화) → 치박히이(모음동화) → 치바이(어중자음탈락) → 찌바이(수의적 변이)'의 과정을 거쳐 실현된 어형이다.

194) 이는 '인제'로 대역되는 이 지역어의 담화표지 중의 하나이다.

195) 이는 '수월하고'로 대역되는 이 지역어형이며 '수울- + -고'의 구성으로 이루어진 어형이다. 어휘 '수울하다'형은 경남지역어에 분포하는 것으로 보고되어 있지만 남부 경북지역어에도 분포한다.

196) 이는 '쉽고'로 대역되며 '숩:- + -고(연결형어미)'의 구성이다.

197) 이는 '비료'로 대역되며 이는 수의적인 발화실수형이다.

198) 이는 '여기에'로 대역되며 '여(여기) + -에(처소부사격조사)'의 구성으로 이루어진 예이다.

199) 이는 '전쟁에'로 대역되며 '전장(戰爭) + -아(처소부사격조사) → 전자아(어중자음탈락)'의 과정을 거쳐 실현된 예이다.

200) 이는 '이야기가'로 대역되며 '이예(이야기 → 이얘기(움라우트현상) → 이예기(모음중화) → 이예(축약)) + -가(주격조사)'의 구성이다.

201) 이는 주제보자의 부인인 김말조 님의 발화부분이다.

202) 이는 '비료 + -머(보조사 -만)'의 구성이며 '비료만'으로 대역된다.

203) 이는 '있으면'으로 대역되며 '있- + -으마(연결형어미 -으면)'의 구성이다.

204) 이는 발화실수가 된 부분으로 '하지 타는 것이'로 표현되어야 할 부분이다.

205) 이는 '인제'로 대역되는 이 지역어의 담화표지 중의 하나이다.

206) 이는 '인제'로 대역되는 이 지역어의 담화표지 중의 하나이다.

207) 이는 '따뜻할'로 대역되며 '따시다'는 이 지역어를 비롯하여 경상도방언, 강원도방언에서 실현되는 것으로 보고되어 있다.

208) 이는 '요즘'으로 대역되며 '요즘 → 요줌(역행원순모음화)'의 과정을 거쳐 실현된 이 지역어형이다.

209) 이는 '좌우간 또는 좌우지간'으로 대역되며 '좌우간(左右間) → 자우간(이중모음실현제약) → 자운(축약)'의 과정을 거쳐 실현된 예이다.

210) 이는 '지내자마자'로 대역되며 '지내- + -자(연결형어미) → 지네자(모음중화)'의 과정을 거쳐 실현된 어형이다.

211) 이는 '묶거든'으로 대역되며 이는 '무꾸다' 또는 '뭉꾸다' 형으로 수의적으로 변이되는 특징을 보이는 어휘이다. '무꾸다' 형은 이 지역어 외에도 경남지역어에도 분포하는 것으로 보고되어 있다.

212) 이는 '모춤'의 수의적인 실현형이며 '모춤 → 모침(전설모음화)'의 과정을 거쳐 실

현된 예이다.

213) 이는 ‘사람들은’으로 대역되며 ‘사람 + -들(복수접미사) + -은(주제표시 보조사) → 사람더른(모음중화) → 사암더른(어중유음 탈락) → 사안더른(치조음화)’의 과정을 거쳐 실현된 예이다. 다만 양순음이 치조음으로 위치동화된 예는 일반적인 국어음 운현상에 비춰 보면 흔치 않는 일이지만 이 지역어에서는 가끔 발견되는 예이다.

214) 이는 단위명사 ‘옴큼’으로 대역되는 이 지역어형이며 비슷한 의미의 어휘로 ‘움큼’이 있다.

215) 이는 ‘조그만하고’로 대역되며 ‘제맨하- + -고(연결형어미) → 제맨코(축약) → 제 맹코(연구개음화)’의 과정을 거쳐 실현된 예이다. 이 어휘는 이 지역어에서 수의적으로 ‘쪼맨하다 ~ 쬐맨하다 ~ 쩨맨하다’ 등으로 시현되기도 한다.

216) 이는 ‘모숨’에 대응되는 이 지역어형이며 ‘모꿈 ~ 모굼’으로 수의적으로 실현되지만 전자가 더 일반적인 어형이다.

217) 이는 ‘떨어져’로 대역되며 ‘떨어져 → 떠르져(모음중화) → 떠르저(이중모음 실현제약에 따른 단모음화) → 떠르즈(모음중화) → 떠르지(전설모음화)’의 과정을 거쳐 실현된 이 지역어형이다.

218) 이는 ‘심으면’으로 대역되며 ‘숭구(植)- + -마(연결형어미 -면)’의 구성이며 ‘숭구다’는 이 지역어를 비롯한 남부 경북지역어와 경남지역어에 분포하는 것으로 보고되어 있다. 또, 이 어휘의 이형태로 ‘싱구다’ 형도 수의적으로 실현되는 것을 알수 있다.

219) 이는 ‘손가락을’로 대역되며 ‘송깔(손가락 → 송가락(연구개음화) → 송까락(어중경음화) → 송깔(축약)) + -르(목적격조사)’의 구성이다.

220) 이는 ‘뿌리도’로 대역되는 이 지역어형이며 수의적으로 비음이 첨가되어 비모음화가 실현된 어형이다.

221) 이는 직역하면 ‘간추려야’로 대역되지만 ‘모’가 주어로 할 경우이므로 ‘간추려져야’로 대역했다. 이는 ‘간추리- + -르라(연결형어미) + -야(보조사)’의 구성으로 이루어진 어형이다.

222) 이는 ‘조금’의 센말인 ‘쪼끔’으로 대역되는 이 지역어형이며 ‘쪼끔 → 쯔끔(모음동화) → 쩌끔(모음중화에 따른 수의적 실현형)’의 과정을 거쳐 실현된 예이다.

223) 이는 ‘리어카도’로 대역되며 영어계 외래어인 ‘리어카(rear car)’에서 유래된 어휘이다.

224) 이는 ‘올심기’로 대역되는 이 지역어형이며 ‘올심기 → 올싱기(연구개음화) → 오싱기(어중ㄹ음탈락) → 오싱게(과도교정)’의 과정을 거쳐 실현된 예이다.

225) 이는 ‘이래’로 대역되며 ‘이래 → 이레(모음중화) → 이에(어중ㄹ음탈락)’의 과정을 거쳐 실현된 이 지역어형이다.

226) 이는 ‘극쟁이를’로 대역되며 ‘훌찌이 + -느(목적격조사) → 훌찌인느(ㄴ음첨가)’의

과정을 거쳐 실현된 예이다.

227) '고르다'에 대응되는 이 지역어형이며 이 지역어를 비롯한 남부 경북지역어에서 일반적으로 쓰이는 예이며 함북방언에도 분포하는 것으로 보고되어 있다.

228) 이는 '느싱게'로 발화되어야 할 부분으로 수의적으로 모음동화가 실현된 경우이다.

229) 이는 24절기 중의 하나인 '망종(亡種)'을 뜻하는 말이며 발화실수형이다. 24절후의 아홉 번째인 망종은 양력 6월 6일경부터 하지 전날까지의 보름을 말한다. 이때쯤 되면 보리 수확과 모내기가 연이어져 무척 바쁜 나날을 보내게 된다.

230) 이는 '누에'의 이 지역어형이며 경상도방언에서 일반적으로 실현되는 어형이다.

231) 이는 '치다, 먹이다'로 대역되는 이 지역어형이며 '먹이- + -고(연결형어미) → 메기고(움라우트) → 미기고(고모음화) → 미이고(어중ㄱ음탈락)'의 과정을 거쳐 실현되었다.

232) 이는 '그루터기'에 대응되는 이 지역어형이다.

233) 이는 '먼저, 처음부터, 애초부터'라는 뜻으로 대역할 수 있는 이 지역어이며 수의적으로 '함부레, 함부리' 등으로 실현되기도 한다. 이 어형은 경남방언에도 실현되는 것으로 보고된 바 있다.

234) 이는 '말리고'로 대역되는 이 지역어형이며 이 어형은 경남방언에도 실현되는 것으로 보고된 바 있다.

235) 이는 '말린'으로 대역되는 이 지역어형이며 이는 '말라- + -ㄴ(관형사형어미) → 말람(양순음화)'의 과정을 거쳐 실현된 것이다. 여기서 '말라다'형은 이 지역어에서 '말루다'형과 수의적으로 변이하는 어형이다.

236) 이는 '시내 옆에 또는 개울 옆에'로 대역될 수 있는 이 지역어형이며 '거얼 + 싶 +-에(처소부사격조사)'의 구성이다.

237) 이는 주로 '히프다'로 실현되지만 여기서는 '히쁘다'로 실현된 예다. 이 어형은 경상도방언 외에도 전라남도, 황해도방언에도 실현되는 것으로 보고된 바 있다.

238) 이는 '두렁'으로 대응되는 이 지역어형이며 이 어형은 이 지역어 외에도 경남방언에서 분포하는 것으로 보고된 바 있다.

239) 이는 이 제보자의 담화표지 중의 한 형태로서 '인제'로 대역되는 어형이다.

240) 이는 '한 번'으로 대역되는 이 지역어형이며 '한 번 → 함 번(양순음화) → 함먼(비음화) → 함믄(모음중화) → 함문(원순모음화)'의 과정을 거쳐 실현된 어형이다.

241) 이는 '말이지'로 대역되며 '말이지 → 마이지(어중자음탈락) → 마지(축약)'의 과정을 거쳐 수의적으로 실현된 어형이다.

242) 이는 '모래흙'으로 대역되는 이 지역어형이며 '몰게(沙 ← 몰개) + 흙(土) → 몰게을(어중ㅎ음탈락) → 몰게얼(모음중화)'의 과정을 거쳐 실현된 예이다. 이 제보자의

경우 구술발화에서는 이렇게 '몰게 ~ 몰개'형이 실현되지만 실제 어휘질문에서는 개신형인 '모레'로 실현되었다.

243) 이는 '금방'으로 대역되는 이 지역어형이며 '금방 → 금방~(비모음화) → 금바~(비자음탈락)'의 과정을 거쳐 실현된 예이다.

244) 이는 '밭'으로 대역되는 이 지역어형이며 음절말자음 'ㅌ'음이 탈락된 경우이다.

245) 이는 '치다' 동사로서 '물갈이하다'를 이 동사로 표현하고 있음을 볼 수 있는데 이 지역어의 어휘적 특징이라고 볼 수 있다.

246) 이는 이 제보자의 담화표지 중의 한 형태로서 '인제'의 이 지역어형이다.

247) 이는 '것'으로 대역되며 '것 → 긋(모음중화) → 그(음절말자음탈락) → 으(어중ㄱ음탈락)'의 과정을 거쳐 실현된 예이다.

248) 이는 '여기에는'으로 대역되며 '이게 + -에(처소부사격) + -는(보조사)'의 구성이다. '이게'형은 강원도와 경남방언에 실현되는 것으로 보고되어 있지만 이 지역어를 비롯한 경북남부지역어에도 실현됨이 확인된 것이다.

249) 이는 '물너울이'로 대역되며 '나불'은 '너울'의 이 지역어형이다. 이 어형은 경상도와 강원도에 분포하는 어형이다.

250) 이는 '다시, 도리어'로 대역되는 이 지역어형이며 여기서는 '다시'의 뜻에 가까운 경우이다.

251) 이는 '한테'로 실현되어야 할 어형이지만 수의적인 발화실수로 실현된 어형이다.

252) 이는 '하거든'으로 대역되는 이 지역어형이며 '하거든 → 하거등(후행어절의 연구개음에 의한 연구개음화) → 하그등(모음중화) → 하기등(전설모음화)'의 과정을 거쳐 실현된 어형이다.

253) 이는 담화표지 중의 하나로서 '인제'로 대역되는 이 지역어형이다.

254) 이는 '속잎에서'로 대역되며 '속닙에서 → 송니베서(비음화) → 송니비서(고모음화)'의 과정을 거쳐 실현된 어형이다.

255) 이는 '아무렇게나'로 대역되는 이 지역어형이다.

256) 이는 '한 달쯤'으로 대역되는 이 지역어형이며 '쯤 → 쭘(원순모음화)'의 과정을 거쳐 실현된 어형이다.

257) 이는 '벼가'로 대역되며 '나락(稻) + -이(주격조사) → 나래기(움라우트현상) → 나래이(어중ㄱ음탈락) → 나레이(모음중화)'의 과정을 거쳐 실현된 어형이다.

258) 이는 '논매기'로 대역되며 '논매기 → 놈매기(양순음화) → 놈메기(모음중화) → 놈메그(과도교정)'의 과정을 거쳐 수의적으로 실현된 이 지역어형이다.

259) 이는 '풍습이'로 대역되며 '풍습(風習) + -이(주격조사) → 풍소비(역행원순모음화)'의 과정을 거쳐 실현된 예이다.

260) 이는 '그냥'의 이 지역어형이며 '그냥 → 근냥(양음절화) → 근냐(어절말자음탈락)'
    의 과정을 거쳐 실현된 수의적인 실현형이다. 이 어형과 유사한 '근냥'형은 평안북
    도방언에 실현되는 것으로 보고된 바 있다.

261) 이는 '세벌매기 논쯤'으로 대역되는 이 지역어형이며 '시불론 + -전(보조사 '-쯤')'
    의 구성이다.

262) 이는 '그것'으로 대역되며 '그거 → 그어(어중자음탈락)'의 과정을 거친 실현형이다.

263) 이는 '그러니까'로 대역되며 '그느(← 그러) + -니게네 → 그느이게네(어중ㄴ음탈
    락)'의 과정을 거쳐 실현된 예이다.

264) 이는 '하나'로 대역되는 이 지역어형이며 이는 '하나'에 주격조사 또는 서술격조사
    등이 결부되었을 때 실현된 움라우트현상이 실현되었고 이것이 고착화되어 나타난
    것이다.

265) 이는 '하루'의 이 지역어형이며 이 어형은 이 지역어를 비롯한 경상도방언과 전남
    방언에 실현되는 것으로 보고된 바 있다.

266) 이는 논밭을 헤아리는 단위명사인 '마지기'형이며 이는 '마지기 → 마지이(어중ㄱ
    음탈락) → 마지(축약)'의 과정을 거쳐 실현된 어형이며 이 지역어형에서는 이 세
    어형이 수의적으로 실현된다. 단위명사 '마지기'는 지역에 따라 그 규모의 차이가
    있는데 대개 논은 150 ~ 300평, 밭은 100평인 경우가 많다. 이 지역어에서는 논
    은 200평이, 밭은 100평이 한 마지기이다.

267) 이는 일본계 외래어 'oya(親)'이며 '책임자, 우두머리'로 대역될 수 있다.

268) 이는 '북(鼓)'이 후행하는 비자음의 영향으로 인해 비음화가 실현된 예이다.

269) 이는 '앞소리'에서 어중불파음이 탈락된 예이며 이는 '메기는 소리'에 해당된다.

270) 이는 '메기고'로 대역되며 '메기고 → 미기고(고모음화) → 미이고(어중ㄱ음탈락)'
    의 과정을 거쳐 실현된 어형이다.

271) 이는 '인제'로 대역되는 이 제보자의 담화표지 중의 한 형태이다.

272) 이는 '한낮이니까'로 대역되며 '한나제(한낮) + -니까(연결형어미)'의 구성이다.

273) 이는 '더우니까'로 대역되며 '덥- + -으니(연결형어미) → 더부니(원순모음화) →
    더부이(어중자음탈락)'의 과정을 거쳐 실현된 어형이다.

274) 이는 '좀'으로 대역되는 이 지역어형이며 '좀 → 쫌(경음화현상) → 쪼무(모음첨가)'
    의 과정을 거쳐 실현된 어형이다.

275) 이는 '들어가면'으로 대역되며 '드가(들가- → 드가(ㄹ탈락현상)) + -먀(연결형어
    미)'의 구성이다.

276) 이는 '쉬파리'로 대역되는 이 지역어형이며 '쉬파랭이 → 쉬파랭~이(비모음화) →
    쉬파래~이(비자음탈락)'의 과정을 거쳐 실현되었다. 또, 다른 이형태인 '파래이'는

비모음화가 일어나지 않고 비자음이 탈락된 경우이며 이 어형은 이 지역어를 비롯한 경북방언과 강원도방언에 분포하는 것으로 보고된 바 있다.

277) 이는 기본형이 '혼치다'이며 '쫓다'의 의미이다.

278) 이는 '잡느라고'로 대역되며 '잡느라고 → 잠느라고(비음화현상) → 잠느라꼬(경음화현상) → 잠니라꼬(전설모음화현상)'의 과정을 거쳐 실현된 어형이다.

279) 이는 '끝'의 이 지역어형이며 이 지역어를 비롯하여 경상도방언에 일반적으로 분포하는 어형이다.

280) 이는 '만들어서'로 대역되며 '맨들(作)- + -어가(연결형어미 '-어서') → 맨드러아(어중자음탈락)'의 과정을 거쳐 실현된 예다.

281) 이는 '매지도'로 대역되며 '매- + -지도(연결형어미) → 매이도(어중자음탈락) → 메이도(모음중화) → 메이더(과도교정)'의 과정을 거쳐 실현된 이 지역어형이다.

282) 이는 '손으로써'의 의미이며 '손 + -가(도구격조사) → 송가(연구개음화) → 송까(경음화)'의 과정을 거쳐 실현된 예이다.

283) 이는 '일으키다'의 이 지역어형이며 '일밧- + -이(연결형어미)'의 구성이다.

284) 이는 '벼가'로 대역되며 '나락 + -이(주격조사) → 나래기(움라우트현상) → 나레기(모음중화) → 나레이(어중ㄱ음탈락)'의 과정을 거쳐 실현된 어형이다.

285) 이는 '외마디소리'로 대역되는 이 지역어형이며 '외마디소리 → 에마디소리(이중모음실현제약에 따른 단모음화) → 이마디소리(고모음화)'의 과정을 거쳐 실현된 예다.

286) 이는 이 제보자의 담화표지 중의 하나이며 '인제'로 대역될 수 있는 어형이다.

287) 이는 '그냥'으로 대역되는 이 지역어형이며 '그냥 → 그얀(ㄴ탈락) → 기얀(전설모음화)'의 과정을 거쳐 실현된 어형이며 이는 이 지역어 외에도 전남과 함경남도방언에 실현되는 것으로 보고되어 있다.

288) 이는 '사람이'로 대역되며 '사람이 → 사래미(움라우트현상) → 사레미(고모음화현상) → 사에미(어중ㄹ음탈락)'의 과정을 거쳐 실현된 어형이다.

289) 이는 '메기는'으로 대역되는 이 지역어형이며 '메기는 → 미기는(고모음화)'의 과정을 거쳐 실현된 어형이다.

290) 이는 '북(鼓)'으로 대역되는 이 지역어형이며 이 어형에서 어말자음이 탈락된 예이다.

291) 이는 '끄트머리'로 대역되는 이 지역어형이며 이 어형은 경남지역어에도 실현되는 것으로 보고된 바 있다.

292) 이는 '끝'으로 대역되며 이는 '끝 + -에(처소부사격조사) → 끈테(어중ㄴ음첨가)'의 과정을 가지는 어형이다. 다만 이 어형은 '끈티 + -에'의 구성으로 본다면 '끄트머리에'로 대역할 수 있는 예이다.

293) 이는 '후렴은'으로 대역되며 '후렴 + -은(보조사) → 후러믄(이중모음실현제약에

따른 단모음화) → 후르믄(모음중화)'의 과정을 거쳐 실현된 예이다.

294) 이는 '저녁'의 이 지역어형이며 이는 경상도방언 전 지역에 걸쳐 고루 분포되는 어형이다. 이는 '저녁 → 저녁(이중모음실현제약에 따른 단모음화) → 즈녁(모음중화) → 지녁(전설모음화)'의 과정을 거쳐 실현된 어형이며 후행하는 '저능'형은 '저녁'형에 비음화가 실현된 어형이다.

295) 이는 국어자음동화 현상에서 이례적으로 실현된 어형 중의 하나이다. 즉, '저녁'의 이 지역어형인 '저녁'형이 후행하는 양순음의 영향으로 인해 연구개음이 양순음으로 위치동화된 예이며 이 지역어에서는 가끔 이런 현상이 실현됨을 볼 수 있다.

296) 이는 '구경하려고'로 대역되며 '구깅(구경 → 구겡(이중모음실현제약) → 구깅(고모음화))하- + -ㄹ라고(의도형어미)'의 구성이다.

297) 이는 '빡빡하면'으로 직역되는 어휘지만 실제 뜻은 '농사일이 아주 많아서 일거리가 빡빡하면' 정도이다. 이는 '박빠거리하이'형으로 실현될 것이 수의적 변이를 일으킨 어형이다.

298) 이 '저녁'으로 대역되는 이 지역어의 수의적 변이형 중의 하나이다. 즉, 이 지역어에서는 '저녁, 저늑, 지늑, 지니, 쩌넉' 등과 같은 다양한 형태로 수의적 변이를 일으킨다.

299) 이는 '나면'으로 대역되며 '나면 → 나먼(이중모음실현제약에 따른 단모음화) → 나믄(모음중화) → 나문(원순모음화) → 나운(어중자음ㅁ음탈락)'의 과정을 거쳐 실현된 예이다.

300) 이는 '가을에'로 대역되는 이 지역어형이며 이는 경상도방언에 일반적으로 분포하는 어형이다.

301) 이는 선행 어휘의 음절말음인 '나락'의 연구개음이 후행하는 어휘에 연음이 되어 이루어진 어형이다. 즉, '인제'로 실현될 어형이 '긴자'로 실현된 담화표지다.

302) 이는 '전부'로 대역되는 이 지역어형이며 '전부 → 점부(양순음화) → 점(축약)'의 과정을 거쳐 실현된 어형이다.

303) 이는 정확한 대역은 '묶더라' 정도지만 발화가 마무리가 되지 않은 관계로 발화상황에 맞게 대역을 했다.

304) 이는 '높히는'으로 대역되며 '높히는 → 누피는(유기음화) → 뉘피는(움라우트현상) → 니피는(모음실현제약) → 니피능(후행어절에 의한 연구개음화)'의 과정을 거쳐 실현된 어형이다.

305) 이는 '네 줄이든지'로 대역되며 '넉줄 + -이다 + -든제(연결형어미)'의 구성으로 이루어진 어형이다.

306) 이는 '있으니까'로 대역되며 '있(有)- + -니끼네(연결형어미 '-니까') → 이쓰니~끼네(비모음화현상) → 이쓰이~끼네(어중비음탈락)'의 과정을 거쳐 실현된 어형이다.

307) 이는 '조그마하게'로 대역되며 '쪼메하- + -꾸러(연결형어미)'의 구성이다.

308) 이 지역어에서는 '적은 양의 볏단'을 '깻단'이라고 부른다.

309) 이는 단위명사인 '움큼'으로 대역되는 이 지역어형이며 이밖에도 '오쿰'으로도 실현된다.

310) 이는 '작게'로 대역되는 이 지역어형이며 '작게 → 자께(경음화현상) → 자끼(고모음화)'의 과정을 거쳐 실현된 어형이다.

311) 이는 '벼가'로 대역되며 '나락 + -이(주격조사) → 나래기(움라우트현상) → 나레기(모음중화) → 나레이(어중자음탈락)'의 과정을 거쳐 실현된 어형이다.

312) 이는 '주어'로 대역되는 이 지역어형이며 그 기본형은 'ㅈㅗㅎ다'형이다.

313) 이 제보자의 발화에서는 '나락'형은 수의적으로 '나룩, 나락' 등으로 실현되기도 한다.

314) 이는 '낟가리'로 대역되는 이 지역어형이며 이는 일반적으로 경상도방언에서 실현되는 예다.

315) 이는 '기계'로 대역되는 이 지역어형이며 '기계(器械) → 기게(이중모음실현제약에 따른 단모음화) → 기에(어중ㄱ음탈락)'의 과정을 거쳐 실현된 예다.

316) 이는 '하면'으로 대역되며 '하면 → 함(축약) → 암(어두ㅎ음탈락)'의 과정을 거쳐 실현된 예이다.

317) 이는 외래어 '트랙터(tractor)'의 이 지역어형이며 원래 이는 '무거운 짐이나 농기구를 끄는 특수자동차'를 가리키지만 이 기계는 논갈이, 탈곡, 파종에 이르기까지 부수 기계를 붙여서 사용할 수 있는 다목적 농업용 특수자동차를 말한다.

318) 이는 '경운기가'로 대역되며 '경운기(耕耘機) + -가(주격조사) → 경웅기가(연구개음화) → 겨웅기가(이화에 따른 음절말비음 탈락)'의 과정을 거쳐 실현된 예이다. 여기서 경운기를 이용한 타작은 경운기의 동력을 이용하여 탈곡기를 활용한 타작을 가리킨다.

319) 이는 '여가도'로 대역되며 '여가(餘暇) → 여개(ㅣ모음동화) → 여게(모음중화) → 여기(고모음화) → 여이(어중자음탈락)'의 과정을 거쳐 실현된 이 지역어형이다.

320) 이는 '논에서 벼를 갓 베어서 안 말린 벼'를 뜻하는 말이다.

321) 이는 '오후가'로 대역되며 '오후(午後) + -이(주격조사) → 오후이 → 오우이(어중ㅎ음탈락)'의 과정을 거쳐 실현된 예다.

322) 이는 '볏가리'로 대역되며 '나락 +삐까리'의 구성으로 이루어진 합성어이며 '나레'형은 '나락 → 나랙(움라우트현상) → 나랙(모음중화) → 나레(음절말자음탈락)'의 과정을 거쳐 실현된 어형이다.

323) 이는 '포개어'로 대역되며 이 지역어에서는 '동개(~게)다 또는 통개(~게)다'형과

같이 수의적인 변이형으로 실현된다.

324) 이는 '보리를'로 대역되며 '보리 + -루(목적격조사)'의 구성이다.

325) 이는 '요새처럼'으로 대역되며 '메러'형은 '메로 ~ 매로' 등과 같은 어형으로 수의적으로 교체된다.

326) 이는 '것이면'으로 대역되며 이 지역어에서는 '것'형이 수의적으로 '겉'으로도 실현됨을 확인할 수 있는 예이다.

327) 이 지역어에서는 '골을 따갠다'로 주로 표현하지만 '골을 타다'로도 표현되기도 한다.

328) 이는 '곰방메질해'로 대역되며 여기서 '곰배'는 '곰방메'로 대응되는 이 지역어형이다. 이 어형은 충북방언에도 분포하는 것으로 보고되어 있으며 '주로 흙덩이를 깨거나 씨를 뿌린 뒤에 흙을 덮는 데 쓰는 농기구'이다. 대개 지름이 6 ~ 8센티미터 남짓하고 길이가 30센티미터쯤 되는 둥근 나무토막에 긴 자루를 박아 T자 모양으로 만든 농기구이다.

329) 이는 두 번째 골을 탄 것인데 표준어로 정확히 대역되는 것이 없어서 그냥 이 지역어를 그대로 표현했다. 이는 씨를 뿌리기 직전에 극젱이를 이용하여 두 번째로 고랑을 타는 것을 뜻한다.

330) 이는 '어떻게'로 대역되며 이는 분절음으로 볼 때 '위에'형과 동일하다. 이 두 어휘는 이 지역어의 일반적인 성조로 볼 때는 '우예 또는 우예", '우'예(上)'으로 실현되지만 성조도 수의적으로 실현되어 구별되지 않기도 한다.

331) 이 지역어에서는 '만들다'에 대응되는 어형이 '맨들다, 망글다, 맹글다, 만들다' 등과 다양하게 분포하는데 모두 수의적으로 실현된다.

332) 이는 우발적인 발화실수로 이루어진 어형이며 '두렁'의 이 지역어형인 '두름'으로 실현되어야 할 부분이다.

333) 이는 '뒤 구석이'로 대역되며 실제로 이 지역어에서는 합성어 형태인 '뒷구석'으로 실현되기도 한다. 이는 '뒷구석 + -이(주격조사) → 뒷꾸서기(어중경음화현상) → 뒤꾸서기(음절말자음 탈락) → 뒤꾸서이(어중ㄱ음탈락)'의 과정을 거쳐 실현된 예이다.

334) 이는 '내려가니'로 대역되며 '내려가니 → 네려가니(모음중화) → 니려가니(고모음화) → 니러가니(이중모음실현제약에 따른 단모음화) → 니르가니(모음중화) → 니르아이(어중자음 탈락)'의 과정을 거쳐 실현된 이 지역어형이다.

335) 이는 '드가따' 또는 '더가따'로 실현되는 것이 일반적인 이 지역어형이지만 후행하는 모음의 영향으로 모음동화가 수의적으로 일어난 경우이다.

336) 이는 '차지게'로 대역되며 이 지역어에서는 기본형이 '찰지다'이며 이 어형은 경상도방언과 전남방언에서 실현되는 것으로 보고된 바 있다.

337) 이 지역어에서는 '흙'의 대응형이 '흙, 흑, 흘' 등으로 실현되는 지역이다.

338) 이는 '이겨서'로 대역되며 '이게- + -가(연결형어미)'의 구성이다.

339) 이는 제보자가 순간적으로 잘못 혼동하여 잘못 표현된 부분이며 '위의 논을 경작하는 사람이 두렁을 잘못 만들면 밑의 논을 경작하는 사람이 덕을 본다.'라고 표현해야 할 부분이다.

340) 이는 수사 '서너'로 대역되며 이 수사의 발화실수형이다

341) 이는 '벌모심기'의 줄임말이며 이는 제보자의 설명대로 가장 오래된 전통방식의 모심기 방식이다. 이는 특별히 줄을 쳐서 일정한 간격을 두고서 심는 방식이 아니라 사람이 알아서 그냥 벌로 심는 방식이다.

342) 이는 '치는'으로 대역되며 '치는 → 치능(후행어절에 의한 연구개음화) → 치닝(ㅣ모음동화)'의 과정을 거쳐 실현된 예이다.

343) 이는 '줄 + -로(목적격조사)'의 구성으로 이루어진 이 지역어형이다.

344) 이는 '여섯'으로 대응되는 이 지역어형인 '여순'의 수의적인 발화실수형이다.

345) 이는 '포기'로 대응되는 이 지역어형이며 이와 함께 '피기'형도 실현된다.

346) 이는 보조제보자의 담화표지 중의 하나이며 '인제'로 대역될 수 있는 어형이다.

347) 이는 부사 '마주'로 대역되는 이 지역어형이다.

348) 이는 '줄씩'으로 대역되며 여기서 '씩'은 '씩 → 쓱(후설모음화) → 썩(모음중화)'의 과정을 거쳐 실현된 어형이다.

349) 보조 제보자의 발화에서도 주제보자에서처럼 '심다'에 대응되는 어형으로 '숭구다'와 '심다(심므다)'의 두 어형이 공존함을 볼 수 있다.

350) 이는 '제일'의 수의적 발화실수형이며 전설모음화에 대한 과도교정으로 일어난 예이다.

351) 이는 '아까'로 대역되는 이 지역어형이며 '아까 + 전(前)'의 구성이며 '아까전 → 아까즌(모음중화) → 아까진(전설모음화) → 아까지(어절말자음 탈락)'의 과정을 거쳐 실현된 예이다. 또 이 어휘는 고유어 '아까'와 한자어 '전(前)'의 결합에 의하여 이루어진 구성이다.

352) 이는 모를 내는 보조도구로서 일제강점기에 보급된 나무로 된 틀을 놓고서 모를 가지런하게 심는 방식이다. 이 어형은 수의적 발화실수형이며 대역할 표준어가 없어서 그냥 이 지역어형을 살려서 대역했다.

353) 이는 '각목(角木)'으로 대역되는 일본어계열의 이 지역어형이다.

354) 이는 '딱딱'으로 대역되는 이 지역어형이며 '딱딱 → 딱따(어절말자음 탈락)'의 과정을 거쳐 실현된 어형이다.

355) 이는 이 제보자의 담화표지 중의 한 형태이며 '인제'로 대역할 수 있다.

356) 이는 '논에서'로 대역되는 이 지역어형이며 '논 + -이서(-에서 → 이서(고모음화))'

의 구성으로 이루어진 어형이다.

357) 이는 '판모'로 대역되며 양순음화로 실현된 이 지역어형이다. 이는 기계인 이앙기를 이용하여 모를 심기 위해서 못자리에 플라스틱으로 된 판에 볍씨를 뿌리는 데서 유래된 이름이며 최근에는 대개 이런 방식을 이용한다.

358) 이는 표준어에 대응되는 어형이 없는 이 지역어형이므로 이 지역어형을 살려서 '모놉'으로 그대로 대역했다. 이는 모심기를 할 때 하는 놉을 말한다.

359) 여기서 침종(浸種)은 '씨앗이 싹이 트기에 필요한 수분을 빨아들이기 위해 씨를 뿌리기 전에 물에 담가 불리는 일'을 말한다.

360) 이는 더 정확히 표현하려면 '사십오 일'이라고 표현해야 할 부분이지만 끝 부분 표현이 줄어든 것이다.

361) 이는 '볍씨를'로 대역되며 '신나(신나락의 축약형) + -을(목적격조사)'의 구성으로 이루어진 수의적 발화형이다.

362) 이는 '날짜가'로 대역되며 '날짜 + -가(주격조사) → 날짜아(어중ㄱ음 탈락)'의 과정을 거쳐 실현된 예이다.

363) 이는 '보낼'로 대역되며 '보내- + -ㄹ(관형사형어미) → 뽀낼(선행어절의 영향에 따른 경음화현상) → 보넬(모음중화)'의 과정을 거쳐 실현된 예이다.

364) 이는 '시집보내는'으로 대역되며 '시집보내는 → 시입보내는(어중자음탈락) → 시이보내느(음절말자음탈락)'의 과정을 거쳐 수의적으로 실현된 예이다.

365) 이는 이 지역어의 담화표지 중의 한 형태이며 '인제'로 대역된다.

366) 이는 '받쳐'로 대역되며 '받치- + -어(연결형어미) → 받체(ㅣ모음동화)'의 과정을 거쳐 실현된 어형이다.

367) 이는 '넣어서'로 대역되며 '여(挿)- + -가(연결형어미) → 여아(어중자음탈락)'의 과정을 거쳐 실현된 어형이다. 선행어절의 '예아'형은 '여아'형에 따른 수의적인 발화형이며, 이는 이 지역에서 실현되는 이중모음실현제약에 따른 과도교정형이다.

368) 이는 표준어와 달리 사동표현이 단형으로 이루어진 경우이다.

369) 이는 '물기를 빼다'라는 의미이다.

370) 이는 '나게끔'으로 대역되며 '나게끔 → 나에끔(어중ㄱ음탈락) → 나에꿈(역행원순모음화)'의 과정을 거쳐 실현된 예이다.

371) 이는 '싹'으로 대역되는 이 지역어형이며 이 지역어를 비롯하여 경상도방언에서 일반적으로 분포하는 어형이다.

372) 이는 부사 '제법'으로 대역되는 이 지역어형이며 수의적으로 '으시'로도 실현되기도 한다.

373) 이는 '부직포'로 대역되며 제보자의 착오로 발화실수가 일어난 어형으로 판단된다.

374) 이는 '모찌기'로 대역되며 '모찌기 → 모찌그(과도교정에 따른 후설모음화)'의 과정을 거쳐 실현된 어형이다.

375) 이는 '일도'로 대역되며 '일 + -떠(보조사)'의 구성이다.

376) 이는 '흙하고'로 대역되며 '흘 + -하고 → 힐하고(모음중화) → 허라고(어중ㅎ음탈락)'의 과정을 거쳐 실현된 이 지역어형이다.

377) 이는 '낯도'로 대역되며 '낯(顔) + -(으)돈(보조사)'의 구성이다. 이 제보자의 발화에서는 '낯'의 음절말 자음이 'ㅣ'모음 앞에서는 경구개음으로, 다른 모음 앞에서는 'ㅌ'음으로 실현되는 경향을 보인다.

378) 이는 '많았는데, 흔했는데'로 대역되는 이 지역어형이며 이는 '새- +-버리다'의 결합형이다. 이는 이 지역어에서 '샛다'형이 '흔하다, 많다'의 뜻으로 사용되는 어휘이며 평안남도방언에서 분포하는 것으로 보고된 바 있다.

379) 이는 '어느'로 대역되며 '어느 → 어니(전설모음화) → 어이(어중ㄴ음탈락)'의 과정을 거쳐 실현된 예이다.

380) 이는 '정도(程度)'로 대역되며 '정도 → 정더(모음동화) → 전더(자음동화)'의 과정을 거쳐 실현된 예이며 여기서 연구개음이 치조음으로 위치동화된 예는 국어음운현상에서 매우 이례적인 현상이지만 이 지역어에서는 수의적으로 실현되고 있음을 볼 수 있다.

381) 이는 '부직포'로 대역되며 이 제보자의 발화에서는 '구지포'로 실현되는데 마지막 음절이 탈락된 형태로 실현된 예이다.

382) 이는 '간소(簡素)하지'로 대역되며 '간소하지 → 간수하지(모음상승) → 간수아지(어중ㅎ음탈락)'의 과정을 거쳐 실현된 예이다.

383) 이 발화에서는 주제보자 뿐만 아니라 보조제보자의 발화에서도 보조사 '-도'는 수의적으로 모음변이가 일어난 형인 '-떠'으로도 자주 실현됨을 알 수 있다.

384) 이는 '양식이'로 대역되며 '양식 → 양슥(과도교정에 의한 후설모음화) → 양승(후행어절의 비음화)'의 과정을 거쳐 실현된 예이다.

385) 이는 '모자랐던'으로 대역되며 '모지레-(모자라- → 모지라(전설모음화)- → 모지래(ㅣ모음동화)- → 모지레(모음동화)-) + -었(과거시제)- + -더(과거회상)- + -ㄴ(관형사형어미) → 모지레떤(경음화현상) → 모지레뜬(모음중화) → 모지레뜽(후행음절의 비음화)'의 과정을 거쳐 실현된 예이다.

386) 이는 '쓰다가'로 대역되며 '쓰-(쓰- → 씨-(전설모음화) → 시-(자음중화)) + -다가'의 구성이다.

387) 이는 '경운기(耕耘機)'로 대역되는 이 지역어형이며 어중의 연구개비음이 탈락된 예이다.

388) 이 지역어에서는 마찰음 'ㅅ'음과 'ㅆ'은 음운론적으로 변별이 되지 않지만 수의적

인 변이형으로는 실현되기도 한다.

389) 이 제보자의 경우, '쟁기'형은 '쟁기'와 '정기'형이 수의적으로 계속 실현되고 있음을 볼 때 '쟁기'형은 좀 의식적으로 산출한 형이며 개신형으로 보인다.

390) 이는 개신형이며 후행하는 '지피'형은 경구개음화된 어형으로 이 지역어의 보수적인 어형이다. 이 예도 이 제보자의 발화에서는 개신형과 보수형이 공존하는 것을 확인할 수 있다.

391) 이는 '쟁기도'로 대역되는 이 지역어형이며 '쟁기 + -도(보조사) → 젱기도(모음중화) → 젱이도(어중ㄱ음탈락)'의 과정을 거쳐 실현된 예이다.

392) 이는 '내리면'으로 대역되며 '나루- + -마(연결형어미)'의 구성이다.

393) 이는 '되고'로 대역되며 '힘들다'는 뜻의 이 지역어형이며 '되고 → 데고(이중모음 실현제약에 따른 단모음화) → 디고(고모음화)'의 과정을 거쳐 실현된 예이다.

394) 이는 '보리밭'으로 대역되며 후행하는 비음에 의한 비음동화가 이루어져 실현된 이 지역어형이다.

395) 이는 '쇠스랑'으로 대역되며 이 지역어를 비롯하여 경북지역어에서 일반적으로 '소시랭이'형과 함께 수의적으로 실현되는 어형이다. 이는 '소시랑(← 쇼시랑) + -이(접사) → 소시랭이(움라우트현상) → 소시렝이(모음중화) → 소시렝~이(비모음화) → 소시레~이(비자음탈락)'의 과정을 거쳐 실현된 어형이다.

396) 이는 '때문에'로 대역되며 '따믄 + -에 → 따메네(모음동화) → 땀메네(양음절화) → 땀메레(유음화)'의 과정을 거쳐 실현된 예이다.

397) 이는 '개상으로 하는 타작'을 가리키며 '개상타작'으로 대역했다. 여기서 '잘께'는 '개상'에 대응되는 이 지역어형이다.

398) 이는 '나무토막'으로 대역을 했지만 정확한 대역은 아니다. 이 어형은 '토망(토막) + 티기(그루터기의 '터기')'의 결합으로 이루어진 어형이다.

399) 이는 '깨를 묶은 단'의 뜻으로 사용된 말이 아니고 볏단 중에서 타작하기 좋게 작은 양으로 묶은 볏단을 가리키는 이 지역어형이다.

400) 이는 '몰랑몰랑하다'로 대역되며 한자어 '호용(互用)'에서 유래된 것으로 판단된다.

401) 이는 '하다 + 지다'의 구성으로 이루어진 어형으로 '되다'의 뜻으로 대역되는 경우이다.

402) 이는 부사 '굉장히'로 대역되는 이 지역어형이다.

403) 이는 '자새라'로 대역되며 '자새라 → 자세라(모음중화) → 자세아(어중ㄹ음탈락)'의 과정을 거쳐 실현된 어형이다.

404) 이는 '인제'로 대역되는 이 제보자의 담화표지 중의 하나이다.

405) 이는 '어우르다'로 대역되는 이 지역어형이다.

406) 이는 서양에서 들어온 괭이라는 의미이며 표준어에 적당한 어휘가 없어서 그냥 이 지역어형으로 그대로 대역했다.

407) 이는 '지겟줄'의 뜻으로 사용된 이 지역어형이며 표준어에 맞는 대역어휘가 없어서 그냥 그대로 대역했다. 즉, 지게의 부속물 중의 하나로서 지게에 짐을 묶기 위한 줄을 말하지만 원래의 어원은 '짚+구렁이'의 결합에 의한 합성어이다. 즉, '짚구렁이 → 집꾸렁이(어중경음화) → 지꾸렁이(어중ㅂ음탈락) → 지꾸렝이(움라우트현상) → 지꾸링이(모음중화) → 지꾸랭~이(비모음화) → 지꾸래~이(어중비음탈락)'의 과정을 거쳐 실현된 이 지역어형이다.

408) 이 농기구는 표준어로 '그네'인데 제보자가 이름을 정확히 기억하지 못 했다.

409) 이는 기계의 동력에 의한 탈곡기가 아니라 발로 밟아서 구동하는 수동식 탈곡기를 가리킨다.

410) 이는 '탈곡만'으로 대역되며 '탈곡 + -만(보조사) → 탈공만(비음화) → 탈곰만(양순음화)'의 과정을 거쳐 실현된 어형이다. 국어에서 연구개음이 양순음화 되는 경우는 매우 드문 현상이지만 이 지역어에서는 수의적으로 이런 현상이 일부의 예에서 나타남을 확인할 수 있다.

411) 이는 '날려서'로 대역되며 '지이다'는 '바람에 곡식을 날려서 알곡과 지푸라기를 분리하는 일'을 가리키는 어휘이다.

412) 제보자는 '동력방아'로 발화를 했지만 실제로 가리키는 의미는 탈곡기를 돌릴 수 있는 원동기를 뜻하는 예이다. 이에 따라 여기서는 그 의미를 쫓아서 '원동기'로 대역했다.

413) 이는 '짚대로'로 대역되는 이 지역어형이며 '짚 + -데르(보조사)'의 구성에 의하여 이루어진 어형이다.

414) 이는 '한 배미이면'으로 대역되며 여기서 '도가리'는 '배미'의 이 지역어이며 경남방언에도 분포하는 것으로 보고되어 있다.

415) 이는 '보가'로 실현되어야 할 어형이지만 우발적인 발화실수가 일어난 어형이다.

416) 이는 '인제'로 대역되는 이 지역어의 담화표지 중의 한 형태이다.

417) 이는 '그럴 때는'으로 대역되는 이 지역어형이며 '그럴 → 그얼(어중자음탈락) → 그을(모음중화)'의 과정을 거쳐 실현된 예이다.

418) 이는 '삽처럼'으로 대역되며 '삽 + -메러(처럼) → 삼메러(비음동화)'의 과정을 거쳐 실현된 이 지역어형이다.

419) 이는 '사람'의 이 지역어형이며 '사람'에 움라우트현상이 실현되어 어휘가 재구조화된 예이다.

420) 이는 '끈'으로 대역되며 이 어형은 수의적으로 '끄내끼'로도 실현되는데 '강원, 경상, 경기, 충청방언'에 걸쳐 분포하는 것으로 보고되어 있다.

421) 이는 '돌미(돌멩이) + -하고'의 구성이며 '돌멩이 → 돌밍이(모음동화) → 돌미이 (음절말자음 탈락) → 돌미(축약)'의 과정을 거쳐 실현된 이 지역어형이다.

422) 이는 '들어가거든'으로 대역되며 '드가(들(入)- + 가(去)-)- + -거든 → 드가그든(모 음중화) → 드가기든(전설모음화)'의 과정을 거쳐 실현된 이 지역어형이다.

423) 이는 '제대로'로 대역되며 '제대로 → 지대로(고모음화) → 지대르(모음변이) → 지 대으(어중자음 탈락)'의 과정을 거쳐 실현된 예이다.

424) 이는 한자어 '도구(道具)'의 어형에서 어중자음이 탈락된 예이다.

425) 이는 '귀(貴)하면'으로 대역되며 '귀하- + -마(연결형어미)'의 구성으로 이루어진 이 지역어형이다.

426) 이는 '위에'로 대역되며 '우(上) + -예(처소부사격조사)'의 구성이다. 이 어형은 성 조에 따라 부사 '어찌'와 구별되기도 한다.

427) 이는 '심을 적에는'으로 대역되며 '숭구(植)- # -적(의존명사) + -에(처소부사격) + -는(보조사) → 저기늠(고모음화)'의 과정을 거쳐 실현된 이 지역어형이다.

428) 이는 '막아'로 대역되며 '마쿠- + -아(연결형어미)'의 구성으로 이루어진 어형이다.

429) 이는 '바짝'으로 대역되는 이 지역어형이다.

430) 이는 '심은'으로 대역되며 '숭구- + -ㄴ(관형사형어미)'의 구성으로 이루어진 이 지 역어형이다.

431) 이는 '먼저'로 대역되는 이 지역어형이다.

432) 이는 '갑자기'로 대역되는 이 지역어형이다.

433) 이는 '봇도감'으로 발화를 하려고 했지만 발화실수를 한 것을 제보자가 알고 이어 서 '못도감'으로 얘기를 한 부분이다. 여기서 '못도감'은 '연못'의 물을 관리하는 사람을 말하고, '봇도감'은 제보자의 설명대로 보의 말을 관리하는 사람을 말한다.

434) 이는 '기워야'로 대역되며 '짚('깁-'의 구개음화된 어형)- + -어이(연결형어미)'의 구성으로 이루어진 이 지역어형이다.

435) 이는 '고여서'로 대역되며 '게비- +-어가(연결형어미)'의 구성으로 이루어진 이 지 역어형이다.

436) 이는 '봇물'로 대역되는 이 지역어형이며 비음동화로 인해 실현된 이 지역어형이다.

437) 이 제보자의 발화에서는 '웅덩이'형이 수의적으로 '웅덩이, 웅뎅이, 웅디이, 웅디~ 이' 등과 같은 다양한 형태로 실현되고 있음을 볼 수 있다. 이는 '웅덩이 → 웅뎅 이(움라우트현상) → 웅딩이(고모음화) → 웅딩~이(비모음화) → 웅디~이(음절말비 음탈락)'의 과정을 거쳐 실현된 어형이다.

438) 이는 '인제'로 대역되는 이 제보자의 담화표지 중의 한 형태이다.

439) 이는 '바가지'로 대역되며 이 어휘는 이 지역어를 비롯하여 남부방언과 중부방언

에 걸쳐 고루 분포되어 있는 것으로 보고된 바 있다.

440) 이는 '들에'로 대역되며 '들(野) + -이(처소격조사)'의 구성으로 이루어진 이 지역 어형이다.

441) 이는 '배'로 대역되며 외래어 '보트(boat)'에서 유래된 말이다.

442) 이는 '이것도'로 대역되며 '이것 + -도(보조사) → 이거또(경음화) → 이그또(모음 중화) → 이으또(어중자음탈락)'의 과정을 거쳐 실현된 이 지역어형이다.

443) 이는 '요새는'으로 대역되며 '오세 + -어(보조사) → 요새은 → 요새으(음절말자음 탈락) → 오새으(이중모음실현제약) → 오세으(모음중화) → 오세어(모음중화)'의 과 정을 거쳐 실현된 이 지역어형이다.

444) 이는 지역에 따라 다르긴 하지만 대체로 세벌매기를 하고 나면 논매기가 끝나는데 이 지역어에서는 이 논매기를 마무리를 하고 나서 이렇게 부르는 것이다.

445) 일반적으로 이 지역어에서는 판정의문문의 어미나 조사는 모음이 'ㅏ/ㅓ'형이며 설 명의문문은 모음이 '오/우'형이다. 이는 수의적으로 발화실수가 일어난 어형이며 대개는 '덴노'로 실현된다.

03 의생활

목화, 삼, 모시의 재배와 길쌈

어 그럼′며너 계속 이′어서 또: 이야기를 쫌 더 나누′게씀미다.

어: 아까′너 인제 그 시′집사리라든지′ 또 어: 그런 이야기를 주′로 쪽: 헤 주′
셔꼬, 인제′늠 그 의셍′화레 데′에서, 예:저′네, 요즈믄 오슬 점부 다 사′ 입꼬 그
′러케 하′지마, 예′저넨 점′부 다 머: 모′카나 사′미나 이′렁 걸 재배해′ 가주고
이 손′수 해 이번는데, 이 모′카는 언제′에′ 에 어디에 심′꼬 어디서 키′움미까?

= 오시 그레 그러′이[1]

주′로?

= 모카너′.

여′겐 어디 모′카라 함′미까, 면?

= 미′영′, 명′.

= 미′영′을 어: 절 첨′머′이넘[2] 명′을 가′라 가주고 은자′ 고 미′영′을 따
가주고 은자 그 헨′는데 은자, 시′를[3] 새′애′기라[4] 카′능 기 인는데, 고′다
가 명′을 요′리 여′어 나 노마 시′는 씨′데르 뽈키′고[5] 고′너 은자:, 명′은 미
′영′데로 고리 나오고 시느 아′프로 요르 뽈끼′ 널찌는′데[6], 씨′ 고고르′ 나
또′따가 다음해 안자 보′메, 초′보′메 고′로믈 안작[7] 바′테 가′따가, 저 바′틀
소가 가예 가라 가주고 그 명′씨′를 뿌리는데, 뿌리 나노 고 미′영′씨′가
올로온데.

= 고레 은자 저 올로오′며는 호′미로 가′아′ 메 주′고 요래 도다, 요래
부′글 요래 조 가′주고 거 헤 나′ 노′며는 명′이 잘: 크′는데, 명′ 그기 쫌 크
마 가′지가 만 진′짜로 마′이 나 가′주오, 그거′또 소′물이[8] 하믄 안 데′고,
다문다문 헤 나′ 너마 작: 버려져 가′주오 저 명′ 꼬′치 얼′메너 예쁘기 막
피′ 가′주고 고기′ 연자[9] 꼬′치 오부′리지며는[10] 고기 인자 명′이 데는′데,
고 데능 가정엔 다우 꼬운 머, 솔빵′울 장으′메르 요래 크′며느 그거를

어 그러면은 계속 이어서 또 이야기를 좀 더 나누겠습니다.

어 아까는 인제 그 시집살이라든지 또 어 그런 이야기를 주로 쭉 해 주셨고, 인제는 그 의생활에 대해서, 예전에, 요즘은 옷을 전부 다 사 입고, 그렇게 하지만, 예전에는 전부 다 뭐 목화나 삼이나 이런 것을 재배해 가지고 손수 해 입었는데, 이 목화는 언제 어, 어디에 심고 어디서 키웁니까?

= 옷이 그래, 그렇지.

주로?

= 목화는.

여기는 어디 목화라고 합니까, "명"?

= 목화, 목화.

= 목화를 어, 저 처음에는 목화를 갈아 가지고 인제 그 목화를 따 가지고 인제 그렇게 했는데, 인제 씨를 씨아라고 하는 것이 있는데, 거기에다가 목화를 요리 넣어 놓아 놓으면 씨는 씨대로 뽑히고 그것은 인제, 목화는 목화대로 그리로 나오고 씨는 앞으로 요래 뽑혀 떨어지는데, 씨 고 것을 놓아두었다가 다음 해에 인제 봄에, 초봄에 고놈을 인제 밭에 갖다가, 저 밭을 소가 가서 갈아 가지고 그 목화씨를 뿌리는데, 뿌려 놓으면 그 목화씨가 올라오는데

= 그래 인제 저 올라오면은 호미를 가지고 매 주고 요래 돋우어, 요래 북을 요래 줘 가지고 그래 해 놓아 놓으면은 목화가 잘 크는데, 목화 그게 좀 크면 가지가 뭐 진짜로 많이 나 가지고, 그것도 솔게 하면 안 되고, 다문다문 해 놓아 놓으면 쫙 벌어져 가지고 저 목화 꽃이 얼마나 예쁘게 막 펴 가지고 그것이 인제 꽃이 오그라들면은 그게 인제 목화가 되는데, 그 되는 과정에 아주 고운 뭐, 솔방울 작은 것처럼 요래 크면은 그것을

따무'머는여, 우리 클' 쩌게 가여 명'이 다 데 뿌오 나며는: 그어로 몬 따무.

= 고 이르미 다'레라 카'는데, 다'레른, 바'테 다'레를 가 은자 가이 따뭉 '는데, 보들보들할 떼'능 고'로믈 따무'만 너무 달'고 마'시 이'꼬, 안제11) 명 '이 다 데 갈 쩨늠 여 다'레 기' 크' 뿌리맘너 몸 무'꼬, 고 은제 끈'티'에 인 제 마신능 거느 우리 가가 따무'꼬 이레 헨'는데.

= 고고를' 은자어 녀'르메 은자 게소께 커 가주고 아'페 다'레가 덴능 그너 마 밍' 꼬'타'리어12) 허:여이13) 버리'져 가주고, 툭툭 버르'져14) 가주 고 은자 그 함'며는 항 꼬'따르쓰 뻬'고, 뻬가 지'베 가오'고 말류'고15).

= 은자 그 낭우'치'게는16) 나 또'따 그 대'개~이를17) 가을 되마 뽐'는 데, 뽀버 가주고 바등두'게나18), 저: 엔나'레는 마 웅'칸19) 나무를 비' 가주 고 저 헤뿌 나 노~이 사'니 멀:그'니까 산 시'브르20) 가따 깔'고, 엔나는 소도 집지'비 미'이니까 풀로 엉'칸' 뜨드사 나 노~'이께네 멀:건데, 그런' 데 가따가 은제 이 미'영'때'를 가' 가'여 짝:: 가'따 너르 나 노'며는 그기' 얀자21) 어:시22) 쪼'매 미'이'즐23) 은제 이'쓰마 그게 지데로 말러 가주고 다'레가 턱턱턱 버려져 가주고 마 밍'이 확: 피'는데, 피'는데.

= 그그이 은자 날'씨가 구'즐라꼬 비온다 카'며는 그기 비'에 마즈 뿌 나며는 다'레 무'리 들리' 가주오, 뻘:건 무'리 들리' 나 놈 어 그그를 어 저 모캅, 저 미영'을 따 나 노마 무'리 들리' 가'주고 몬: 씨'고, 또 절 비'온 다 카'며는 마 거'르믈 마마 모도 마 은자 따로 간다, 지'중' 거'.

= 비 안 오기 저네 은자 께끄점24) 미'영'을 인즈 딸'라꼬, 가 가주고 점:부 가'예 마 종일 가예 따고 헤 가주옴 마, 미' 짤'리썩 헤가 지'베 가 오 가주고, 말랴 가주고, 은자 거'르믈 은자 새'애'기가 인는데 그르25) 돌'리마 밍'은 밍대'로 나오고 시'는 씨'대르 뽈기'고 하는데.

= 그'레 엔나'레 아주 우리 어'릴 떼'너 기'게도 업써 가주오 그레 해 가 주고 활'로 멘'드러 가주고 소'늘 가 텡가26) 가주고 그레 인제 그거를 타'

따먹으면, 우리가 클 때는 가서 목화가 다 돼 버리고 나면 그것을 못 따먹어.

= 고 이름을 다래라고 하는데, 다래를, 밭에 다래를 그 인제 가서 따 먹는데, 보들보들할 때는 고놈을 따먹으면 아주 달고 맛이 있고, 인제 목화가 다 돼 갈 때에는 이 다래가 커 버리면 못 먹고, 그 인제 끄트머리에 인제 맛있는 것은 우리가 가서 따먹고 이렇게 했는데.

= 고것을 인제 여름에 인제 계속해 커 가지고 앞에 다래가 된 것은 그냥 목화 꼬투리가 허옇게 벌어져 가지고, 툭툭 벌어져 가지고 인제 그렇게 하면은 한 꼬투리씩 빼고, 빼서 집에 가져와서 말리고.

= 인제 그 나머지는 놓아 두었다가 그 대를 가을이 되면 뽑는데, 뽑아 가지고 밭 언덕이나, 저 옛날에는 그냥 워낙 나무를 베 가지고 저 해 버려 놓아 놓으니까 산이 훤하니까 산 시울에 가져다 깔고, 옛날에는 소도 집집이 먹이니까 풀을 워낙 뜯어 놓아 놓으니까 훤한데, 그런 데에 가져다가 인제 이 목화 줄기를 가지고 가서 쫙 깔아 늘어놓아 두면은 그게 인제 상당히 조금 며칠 인제 있으면 그것이 스스로 말라 가지고 다래가 턱턱턱 벌어져 가지고 뭐 목화가 확 피는데, 피는데.

= 그게 인제 날씨가 궂으려고, 비가 온다고 하면 그게 비에 맞아 버리고 나면은 다래 물이 들어 가지고, 뻘건 물이 들어 놓아 놓으면 어 그것을 어 저 목화, 저 목화를 따 놓아 놓으면 물이 들어 가지고 못 쓰고, 또 저 비가 온다고 하면은 뭐 그놈을 그냥, 그냥 모두 그냥 인제 따러 간다, 각자 자기 것을.

= 비가 오기 전에 인제 깨끗한 목화를 인제 따려고, 가 가지고 전부 가서 그냥 종일 가서 따고 해 가지고 뭐 그냥, 몇 자루씩 해서 집에 가져와 가지고, 말려 가지고, 인제 그놈을 인제 씨아가 있는데 그것을 돌리면 목화는 목화대로 나오고 씨는 씨대로 뽑히고 하는데.

= 그래 옛날에 아주 우리 어릴 때는 기계도 없어 가지고 그래 해 가지고 활을 만들어 가지고 손을 가지고 튕겨 가지고 그래 인제 그것을 타 가

가주고, 아: 또' 요:레 데'27) 가느리:항 그루 따'드머 고'다가 마'러 가주고, 고올' 말마 꼰'치라 카'느마는, 꼰'치르 마'르 가지고 은제 물례'에, 물래'르 맨'드러 가주고' 가라'글 찡가'가'28) 은제 그른 실로 뽀버 가주고 그거르 안제 이래 해 가주우 그어르 인자 어: 하'며는 은젤.

명시리나?

= 미영씨'를 안, 면씰'로 빼 가주고 가라'을29) 맨드러 가주고 돌고'시 찌30), 어 그이 이'르미 떠 머'시니라, "그 이'르미 뱅뱅 도느마 니저 뿌따."

= 그거'를 안자31) 첨'므 거'어다, 미영 까라'그에다안32) 저: 맨드러 가주 오 그어다 다 찡가 가주오 비'로 나는'데, 비로 나'러 가지고 은자 거르믈33) 해가 은자 첨므 은자 산층산춤해가 요래가 땅 모다 가지우 땅 나 또따가 똑 풀로 안저34) 끼'리 가지고 은자 그'르믈 안잔35) 메는'데, 그리 도투마'리 하고, 안자 도투마'리라 카'능 거느 은자 그거 인자 풀로 매'어 가주고 저무 헤가 미테 뎅기뿔'로36) 헤가 말랴가' 거 은자 감:능 기 도투마'리고.

= 아 또 그이37) 머'시냐, 그 또 논능 기 그이뜨 인는데, 떠 근 생가기 안 나네.

= 그'레 가주오 매' 가지고느 비티'레어38) 언'저 가주고 비'로 짜'는데, 비 짜 가'주고 안자 그거를 언자39) 씨'꺼40) 가주고 풀 헤가' 뚜디리가 따 듬또'레41) 방매'이러 뜨디'리 가주고 풀로 헤가 저'므 그레 가즈고 은제 오 '슬 비가 은잔 미'영' 그거롤 은제 활'로 가 타 나 노'마 그거를 란자42) 또 소'게를43) 하'빠지러 하고 하'쪼고르44) 할라 캄며 소'게를 장'을 딱: 재' 가 주고 그래 인제 그거르 소게르 나 가주고 그레 인제 아 하, 하'빠지, 조구' 리, 시어른들 헤가 그 하고, 은자 머 아'느'로넌 그어루 가주오 소고'또 하 고 처마'도 하고 저므 그레 우리 클 찌에 점'므 그래 헤가 하고.

= 머 두루막'또45), 두루마'근 할라 카마 비로 하::주 고'께 이 붕'지46).

= 은잔 그언 명'을 아'준 붕'지라 카능 긴 제'일' 처'므이 여른 다래 그 기 붕'지라 카는데, 그거너 아주 고'끼 실로 빼 가주고 고:'끼' 헤 가주오

지고, 아 또 요래 대처럼 가느다란 것을 다듬어서 거기에다가 말아 가지고, 그것을 말면 고치라고 하는데, 고치를 말아 가지고 인제 물레에, 물레를 만들어 가지고 가락을 끼워서 인제 그런 실을 뽑아 가지고 그것을 인제 이래 해 가지고 그것을 인제 아, 하면은 인제.

무명실이나?

= 무명실은 인제, 무명실을 빼 가지고 가락을 만들어 가지고 돌꼇이지, 어 그게 이름이 또 무엇이더라, "그 이름이 뱅뱅 돌지만 잊어버렸다."

= 그것을 인제 전부 거기에다, 목화를 가락에다가 저 만들어 가지고 거기에다가 다 끼워 가지고 베를 나는데, 베를 날아 가지고 인제 그놈을 해서 인제 전부 인제 "산춤산춤"[47] 해서 요래서 딱 모아 가지고 딱 놓아 두었다가 또 풀을 인제 끓여 가지고 인제 그놈을 인제 매는데, 그래 도투마리하고, 인제 도투마리라고 하는 것은 인제 그게 인제 풀을 먹여 가지고 전부 해서 밑에 겻불을 해서 말려서 그 인제 감는 게 도투마리고.

= 아, 또 그게 무엇이냐, 그 또 놓는 게 그것도 있는데, 또 그 생각이 안 나네.

= 그래 가지고 매 가지고는 베틀에 얹어 가지고 베를 짜는데, 베를 짜 가지고 인제 그것을 인제 씻어 가지고 풀을 해서 두드려서 다듬잇돌에 방망이로 두드려 가지고 풀을 해서 전부 그래 가지고 인제 옷을 베어서 인제 목화 그것을 인제 활을 가지고 타 놓아 놓으면 그것을 인제 또 솜을 핫바지로 하고 핫저고리로 하려고 하면 솜을 장으로[48] 딱 재어 가지고 그래 인제 그것을 솜을 놓아 가지고 그래 인제 아 핫, 핫바지, 저고리, 시어른들 해서 그렇게 하고, 인제 뭐 안으로는 그것을 가지고 속옷도 하고 치마도 하고 전부 그래 우리 클 때에는 전부 그래 해서 하고.

= 뭐 두루마기도, 두루마기는 하려고 하면 베를 아주 곱게 이 "붕지".

= 인제 그 목화를 아주 "붕지"라고 하는 게 제일 처음에 연 다래 그것을 "붕지"라고 하는데, 그것은 아주 곱게 실을 빼 가지고 곱게 해 가지고

두루막 하고 언 시집 짱가 보내마 그 두루매'기 해 아'꼬 그래 혜가 이, 이
'꼬 다: 멀 이'불도 바:물'로 디'리 가주고 뚜디리가' 이'불도 하고 옹가 꺼
다 혜따 카'이, 그거르 가주고.

그러'면 인제 그, 그'르 가 인'제 명:을 그어 솜도 타고?

= 솜도 타고.

오, 그'르 가?

= 그'르가 그 세'워리 쫌 흘러가~'이 기'에가 셍'기가 그래 인자 미'영'
마 가 가마, 그 가여 아'서가 거 지대'로 마 구'릉거치 타 가주오 장'을 재
가 기'양 가 온다 카이.

= 그래가' 옴'마 지'베서 꼰'치로 마'러 가주고, 요레 살쌀 마러 가즈어
그 실'로 뽀바 내가 일 하~'이 얼'매너 수'울코.

= 그 압쩌'네느 점:므 지베 활'로 가 타'따 카'이.

= 타 가주고 그리 핸'는데.

활로 다 인제 [X그레X]가 그래 해따, 그지예?

= 활로 가주오, 으.

= 그'래, 그래 사'르따 카이.

= 우리 클' 때메 헤'도 그래 활가[49] 타고 하능 거이스 저'므 다 보고
다 해따 카이, 그릉.

그어 인제 명' 가틍 경우너' 어뜨에 재배할' 때, 그러면 주로 바'테다?

= 바'테다가.

= 바'테'다'아 시머가 그 멈 모두 마 먼, 그'을때는 그'거' 아이'마 안 데
고, 또 저'그마 또 미'영' 똡 바'드러 간다 카이.

= 저'어' 경'남', 경남 창영장'이라 카는 데 인는'데, 그어게 명 사'로[50]
간다 카이.

= 사 가주오 마 보티이[51] 떼로 마, 거'서 걸 때너 씨'가 무구버가' 그이
머 여 재'애', 산' 재'로 니: 나'쓱 너머야 데~'이 마'이 가올라 카이 무구버

두루마기를 하고 인제 시집 장가를 보내면 그 두루마기 해 가지고 그래 해서 입, 입고 다 뭐 이불도 밤물을 들여 가지고 두드려서 이불도 하고 온갖 것을 다 했다니까.

그러면 인제 그, 그래 가지고 인제 목화를 그 솜도 타고?

= 솜도 타고.

어, 그래 가지고?

= 그래서 그 세월이 좀 흘러가니 기계가 생겨서 그래 인제 목화만 가지고 가면, 거기 가서 앗아서 거기 제대로 그냥 구름 같이 타 가지고 장52)으로 재어서 그냥 가지고 온다니까.

= 그래서 오면 집에서 고치를 말아 가지고, 요래 살살 말아 가지고 그 실을 뽑아내서 일을 하니 얼마나 수월하고.

= 그 전에는 전부 집에 활을 가지고 탔다니까.

= 타 가지고 그렇게 했는데.

활로 다 인제 그래서 그래 했다, 그렇지요?

= 활을 가지고, 어.

= 그래, 그래 살았다고 하니까.

= 우리 클 때만 해도 그래 활로 타고 하는 것을 전부 다 보고 다 했다고 하니까, 그런.

그 인제 목화 같은 경우는 어떻게 재배할 때, 그러면 주로 밭에다?

= 밭에다가.

= 밭에 심어서 그 뭐 모두 그냥 뭐, 그때는 그게 아니면 안 되고, 또 적으면 또 목화를 또 받으러 간다니까.

= 저 경남, 경남 창녕시장이라고 하는 데가 있는데, 그곳에 목화를 사러 간다니까.

= 사 가지고 그냥 보퉁이 채로 그냥, 거기에서 그럴 때는 씨가 무거워서 거의 여기 재, 산, 재를 네 개씩 넘어야 되니 많이 가져오려고 하니 무거

가′서 은자 아′꼬 타고 하는데, 헤 가′주고 마 그래 아 가′오마 게우′께53) 헤가 오고.

그럼미너 그어 여′기너, 므야, 명′은 바′테다 시머 나며너 그러′미나 이렁 거 마니 안 내고 헤도 잘: 큼′미까, 이거너?

= 구′에 머′ 바′테 마 푸′초54), 거름, 푸초거르′믈 한 칠파럴: 데 가′마는 푸초거름 머 그 하′니라꼬 얼′매나 헤가 마다~'55) 여 마 사′리 가′주고 멀 소 미′테 발피고, 마 물′로 퍼′ 버′어 가라도 얼′매나 거르믈 마′이 장′만는지, 장마내 가′주고 거 명′ 갈고 하′는 데, 거 가따가 설슬 흔′치가56) 해 나′마′ 을:매′너 잘 때′는지, 머 비루′ 어꾸′ 해′도 거′르믈 흔′쳐가 하~'이 그′르꿈 잘 데드라 카′이께느.

어 명′응 그람′며너, 명′씨넌 처음 뿌릴 때느 한 언제쯤 뿌′림미까?

= 그′기′ 한 이월′ 그′무끼57), 사′멀 초′성58), 그를 떼 뿌리 덴다 카이.

그러머 그거늠 머 뿌′릴 때 근냥 씨′마 그냥, 어 골 타 가주 씨만 쪄 그′냥 너씀′미까, 앙 그암 머 어뜨에, 그거또 다르게 해가 너에 뎀′미까?

= 으, 그리, 그언 머 그어는 저 거르′믈 가즈고 내가 가야 소러 가주고 가러어′푸고 헤 가′주고 보드라′께 한다 카이, 가 가주고.

= 그거 흔′칠 때너:.

= 그레 덩그′리 업′뚜′로59), 흘뜽거′리60) 업′뚜루 헤 가′주고 거 머 엔나 레너′ 곰배라′꺼 이′썬데, 흘뜽거′리 치능 곰배′드61) 이꾸′마느.

= 거 인제 머 그:어 받따라 덩거′리가 마′이′ 지는 데는 툭툭 뚜디′리고62) 마 그래 가지거 미 뿔 멀 가′알고 헤가, 등거′리 업′뜨르 헤 가즈고 얼′매너 그래가 저 학.

= 그 푸초거름′만 내′도 그′리 잘 데.

= 거이.

은 저 명′이 구르쓰 자알′ 자′라는 모야~이다.

= 자′알 자′라고 머머 그러이 여리메63) 이′때′쯤 데 가맘 마 다′래하고

워서 거기에서 인제 앗고 타고 하는 데에서, 해 가지고 뭐 그래 가지고 가져오면 가볍게 해서 오고.

그러면은 그 여기는, 뭐야, 목화는 밭에다 심어 놓으면 거름이나 이런 것은 많이 안 내고 해도 잘 큽니까, 이것은?

= 그래 뭐 밭에 그냥 풀, 거름, 풋거름을 한 칠팔월이 돼 가면은 풋거름 뭐 그것을 하느라고 얼마나 해서 마당에 여기 그냥 썰어 가지고, 뭐 소 밑에 밟히고, 그냥 물을 퍼 부어 가지고서라도 얼마나 거름을 많이 장만하는지, 장만해 가지고 그 목화를 갈고 하는 데, 거기에 가져다가 슬슬 흩쳐서 해 놓으면 얼마나 잘 되는지, 뭐 비료가 없고 해도 거름을 흩여서 하니까 그렇게 잘 되더라니까.

어 목화는 그러면은, 목화씨는 처음 뿌릴 때는 한 언제쯤 뿌립니까?

= 그게 한 이월 그믐께, 삼월 초순, 그럴 때 뿌려야 된다니까.

그러면 그것은 뭐 뿌릴 때 그냥 씨만 그냥, 어 골을 타 가지고 씨만 저 그냥 넣습니까, 안 그러면 뭐 어떻게, 그것도 다르게 해서 넣어야 됩니까?

= 어, 그래, 그것은 뭐 그것은 저 거름을 가지고 내어서 가서 소를 가지고 갈아엎고 해 가지고 보드랍게 한다고 하니까, 가 가지고.

= 그것을 흩칠 때는.

= 그래 덩어리가 없도록, 흙덩어리가 없도록 해 가지고 그 뭐 옛날에는 곰방메라고 있었는데, 흙덩어리를 치는 곰방메도 있어.

= 그 인제 뭐 그 밭 따라 덩어리가 많이 진 데는 툭툭 두드리고 뭐 그래 가지고 몇 벌 뭐 갈고 해서, 덩어리가 없도록 해 가지고 얼마나 그래서 저 하고.

= 그 풋거름만 내도 그래 잘 돼.

= 그것이.

어 저 목화가 그렇게 잘 자라는 모양이다.

= 잘 자라고 뭐, 뭐 그러니 여름에 이때쯤 돼 가면 그냥 다래하고

꼬타'고 마~'이 핀'다 카이, 그기.

= 확: 피' 가주고 자잔항: 거'는 보드라'부 우리 가에 마:이' 따'무'꼬, 쿵 거느이 저'므 밍' 피'드르 이꼬 마.

= 그래 인'자 느즈께: 한 칠파럴 정도 데, 한 치'럴딸쯤 데야 다래, 보 드라'븐 그거'느 명'입', 인자 올:명'은 붕'지라 카'고, 느까:[64) 다래 여릉 거, 그거너 끔'무리 마: 저 누르무리:하~'이 헤'가 그거너 실로 뽀'바도 굴끼 뽀'빠이 데'고 갈, 가늘기느 암 뽀핀 나우고.

= 히'미 업'쓰니까.

= 그 아페: 은자 그 다래 여'러가 여'무려는 그어너' 실록 빼'도 고낍' 빼 가주고 어: 은자 딸 치'아른 사'라믄 사'위 인자: 두루막'또 하고, 두루 막'또 하고, 또 아'들 장개보낼 때 은제 두루막' 해가 이'피가 보내'고 그래 마~'이 해'따 크이, 옌나'레, 아주 옌나'레너.

그름 그 보통:: 그러며 인제 에 솜, 아까 활'로 솜 타고?

= 뜨으이, 그른 시기라.

그 다메 물로, 물레'로 은제 솜 머 그 식, 무명씨를 뽀버내고?

= 어, 물레로, 뽀바내고, 어, 어.

그너 인자 베틀레 언즈가 배를 짜고 하는?

= 언'저가, 뽀바내아 가주고 나러가', 나'러 가'주고.

에, 시'를 라'러 가'주고?

= 어안, 실 라'러 가'주고 거 은자 풀'로 끼'리' 가'주고.

푸를 머겨?

= 어, 풀 머'긴데, 미테 딩'개'불'로[65) 피'아가 그래 풀 거'그 마:카 말랴 가 그래 도투마'리에 그 실:로 자:꾸 이래 감:는다 카이, 겁 풀 미'이가[66) 말랸 쪽쪽.

= 그래가주 그 도투마'리로 다 해가느 도뚜마리 비트[67) 우'이[68) 가따 언져 노코, 그이 가 아'페 은자 비트'레 언저 이 짜'마, 그래 짜가 아페 은

꽃하고 많이 핀다니까, 그것이.

＝ 확 펴 가지고 자잘한 것은 보드라워서 우리 가서 많이 따먹고, 큰 것은 전부 목화 피도록 있고 뭐.

＝ 그래 인제 늦게 한 칠팔월 정도 돼, 한 칠월쯤 되어야 다래가, 보드 라운 그것은 목화가, 인제 올목화는[69] "붕지"라고 하고, 늦게 다래가 여 는 것은, 그것은 끝물이 뭐 저 누르무레하게 되어서 그것은 실을 뽑아도 굵게 뽑아야 되고, 가, 가늘게는 안 뽑혀 나오고.

＝ 힘이 없으니까.

＝ 그 앞에 인제 그 다래가 열어서 여문 그것은 실을 빼도 곱게 빼 가 지고 어 인제 딸 치우는 사람은 사위 인제 두루마기도 하고, 두루마기도 하고, 또 아들 장가보낼 때 인제 두루마기를 해서 입혀서 보내고 그래 많 이 했다니까, 옛날에, 아주 옛날에는.

그럼 그 보통 그러면 인제 어 솜, 아까 활로 솜 타고?

＝ 똑 같이, 그런 식이야.

그 다음에 물레로, 물레로 인제 솜 뭐 그 실, 무명실을 뽑아내고?

＝ 어, 물레로, 뽑아내고, 어, 어.

그래 인제 베틀에 얹어서 베를 짜고 하는?

＝ 얹어서, 뽑아내 가지고 날아서, 날아 가지고.

어, 실을 날아 가지고?

＝ 어, 실을 날아 가지고 인제 풀을 끓여 가지고.

풀을 먹여?

＝ 어 풀을 먹이는데, 밑에 겻불을 피워서 그래 풀 그것을 모두 말려서 그래 도투마리에 그 실을 자꾸 이래 감는다고 하니까, 그 풀을 먹여서 말 린 족족.

＝ 그래서 그 도투마리로 다 해서는 도투마리를 베틀 위에 갖다 얹어 놓고, 그래 가지고 앞에 인제 베틀에 얹어서 이렇게 짜면, 그래 짜서 앞에

자 이 이~'에 걸:고 해 가주고, 이~'예70) 거렁 어느71) 이 요올', 이에 앙 그르 으느 상'오리라 카는데, 그기 안제72) 어 발로 가주고 땡'기고 이래 그 하'며는 상'오릴 그 하고, 이 상'오'른 아무꼬또, 잉'애도 엄능 기, 그르 이 발로 간 땡'기마 상'오리 니'르가고 노으'마 또 상'오리 우'이 올'르가우, 그르아73) 부'글 은자 그 이 시'릴' 그어떠74) 은자 저저 그 한다 카이어, 꾸'리로 가주고 은자 부'게 여'가' 실: 안제 이레, 부'글 라'들 뎅'기드루75) 할 라 카'며는 그으를 실로 은자 또.

바′디에 다 후머, 닫?

= 저 실로' 은자 또 그기 감:는'다 카이끼네.

= 점모76) 꾸'리러, 꾸'리라 칸다, 그거로.

시, 시, 실꾸리?

= 어, 실:꾸'리 그거로 안자 부'게다가 여'가' 그래 안자 발로 가 낟'따가 데따 애나, 하믄 노'으마는 또 저 그건 부'글 가 이래 실꾸'리 그 당기'늘 가 이래 그 하'마 또 저 바'데지블77) 가주오 땡'기마 짜이'고, 또 땡'기마 또 그기 얀자78) 또 또 이짜'서이 인'짝79) 소'늘 가 또 이 온'짝 소늘 인 들 밀'마 또 바'디로 가즈 발 로오민80) 땡'기고 이래 가지고 저네 마만 짜 가주어, 점므 그래 짜가, 하이구 그래가 질'삼해여 마~'이 팔고 지'베 입'꼬, 그'랠라 카므 여자드'른 생연 지늑짬'도 몬 자'고 마실'도 함 모 까고.

= 개'우리마81) 미'영' 헤'애 데제, 여'르밈마 삼'비 헤'애 데제, 이'르~이 여자들 이래 나가여 놀 랴'가도 어꼬 주을 판 사르 사시르 질'삼헤애 데지, 머.

그 인제 오슬 해가 입′꼬 팔고 해야덴?

= 이꼬, 팔고.

검: 푸′를 그럼 머′길려며너 실른, 명′시′레느 인제 푸를 머 까지고 함미까, 그엄며는?

인제 이 잉아를 걸고 해 가지고, 잉아에 건 것은 "이 용올", 잉아에 안 건 것은 "상올"이라고 하는데, 그게 인제 어 발을 가지고 당기고 이래 그 하면은 "상올"이 그 하고, 이 "상올"은 아무 것도, 잉아도 없는 게, 그러니까 발을 가지고 당기면 "상올"이 내려가고 놓으면 또 "상올"이 위에 올라가고, 그래서 북을 인제 그 이 실을 그것도 인제 저 그렇게 한다니까, 꾸리를 가지고 인제 북에 넣어서 실을 인제 이래, 북이 드나들며 다니도록 하려고 하면은 그것을 실을 인제 또.

바디에 다 훑어, 다?

= 저 실을 인제 또 그게 감는다고 하니까.

= 전부 꾸리라고, 꾸리라고 한다, 그것을.

실, 실, 실꾸리?

= 어, 실꾸리 그것을 인제 북에다가 넣어서 그래 인제 발을 가지고 놓았다가 댔다가 하면서, 한 번 놓으면은 또 저 그것 북을 가지고 이래 실꾸리 그 당겨진 것을 이래 그 하면 또 저 바디집을 가지고 당기면 짜지고, 또 당기면 또 그게 인제 또, 또 이쪽에서 왼쪽 손을 가지고 또 이 오른쪽 손이 있는 곳으로 밀면 또 바디를 가지고 발을 놓으면서 당기고 이래 가지고 전에 많이 짜 가지고, 전부 그래 짜서, 아이고 그렇게 길쌈해서 많이 팔고 집에서 입고, 그러려고 하면 여자들은 생전 저녁잠도 못 자고 마을도 한 번 못 가고[82].

= 겨울이면 목화를 해야 되지, 여름이면 삼베를 해야 되지, 이러니 여자들은 이래 나가서 놀 여가도 없고 죽을 판, 살 판, 사시로 길쌈해야 되지, 뭐.

그 인제 옷을 해서 입고 팔고 해야 됩니까?

= 입고, 팔고.

그럼 풀을 그럼 먹이려면은 실은, 명실에는 인제 풀을 무엇을 가지고 합니까, 그러면은?

= 저, 밀까루.

= 밀까루 거'게 은자 덴장 야:까~'이83) 서카 가주오, 덴장 마~'이 안 서꼬 야깜'마84) 요래 서꾸'고, 고'래 가주고 하맘 머 미테 딩게'뿔'로 마:이 나 가지우 딩게'뿌'느 그어 말랴 가주고, 마리'마 도투마'리에 강꼬 강꼬 이래 가지오 다 말랴'미 다 매'고, 그래 소'오'리라꼬 또 이꾸마는.

= 소'올'.

= 그걸' 까'주고 안자85) 풀로86) 미'이'가 송' 가주고 은자 이래 뜩: 그 해 나 노먼 자꾸' 주무'려 가'주고 그래 가주고 인자 솔 그 까'주 삭싹 씨' 다믈마 올'로'리 은자 다 피'이'느마느.

= 다 피'이'마 미테 딩기뿔' 라 란는 그어 마리'마 은자 도투마'리에 강: 꼬', 또 땡기' 도로'며는87) 또 그 풀 미이'가 송'가 주무'리가, 그 은자 오:리 인잔 빡'뼈'타'두로 송'가 차무 주무'리가 그 해 가주고 또 솔'가 삭싹' 씨' 다으마 올'로'리 은자 삭: 그래 가주고 미테 딩기뿌'름 마리'마 또 강:꼬' 강:꼬' 이래 가주고 은제 해쩨.

그러'며너 그어기 풀', 아 소:른 머 가지고 만, 무슨 솔: 씀미까, 풀 머기는 소:른?

= 소'오'르 난제 사'네 가여, 사'네 가여 뿌'리러, 소'올' 매는 뿌리가 이 따 카이께네.

= 그기 연자.

나무뿌리가?

= 나름, 나무뿌리데 아이'고, 고기' 풀'매'러, 접 이래 푸'초매러 크능 긴데, 고 미테 뿌리가 야무러 가주고 고고'르 안자 마카' 페' 가주고 그 래 가 인자 솔'로' 은자, 솔뿌리~'이 껍띠'기러 비'끼 가주고 그거로 은 자 모다' 지고 마 매' 가주고 그래 가주 그이 그르 빡'씨 가주고 이릴 해 떠, 근.

거 인제 풀솔로 쓴다?

= 저, 밀가루.

= 밀가루 거기에 인제 된장을 약간 섞어 가지고, 된장을 많이 안 섞고 약간만 요래 섞고, 그래 가지고 하면 뭐 밑에 겻불을 많이 놓아 가지고 겻불에 그것을 말려 가지고, 마르면 도투마리에 감고, 감고 이래 가지고 다 말리면서 다 매고, 그래 솔이라고 또 있어.

= 솔.

= 그것을 가지고 인제 풀을 먹여서 손 가지고 인제 이래 딱 그렇게 해 놓아 놓으면 자꾸 주물러 가지고 그래 가지고 인제 솔 그것을 가지고 삭삭 쓰다듬으면 올올이 인제 다 펴지거든.

= 다 펴지면 밑에 겻불을 놓아 놓은 거기에 마르면 인제 도투마리에 감고, 또 당겨져 들어오면 또 그 풀을 먹여서 손으로 주물러서, 그 인제 올이 인제 빳빳하도록 손으로 전부 주물러서 그렇게 해 가지고 또 솔로 삭삭 쓰다듬으면 올올이 인제 삭 그래 가지고 밑에 겻불에 마르면 또 감고 감고 이래 가지고 인제 했지.

그러면은 거기 풀, 아 솔은 무엇을 가지고 만들어, 무슨 솔을 씁니까, 풀을 먹이는 솔은?

= 솔은 나중에 산에 가서, 산에 가서 뿌리를, 솔을 만드는 뿌리가 있다니까.

= 그게 인제.

나무뿌리가?

= 나무, 나무뿌리도 아니고, 그게 풀처럼, 저 이래 풀처럼 크는 것인데, 그 밑에 뿌리가 야물어 가지고 그것을 인제 모두 패 가지고 그래 가지고 인제 솔을 인제, 솔뿌리 껍질을 벗겨 가지고 그것을 인제 모아 쥐고 그냥 매어 가지고 그래 가지고 그것이 그렇게 억세어 가지고 이렇게 했어, 그것을.

그 인제 풀솔로 쓴다?

= 풀'쏠'로 씬'다 카이.

= 그'얻' 쏠'하고 저'머이 내가 딱: 거러 나'띠마'느 우리지'브 하, 안씨'어
르이 마'카'이 저 저 이거즈 사르 뎅기는 사'암멘 다 파러무 뿌고.

= 하나또' 업'시 다 파러 무어.

= 나'느 은제 이릉 그또 후:제 이쓰'마 씬'다꼬, 옌날' 다래'비도 오'슬
가주오 수'뿔'로 피아 가주고, 다래'비 그거 마:카' 은자 풀 미'이가 가마 달
써'예 덴데, 고오'또' 거르 나 나이끼네 고물재~'이한테 점 다 파르므뿌'
하너'또 이 지베, 하녀떠' 업뗌, 마.

어 그'어므 인제 명'응 그래 해가 명'시를 만드러가 베:를 짜'꼬, 그 다음
인제 삼'베도 예저네 마니 해'찌예?

사, 삼'베는 언제, 언제 심'꼬 어디에 주로 시머거 어뜨게 제베함미까?

= 삼:베도 은자 초보'메 삼베 저 삼씨가 이끄덩.

= 삼씨가.

= 삼씨가 인는데, 삼'씨 그거 은자 씨' 할'라꼬[88] 나 뚜고, 가세[89] 이리
나 뚜머 그그러 인 뜨'르[90] 가주고 나 또'따가 은자 고'곤' 은자 삼'비' 하
는 쩨게 그건 다: 암 비'고, 박[91] 가세' 쫌 시'아' 나'따가 삼씨, 그기 여루'
기라[92] 카'누마너.

= 그'으를 은자 바'드' 가주오 딱 터르 나따가, 그르이 인자 일찌~'
히[93] 은자 그언 초포'메 심능, 으 지 현처[94] 가주고 그'거'를 안자 입'때쭘
데가, 이때 안 데'여 은저 삼시 그이 자'라나 가주고 바'테 사'믈 은자 이리
여룩'씨로 은자 헌처 나 노므 사'미 크'는데, 삼' 그기' 얼'매나 받, 토질 존:
사'라믄 사'미 더 잘 커 가주고 마~'이 크'고, 바치' 토지리 나쁜 바'테느
사'미 마이 앙 크고 나'제마[95] 그기 인 영: 마 짜리'고 그'르'코.

= 그래 가주오 그'르믈 삼'씨로[96] 흔처 가주고 은자 매'[97] 가까 나마
똔 찌 어'시 우묵:하이 커 누만 제 그기 한 인자, 한 유'울딸쭈우미나 데
마 어'씨 크'누마느.

= 풀솔로 쓴다고 하니까.

= 그 솔하고 전부 내가 딱 걸어 놓았더니만 우리집 할머니, 시어머니께서 모두 저, 저 이것 사러 다니는 사람에게 다 팔아먹어 버리고.

= 하나도 없이 다 팔아 먹었어.

= 나는 인제 이런 것도 뒷날에 있으면 쓴다고, 옛날 다리미도 옷을 가지고 숯불을 피워 가지고, 다리미 그것 모두 인제 풀 먹여서 그러면 다 써야 되는데, 그것도 걸어 놓아 놓으니까 고물상한테 전부 다 팔아먹어 버리고 하나도 집에, 하나도 없데, 뭐.

어 그러면 인제 목화는 그래 해서 무명실을 만들어서 베를 짰고, 그 다음 인제 삼베도 예전에 많이 했지요?

삼, 삼은 언제, 언제 심고 어디에 주로 심어서 어떻게 재배합니까?

= 삼도 인제 초봄에 삼 저 삼씨가 있거든.

= 삼씨가.

= 삼씨가 있는데, 삼씨 그것을 인제 씨 하려고 놓아두고, 가에 이래 놓아두면 그것을 인제 떨어 가지고 놓아두었다가 인제 그것은 인제 삼베를 하는 때에 그것은 다 안 베고, 밭 가에 좀 세워 놓았다가 삼씨, 그것을 "여룩"이라 하거든.

= 그것을 인제 받아 가지고 딱 털어 놓았다가, 그러니 인제 일찍이 인제 그것은 초봄에 심는, 어 저 흩쳐 가지고 그것을 인제 이때쯤 되어서, 이때 안 되어서 인제 삼 저것이 자라나 가지고 밭에 삼을 인제 이래 "여룩씨"를 흩쳐 놓아 놓으면 삼이 크는데, 삼 그것이 얼마나 밭, 토질이 좋은 밭은98) 삼이 더 잘 커 가지고 많이 크고, 밭이 토질이 나쁜 밭에는 삼이 많이 안 크고 나지막하게 그게 이 영 뭐 짧고 그렇고.

= 그래 가지고 그놈을 삼씨를 흩쳐 가지고 인제 알뜰히 가꾸어 놓으면 또 저 상당히 우묵하게 커 놓으면 인제 그게 한 인제, 한 유월쯤이나 되면 상당히 크거든.

= 크'마 한 저 대'로 짜게' 가'주고 요래 마' 다라' 가'주고 고고로 그래 은자 똑, 저 오세' 말하자마' 칼, 징99) 칼'매로100) 마 이래 가'주고 대'칼로 맨드러 가주오 그래 삼바'테 가가 사미푸'르' 점'므' 그'어'르 가'주고 미테 여'가' 착착 추러 올'리마 이퍼'리가 싸앙: 마 줄리'는데, 그래 줄리'머넌 그 사'믈 은자 비 가'주고 은자 이래 그 함' 하나로'믄 안 데'구'로 이래 가'주고 어'씨' 크기 이리에 무꾼'다.

= 점므 이래 무까' 가지고 삼소'치101) 이꾸'마는.

= 그거르 은자 공동'으로 안자 이래 하'는데, 저: 은자 머 드레:나' 어데 그른 데엔 삼소'틀' 안제 지다:나'이102), 크게 안자 해 가'주오 그에, 그'어 다가 은자 머 사'믈 가따 여' 가'주고 물로 좀 버'코 해 가'주오 머 불'로 땐' 는데, 때 나 노므 거 사'미 점103) 다 상끼'가104) 물렁물룽물랑하~'이 해 가지우 거름'멘느 거르 안자 더'르 내고 안자 그래 또 한' 손'105) 여'코, 또 한' 손' 여'코 은자, 오'느른 이이이 지'베 여'코 니'어른106) 저 지'베 여'코 그 사'암들 여'코 또 다'음 사'리므107) 가오'마 또 여'코 이래 가'주고 해 내 가'져, 그'러믈 안자 이리 비'끼'마'108) 소게 그어를 지'르비라109) 카는데, 그어르 은자 이 사'믈 이레 쭈룩쭈루 안자 삐'낀다.

= 삐'끼마 그 지'르비 보:항' 기 나오는데, 그'그'느 은자 안자 이래 집' 전'는'110) 사람, 밥', 빙'111) 마출'라 카'마 그그를 안자 저므 은제 그'어다가 은제 씨'는데, 여'꺼가 그 해 가주'고 헐'클 안제 그 재'쎄'로112) 하고 이래 가이 씨'고.

= 그거 안제113) 사'믈 은저 그리 삐'끼 가주골랑 언자 그어르'믈 은자 마카' 말류'느마느.

= 몽테'기 멍테'이114) 해가 말류'아' 가'주고 그래 은자 다 해 가지고는 말'랴 가주오느 은자 그르믈 은자 추군'다115).

= 쎄로.

= 추'가 가'주고 은자스 고 삼' 고고러 안자 소네 해해 가'머 가'주고, 어 토'

= 크면 한 저 대나무를 쪼개 가지고 요래 그냥 달아 가지고 그것을 그래 인제 똑, 저 요즘 말하면 칼, 긴 칼처럼 그냥 이래 가지고 대칼로 만들어 가지고 그래 삼밭에 가서 삼잎을 전부 그것을 가지고 밑에 넣어서 착착 추려 올리면 잎이 싹 뭐 추려지는데, 그래 추려지면은 그 삼을 인제 베 가지고 인제 이래 그 하면 한 아름이 안 되도록 이래 가지고 상당히 크게 이렇게 묶는다.

= 전부 이래 묶어 가지고 "삼솥"이 있어.

= 그것을 인제 공동으로 인제 이래 하는데, 저 인제 뭐 들이나 어디 그런 데에 "삼솥"을 인제 기다랗게, 크게 인제 해 가지고 그래서, 거기에다가 인제 뭐 삼을 갖다 넣어 가지고 물을 좀 붓고 해 가지고 뭐 불을 땔 때는데, 때 놓아 놓으면 그 삼이 전부 다 삶겨서 물렁물렁물렁하게 해 가지고 그러면은 그놈을 인제 덜어 내고 인제 그래 또 한 솥 넣고, 또 한 솥 넣고 인제, 오늘은 이 집이 넣고 내일은 저 집이 넣고 그 사람들이 넣고 또 다음 사람이 가져오면 또 넣고 이래 가지고 해 내 가지고, 그놈을 인제 이래 벗기면 속에 그것을 겨릅대라고 하는데, 그것을 인제 이 삼을 이래 쭈룩쭈룩 인제 벗긴다.

= 벗기면 그 겨릅대가 보얀 게 나오는데, 그것은 인제 이래 집 짓는 사람, 벽, 벽을 맞추려고 하면 그것을 인제 전부 인제 거기에다 인제 쓰는데, 엮어서 그렇게 해 가지고 (그 다음에)흙을 인제 재새를 하고 이래 가지고 쓰고.

= 그것을 인제 삼을 인제 그래 벗겨 가지고 인제 그놈을 인제 모두 말리거든.

= 뭉치, 뭉치를 해서 말려 가지고 그래 인제 다 해 가지고는 말려 가지고는 인제 그놈을 인제 축인다.

= 새로.

= 축여 가지고 인제 그 삼 그것을 인제 손에 회회 감아 가지고, 어 톱

비라 카능 게 인는데, 고 은:저 나무판'떼기 하나 미'테 노코 고고르 안자, 토'비라 카능 기 또 저 칼'랄'매로 해 가즈으 요래 똑 멀 네모반드타'이 요랩 고르 비라' 가'지고 옌날 그어 핀:수'라꼬116) 인는데, 그 가여 비라'가 와가, 고 안자 미테 칼'라리 오 울'로 요래 두릴 요래 씨'아 가주고 너 고'다가, 시'안는 데 고'다가 어: 건 자루'로, 나무 자루로 가따 여' 가주고 고래 고오'로 다라'가' 고 땅 여'가 아우당하여117), 고로믈 나무'르 지고 미테 판떼이 한 노꼬 점'므 고오'르 안자 삼' 고오'르 안젤 다 따듬는'다.

　= 저 마카' 안자 요래 나'카라께 은자 따듬는'다.

　= 따드머가, 사'믈, 따드머 가'징오는 자 또 어 땅: 무까' 노꼬 은자 할 만'침승118) 내가119) 말:카 은자 소네 지고 은자 보드랍'꼬 삼 조은' 거는, 누'120) 너'꼬 보드라'끼 그 핸'능 거느 사'믈 여'들' 쎄'락, 여'덜 쎄', 이르 욘능 거'는 똑 지금 안동포만'츰121) 고끼122) 째이 데느마느.

　= 손투'불 가'주고 참: 고끼 요리 째 가'주고 그래 가주오 딱딱 매' 가지곤너 요래 매' 가'주골러 안자 처'믐 그 해 가주고 주'레다가 너러 가주오 사'믈 누::르뜨'루, 바래'드룩123) 주레 너르 노코, 그 은자 또 누' 니꼬 사'미 또 굴긍 거 그거느 또 삼비', 한 여 째나 다 째나 머 이래 굴끼 해 가주고 그래 하고.

　= 그래 우리들 클' 때도 친저으'서 사'믈 페가 그 하마 나도 처:므' 여'들 쌔' 삼비 고오'를 꽁꼼하~'이 째고 고래 다 상꼬 해 가주고 내 씨지보'민 씨너 아: 소'고또 마~'이 하고 우예 적'삼도 마이 하고 내거 얼'매나 참 해가 와'띠이, 삼비 적'삼도 열 랕 타마 고오'또 주' 기라 카고, 크엄 머머 얼'매나 마이 해가 완'는데, 저:므'124) 시'어르~이 다: 바다 이'버 뿌고, 다 바더 이'쁘고, 오세' 내'가 처마'르 하나 뜨더 가주고 풀'로 해가 해 나너이 그르 삼 시자~아 가'이 사'능 거 카마 영 그기 나다.

　= 나'서이 내가 아유 이'거를 내가 바뿌'제로125) 하'등 거 뜨'들라 카'다

이라고 하는 게 있는데, 그 인제 나무판자 하나를 밑에 놓고 그것을 인제, 톱이라고 하는 게 또 저 칼날처럼 해 가지고 요래 똑 뭐 네모반듯하게 요래 그래 벼리어 가지고 옛날에 그 대장장이라고 있는데, 거기에 가서 벼리어 와서, 그 인제 밑에 칼날이 요 위로 요래 둘이 요래 씌워 가지고는 거기에다가, 씌운 데 거기에다가 어 그 자루를, 나무 자루를 갖다 넣어 가지고 그래 그것을 다루어서 거기에 딱 넣어서 구부러지게 하여, 고놈을 나무를 쥐고 밑에 판자 하나를 놓고 전부 그것을 인제 삼 그것을 인제 다 다듬는다.

= 저 모두 인제 요래 날카롭게 인제 다듬는다.

= 다듬어서, 삼을, 다듬어 가지고는 인제 또 어 딱 묶어 놓고 인제 할 만큼씩 꺼내서 모두 인제 손에 쥐고 인제 보드랍고 삼이 좋은 것은, 흠이 없고 보드랍게 그 한 것은 삼을 여덟 새, 여덟 새, 이런 요런 것은 똑 지금 안동포만큼 곱게 째야 되거든.

= 손톱을 가지고 전부 곱게 요래 찢어 가지고 그래 가지고 딱딱 매어 가지고는 요래 매어 가주고는 인제 전부 그 해 가지고 줄에다가 널어 가지고 삼을 누렇도록, 바래도록 줄에 널어놓고, 그 인제 또 흠이 있고 삼이 또 굵은 것 그것은 또 삼베, 한 여섯 새나 다섯 새나 뭐 이래 굵게 해 가지고 그래 하고.

= 그래 우리들이 클 때에도 친정에서 삼을 해서 그 하면 나도 전부 여덟 새 삼베 그것을 꼼꼼하게 찢고 그래 다 삼고 해 가지고 내가 시집오면서는 아 속옷도 많이 하고 위에 적삼도 많이 하고 내가 얼마나 참 해서 왔더니, 삼베 적삼도 열 벌을 하면 그것도 죽[126]이라고 하고, 그 뭐, 뭐 얼마나 많이 해서 왔는데, 전부 시어른이 다 받아 입어 버리고 다 받아 입어 버리고, 요즘 내가 치마를 하나 뜯어 가지고 풀을 해서 해 놓아 놓으니 그래 삼을 시장에 가서 사는 것에 비하면 영 그게 낫다.

= 나아서 내가 아유 이것을 내가 보자기로 하던 것을 뜯으려고 하다가

가 아이고 아까'브가 내가 그년, 그냥 그 내가 그래 풀'로 해가 내가 그 해 난'는데.

　＝ 그래 하'고.

　그엄'며 사'믈 인제 쭉: 이야길' 해 주'션는데, 사'믄 그 시머 노'으며넘 거름하고 머 그러케 앙 가꾸'어도 잘 큼'미까?

　＝ 그이 오줌.

　＝ 오줌.

　＝ 오줌, 엔나'레 오주'믈 구'시르127) 해 노코 오주'믈 절 모단'는 그그'럴 삼' 그거 안 올'로올 쩨도 그 가따 퍼다 븐다 카~'이.

　＝ 줄'주리 퍼다 부꼬 해 나'므 삼 올라와'가느 앙 그라'도 기 그래 잘 커 올'러가.

　＝ 잘 커 올라가 가주고 은젠느.

　사'믄 그래 잘: 큰'다, 그'지예?

　＝ 그리 잘 크'고 그어로128) 머 공' 드'리 가주고 얼'매나 마.

　＝ 그래 가주오 그어'또 은자, 그거또 은자 그래 사'머 가주고 은자 또 물레'예 가라'글 해가 씨'를 작'는다129).

　＝ 저므 이'르이130) 그 하마 실로 맨드러가 자긴'다, 거'너.

　＝ 배배' 도'라 가주고 물레' 그 하'머.

　＝ 그래가 가라게 올'리고 올'리고 해가 그어또' 돌고'시 인는데, 그 언자 돌게'서 올'린다.

　＝ 저:므 가라'게 엔자131) 이래 머 꼬재~'이나 머 시'랑132) 하나 고 가락' 고 뺀'는' 거르 딱: 뽀'브가 소늘133) 지'고 저:므 돌거'세, 그'느이 돌고'시라 카능 어 방 하나 마'첨134) 네모반:드타'이 해 가지고 미'테느 바닥 해가 우'예느 은자 곤 네, 니: 개'로 요'리, 욜, 요래 해 가지고 두 나'틀 가 가깨'를 해가 언지 나'이 닌: 나'치 데'는데, 그어따가 은자 가세 꼬재~'이로 꼬'버가, 니 군데 꼬바 점:므' 그 돌고'슬 안제135) 그 가따 오, 가라'

아이고 아까워서 내가 그냥, 그냥 그 내가 그래 풀을 해서 내가 그 해 놨
는데.

＝ 그래 하고.

　그러면 삼을 인제 쭉 이야기를 해 주셨는데, 삼은 그 심어 놓으면은 거름하
고 뭐 그렇게 안 가꾸어도 잘 큽니까?

＝ 그러니 오줌.

＝ 오줌.

＝ 오줌, 옛날에 오줌을 구유를 해 놓고 오줌을 저 모은 그것을 삼 그
것이 안 올라온 때에도 그것을 갖다 퍼 붓는다니까.

＝ 줄줄이 퍼 붓고 해 놓으면 삼이 올라와서는 안 키워도 그게 그래 잘
커 올라가.

＝ 잘 커 올라가 가지고 인제.

　삼은 그래 잘 큰다, 그렇지요?

＝ 그래 잘 크고 그것을 뭐 공을 들여 가지고 얼마나 뭐.

＝ 그래 가지고 그것도 인제, 그것도 인제 그래 삼아 가지고 인제 또
물레에 가락을 해서 실을 잣는다.

＝ 전부 이래 그 하면 실을 만들어서 잣는다, 그것은.

＝ 뱅뱅 돌아 가지고 물레 그래 하면.

＝ 그래서 가락에 올리고, 올리고 해서 그것도 돌껫이 있는데, 그 인제
돌껫에 올린다.

＝ 전부 가락에 인제 이래 뭐 꼬챙이나 뭐 실이랑 하나 그 가락 그것을
뺀 것을 딱 뽑아서 손으로 쥐고 전부 돌껫에, 그러니 돌껫이라고 하는 것
은 방 하나 만큼 네모반듯하게 해 가지고 밑에는 바닥을 해서 위에는 인
제 그 네, 네 개로 요래, 요래, 요래 해 가지고 그 두 개를 가지고 각(角)
지게 해서 얹어 놓으니 네 개가 되는데, 거기에다가 인제 가에 꼬챙이를
꽂아서, 네 군데 꽂아서 전부 그 돌껫을 인제 거기에 갖다 올, 가락을 올

을136) 올'리 가'지고.

= 그거또 마 엔나레 마 저 콩깍떼'기, 콩각떼'이137) 그'러믈138) 떼'감'
머 그거 그때 거다 띠'아139) 가주고 그 삼'비 껍띠'를140) 비끼 가주고 그
래가' 바~'아'141) 머 불'로 하'알'매나 때'가 뜨끈뜨끈하에 가'마이때'그
로142) 그아가 거일 돌곧 올린능 거 신:쩨'슬 거 가따가 언'지 가주고 그거
은젤 해 가즈건 그얼 삼' 그 껍띠'가 다 버'어'지143) 뿌고, 무리144) 가여 헐
러헐런 씨'꺼 뿌맘 마 사미 마 노:라~'이 껍띠'이 버어져 얼'맨 끼꼬'리145)
거치 고붕 거, 그거'를 가'지고 안자 또 날:곰: 비'이'제, 푸를, 그거'는 제
진'짜로 삼비는 덴장을 마이 여가 풀로 끼린다 카이끼네.

= 삼비늘 과'라' 나'마 몬 짜'이끼네146) 누구::타'이 해가 마 덴'장을
마~'이 여'어' 가지고, 삼'비:, 그래 가지오 참 미테 머 그으는 그 할 쨰,
여르메 마 미'테 불' 안 그래돔 비'테 맘맘 말랴'도 마 솔'로 가주오 마 쩌
풀'칠마 해 가지고 마 그 해 납, 버쓱버쓱 마리'마 머 그 해 가주고 덴장을
마 니'리 여 나 느이 짜'만 누구:타'이 잘 짜인'다 카이.

= 잘' 짜에 가주오, 그래 해'가 참 머 공' 마~'이 드리'이 덴다, 마이
드리' 데, 마알또' 몬 한다.

그러며너 그 삼'베 이어너 삼:, 아까 해' 가'주 와서 어: 끄 나머 저'므 더
지'베, 어떤 동:네마'다 삼' 삼:는 고'시?

= 이'찌.

그'너이까.

= 점'부.

거 공'동으로 함'미까, 그'르면?

= 거'느 인저 그거로 집찌'인147) 모 나~'이 그으'또' 머 머 즈 게:솜'148)
매:일 머 하능 거' 뜸마 지중149) 끼 이'쓰야 데'지마너 한 지 꺼 살머 내'
뿌' 나'마 안 살믄 그 다리'이' 이 또 사'암꼬 해도 데'이끼네, 공동으로.

= 그'이 머 터'가 으'씨150) 큰' 데 치'르 논'는다 카'이께네.

려 가지고.

= 그것도 그냥 옛날에 뭐 저 콩깍지, 콩깍지 그놈을 때서 그냥 그것을 그때 거기에다 때 가지고 그 삼베 껍질을 벗겨 가지고 그래서 방에 불을 얼마나 많이 때서 뜨끈뜨끈하게 가마때기를 그래서 그 돌껏을 올린 그 "실껏"을 거기에 갖다가 얹어 가지고 그거 인제 해 가지고 그 삼 그 껍질이 다 벗겨져 버리고, 물에 가서 헐렁헐렁 씻어 버리면 그냥 삼이 그냥 노랗게 껍질이 벗겨져서 얼마나 꾀꼬리같이 곱은 것을, 그것을 가지고 인제 또 날고 비에 풀을, 그것은 인제 진짜로 삼베는 된장을 많이 넣어서 풀을 끓인다니까.

= 삼베는 괄아 놓으면 못 짜니까 누굿하게 해서 그냥 된장을 많이 넣어 가지고, 삼베, 그래 가지고 참 밑에 뭐 그것은 그 할 적에, 여름에 그냥 밑에 불을 안 그래도 볕에 뭐, 뭐 말려도 그냥 솔을 가지고 뭐 저 풀칠만 해 가지고 뭐 그렇게 해 놓으면, 버썩버썩하게 말리면 뭐 그렇게 해 가지고 된장을 뭐 이래 넣어 놓아 놓으니 짜면 누굿하게 잘 짜인다니까.

= 잘 짜여 가지고, 그래 해서 참 뭐 공을 많이 들여야 된다, 많이 들여야 돼, 말도 못 한다.

그러면은 그 삼베 이것은 삼, 아까 해 가지고 와서 어, 그 남의 전부 다 집에, 어떤 동네마다 삼 삼는 곳이?

= 있지.

그러니까.

= 전부.

그 공동으로 합니까, 그러면?

= 그것은 인제 그것을 집집이는 못 하니까 그것도 뭐, 뭐 저 계속 매일 뭐 하는 것 같으면 자기 것이 있어야 되지만은 한 집 것을 삶아 내 버리고 나면 안 삶은 그 다른 사람이 또 삶고 해도 되니까, 공동으로.

= 그러니 뭐 터가 상당히 큰 데에 차려 놓는다니까.

= 구디~'이로 파: 가지고 똥'151) 머 삼수'치 이따 카이.

= 삼:소'치152) 인는데, 그'어다 여'가 물 버 가지고 마 머 턱' 떠프153)
나 노'코 때'맘 마 걸 물커물크물커하~'이 내 가'지고 그느 그 사'믈 삐'끼
마154) 지'르비, 하양 기, 귀엔 나오'마 그어느 집' 쩐'는 데, 근 데 씨'고155),
인제 사믄 은자 이건 싸'머가 질'삼 해'가 이'꼬 나'므마 팔'고.

그러며너 그'게 삼솥::치 근'냥 머 무쉐소'치나 이렁 게 아이'고 구덩이를
파 가주고?

= 구덩'이를 파' 가주고, 거' 구둥'이르 파'가' 속'156) 거능어매'로157) 거,
그에 머'슨 소'치 이뜨'라 카'이께네.

= 그 저 저거 함썩쏨'매'로158), 함썽매'로, 함서'글 우'예가 맨드'러 가주
고 크'기, 지단::허'이159), 크기 맨드'러가 그그를 은자 구디~'이루160) 지
다:나'이 페'가, 파 가주고 돌'클 가즈으 이래 사'고, 가'세'은161) 또 헐'클
이개 가'주고 불' 안 나'오드로162) 처'엄'므 이래 사' 가지고 그'르가 불'루
떼'이 가스러'느 불 한 안 나가고, 저짜'느 꿀:떠'을163) 내 나 노'이끼네 마
여어숨 불' 여'이께'네 마 꿀떠'이 영'헤 뭉텅뭉트 나가'고.

= 어'릴 때 바'도164) 그래 해 가주고 물컹물커하~'이 살므가 내고.

= 고으또'165) 시가~'이 이뜨'마느.

= 머 하'믕166) 커'라머 이 시'가네 내'도 덴'다 카능 그기 이쓰가 내고.

그럼' 인제 사믄: 아까 어 이야기한' 데'로 삼'도 거 은제 덴'장을 쫌 두 너'마?

= 덴'장은, 덴'장을 마~'이 여'야 데.

마니 너'어 가주고 쫌 눙눅하'게 하기 위에서 풀' 머'기 가'주고?

= 어, 무'으, 머'겨가 그리 짠다 카이.

맨: 인저 베' 짜'능 거는 또깐'네, 그지예?

= 또오까'찌.

아까' 이야기해'떤?

= 어, 아까 고오칸' 또'까트.

= 구덩이를 파 가지고 똑 뭐 "삼솥"이 있다니까.

= "삼솥"이 있는데, 거기에다 넣어서 물을 부어 가지고 그냥, 뭐 턱 덮어 놓아 놓고 때면 그냥 그 물컹물컹하게 내어 가지고 그러면 그 삼을 벗기면 겨릅대가, 하얀 게, 그것이 나오면 그것은 집 짓는 데, 그런 데 쓰고, 인제 삼은 인제 이것을 삼아서 길쌈해서 입고 남으면 팔고.

그러면은 그것이 "삼솥"이 그냥 뭐 무쇠 솥이나 이런 게 아니고 구덩이를 파 가지고?

= 구덩이를 파 가지고, 거기에 구덩이를 파서 솥을 거는 것처럼, 거기에 무슨 솥이 있더라니까.

= 그 저 저거 함석솥처럼, 함석처럼, 함석을 어찌 만들어 가지고 크게, 기다랗게, 크게 만들어서 그것을 인제 구덩이를 기다랗게 파서, 파 가지고 돌을 가지고 이래 싸고, 가에는 또 흙을 이겨 가지고 불이 안 나오도록 전부 이래 싸 가지고 그래서 불을 때니 가에는 불이 하나도 안 나가고, 저쪽에는 굴뚝을 내 놓아 놓으니까 뭐 여기서는 불을 넣으니까 그냥 굴뚝에 연기가 뭉텅뭉텅 나가고.

= 어릴 때 봐도 그래 해 가지고 물컹물컹하게 삶아서 내고.

= 고것도 시간이 있더라고.

= 뭐 한 번 그러면 이 시간에 꺼내도 된다고 하는 그것이 있어서 내고.

그럼 인제 삼은 아까 어 이야기한 대로 삼도 그 인제 된장을 좀 더 넣으면?

= 된장은, 된장을 많이 넣어야 돼.

많이 넣어 가지고 좀 눅눅하게 만들기 위해서 풀을 먹여 가지고?

= 음, 먹여, 먹여서 그래 짠다니까.

마찬가지로 인제 베 짜는 것은 똑같네, 그렇지요?

= 똑같지.

아까 이야기했던?

= 어, 아까 고것과 똑같아.

명′ 짜′능 거나?

= 면 짜'능 거너 머 또까'치 짜'고.

거어′면′ 인제 삼′베′ 기틍 겨′우너 고븐, 오:리′ 곱′브냐 아는:느냐에 따라서?

= 어, 따'르지.

쎄가 며 쎄냐 ***?

= 며' 쎄'에, 그 여'덜 쎄'가 삼비'느이 제일' 고븐'즈 기고, 앙 그라므'일'곱 쎄, 여' 써', 여' 쎄', 다' 쎄', 이리, 이른데 바'데가:167) 여'덜 쎄 바'데는 촌추'릉코, 고:꼬', 은자 다' 쎄 이'릏 거'느 마 바'데가 마 머 엉그릏그릏글하~이, 굴딴:하~'이 해'가' 시리 굴'근 그루가 짜'이끼네 그르꼬, 여'덜 쎄 삼비' 바'데늠 마 존주름'타168), 바'데가.

= 존쪼롬하~'이 해가 그'로믈 짜 나 노맘 마 을'매남 마 조온'지.

거면′ 은제 여′덜 셰나 일곱 셰나 이렁 거느 주′로 해 가주고 쫌 조은 옫?

= 조온 옫' 안제 시, 시집보낼 사라믄: 여'들 세 삼비, 그'러믈 해'가 모다 갸'주고 처마도 하'고 적삼도 하'고, 또 미'테 저'어젙' 엔나레는 사르마'더라 케'따, 오'센 팬'티르 케'지마너, 그래 가주오 그어또 하'고 이래 가주오 참' 죽'쭈'이169) 해가 보낸'는데, 그늠 머 시, 내 시집오~이 머 멈 안씨'어르이170) 머 말:카' 바드가 다 이'으171) 뿌고.

그러′며 인제 그건.

= 그어또' 오'또 이'브라 카미 내주'마 상'을 피' 가'주고 미'느리172) 조따 카'잉끼네 미'느리가 고'맘 므 시'어르은 마 다 이'브러꺼 조 뿌고.

거람′ 저 어: 쫌 굴근: 세′나 이렁 거′너 그냥 마고?

= 그래, 즈기 은 나 만 사람.

마곱 해 가주오?

= 그'래, 나 만 사람마173) 소'곧.

= 소곧 해' 이'꼬, 마 막 이래 이'꼬.

= 일 하미 이'블 끄 이'꼬.

무명 짜는 것이나?

＝ 무명 짜는 것이나 뭐 똑같이 짜고.

그러면 인제 삼베 같은 경우는 고운, 올이 고우냐 아니냐에 따라서?

＝ 어, 다르지.

새가 몇 새냐 ***?

＝ 몇 새에, 그 여덟 새가 삼베는 제일 고운 것이고, 안 그러면 일곱 새, 여섯 새, 여섯 새, 다섯 새, 이래, 이런데 바디가 여덟 새 바디는 촘촘하고, 곱고, 인제 다섯 새 이런 것은 그냥 바디가 그냥, 뭐 엉성엉성하게, 굵다랗게 해서 실이 굵은 것으로 짜니까 그렇고, 여덟 새 삼베 바디는 뭐 촘촘하다, 바디가.

＝ 촘촘하게 해서 그놈을 짜 놓아 놓으면 그냥 얼마나 그냥 좋은지.

그러면 인제 여덟 새나 일곱 새나 이런 것은 주로 해 가지고 좀 좋은 옷?

＝ 좋은 옷 인제 시, 시집보낼 사람은 여덟 새 삼베, 그놈을 해서 모아 가지고 치마도 하고 적삼도 하고, 또 밑에 저저 옛날에는 "사르마다174)"라고 했다, 요즘은 팬티라고 했지만은, 그래 가지고 그것도 하고 이래 가지고 참 줄줄이 해서 보냈는데, 그런 뭐 시집, 내가 시집오니 뭐, 뭐 시어머니가 뭐 모두 받아서 다 입어 버리고.

그러면 인제 그것은?

＝ 그것도 옷도 입으라고 하면서 내주면 얼굴을 펴 가지고 며느리가 췄다고 하니까 며느리가 고만 뭐 시어른 뭐 다 입으라고 줘 버리고.

그 인제 어 좀 굵은 새나 이런 것은 그냥 마구?

＝ 그래, 저기 어 나이 많은 사람.

마구 해 가지고?

＝ 그래, 나이 많은 사람이면 속옷.

＝ 속옷 해 입고, 뭐 막 이래 입고.

＝ 일 하면서 입을 것 입고.

그러며'너' 여기 예저'네 거 삼' 그거, 사'믈 인제 그거 아, 사'머 가주 아까 톱'찔하고 한'다 핸데, 그어 삼' 이거 찌'즐라 그러며는, 삼' 쨀'려며는 매'우 안 힘'듬미까, ** ***?

= 힘'드지.

사'믄 쨀:려'며는 주로 머 어뜨게 째미, 거느?

= 고 안제 사'믈 할라 카면 은제 삼' 고골 안자 모두 은자 요리 매' 낭'기 이꾸'마너.

= 저 매' 낭'기 인'는데, 고고르 은자 당'가 가주고 고고르 안자 똑 머고 칼'매'로 고랩, 고릉 시'키로 요래 인'는데, 고 은자 우'이175) 자리'느 나무자리'르 해 가'주고 고래 가주 고'로믈 당간'능 거로 건지 가주고 말:카 요'래가 마 말 자'꾸 요'랟 토'블 가주오 자:꾸' 고 저절 삐'낀다 카'이.

= 삐'끼마176) 고'기 사'미 고에 나'카라끼177) 달'거178) 가주고 고래 은자 그 한데, 고오루' 안자 요래 은자 딱 고고 인자 고'래 해가'너 은자 좀 매' 논는'마는.

= 매 가'주고 저: 주'레 가따 너'르 놔 노'마 사'미 누:르'이 바래'마 인자 그'러믈 함 뭉티'이'슥 거더 와 가'주고 무레 추'가 가주고 그'래 가주 안제 이리 이래 그 한'다 카이.

= 소'네 여 엉게송'까라 여 떡: 이래 가'머가, 하 노'꿍 가'므가 요리 쨷'다 카이.

= 요'래가 요' 허, 온'짝' 손투'블179) 가주고 고::끼' 이럐' 가주어 쨔:가 손, 요 하나 하'마 한 송까'을180) 새' 여'코 또 여짜여 한 송까을 새예, 요에 한 송까을 새'에 여'꼬.

= 그래 고기 안자 여 소'네 항:글' 다 쨰이'마 굴:근' 사'믄 재'끼고, 이 쨀' 넝가181) 나' 뿌고, 가'능 그마 고:끼' 쨰 가'지고, 은제 그는 저 굴근 삼' 비느 은제 여 소능까'라게 푸'르 가주고 빼: 가'주고 여불때'이182) 나 나'뿌고 쨷'는 데 송까'라게 여 말:카 쨰가 모다난'능 고'르믈 안제 쨰'매쓱 쨰'

그러면은 여기 예전에는 그 삼 그거, 삼을 인제 그것 아, 삼아 가지고 아까 톱질하고 한다고 했는데, 그거 삼 이것을 찢으려고 그러면은, 삼 째려면은 많이 안 힘듭니까, ** ***?

= 힘들지.

삼은 째려면 주로 뭐 어떻게 쨉니까, 그것은?

= 그 인제 삼을 하려고 하면 인제 삼 고것을 인제 모두 인제 요래 매 놓은 게 있거든.

= 저 매어 놓은 게 있는데, 고것을 인제 담가 가지고 고것을 인제 똑 뭐 그 칼처럼 그래, 고런 식으로 요래 있는데, 그 인제 위에 자루는 나무 자루로 해 가지고 고래서 고놈을 담근 것을 건져 가지고 모두 요래 그냥, 그냥 자꾸 요래 톱을 가지고 자꾸 그 저저 벗긴다니까.

= 벗기면 그것이 삼이 거기에 날카롭게 닳아 가지고 그래 인제 그 하는데, 고것을 인제 요래 인제 딱 고것을 인제 그래 해서는 인제 좀 내 놓거든.

= 매 가지고 저 줄에 갖다 널어 놔 놓으면 삼이 누렇게 바래면 인제 그놈을 한 뭉치씩 걷어 와 가지고 물에 축여 가지고 그래 가지고 인제 이래 이래 그 한다니까.

= 손에 여기 엄지손가락 여기에 떡 이래 감아서, 함 움큼을 감아서 요래 찢는다니까.

= 요래가 요기 어, 오른쪽 손톱을 가지고 곱게 일으켜 가지고 째서 손, 요기 하나를 하면 한 손가락 사이에 넣고 또 이쪽에 한 손가락 사이에, 요기에 한 손가락 사이에 넣고.

= 그래 고게 인제 여기 손에 한껏 다 째지면, 굵은 삼은 젖히고, 이쪽으로 넘겨 놓아 버리고, 가는 것만 곱게 째 가지고, 인제 그것은 저 굵은 삼베는 인제 여기 손가락에 풀어 가지고 빼 가지고 옆에 놓아 두어 버리고 짼 데 손가락에 여기 모두 째서 모은 고놈을 인제 조금씩 조금씩 인제

매쓱 은자 갈라 가주오 우'에 딱'딱' 매' 가주고, 고래 가'주고 은자 또 항:그데'만 요래 항:그 요래 무까' 가지어 또 저 가따 거'르 노'마 거르 난'능 고이'바래'마 안자 거드가 와가 그어 저 내 사'믈 만츠믐 추구능' 기라, 무'레'.

= 내 오'늘' 요'마츰183) 상께따 시프'머'노 고마침 내'어 딱' 추구'는데184), 추가 가어'지고 고고이 이'리미185) 진'지'라 칸다.

= 미'테 고언 삼' 요래 은자 거'르 가'주고 은자 이래 양쭈'186) 고 진'지'라 카능 그'르이187) 미테 바'다게 저 토'마기 쿵' 거하'고 우'예188) 은자 고 은제 꼬재~'이가189) 동그리:항' 거르 가 우'예 끈티'이로 말'카' 이기 가주고 삼' 뇨 고'오 가따' 착 걸 마'츰 딱: 고 해가 두 나틀 딱: 요래 거르 나'노'코 고 사'믈 은제 빼 가'주고 장개~'에다가190) 저므 상:끄넝.

= 저'어'므 장'게~에다 비비'가 살머 가주고, 사머 가'주고 말:카 요 여'페다 땅: 니'르가 요이 당'꼬, 당꼬 예 자:꾸', 종'일 상꼬 그 하므' 여 이'가, 안니가191) 달가 가주 옴팡:하'다.

= 그'래가 여' 장'게~이도 자:꾸' 삼 고고르 은제 이까'머쓰192) 사'므마, 장'게~이 여 껍띠'가 다 버'져, 난:제에느 마 따갑:따'가 따갑따'가 따까'리가193) 안자가주 구등'사리 데'두룩 삼는다 카이.

= 그래 사머가 그 질'싸믈 해가 그래 인자 남:능' 거느 팔고 이'꼬 머 시집 짱가 보내'고 멀 만:달 그'렁 거 하고 그'르 나이 몬 사'르따.

= 엔나'레 아'느롬 바끈'닐'로 쫌 하고 쫌 해'야먼, 저 가'치 해'야마니 잘: 사'르쓸 낀데.

= 오쎄'느194) 은제 질'쌈 그 안 하'고 하'이끼네 탁' 뻬'쓰 노'코 머 멈머 실랑'캉195) 가치 나가 일:로' 하'이끼너 어엏'매나 머멈머, 너'무 일꾼 안 디'르고196) 하~'이 모두'리 나'므 얼'매나 모두 부자로 잘 싸노', 잘 싸는 사람.

검' 인제 예저네'느 그 삼: 어 그거 째'고 삼 삼'능' 거, 이게 제:일 머 그게?

= 크'니리지, 그'으이 그이 젤: 크'니리지.

시가니 마니 걸레야지?

갈라 가지고 위에 딱딱 매 가지고, 그래 가지고 인제 또 한껏 되면 요래 한껏 요래 묶어 가지고 또 저기에 갖다 걸어 놓으면 걸어 놓은 그것이 바래지면 인제 걸어 와서 그 저 내가 삼을 만큼만 축이는 거야, 물에.

= 내 오늘 요만큼 삼겠다 싶으면 그만큼 내어서 딱 축이는데, 축여 가지고 고것이 이름이 "진지"[197]라고 한다.

= 밑에 그 삼 요래 인제 걸어 가지고 인제 이래 양쪽 고 "진지"라고 하는, 그러니 밑에 바닥에 저 토막이 큰 것하고 위에 인제 그 인제 꼬챙이가 동그란 것을 가지고 위에 끄트머리를 모두 뭉개 가지고 삼을 요 거기 갖다 착 걸 만큼 딱 그렇게 해서 두 낱을 딱 요래 걸어 놓아 놓고 고 삼을 인제 빼 가지고 정강이에다가 전부 삼거든.

= 전부 정강이에 다 비벼서 삼아 가지고, 삼아 가지고 모두 요 옆에다 딱 내려서 요 담고, 담고 이래 자꾸, 종일 삼고 그렇게 하면 여 이가, 앞니가 닳아 가지고 옴팡하다.

= 그래서 여기 정강이도 자꾸 삼 고것을 인제 이으면서 삼으면, 정강이 여기 껍질이 다 벗겨져서, 나중에는 뭐 따갑다가, 따갑다가 딱지가 앉아서 굳은살이 되도록 삼는다니까.

= 그래 삼아서 그 길쌈을 해서 그래 인제 남는 것은 팔고 입고 뭐 시집 장가를 보내고 뭐 만날 그런 것을 하고 그래 놓으니 못 살았다.

= 옛날에 안사람도 바깥일을 좀 하고 좀 해야만, 저기 같이 해야만 잘 살았을 것인데.

= 요새는 인제 길쌈 그것 안 하고 하니까 탁 벗어 놓고 뭐, 뭐, 뭐 신랑과 같이 나가서 일을 하니까 얼마나 뭐 뭐 뭐, 남의 일꾼 안 들이고 하니까 모아 놓으면 얼마나 모두 부자로 잘 사나, 잘 사는 사람.

그럼 인제 예전에는 그 삼 어, 그거 째고 삼을 삼는 것, 이게 제일 뭐 그게?

= 큰일이지, 그게, 그게 제일 큰일이지.

시간이 많이 걸려야지?

= 마~:이 걸리지.

= 그'래가' 지'나갈로198) 안자 또 이'란다.

= 아이고 혼'차 멈머 하'는 사'람머 그이 할'라 카이 그'러꼬 마, 아:문 날' 찌'느게너: 그이 두리싸'미라199) 케'따, 아문 날' 찌'느게는 동'네 싸'람 모다 가'주고 그'르 우리 싸'암' 쫌 사'머 도고: 카마 거 인제 저'그 싸'믄 나'뚜오 근'날 찌'느이느 인'자 그 모다' 그 지브 가능 기라.

= 가'마' 은자 지니'게 은자 마 마 여르::시' 마마 둘'러아 마 사'므마 거' 또 까'브지그등200).

= 마'에 저 그, 마~'이 하'그더.

= 하'마 한 머 어 머머 방쭝:: 데'드르 사'므맘 마 밀수'지비르201) 떠' 가'주고 은저 중'참 주마 은자 그 항 그'륵쏭 무'꼬, 또 상:꼬 마 그'래가 은제 사'머 주고 마.

= 또' 머 어'는 지'베 또'아' 두리'삼 하루 찌'느 부'치자: 케 가주고 그'래 인'자 또 그 지'브 가에 또 사'마 주고 그'래 해사'따.

아 그언' 인'제 스로?

= 서로' 은제 그른 인자.

거'머' 은제 두'레 시'그로?

= 어, 두리사'움, 그래.

그래서, 그르가' 푸'마'시 해 주는 시'그로 그르가 삼'도, 워'나 이'리 마늘 때'?

= 어, 어, 어, 거'리이께네: 한 머 앙 까'버지이끼네: 또 혼'차 하는 사' 암드또 바'치 조:코 하'만 사'믈 마~'이 하'그던.

= 마~'이 하는 그 사'암드리 그릅 뿌'부'치만 또 그 지'브 가이 해 주'고, 마 그래 안 해'도 델 사'라믈 머 시'오마시202) 이'꼬, 미'느리 이'꼬 머, 시'누부 머 망:코 한 사'라믄, 저'거 여 해'도 데는 사람 저'그 하'고, 단'소'네 마~'이 하는 사'라믄 "두리싸'미"라 카능 거 부'치따 카이, 지'느갈로.

= 그리 저'므 해 주'러 가고 이'래따 가이.

= 많이 걸리지.

= 그래서 저녁으로 인제 또 일한다.

= 아이고 혼자 뭐, 뭐 하는 사람은 그 하려고 하니 그렇고 그냥, 아무 날 저녁에는 그게 "두레삼"이라고 했다, 아무 날 저녁에는 동네 사람을 모아 가지고 "그 우리 삼을 좀 삼아 다오."라고 하면 그 인제 자기들 삼은 놓아두고 그날 저녁에는 인제 그 모아서 그 집에 가는 거야.

= 가면 인제 저녁에 인제 그냥, 그냥 여럿이 그냥, 그냥 둘러서 그냥 삼으면 그것도 줄어들거든.

= 많이 저 그, 많이 하거든.

= 하면 한 뭐 어 뭐, 뭐 밤중 되도록 삼으면 그냥 밀수제비를 떠 가지고 인제 중참 주면 인제 그 한 그릇씩 먹고, 또 삼고 그냥 그래서 인제 삼아 주고, 그냥.

= 또 뭐 어떤 집에 또 "두레삼" 하루 저녁 붙이자고 해 가지고 그래 인제 또 그 집에 가서 또 삼아 주고 그래 했었다.

아 그것은 인제 서로?

= 서로 인제 그것을 인제.

그러면 인제 두레 식으로?

= 어, "두레삼", 그래.

그래서, 그래서 품앗이를 해 주는 식으로 그래서 삼도, 워낙 일이 많을 때?

= 어, 어, 어, 그러니까 한 뭐 안 줄어드니까 혼자 하는 사람들도 밭이 좋고 하면 삼을 많이 하거든.

= 많이 하는 그 사람들이 그렇게 붙이면 또 그 집에 가서 해 주고, 그냥 그래 안 해도 될 사람은 뭐, 시어머니 있고, 며느리 있고 뭐, 시누이 뭐 많고 한 사람은 자기들끼리 해도 되는 사람은 자기들끼리 하고, 단손에 많이 하는 사람은 "두레삼"이라고 하는 것을 붙였다니까, 저녁에.

= 그래 전부 해 주러 가고 이랬다니까.

그암며느 인제 그 아′녀자드른 점:부′ 머?

= 질′쌈′한다고 머 하′도 몬 해.

그거, 그어 다릉응 거′늠 머?

= 모′ 내.

모: 타′고?

= 모 따으, 만날′ 질′쌈하지, 머.

오노′지 인제 마 삼′베, 여′르메는 삼′베 짜′고, 마 이러 하′능 거고?

= 거′르이.

가을까지 인제 그′래 하고?

= 거′르이.

가을 끈′나며 인제 겨′울에너 은제 명′ 짜′고 그러203) 게 인제 에, 어, 이:
리어떠, 그′지예?

= 이′리′지.

= 이′리고 머 머머머 치′치′르 자:꾸′ 하~′이, 질′싸믈 하~′이 여자′느 한
데 가 ′일할 여거 업써.

= 만:달′ 그 칸′다꼬.

그 다′으메 거 여′기느 어뜨에 모시′는?

= 여′는 모시′느 안 나고.

아, 여′이는 모시′는 그암 거′이 업따, 그져?

= 어꼬, 저 안동지방 저리가 모시하고.

= 여′늠 밍주′하′고204) 어: 삼:하고 그′르이 명:하고 그거느이 질′싸믈
마~′이 해′따 카이, 거언 찌 옌나′레.

거: 인′제 모시′느 여게늠 머?

= 안 하고.

아, 전혀 안 해′따, 그죠?

= 안 혀′고.

그러면은 인제 그 아녀자들은 전부 뭐?

= 길쌈한다고 뭐 하지도 못 해.

그거, 그 다른 것은 뭐?

= 못 해.

못 하고?

= 못 하고, 만날 길쌈하지, 뭐.

오로지 인제 그냥 삼베, 여름에는 삼베 짜고, 뭐 이래 하는 것이고?

= 그러니.

가을까지 인제 그래 하고?

= 그러니.

가을 끝나면 인제 겨울에는 인제 무명 짜고 그런 게 인제 에, 어, 일이었다,
그렇지요?

= 일이지.

= 일이고 뭐 뭐뭐뭐 켜켜로²⁰⁵⁾ 자꾸 하니까, 길쌈을 하니 여자는 밖에
가서 일할 여가가 없어.

= 만날 그렇게 한다고.

그 다음에 그 여기는 어떻게 모시는?

= 여기는 모시는 안 하고.

아, 여기는 모시는 그럼 없다, 그렇지요?

= 없고, 저 안동지방 저리가 모시하고.

= 여기는 명주하고 어 삼하고 그러니 무명하고 그것은 길쌈을 많이 했
다니까, 그건 저 옛날에.

그 인제 모시는 여기는 뭐?

= 안 하고.

아, 전혀 안 했다, 그렇지요?

= 안 하고.

그 다'으메 그 길'쌈'할' 때 사용하'는 그어 어 도:구'드른 어뜽 게 이씀미거, 길쌈할 때?

= 하, 그'기' 한정 엄'는데, 그게 내어 어데 가요, 내 지느:게' 어'데 가이 그어너:206) 비'아 가주우 내 케'조에 데'따.

그: 이 인적 길쌈할' 때?

= 그기' 연자207) 날'트리라 카'능 그녀 밍: 그거 저 가락' 해 가'주고, 날'트리라 카능 거느 굼'무', 구'무'가 그자, 열' 쎄마이 열, 열' 쎄' 구'무', 거 찡'구'능 기 이'꼬, 고이 머 고래' 가 그기 또 이상하'기해 데'가 이다.

= 가라'글 요 찡구'마 딱딱딱 그 해가 고 궁'게208) 또 은자 고 가락 실'로 뿌'머가 고 궁'게 요래 빼내' 가주 요 모다우 또 요 가락 요 모두고, 저'므 요래 모다' 가주고 요리요래 모다'가 고'르 고고'르 가지고 난다 카'이.

= 저:: 갸'야 나', 나'러 갸'주오 또 오 그 하'고 그 해 가'주고 그'르가 매'고 핸'는데.

고'오느 시, 인제 실' 랄' 때 인자 하는 그럼?

= 어, 고, 고오 날'트리라 케'따 카이.

어예, 날'트리고.

= 어.

그 다'으메 혹시 그거 시, 이'거느 먼:지 함 바어씀미까, 이거너?

이거 그'어 머'야, 미응 따' 가주고?

= 이 새:기'네.

= 요요요 물'리 난'네, 요게.

이으, 이'글 새기'라 그럼미까여?

= 어어.

거' 새:기'느 가임 머 씨'알 거 미영씨' 빼내능 거?

= 씨', 어, 빼내능 거.

이 셰에'긴'데, 감미 이'거너?

그 다음에 그 길쌈할 때 사용하는 그 어 도구들은 어떤 게 있습니까, 길쌈할 때?

　= 아, 그게 한정이 없는데, 그게 내 어디 가서, 내 저녁에 어디 가서 그것은 배워 가지고 내가 말해 주어야 되겠다.

　그 이 인제 길쌈할 때?

　= 그게 인제 날틀이라고 하는 것은 무명실 그거 저 가락을 해 가지고, 날틀이라고 하는 것은 구멍, 구멍이 그지, 열 새면 열, 열 새 구멍, 거기 끼우는 게 있고, 그게 뭐 그래 가지고 그게 또 이상하게 되어 있다.

　= 가락을 요 끼우면 딱딱딱 그렇게 해서 그 구멍에 또 인제 그 가락 실을 뽑아서 그 구멍에 요래 빼내 가지고 요 모아서 또 요 가락 요기에 모으고, 전부 요래 모아 가지고 요래 요래 모아서 그래 그것을 가지고 난다니까.

　= 저 가서 나, 날아 가지고 또 오고 그것 하고 그것을 해 가지고 그래서 매고 했는데.

　그것은 실, 인제 실 날 때 인제 하는 그런?

　= 어, 고, 그것은 날틀이라고 했다니까.

　예, 날틀이고?

　= 어.

　그 다음에 혹시 그거, 이것은 무엇인지 한 번 봤습니까, 이것은?

　이거 그 뭐냐, 목화를 따 가지고?

　= 이 씨아네.

　= 요요요 물려 났네, 요기.

　이것을, 이것을 씨아라고 그럽니까?

　= 어.

　그 씨아는 그럼 뭐 씨앗 그 목화씨를 빼내는 것?

　= 씨, 어, 빼내는 것.

　이 씨아인데, 그럼 이것은?

= 옌:나'레느 이르, 이른 새:기'가 아이'고:, 우리드'른 한테' 요기 두 나
치 인'는데, 쌔:기'가 끈티'하고 요요요 요래 가 히한:하'게 돌방:하~'이 파'
따 카이.

= 패이'따 카'이.

= 고고'르 요 두 나'틀 요 찡가 나 노'마 저 요'래 쨍'이, 이근 어'꼬 한
쭈' 요마 이'꼬 그랜 요 땀: 물'리 나 노'마 씨'느 아'프로 빠'지고 명'은 점:
디:로 가'고 마 히'안하게 고고 고녀, 그때.

그러며 이'거너 이'르머 잘' 모름미까', 이가?

= 새:기꼭따'리209) 아이'가, 이거, 새:기.

이'건 새'기꼭'따'리고.

= 그래.

이이거느 멈'미까, 이'너?

= 쌔기.

= 구 이으, 이'근 저'네 우'린 업씬데.

매, 맨 이으 새기꼭따리고?

= 어, 이으, 이으 요'래 하, 요'오' 뻰데.

이'그너, 이'거너?

= 이은 셰:기 아이가, 이거 쌔:기.

응, 새기?

= 그래.

이거넙 머라' 그럼미까, 이'거느?

이'엉 거'늗?

= 그:늠' 머 판떼'이지, 머시겐노 머.

= 셰:길', 이 전'체르 쎄'기러꺼 부'리따.

새기고?

= 꼭데게.

= 옛날에는 이런, 이런 씨아가 아니고, 우리들은 한데 요기 두 개가 있는데, 씨아가 끄트머리하고 요요요 요래 가지고 희한하게 둥그렇게 팠다니까.

= 파였다니까.

= 고것을 요 두 낱을 요기에 끼워 놓아 놓으면 저 요래 끼우는, 이것은 없고 한 쪽 요기만 있고 그래 요 딱 물려 놓아 놓으면 씨는 앞으로 빠지고 목화는 전부 뒤로 가고 그냥 희한하게 그것 그것은, 그때.

그러면 이것은 이름은 잘 모릅니까, 이것은?

= "씨아꼭지" 아니가, 이것은, "씨아".

이것은 "씨아꼭지"고.

= 그래.

이것은 무엇입니까, 이것은?

= 씨아.

= 그 이거, 이것은 전에 우리는 없었는데.

맨, 맨 이것은 "씨아꼭지"고?

= 어, 이거, 이거 요래 하, 요것 뿐인데.

이것은, 이것은?

= 이것은 씨아 아니가, 이거 씨아.

응, 씨아?

= 그래.

이것은 무엇이라고 그럽니까, 이것은?

이런 것은?

= 그놈은 뭐 널빤지지, 무엇이겠어, 뭐.

= 씨아를, 이 전체를 씨아라고 불렀다.

씨아고?

= 꼭대기.

여 새기꼭떼기고?

= 그러.

그 다′으메 아까 이야기해떠 시피 은저 명: 그 해′ 가′주고 어: 거:, 그 아까 뼈, 명 거 삼, 아 므 꺼 명:: 할?

= 므, 그래, 이′느 물:레′.

에, 이′어늠 물:레′고?

= 어, 물레′.

물레′, 물:레′느 이거 이′르미 이 머 먼지 하문?

= 물례′, 보′자, 이′기.

이′거는 멈미까′, 에여?

꼬챙′이처′럼 길쭉′?

= 이응′²¹⁰⁾ 가락′.

가락′?

= 으

= 가랑.

이′건너?

물레′ 이 돌′레은 이′어능 우?

= 물레손′자비고 이′으느 물:레′ 짐므르너²¹¹⁾.

이′거늠 물레손′자비고?

= 어.

이′거너이?

도′러가능 거?

= 어, 이′으늠 물:레′고, 이으 여′가 기무′링가 모리게′따.

= 거′에 인자 미′니니르 바: 나 노′이끼네: 옌:나′레 아′들 이쓸 때′에너 거름²¹²⁾ 불′판²¹³⁾ 엄:는′데, 미′느리로 바 나 노이 어:른′드리 말: 시′기루²¹⁴⁾ 이 케따 카이.

여기는 "씨아꼭대기"고?

＝ 그래.

그 다음에 아까 이야기했다시피 인제 목화 그 해 가지고 어 그, 그 아까 목, 목화 그 삼, 아 뭐 그 목화 할?

＝ 물레, 그래, 이것은 물레.

예, 이것은 물레고?

＝ 어, 물레.

물레, 물레는 이게 이름이 이 뭐 뭔지 한 번?

＝ 물레, 보자, 이게.

이것은 무엇입니까, 이것은?

꼬챙이처럼 길쭉?

＝ 이건 가락.

가락?

＝ 응.

＝ 가락.

이것은?

물레 이 돌리는 이것은 무엇입니까?

＝ "물레손잡이"고 이것은 "물레 기물"은.

이것은 "물레손잡이"고?

＝ 어.

이것은?

돌아가는 것?

＝ 어, 이것은 물레고, 이것 여기가 "기물"인가 모르겠다.

＝ 그 인제 며느리를 봐 놓아 놓으니까 옛날에 아들 있을 때는 그런 불편이 없는데, 며느리를 봐 놓아 놓으니 어른들이 말을 쓰기로 이렇게 말했다니까.

= 물:레에 빙'은 어'데서 나'노.

= 안자 이 미'니려 바 나 나'이 미'느리가 더'러여 안자 빙' 난'다 이' 말로'오', 물:레에 빙'이 어데서 나'노, 기:무'리서 나지 이 카'그덩.

= 그 이 키'무링강 모르게'따.

= 여가, 요 요기 기무'링가, 거'뜨 내 말:카' 어데가엔 비'아야215) 데'에따.

그 다'으메 이'그너 먼지?

= 어: 이'기 자개'라 카능 그기지 시프다.

이'거는 머 하'는 데 쓰잉 검'미까, 으녀?

= 이으, 이'기 보'자, 이'기.

= 나', 나', 나'른 이'기 가'만네, 그'자, 실'로.

금' 머 하'이뜬 머 그언 데'꼬, 그엄'면' 아까 인제 삼베 가'틍 거 할' 때느 또 피'러항 게 톱'비 이'스따, 그지요?

톱?

= 그'래, 그'래.

토'비?

= 고'기, 토'비 요래 생'기따.

= 뇨요요 요'릉 기 이 요 요리 생'이끄더216).

= 요래 생'긴데, 요'널 칼'라리고 요'리 올로완'능 기 요'너 나무'러 카이.

= 나무'로' 요 씨'에 여'가, 씨'로 여 딱' 꼬불'치 뿌, 요 나무' 요오'르 지'고 미트, 저'절' 판때'이 한' 나' 노'꼬, 사'미 요고 거'트마 요' 가저 자꾸 요 요래따 카이.

= 요' 요'라마 고게는 삼따'가리가217) 가느리:하~'이 해 가주고 그래 가 주오 은자 그걸 은자엔 징' 기기'에 꼬바 나 노꼬 자꾸 사'머따 카'이끼네.

= 이너마 지고.

가'므 토', 토'비 이꼬?

= 그래.

= 물레의 병은 어디에서 나느냐.

= 인제 이 며느리를 봐 놓아 놓으니 며느리를 들여서 인제 병이 난다는 이 말로, "물레에 병이 어디에서 나느냐, '기물이'에서 나지." 이렇게 말하거든.

= 그 이 "기물이"인가 모르겠다.

= 여기가, 요게 "기물이"인가 그것도 내가 모두 어디 가서 배워야 되겠다.

그 다음에 이것은 무엇인지?

= 어 이것이 "자개"라고 하는 그것이지 싶다.

이것은 뭐 하는데 쓰는 것입니까, 그러면은?

= 이, 이것이 보자, 이것이.

= 날, 날, 날을 이것이 감았네, 그렇지, 실을.

그러면 뭐 하여간 뭐 그것은 되었고, 그러면 아까 인제 삼베 같은 것을 할 때는 또 필요한 것이 톱이 있었다, 그렇지요?

톱?

= 그래, 그래.

톱이?

= 그게, 톱이 요래 생겼다.

= 요요요 요런 게 이 요 요래 생겼거든.

= 요래 생겼는데, 요기는 칼날이고 요리 올라온 게 요기는 나무라니까.

= 나무를 여기 쇠에 넣어서, 쇠를 여기에 딱 굽혀 버리고, 요 나무 요 것을 쥐고 밑에, 저저 판때기를 하나 놓아 놓고, 삼이 요것 같으면 요것을 가지고 자꾸 요 요랬다고 하니까.

= 요 요러면 거기에는 삼 머리가 가느다랗게 해 가지고 그래 가지고 인제 그것을 인제 긴 기계에 꽂아 놓아 놓고 자꾸 삼았다니까.

= 이것만 쥐고.

그럼 톱, 톱이 있고?

= 그래.

그암′며너 어:?

= 그어'또 머 나는 날′틀드 이′쓰야 데고, 그그떠.

그 다′머 날′틀도 이′쓰에 데고?

= 그'래, 또 그언′ 내 비′아야 데′에따.

= 내′ 아까 머러 카′드노, 그거 아까.

= 나능 거 그거.

또: 그어: 풀′ 머′기느 솔:도′ 이스쓰야 데고?

= 그'래, 솔:도′ 이쓰에 데고.

또 그 다′으메 그 실: 이르 가′마두능 그′어′그너?

= 그'래, 그 실'쩝' 맨듬능 기 그 나무′가 이이 이런, 이음, 이′른 나무′가 두 나′틀 가 가깨′루로 요래, 요래 가′ 하나 여, 이′래가 이′쓰마 하날 여 엉 끄′덩.

= 언저 가′주고 요 딱: 언'지[218] 나′ 노마 이 방마′층 크다.

= 이래: 큰'데, 요 끈티′에다가 또 구무′르 뜰'버 가주고 저 꼬재~'이로, 똑또캉 꼬재~'이로 이마'층 꼬'버 노코 요 다: 꼼'는다 카이.

= 그'어'다가 가라′게, 저 저거 삼 가락′, 그′러믈 고′ 대롱'에다가, 그거 저저 대나무 대롱'에다가 가라'글 고 끼'가 자:꾸′ 돌그, 아 돌'고시다, 이 네모반드탕' 어.

= 돌:고′세다가 은자 돌:고'세 은자 염 말: 하′자만 요요 요만한: 이 방: 만 해'도 요 요래 네몬'데, 돌:고'시 미'테 꼬재~'이로 이러 쿵' 어로[219] 하 나 그래 가'주고 요 돌:곧' 나무 요래 가깨'로 해가 딱 데'두루 해 노크덩.

= 딱' 요'래 데'드록 딱 해 너마 고'오'다'가 은자 또 이여 요 요'래 가주 고 요 항군데 요'는 나무르' 요 요리 낸다.

= 내'에'가, 고기 엔자[220] 저 가라'글 가'주고 실로' 이래 가'으마[221] 항 군데너' 새'르 전는다 카'이.

= 하나'느 미'틀[222] 하고 또 하나 오'마 울로 올'리고 하나너 올라오고

그러면은 어?

= 그것도 뭐 나는 날틀도 있어야 되고, 그것도.

그 다음에 날틀도 있어야 되고?

= 그래, 또 그것은 내가 배워야 되겠다.

= 내 아까 뭐라고 하더냐? 그거 아까.

= 나는 것, 그것.

또 그 풀 먹이는 솔도 있었어야 되고?

= 그래, 솔도 있어야 되고.

또 그 다음에 그 실 이래 감아두는 그것은?

= 그래, 그 "실젓" 만드는 게 그 나무가 이 이런, 이런, 이런 나무가 두 개를 가지고 각이 지게 요래, 요래 가지고 하나 여기, 이렇게 있으면 하나를 여기 얹거든.

= 얹어 가지고 요 딱 얹어 놓아 놓으면 이 방만큼 크다.

= 이래 큰데, 요 끄트머리에다가 또 구멍을 뚫어 가지고 저 꼬챙이를, 딱딱한 꼬챙이를 이만큼 꽂아 놓고 요 다 꽂는다니까.

= 거기에다가 가락에, 저 저것 삼 가락, 그놈을 그 대롱에다가, 그거 저저 대나무 대롱에다가 가락을 고 끼워서 자꾸 돌껏, 아 돌껏이다, 이 네모반듯한 것.

= 돌껏에다가 인제 돌껏에 인제 여기 말하자면 요요 요만한 이 방만 해도 요래 네모난데, 돌껏이 밑에 꼬챙이를 이래 큰 것을 하나 그래 가지고 요 돌껏 나무 요래 각이 지게 해서 딱 되도록 해 놓거든.

= 딱 요래 되도록 딱 해 놓으면 고기에다가 인제 또 요 요 요래 가지고 요 한군데 요기에는 나무를 요 요래 낸다.

= 내서, 고것이 인제 저 가락을 가지고 실을 이래 감으면 한 군데는 새로 짓는다니까.

= 하나는 밑으로 하고 또 하나가 오면 위로 올리고 하나는 올라오면

요'래 가'주오 고르 새'로 저어 가'주고 고 은자 "실'쫌'" 맨들 때'에도 어허
전 끄네'끼로 가'주오 고 새'로 낀:다 카'이.

= 요래 끼'에 가'주고 그래 가'주어 "실'쩨'슬" 맨드러 가'주고 디'에 또
돌:고'세 언즈가 또 그 돌:고'세 또 언'지가 또 니'리 담:는'다.

= 그거로.

= 니'리 다'머가 그래 은자 떠'글²²³⁾ 맨드러 가'주오, 근나 이는 요 은
자 니리 다'믄능 거루 떠'기르 칸'다.

= 고러 납'땅'나'탕하'이 띠: 가'주고, 띠:가' 몰'게로²²⁴⁾ 가'다 우'예 언지
가'주고 그래 은자 일곱 세:나 여'덜 세'나 하마 여'들 꺼'로 떠'글 딱: 그
해'가 보: 우'예다가 몰'게르 따 떵'마중 언즈 논다.

= 언'지 노'코 거 안자 구어 날'트레다가 고 은자 고이 여'덜 쎄' 거틍
여'들 꾸무 인'는데, 끼' 가'주고 저:므' 끼 가'주오 소'느로 지고 안 나'나.

= 저: 가'따 가'따 오'고 또 날'고 또 날'고 해가 고 상춤상춤²²⁵⁾ 해 가'지
고 은자 해 나'따가 거 인저 매'능 과'정이 은자 여 젤 끄'치라 카'이께네,
그래 하마.

그아'고 인'제 이'거너 베트'린데, 비트'린데 함버 이거'이, 이거, 이'거너
멈'미까, 이거너, 사람 녀' 허리 이래 무꺼 노'아 가'주고?

= 부'대'.

= 부'대어, 부'대르 카 시'쁘다.

이'그너 여 혹'씨 이건 또 그'리미 자근데?

= 으, 그르떠 아, 자:게'도 포' 난'다.

이'거넙 멈미까, 여?

이 여 접시 여 배 이래 감껴 인 이거는 멈미까예?

길쭉하~'이 여 배'에?

= 이'어' 우 도투마'리라 카'이.

도투마'리고?

요래 가지고 고것을 새로 지어 가지고 그 인제 "실젓" 만들 때에도 어저 끈을 가지고 그 새로 끼운다니까.

= 요래 끼워 가지고 그래 가지고 "실젓"을 만들어 가지고 뒤에 또 돌껫에 얹어서 또 그 돌껫에 또 얹어서 또 내려 담는다.

= 그것을.

= 내려 담아서 그래 인제 "떡"을 만들어 가지고, 그것은 이런 요 인제 내려 담은 것을 "떡"이라고 한다.

= 고래 납작납작 하게 떼 가지고, 떼서 모래를 갖다 위에 얹어 가지고 그래 인제 일곱 새나 여덟 새나 하면 여덟 개로 "떡"을 딱 그렇게 해서 그 위에다가 모래를 딱 "떡"마다 얹어놓는다.

= 얹어 놓고 그 인제 그 날틀에다가 그 인제 그 여덟 새 같으면 여덟 구멍이 있는데, 끼워 가지고 전부 끼워 가지고 손으로 쥐고 안 날겠어.

= 저기 갔다가, 갔다가 오고 또 날고 또 날고 해서 고 "상춤상춤" 해 가지고 인제 해 났다가 그 인제 매는 과정이 인제 제일 끝이라니까, 그렇게 하면.

그리하고 인제 이것은 베틀인데, 베틀인데 한 번 이것은, 이것, 이것은 무엇입니까, 이것은, 사람 여기 허리에 이렇게 묶어 놓아 가지고?

= 부티.

= 부티, 부티라고 하지 싶다.

이것은 여기 혹시 이것은 또 그림이 작은데?

= 어, 그래도 아, 작아도 표 난다.

이것은 무엇입니까, 여기?

이 여기 저 여기 베가 이렇게 감겨 있는 이것은 무엇입니까?

길쭉하게 여기 베에?

= 이것을 우리는 도투마리라니까.

도투마리고?

= 으

= 여' 여'게 은자 여가 은자 말:카' 풀' 미'이거가 여' 가'망 기라 카'이.

= 말:라가 가'만능 거.

이게 인자 도투마'리고?

= 어.

그엄'며너?

= 이으 이으느 비트'리고.

비트'리고?

= 으

= 이'근 은저 이 이'에, 이'예.

이, 잉애.

= 잉, 이애.

잉'애'떼?

= 야아, 요'기 인자' 이 이~'애라 카능 그너 요기 안자 그 할 쩌기 이, 이~'애라 카능 거 존:능' 기 이따.

= 은자 요 하나'너' 요 이~'애로 가 요 그, 이~'애로 가주고, 고 이~' 애라 카능 기 고 실매'루 고'릉 기 이따.

= 인는데, 고골'르' 가'주고 하나너' 조' 가'주고 이~'애기에 걸:고, 걸고, 하'나너' 상'오리라 칸다, 그 이~'애 앙 걸링 그너.

= 상'오리라 카'는데, 그기' 안자 고 요:수'리 요'서 인'는데, 요'거 안자 요요 언 쩐 자 시'네 여 바'레 끼'그덩.

= 바'레 끼'능 고 함믄 뗑'기마.

고'골' 머라'거 함'미까, 시는?

= 이, 이~애오'르 알로 니르가'고 상'오른 우'이 올로오'고 그'르 가'[226] 저어 뗟' 붕' 여'가 짜'고 나'마 또 이'름 나' 뿌마 이~'애오'르 올로오'고[227] 상'오른 니'르가마 이짝 송'가 또 부'글 연능 기'라.

= 어.

= 여 여기 인제 여기에 인제 모두 풀을 먹어서 여기 감은 거라니까.

= 말려서 감은 것.

이게 인제 도투마리고?

= 어.

그러면은?

= 이것, 이것은 베틀이고.

베틀이고?

= 어.

= 이것은 인제 잉, 잉아, 잉아.

잉, 잉아?

= 잉, 잉아.

잉앗대?

= 어, 요게 인제 이, 잉아라고 하는 것은 요게 인제 그 할 때에 이, 잉아라고 하는 것은 줍는 게 있다.

= 인제 요 하나는 요 잉아를 가지고 그, 잉아를 가지고, 그 잉아라고 하는 게 그 실처럼 고런 것이 있다.

= 있는데, 고것을 가지고 하나는 주어 가지고 잉앗대 귀에 걸고, 걸고, 하나는 "상올"이라고 한다, 그 잉앗대에 안 걸린 것은?

= "상올"이라고 하는데, 그게 인제 그 요술(妖術)이 요기에서 있는데, 요것 인제 요요 어 저저 신에 여기 발에 끼거든.

= 발에 끼는 것을 한 번 당기면.

그것을 무엇이라고 합니까, 신은?

= 이, "잉아올"228)은 아래로 내려가고 "상올"은 위에 올라오고 그래 가지고 저기 또 북을 넣어서 짜고 나면 또 이것을 놓아 버리면 "잉아올"은 올라오고 "상올"이 내려가면 이쪽 손으로 또 북을 넣는 거야.

= 염:마229) 또 바'데 가'지고 치'고, 그'래 이애~'올, 상'올 그거'로230)
인제 떠'르지마 저: 이애~'올 이'깁' 삼'비가 떠'르지마 그얼 조' 가주고 이'
애~올, 상'올 소'게다가 이'애 고오'로 끼' 가'주고 이사'야만 비가 째'이'지,
아무데'너 조' 여'가 짜'마너 비가 안 데네, 비가 안 데'능 기라, 꼬이 뿌
고, 안 데고.

= 또 상'오리 떠'르져쓰마 이애~'올 요 소:게다가, 요 요그 이애~오'리
거 상'오리 요에 끼'야만 상'오리 데고, 요게 인자 요기 상'오리고 요느 이
애~'오리고, 요'오느 상'오리거 요 이애~오'리고, 요 요'르트로231) 점'므
이여, 이'애 존'는다 카이.

= 비'이' 짤'라 카마 여 도투마'리 가따 거'르 노'코.

= 그래 가'주고 안자232) 안 짜'나, 이거.

검' 인제 아끄 여 사람 며?

= 어', 끼'가.

여쓰, 이거 발'로 이래 하능 거, 이'거는 머라'고 부름미?

= 금233) 머'라 카능 그 이자' 뿌'따.

시, 시'니라 함'미까?

= 므 이자' 쁘'떠, 이금 므 뜨, 그으'또' 비'아야 데'따.

이그넘 머, 이그넘 머, 이거느, 이어느잎?

뚱그르마 이'어느?

= 그기' 내234) 발 끼능 거 아이'가.

이 이 바'른 뇨 요 요래 끈 뇨 무'꺼가 하'능 고, 요 요고늠 머라 고롬, 요
오느?

= 어.

이 이'어느 머' 활'때라 함?

= 이'거?

에, 고 에그 이'래 낄쯤, 바레?

＝ 넣으면 또 바디를 가지고 치고, 그래 "잉아올", "상올" 그것이 인제 떨어지면 저 "잉아올" 이것이 삼베가 떨어지면 그것을 주워 가지고 "잉아올", "상올" 속에다가 "잉아올" 그것을 끼워 가지고 이어야만 베가 짜지지, 아무데나 주워 넣어서 짜면은 베가 안 돼, 베가 안 되는 거야, 꼬여 버리고 안 되고.

＝ 또 "상올"이 떨어졌으면 "잉아올" 요 속에다가, 요 요게 "잉아올"이고 "상올"을 요기에 끼워야만 "상올"이 되고, 요기 인제 요게 "상올"이고 요것은 "잉아올"이고, 요것은 "상올"이고 요것은 "잉아올"이고, 요 요렇도록 전부 이어, 이어 준다고 하니까.

＝ 베를 짜려고 하면 여기 도투마리를 갖다 걸어 놓고.

＝ 그래 가지고 인제 안 짜니, 이것을.

그럼 인제 아까 여기 사람 뭐?

＝ 어, 꺼서.

여기, 이거 발로 이래 하는 것, 이것은 무엇이라고 부릅니까?

＝ 그것은 뭐라고 하는지, 그것은 잊어 버렸다.

신, 신이라고 합니까?

＝ 뭐 잊어 버렸다, 이것은 뭐 또, 그것도 배워야 되겠다.

이것은 뭐, 이것은 뭐, 이것은, 이것은?

둥그스름한 이것은?

＝ 그게 마찬가지로 발에 끼는 것 아닌가.

이 여 발은 요기 요 요래 끈을 요기 묶어서 하는 것이고, 요 요것은 머라 그럽니까, 요것은?

＝ 어.

이 이것은 뭐 활대라고 합니까?

＝ 이것?

예, 고 이것 이래 길쭉한, 발에?

= 그 바′레 끼′능 거?

바′레 요요 바′레 이′건너 요 바′레 요 요르 끼′고, 요래 가 요 끄′늘 요 무′끄가 요래 해가 *****, 그르 요 바레 끼′능 거 요′고늠 머라?

= 그′래 이′기, 무′끄가 바레 끼′그더, 어, 이, 이기 요:수′리르 카이.

= 땡′기고 노′코 항′ 기.

그렁꺼, 그릉꺼 그거 이′르미 먼데?

바′레 끼우능?

= 그 머쿠 이음 모르게′따, 이 비′아야 데′따.

= 다: 이자′ 뿌′따, 나.

머 하′이뜬 어:.

= 미 이그 여, 이어리 비′아야 덴다.

지′움 이′저 뿌′르고 잠 생′가기 안 나′고, 예?

= 그래, 그래.

자:, 그 다′으메 어: 그러며′느 인제 그′거′ 오래 데 가주 인제 머 생아, 예?

= 나돈, 나′도 이 마~′이 짠′는데 고마 다 이자 뿌′따.

그어 머 신지?

= 저기, 저기 이르미.

머′ 활′때도 이′꼬 한데, 다 모르게′따, 그지예, 헌제너?

= 그이, 저기 머:싱고 몰로겐네.

그럼며너 저:기 음 머 말′코나 머 신′?

= 음 머 말코너 여′게 곰, 감′능 거.

에, 에.

그어 즈 짜어가 감능 거?

= 비 짜′가 감능 기.

말콘?

= 안자 엽.

= 그 발에 끼는 것?

발에 요요 발에 이것은 요 발에 요 요래 끼고, 요래 가지고 요 끈을 요 묶어서 요래 해서 *****, 그래 요 발에 끼는 거 요것을 뭐라고?

= 그래 이게, 묶어서 발에 끼거든, 어, 이, 이게 "요술"이라고 하니까.

= 당기고 놓고 하는 게.

그러니까, 그러니까 그거 이름이 무엇입니까?

발에 끼우는?

= 그 무엇인지, 이것은 모르겠다, 이 배워야 되겠다.

= 다 잊어 버렸다, 나는.

뭐 하여간 어.

= 뭐 이것을 이, 이것을 이 배워야 된다.

지금은 잊어 버리고 잘 생각이 안 나고, 예?

= 그래, 그래.

자, 그 다음에 어 그러면은 인제 그것은 오래 돼 가지고 인제 뭐 생각이, 예?

= 나도, 나도 이 많이 짰는데 고만 다 잊어 버렸다.

그 무엇인지?

= 저게, 저게 이름이.

뭐 활대도 있고 한데, 다 모르겠다, 그렇지요, 현재는?

= 그러니까, 저게 무엇인지 모르겠네.

그러면은 저기 어 뭐 말코나 뭐 신?

= 어 뭐 말코는 여기 감, 감는 것.

예, 예.

거 저 짜서 감는 것이?

= 베를 짜서 감는 게.

말코?

= 인제 여기.

부′티예?

= 부:텝', 부티'이가 머:시'고, 그기' 안자 여 끄내'끼가 양쭈' 인는'데, 말'코기에, 말'코라 카'능 거'느 은자 끄 여 꼬재~'이가 이리 인는'데, 요 양가:세'너 요오걷 따'드'머어 요 째삐하~이 요'렌데, 고'오다 끼' 가'주고 은자 요래 이 조중'하'는데, 그래 은자 고 비 항: 거'어 다 짜고 남 말'코기에 비'르 자꾸' 강'꼬, 도투마'리 저그 안자 미'르 가'주고 아: 또' 시'아고 하므 또 풀리' 나오'고 이래 가주고 은자, 그 마'따, 말'코다.

웃음

그 다′으메 머 어 활′때도 이′꼬 붇′?

= 이거 은제 여 여 찌'능 거너 부티'이고.

부티?

= 어.

= 마'따.

그럼며너 인제 그어: 이 아까 오 임 물:레′도 익?

= 그래, 물:레'.

이 물레′고?

= 기:무'리.

그 다′으메 저:기′ 어 머 물렌:′도 이′꼬 머 얼′레도 이씀미까?

물레′하고 얼레′하곤 차이가 엳 남미까, 앙 그암 또까튼?

= 나, 나, 우르늠'[235] 물:레'라 카지 머 얼레'른 쏘인 안 헨데.

= 그 어'데 어덴' 또 다른 데'느 얼레'라 카능기도 하는 모'야~이다.

그 다으메 그:어기 무며의, 무명′이나 이 삼′베나?

= 어, 얼추 가'따, 그 하느.

예아, 그러 쯔 짤′ 때: 한′ 피른 여′어스너 어 그 얼′마를 한′ 피루라 함미까, 기′리로?

= 사십 짜.

부티요?

= 부티, 부티인가 무엇이냐, 그게 인제 여기 끈이 양쪽에 있는데, "말코귀"에, 말코라고 하는 것은 인제 그 여기 꼬챙이가 이래 있는데, 요기 양쪽 가에는 요기에 다듬어서 요 뾰족하게 요런데, 거기에다 껴 가지고 인제 요래 이 조종하는데, 그래 인제 그 베 많은 것을 거기에 다 짜고 나면 "말코귀"에 베를 자꾸 감고, 도투마리 저기 인제 밀어 가지고 어 또 씌우고 하면 또 풀려 나오고 이래 가지고 인제, 그 맞다, 말코다.

웃음

그 다음에 뭐 어 활대도 있고 부티?

= 이것 인제 여 여기 끼우는 것은 부티고.

부티?

= 어.

= 맞다.

그러면은 인제 그 이 아까 어 이 물레도 있고?

= 그래, 물레.

이것을 물레고?

= "기물이"

그 다음에 저기 어 뭐 물레도 있고 뭐 얼레도 있습니까?

물레하고 얼레하고는 차이가 납니까, 안 그러면 똑같은?

= 나, 나, 우리는 물레라고 하지 뭐 얼레라는 소리는 안 했는데.

= 그 어디 어디는 또 다른 데는 얼레라고 하기도 하는 모양이다.

그 다음에 거기 무명의, 무명이나 이 삼베나?

= 어, 얼추 같다, 그 하는 것은.

예, 그것을 저 짤 때 한 필은 여기에서는 어 그 얼마를 한 필이라 합니까, 길이로?

= 사십 자.

사십 짜?

= 어, 사십 짜가[236] 함 피'리라 칸데, 저 울'로느 수'무' 자가 한' 피이
라 카데.

아, 여'기너 검' 마'흔 자'가 함' 피리?

= 거네, 거네.

검' 무명'도 그 삼'베도 둘 다 사십 짜가 함' 피리?

= 어, 어, 그래, 그리이 저네.

= 그어'또'[237] 밍주'도 짜'이'끼네 그 카고.

아:, 밍주'도 은제 사십, 사십 짜가 함 피림?

= 그'래, 그네, 함' 피'리라 케'꼬.

보통 그러'며넙 무'명'이나 삼베:나 이렁 거 하루에 짜'며는 잘 짠 사'암믄
한 얼마나 짬'미까?

= 하'우, 잘 짜'는 사람 마'이 짜'.

= 잘' 짜'는 사'라믄.

= 하루'에 마' 밤낟절시 마마 뚜디'리'이끼네 사, 저 수무 자쓱 짠다 하데.

수물 자씩?

= 어.

= 마'마'[238] 바'메도 마마 게수'그이[239] 뚜디'리고 마마 머이스 마.

가므, 가머 한?

= 바'디'찌'브 소르가 "달크닥탈 타타타타타타타" 그은'다 머, 세'기 뚜
디'린 사'라머우 게소케'이 머 그르이.

그아므 잘 짜는 사'라머 한 이틀 정드 하'므 함 필 짠는 세'미네?

= 어, 어, 한 이'틀, 그래.

= 임 머 한' 이'틀 짜마 한 필 먼 조'낸'닥[240] 하디.

그'르이까?

= 그느' 마마 밤'느'즈이[241] 주'글 찌'리다.

사십 자?

= 어, 사십 자를 한 필이라고 하는데, 저 위로는 스무 자가 한 필이라고 하데.

아, 여기는 그럼 마흔 자가 한 필입니까?

= 그래, 그래.

그럼 무명도 그 삼베도 둘 다 사십 자가 한 필입니까?

= 어, 어, 그래, 그러니 전에.

= 그것도 명주도 짜니까 그렇게 말하고.

아, 명주도 인제 사십, 사십 자가 한 필입니까?

= 그래, 그래, 한 필이라고 했고.

보통 그러면은 무명이나 삼베나 이런 것을 하루에 짜면은 잘 짜는 사람은 한 얼마나 짭니까?

= 아유, 잘 짜는 사람은 많이 짜.

= 잘 짜는 사람은.

= 하루에 그냥 밤낮없이 그냥, 그냥 두드리니까, 저 스무 자씩 짠다고 하데.

스무 자씩?

= 어.

= 그냥그냥 밤에도 그냥그냥 계속해서 두드리고 그냥그냥 뭐 있으면242).

그러면, 그러면 한?

— 바디집의 소리가 "달크닥달크닥 타타타타타타타" 그런다 뭐, 세게 두드리는 사람은 계속해서 뭐 그러니까.

그러면 잘 짜는 사람은 한 이틀 정도 하면 한 필 짜는 셈이네요?

= 어, 어, 한 이틀, 그래.

= 이 뭐 한 이틀 짜면 한 필 뭐 주워낸다고 하데.

그러니까?

= 그것은 그냥그냥 밤늦으니까 죽을 지경이다.

아:주′ 잘 짜′는 사′라믄 그러고예?

= 야:주′ 잘 짜′는 사′애미지243).

앙 그엄 보통:′ 짜′며너 하루 머 얼′마나 쯤?

= 미′ 짜쓩244) 몬: 짠′다.

미 짜 몬: 짜예?

= 그래.

일:도′ 해′야 데′고?

= 그′르이.

그러니까?

= 밥또 해 무′이 데′고, 이 사′암드른 밥또′ 안 해 무′꼬 마 눔′마 뜨′마 마마 머 바′메도 머 게:소′케′여 멈멀 뜨디′린담.

= 뜨디리기 머 나시 종일 뜨디려.

그 다음 보통, 보통 다른 일 하고 하며는 머 하루에 마 한 다, 데애′ 짜′ 정도?

= 어:, 다스 짜′이 더 안 짜′겐나.

= 한 머 여나′음′ 짜쓰건 안 짜′겐나.

= 짜마.

그 하′이뜬 아주 잘 짜는 사′라미 한 사′루에 한 수무 자식?

= 그′래, 그르코 또 옹′갇′ 볼릴 다 보′고 짜는 사′라믄: 세′홀245) 한:정 업시 짜′아′고, 머여 그 지′브 손′246) 가저 가주고 머 바베′247) 뭉은 사′암 따′리248) 이′꼬 볼릴 보는 사람 따리 소, 게소께 마머 주고바꼬 짜는 사람 무 그 마~′이 짜네′.

= 거′르이 질′싸믈 마~이 한′다, 하는 싸암.

그: 예저′네 여: 그′암 쯔 질쌈할′ 때, 머 이′스뜨엄 머 꼬어 생강나′는 이야기라든지, 그렁 거 이′쓰몀 머 하′나′, 어′코, 업′쓰몀 머 할 수 어′꼬예?

= 아이구 옌나레 즈 질′싸미라 카′이쓰 저 삼비 짜′는데, 여르메 시지블 완′는데, 처′무이249) 인자 머 나′너: 멀 삼 째′애′고 머 상′꼬 하능 건 다

아주 잘 짜는 사람은 그렇고요?

= 아주 잘 짜는 사람이지.

안 그러면 보통 짜면은 하루 뭐 얼마나 짭니까?

= 몇 자씩 못 짠다.

몇 자 못 짜요?

= 그래.

일도 해야 되고?

= 그러니까.

그러니까?

= 밥도 해 먹어야 되고, 이 사람들은 밥도 안 해 먹고 그냥 눈만 뜨면 그냥 그냥 뭐 밤에도 뭐 계속해서 뭐 뭐 두드린다.

= 두드리기를 뭐 낮에 종일 두드리고.

그 다음 보통, 보통 다른 일을 하고 하면은 뭐 하루에 뭐 한 다, 대여섯 자 정도?

= 어, 다섯 자보다는 더 안 짜겠어.

= 한 뭐 여남은 자씩은 안 짜겠어.

= 짜면.

그 하여튼 아주 잘 짜는 사람이 한 하루에 한 스무 자씩?

= 그래, 그렇고 또 온갖 볼일 다 보고 짜는 사람은 세월 한정 없이 짜고, 뭐 그 집에 일손을 가져 가지고 뭐 밥 해 먹는 사람이 따로 있고 볼일 보는 사람 따로 있어서, 계속해서 그냥 뭐 주고받고 짜는 사람은 뭐 그 많이 짜 내지.

= 그러니 길쌈을 많이 한다, 하는 사람은[250].

그 예전에 여기 그럼 저 길쌈할 때, 뭐 있었던 뭐 그 생각나는 이야기라든지, 그런 것이 있으면 뭐 하나, 없고, 없으면 뭐 할 수 없고요?

= 아이고 옛날에 그 길쌈이라고 하니 저 삼베를 짜는데, 여름에 시집을 왔는데, 처음에 인제 뭐 나는 뭐 삼 째고 뭐 삼고 하는 것은 다 했는

핸'데, 짜'능 거녀, 비트'레 머, 언'니드리 마네 나' 노이 안: 올러간'는데.

　= 아이고 시지봐'가 처'대251) 고마 머시, 안씨어르이 머 딱: 그 해 가지고 이'애 거러 가주고 비트'레 딱: 그 해 나 노'코느 바'아252) 드르러 케여 드가'이끼네 비' 그 짜'라 카'는데, 그릳 저 그'가 멉 올'라 안차 나 노'꼬 요고너 요랩 발'로 가 땡'기마 요 붕' 여'코253), 발'로 노으'마 요짜 여'코 그래 바데집'254) 치'고, 요고 안자 오래~'이가 떠'르지마, 상'올 오래~'이가 떠'르지마 이'애로 저 어 저 상'올 이'애 엄능' 거로 차드가 소:게' 여가 이 푸'심255) 요르 가'주고, 고 은자 또 이사능'을 또 푸'시'미러 칸다.

　= 요고르 띠' 가'주오 고리 사악 송'가256) 비비'가 이사'가 짜고 그래 인자 또 이~애올 떠리젼능257) 그'너 가마:258) 보'고 거 는자 이기 이~애'올, 상'오리 포 나능 그느 그래 인자 요기 한테 요래 따 부'트가, 두 가'지가 딱' 부'트가 이쓰마 요 소'게르259) 여' 가'주고 빼'내' 가'주고 고오러 지자'리에 이사'야만 요그 비가 째'이'지260), 앙' 그라마' 비' 안 째'이'고 그어느 그대루 기'양 마 흐미 데' 가'주오 그리 너머 간다 카고.

　= 시'오마씨어261) 딱' 고'래 그 하우 가알'치 주고는 문 탁 다'드 뿌'오 나아 쁘네.

　= 비트'레 안저가 내거 어찌 우'르 나'끼나 누'이 캉'캄'마'해가 우여 그래'가 그우262) 그거른 내가 우'예 짜'도 그업 비'르 짜내'따 카이께네.

　= 그기' 얀자'263) 내 만:달'264) 그은 남:는'다.

　그어 쯔 즈 처으므로 인제 짜***?

　= 처음브'로 안자 누~'이 캉'까'마여, 그르가 문 삭 다다 뿌고 멈머 나가 뿌'이끼네, 머.

　그 어'째뜸 머 거러읍으 가 그르도' 그 짜능 걸 비'아따, 그지예?

　= 그르이, 그래, 그르이 게소갠 짜찌, 그래도.

　그암며'늠 머 예:저'네 에암 머 길'삼, 질'삼 가틍 어 할' 때 또 히'미 드니까 노'래도 부르고 이래 어스?

데, 짜는 것은, 베틀에 뭐, 언니들이 많아 놓으니까 안 올라갔는데.

= 아이고 시집와서 첫해에 고만 무엇이, 시어머니가 뭐 딱 그 해 가지고 잉앗대를 걸어 가지고 베틀에 딱 그 해 놓아 놓고는 방에 들어오라고 해서 들어가니까 베 그 짜라고 하는데, 그래 저 그래서 뭐 올라 앉혀 놓아 놓고 요것은 요래 발을 가지고 당기면 요 북을 넣고, 발을 놓으면 요쪽 넣고 그래 바디집을 치고, 요것 인제 오라기가 떨어지면[265], '상올' 오라기가 떨어지면 잉아로 저 어 저 '상올' 잉아 없는 것을 찾아서 속에 넣어서 '푸심' 요래 가지고, 그 인제 또 잇는 것을 또 '푸심'이라고 한다.

= 요것을 떼 가지고 고렇게 싹 손으로 비벼서 이어서 짜고 그래 인제 또 "잉아올" 떨어진 것은 가만 보고 그 인제 이게 "잉아올", "상올"이 표가 나는 것은 그래 인제 요게 한데 요래 딱 붙어서, 두 가지가 딱 붙어서 있으면 요 속으로 넣어 가지고 빼내 가지고 그것을 제자리에 이어야만 요게 베가 짜이지, 안 그러면 베가 안 짜지고 그것은 그대로 그냥 그냥 흠이 돼 가지고 그렇게 넘어 간다고 하고.

= 시어머니가 딱 고렇게 그 하고 가르쳐 주고는 문을 탁 닫아 버리고 나가 버리네.

= 베틀에 앉아서 내가 얼마나 울어 놓았는지 눈이 캄캄해서 어찌 그래서 겨우 그것을 내가 어떻게 짜도 그 베를 짜냈다고 하니까.

= 그게 인제 내 만날 그것은 남는다.

그 저 저 처음으로 인제 짜***?

= 처음으로 인제 눈이 캄캄하여, 그래서 문 싹 닫아 버리고 뭐 뭐 나가 버리니까, 뭐.

그 어쨌든 뭐 그래 가지고 그래도 그 짜는 것을 배웠다, 그렇지요?

= 그러니까, 그래, 그러니까 계속해 짰지, 그래도.

그러면은 뭐 예전에 어 뭐 길쌈, 길쌈 같은 것을 할 때 또 힘이 드니까 노래도 부르고 이렇게 어?

= 노'래 부'를 정또 어'꼬 시집사'리 사니라'꼬 노'래고 머'시고 머 거 씽
겨'이 거 씨'이' 가'주고.

= 그'르코 또 머 나'늠 마' 아알' 곰 연닌사'아 나'가' 마 키'아 나 노이끼
네 머 어'른' 만채, 멈 면: 새'미 물: 여'다가 밥 해야 데'재, 보살'로266) 마
사:시'루, 아직267) 찌'눌268) 살머 가'주고 사'른 하: 노'쿰 엉'꼬 게소그'이
살마~'이 그에 데재, 머 노'래고 머'시 우예 사'른 줄도 모리'고 사'르쓰이
기네, 머.

= 함 마'시레 사'르도, 아'페 저 누'가 이뜬돔' 민' 년, 미' 씸' 년꺼'정 내
아무도 몰라따 카마 말: 다 해'찌, 머.

감' 그어 질삼 노래 부르은 사'암드른, 잘 부른 사'암, 또 노래 부른 사'암
믄 또 안다, 그지요?

부를', 질'삼 노'래를?

= 질'쌈 노'래 머 머 머 불'러껜노, 머 지 하던 노래 불러께찌, 머.

= 노래 부를 정도 없고 시집살이 사느라고 노래고 무엇이고 뭐 거기에 신경이 거기에 쓰여 가지고.

= 그렇고 또 뭐 나는 그냥 아이를 고만 연년생으로 낳아서 그냥 키워 놓아 놓으니까 뭐 어른 많지, 뭐 먼 샘에 물을 이다가 밥을 해야 되지, 보리쌀을 그냥 사시로, 아침저녁으로 삶아 가지고 쌀은 한 움큼 얹고 계속해서 삶아야지, 그렇게 해야 되지, 뭐 노래고 무엇이 어떻게 살은 줄도 모르고 살았으니까, 뭐.

= 한 마을에 살아도, 앞에 저 누가 있었는지 몇 년, 몇 십 년까지 내 아무도 몰랐다고 하면 말을 다 했지, 뭐.

그럼 그 길쌈 노래를 부르는 사람들은, 잘 부른 사람, 또 노래 부른 사람은 또 안다, 그렇지요?

부르는, 길쌈 노래를?

= 길쌈 노래 뭐, 뭐, 뭐 불렀겠어, 뭐 자기가 하던 노래 불렀겠지, 뭐.

■ 주석

1) 여기서 =의 표시는 주제보자인 김경희님 부인이신 김말조님의 발화이다.

2) 이는 '처음에는'으로 대역되며 '첨머(처음 → 처엄(모음중화) → 첨(축약) → 첨머이(명사화접사)) + -는(보조사) → 첨머이넌(모음중화) → 첨머이넘(후행어절에 의한 자음동화현상)'의 과정을 거쳐 실현된 어형이다.

3) 주제제보자의 부인인 보조제보자에서도 이 지역어의 발화에서처럼 'ㅅ'음과 'ㅆ'음의 대립은 이루어지지 않는다.

4) 이는 '씨아'로 대역되는 이 지역어형이며 모음중화에 따라 이 어형과 함께 '세에기' 형으로도 수의적으로 실현되기도 한다.

5) 이는 '뽑히다'에 대응되는 이 지역어형이며 기본형이 '뽈키다'이다.

6) 이는 '떨어지는데'로 대역되며 '널(늘)찌다'가 기본형이다. 이는 '늘- +지-'의 합성으로 이루어진 어형이며 모음중화에 따라 '널찌다'로 실현된 예이다.

7) 이는 '인제'로 대역되는 이 지역어의 담화표지 중의 하나이다.

8) 이는 '솔게'로 대역되며 '소물(狹)- + -이(부사화접사)'의 구성으로 이루어진 이 지역어형이다.

9) 이는 '인제'로 대역되는 이 제보자의 담화표지 중의 한 형태이다.

10) 이는 '오글어지면은'으로 대역되며 기본형이 '오부리지다'이다.

11) 이는 '인제'로 대역되는 이 제보자의 담화표지 중의 한 형태이다.

12) 이는 '꼬투리가'로 대역되며 '꼬타리 + -어(주격조사)'의 구성이다.

13) 이는 '허옇게'로 대역되며 '허옇- + -이(부사화접사) → 허여이(어중ㅎ음탈락)'의 과정을 거쳐 실현된 어형이다.

14) 이는 '벌어져'로 대역되며 이는 '벌어지- + -어(연결형어미) → 버르져(모음중화) → 버리져(전설모음화)'의 과정을 거쳐 실현된 이 지역어형이다.

15) 이는 '말리고'로 대역되며 이 지역어에서는 기본형이 '말류다'형이다. 어형 '말류다'는 '말리다'형에 접사 '-우-'가 다시 결합된 어형에서 비롯된 것이며 이는 이 지역어를 비롯하여 강원도, 경상도방언에 분포하는 것으로 보고된 바 있다.

16) 이는 '나머지는'으로 대역되며 '낭우치 + -게(여격조사) + -는(보조사)'의 구성이다.

17) 이는 '대를 또는 줄기를'로 대역되며 '대개~이(柱) + -를(목적격조사)'의 구성이다.

18) 이는 '밭 언덕에나'로 대역되며 이는 '밭(田) + 웅둑(언덕)'의 구성으로 이루어진 이 지역어형이다

19) 이는 '워낙'으로 대역되는 이 지역어형이며 모음중화에 따라 수의적으로 '응칸 ~ 엉칸'으로 교체되기도 한다. 이는 이 지역어를 비롯하여 경북남부지역어, 경남방언에도 실현되는 것으로 보고된 바 있다.

20) 이는 '시울, 가장자리'로 대역되며 수의적으로 '시블 ~ 시불'으로 실현되는 이 지역어형이다.

21) 이는 '인제'로 대역되는 이 제보자의 담화표지 중의 한 형태이다.

22) 이는 정도부사로서 '매우, 워낙'의 의미로 사용된 이 지역어형이다.

23) 이는 '며칠'로 대역되며 '며칠 → 메칠(이중모음실현 제약) → 미칠(고모음화) → 미츨(이화작용)'의 과정을 거쳐 실현된 이 지역어형이다.

24) 이는 '깨끗한'으로 대역되며 '깨끗한 → 깨끄잔(어중ㅎ음탈락) → 께끄잔(모음중화) → 께끄전(모음동화) → 께끄점(후행음절의 양순음에 의한 양순음화)'의 과정을 거쳐 실현된 예이다.

25) 이는 '그것을'로 대역되며 '그(그것) + -를(목적격조사) → 그르(어절말자음 탈락)'의 과정을 거쳐 실현된 이 지역어형이다.

26) 이는 '팅겨'로 대역되며 이 지역어에서 기본형은 '팅구다'이며 '팅구- + -아(연결형어미)'의 구성이다.

27) 이는 '대(竹)'를 뜻하며 의미를 정확히 전달하기 위해 '대처럼'으로 대역했음을 밝힌다.

28) 이는 '끼워서'로 대역되며 '찡구- + -아가(연결형어미) → 찡가가'의 구성이며 이 지역어를 비롯하여, 강원, 경기, 경상, 전라방언에 걸쳐 넓게 분포되는 것으로 보고된 바 있다.

29) 이는 '가락을'로 대역되며 '가락 + -을(목적격조사) → 가라을(어중ㄱ음탈락)'의 과정을 거쳐 실현된 이 지역어형이다.

30) 이는 '돌꼇이지'로 대역되며 '돌곳'은 '돌꼇'에 대응되는 이 지역어형이다.

31) 이는 '인제'로 대역되는 이 제보자의 담화표지 중의 한 형태이다.

32) 이는 '가락에다가는'으로 대역되며 '가락 + -으에다(처소부사격) + -가(주격조사) + -ㄴ(보조사) → 까라그에다간(경음화) → 까라그에다안(어중자음탈락)'의 과정을 거쳐 실현된 이 지역어형이다.

33) 이는 '그놈을'로 대역되며 '그놈 + -을(목적격조사) → 그느믈(모음동화) → 그르믈(유음화)'의 과정을 거쳐 실현된 이 지역어형이다.

34) 이는 '인제'로 대역되는 이 제보자의 담화표지 중의 하나이다.

35) 이는 '인제'로 대역되는 이 제보자의 담화표지 중의 하나이다.

36) 이는 '겻불'로 대역되며 '뎅기뿔(← 뎅기(등겨) + 불(火)) + -로(목적격조사)'의 구성이다.

37) 이는 '그게'로 대역되며 '그게 → 그기(고모음화) → 그이(어중자음탈락)'의 과정을 거쳐 실현된 이 지역어형이다.

38) 이는 '베틀에'로 대역되며 '베틀 + -에어(처소부사격조사) → 비트레어(고모음화) → 비티레어(전설모음화)'의 과정을 거쳐 실현된 이 지역어형이다.

39) 이는 '인제'로 대역되는 이 제보자의 담화표지 중의 하나이다.

40) 이는 '씻어'로 대역되며 '씪- + -어(연결형어미)'의 구성으로 이루어진 이 지역어형이다. 이는 이 지역어를 비롯하여 경상도방언에서 일반적으로 분포하는 것으로 보고되어 있다.

41) 이는 '다듬이돌에'로 대역되며 '따듬똘 + -에(처소부사격조사)'의 구성으로 이루어진 어형이며 이는 전남방언에 분포하는 것으로 보고된 바 있다.

42) 이는 '나중에'로 대역되는 이 지역어형이다.

43) 이는 '솜을'로 대역되며 이 지역어에서는 '소게, 소케'형으로 실현된다.

44) 이는 '핫저고리를'로 대역되며 '핫조고리 + -을(목적격조사) → 핫조고를(모음충돌에 따른 음운탈락) → 핫쪼고를(경음화현상) → 하쪼고를(음절말자음 탈락) → 하쪼고르(어절말자음 탈락)'의 과정을 거쳐 실현된 이 지역어형이다.

45) 이는 '두루마기도'로 대역되며 '두루막'은 두루마기의 이 지역어형이다.

46) 이는 '목화 나무에서 다래가 처음 달린 것으로 만든 좋은 솜'을 말하며 적당한 표준어가 없어서 그냥 대역했다.

47) 이는 '가지런하게'라는 뜻으로 사용된 이 지역어형이며 적당한 표준어가 없어서 그냥 이 지역어를 그대로 옮겨두었다.

48) 이는 '한 장 한 장'의 뜻이다.

49) 이는 '활로'로 대역되며 '활 + -가(도구격조사)'의 구성으로 이루어진 이 지역어형이다.

50) 이는 '사러'로 대역되며 '사(買)- + -로(의도형어미)'의 구성이다.

51) 이는 '보퉁이'에 대응되는 이 지역어형이다.

52) 이는 '솜이 가지런하게 정돈된 낱장'을 뜻한다.

53) 이는 '가볍게'로 대역되며 이 지역어에서는 '게(개)웁다 ~ 게(개)굽다'형이 수의적으로 실현되며 이 어형은 강원, 경상, 전라, 충청방언에서 실현되는 것으로 보고되어 있다.

54) 이는 '풀'을 대역되며 이 어형은 이 지역어를 비롯하여 경남방언에 분포하는 것으로 보고되어 있다.

55) 이는 '마당에'로 대역되며 '마당 + -아(처소부사격조사) → 마당~아(비모음화) → 마다~아(비음탈락) → 마다~(축약)'의 과정을 거쳐 실현된 이 지역어형이다.

56) 이는 '훑쳐서'로 대역되는 이 지역어형이며 이 지역어에서는 기본형이 '훑치다'이다.

57) 이는 '그믐께'로 대역되며 '그믐께 → 그뭄께(원순모음화) → 그무께(어중자음탈락) → 그무끼(고모음화)'의 과정을 거쳐 실현된 이 지역어형이다.

58) 이는 '초순'에 대응되는 이 지역어형이다.

59) 이는 '없도록'으로 대역되며 이는 '없(無)- + -두록(연결형어미) → 업뚜룩(경음화) → 업뚜루(음절말자음 탈락)'의 구성형이다. '-두록'형은 '져므두록 앗겨 ᄒ더니≪은중 9≫'에서처럼 <부모은중경>에서 살펴볼 수 있는 예이며 여기에 기원하는 것이다.

60) 이는 '흙덩어리'로 대역되는 이 지역어형이며 '흙(土) + 덩거리(塊) → 흘떵거리(경음화) → 흘뚱거리(모음중화)'의 과정을 거쳐 실현된 예이다.

61) 이는 '곰방메도'로 대역되며 '곰배 + -드(보조사)'의 구성이고 이 어형은 이 지역어를 비롯한 경북방언과 충북방언에 분포하는 것으로 보고되어 있다.

62) 이는 '뚜드리다'에 대응되는 이 지역어형이며 경북방언에 분포하는 것으로 보고되어 있다.

63) 이는 '여름에'로 대역되는 이 지역어형이며 고모음화가 실현된 예이다.

64) 이는 '늦게'로 대응되는 이 지역어형이며 이는 경상도방언에 일반적으로 실현되는 어형이다.

65) 이는 '겻불을'로 대역되며 '딩개(등겨) + 불'의 구성이다.

66) 이는 '먹여서'로 대역되며 '먹이- + -가(연결형어미) → 메기가(움라우트현상) → 미기가(고모음화)'의 과정을 거쳐 실현된 예이다.

67) 이는 '베틀'로 대역되며 '베틀 → 비틀(고모음화) → 비트(음절말자음 탈락)'의 과정을 거쳐 실현된 이 지역어형이다.

68) 이는 '위에'로 대역되며 '우(上) + -이(처소부사격조사)'의 구성으로 이루어진 이 지역어형이다.

69) 이는 '올된 목화는'이라는 뜻이며 적합한 표준어가 없어서 그대로 번역했다. 즉, 일찍 꽃이 펴서 만들어진 목화를 가리키며 이를 이 지역어에서는 '붕지'라고 한다.

70) 이는 '잉아'로 대역되며 '잉에 ~ 잉예'처럼 수의적으로 실현된다.

71) 이는 '것은'으로 대역되며 '거 + -는(보조사) → 거느(음절말자음 탈락) → 어느(어두자음 탈락)'의 과정을 거쳐 실현된 예이다.

72) 이는 이 제보자의 담화표지 중의 하나이며 '인제'로 대역된다.

73) 이는 '그래서'로 대역되며 '그르 + -가(연결형어미) → 그르아(어중자음 탈락)'의 과정을 거쳐 실현된 예이다.

74) 이는 '그것도'로 대역되며 '그것 + -도(보조사) → 그거또(경음화 현상) → 그어또(어중자음탈락) → 그어떠(모음동화)'의 과정을 거쳐 실현된 예이다.

75) 이는 '다니도록'으로 대역되며 '댕기- + 드루'의 구성으로 이루어진 어형이다.

76) 이는 '전부'로 대역되며 '전부 → 점부(양순음화) → 점무(비음화) → 점모(모음변이)'의 과정을 거쳐 실현된 이 지역어형이다.

77) 이는 '바디집'으로 대역되며 '바데 + 집'으로 구성된 합성어이며, 이 지역어에서 '바디'는 '바데'로도 실현되었음을 알 수 있는 예이다.

78) 이는 '인제'로 대역되는 이 제보자의 담화표지 중의 한 형태이다.

79) 이는 '왼쪽'으로 대역되며 '왼짝 → 엔짝(이중모음실현제약) → 인짝(고모음화)'의 과정을 거쳐 실현된 예이다.

80) 이는 '놓으면'으로 대역되며 '놓- + -으면 → 로흐면(유음화) → 로으면(어중ㅎ음탈락) → 로으민(이중모음실현제약) → 로으민(후행어절에 의한 자음동화)'의 과정을 거쳐 실현된 이 지역어형이다.

81) 이는 '겨울이면'으로 대역되며 '겨울 + -이다(서술격조사) + -마(연결형어미) → 개울이마(이중모음실현제약)'의 과정을 거쳐 실현된 어형이다. '개울'형은 음성적으로 차이가 있지만 '게울'형이 경남과 평북방언에 실현되는 것으로 보고된 바 있다.

82) 여기서 '마을도 못 가다'라는 표현은 마을에 놀러도 한 번 제대로 못 간다는 표현이다.

83) 이는 '약간'으로 대역되며 '약간(若干) + -이(접사) → 약간~이(비모음화) → 약가~이(비음탈락)'의 과정을 거쳐 실현된 이 지역어형이다.

84) 이는 '약간만'으로 대역되며 '약간 + -마(보조사 '-만')'의 구성이다.

85) 이는 이 제보자의 담화표지 중의 하나이며 '인제'로 대역되는 어형이다.

86) 이는 '풀 + -로(목적격조사)'의 구성이며, '풀을'로 대역된다.

87) 이는 '들어오면은'으로 대역되며 '들어오- + -면(연결형어미) + -은(보조사) → 드로면은(축약) → 도로며는(모음동화)'의 과정을 거쳐 실현된 예이다.

88) 이 지역어에서는 '의도'를 표시하는 연결형어미는 '-ㄹ라꼬'형이며 이는 남부경북지역어에서 일반적으로 분포하는 어형이다.

89) 이는 '가(邊)'를 표현하는 이 지역어형이며 그 형태가 '가세'이다. 이 어형은 처소격조사가 실현된 형으로도 볼 수 있고 그렇지 않다고 볼 수 있는 부분이다.

90) 이는 이 지역에서 'ㅡ'와 'ㅓ'모음의 중화에 따른 실현형이다.

91) 이는 '밭'이 후행하는 명사 '가세'의 어두음에 의한 연구개음화가 실현된 예이며 이 지역어에서 연구개음화는 흔한 현상 중의 하나이다.

92) 이는 삼을 가리키는 말로 사전에 등재가 되어 있지 않는 어휘이며, 삼씨를 '여룩씨'라고 하기도 한다.

93) 이는 '일찍이'로 대역되는 이 지역어형이며 이는 재어휘화된 어형인 '일찡 + -히'의 구성으로 이루어진 어형이다.

94) 이는 '헌처'로 실현되어야 할 어형이지만 발화실수가 일어난 부분이다. 이 지역어에서는 '흩다'에 대응되는 어휘가 '흔다'이다.

95) 이는 '나즈막하게'로 대역되며 '나즈막 → 나지막(전설모음화) → 나제막(고모음화에 따른 과도교정형)'의 과정을 거쳐 실현된 예이다.

96) 이는 '삼씨를'로 대역되며 이 지역어를 비롯한 경북방언에서는 일반적으로 목적격조사는 '-로'형으로도 많이 실현된다.

97) 이는 '알뜰히, 잘, 매우' 등의 의미로 사용되는 이 지역어형이다.

98) 이는 지역어에서는 '사람'으로 발화된 것이지만 발화실수형이다. 즉, '토질이 좋은 밭' 또는 '토질이 좋은 밭을 가진 사람'으로 표현해야 할 부분인데 발화실수가 일어난 부분이다.

99) 이는 '긴'으로 대역되며 '긴 → 진(경구개음화) → 징(후행어절의 연구개음에 의한 연구개음화)'의 과정을 거쳐 실현된 어형이다.

100) 이는 '칼처럼'으로 대역되며 '칼 + -매로(보조사)'의 구성이며 '매로'형은 이 지역어를 비롯하여 경북지역어에서 일반적으로 실현되는 형태이다.

101) 이는 '삼을 삶는 솥'이라는 의미이며 일반적으로 삼을 삶는 가마는 '삼곳'이라고 부르지만 여기서는 '솥'으로 어휘화를 한 부분이다.

102) 이는 '기다랗게'로 대역되며 '질-(길다 → 질다(경구개음화)) + -랗다(접사) → 지다랗다(ㄹ탈락현상)'의 과정을 거쳐 형성된 어형이며 여기에 부사화접사가 다시 붙어서 파생된 어휘이다.

103) 이는 한자어 '전부(全部)'에서 유래된 어휘이며 '전부 → 점부(양순음화) → 점(축약)'의 과정을 거쳐 실현된 이 지역어형이다.

104) 이는 '삼겨서'로 대역되며 '삼기- + -가(연결형어미) → 상기가(연구개음화)'의 과정을 거쳐 실현된 이 지역어형이다.

105) 이는 단위명사로 쓰인 '손'이 아니라 '솥'으로 발화되어야 할 부분으로 발화실수가 일어난 어형이다.

106) 이는 '내일로'로 대역되는 이 지역어형이며 '내일로 → 네일로(모음중화) → 니일로(고모음화) → 니을로(전설모음화에 따른 과도교정) → 니얼로(모음중화)'의 과정을 거쳐 실현된 어형이다.

107) 이는 '사람이'로 대역되는 이 지역어형이며 '사람이 → 사래미(움라우트현상) → 사레미(모음중화) → 사라미(고모음화) → 사리므(전설모음화에 따른 과도교정)'의 과정을 거쳐 실현된 예이다.

108) 이는 '벗기면'으로 대역되며 '벗기- + -마(연결형어미) → 버끼마(경음화) → 베끼마(움라우트현상) → 비끼마(고모음화) → 삐끼마(어두경음화)'의 과정을 거쳐 실현된 어형이다. 어두 경음화형은 연이은 발화에서 볼 수 있는 예이다.

109) 이는 '겨릅, 겨릅대'로 대역되며 '겨릅 → 지릅(경구개음화)'의 과정을 거쳐 실현된 이 지역어형이다.

110) 이는 '짓는'으로 대역되며 '짓는 → 진는(비음화) → 즌는(전설모음화에 따른 과도교정) → 전는(모음중화)'의 과정을 거쳐 실현된 이 지역어형이다.

111) 이는 '벽'으로 대역되는 이 지역어형이며 '벽 → 벡(이중모음실현제약) → 빅(고모음화) → 빙(후행 어절에 의한 비음화)'의 과정을 거쳐 실현된 예이다.

112) 이는 짓을 지을 때, 겨릅대를 엮어서 벽체를 만든 다음에 여기에다 흙으로 흙벽을 완성한다는 시차적 행위에 대한 설명이다. 또 이 어형은 표준어로 대역될 만한 어휘를 찾지 못해 그대로 '재새'라는 방언형을 그대로 사용했다. 여기서 '재새, 재새하다'라는 어휘는 한옥에서 집의 벽을 흙으로 바르는 행위를 뜻한다.

113) 이는 이 제보자의 담화표지 중의 한 형태이며 '인제'로 대역되는 어형이다. 이 제보자의 경우, 앞에서도 지적한 대로 담화표지형이 아주 다양하게 실현되는데 한 발화에서 '안제, 은자, 은저, 언저' 등과 같은 다양한 형태로 실현된다.

114) 이는 '뭉치'를 나타내는 이 지역어형이며 모음변이가 이루어진 어형이다.

115) 이는 '축이다'로 대역되며 이는 '추구(축- + -우-)- + -ㄴ다(어미)'의 구성으로 이루어진 이 지역어형이다.

116) 이는 대장장이로 대역되는 이 지역어형이며 경상방언에서 일반적으로 분포하는 어형이다.

117) 이는 '구부정하게, 꼬부라지게' 등으로 대역할 수 있는 이 지역어이다.

118) 이는 '만큼씩'으로 대역되는 이 지역어형이며 '만침 + 승'의 구성으로 이루어진 어형이다.

119) 이는 '꺼내어서, 꺼내어, 내어' 등으로 대역될 수 있는 이 지역어형이며 '내 + -가(연결형어미)'의 구성으로 이루어진 어형이다.

120) 여기서 눈은 삼의 껍질에 옹이와 같은 흠이 없는 것을 뜻하는 말이다.

121) 여기서 '-만츰'은 '-만큼, -만치'에 대응되는 이 지역어형이다. '만치 + -ㅁ(보조사) → 만츰(전설모음화에 따른 과도교정형)'의 과정을 거친 어형이다. 여기서 안동포는 경상북도 안동지방에서 생산된 삼베를 말하는 것으로서 아주 올이 곱고 색깔이 좋은 최상품의 삼베를 뜻하는 말로도 쓰인다.

122) 이는 '곱게'로 대역되는 이 지역어형이며 '곱게 → 곱께(경음화) → 고께(음절말자음탈락) → 고끼(고모음화)'의 과정을 거쳐 실현된 예이다.

123) 이는 '-도록'으로 대역되는 이 지역어형이며 선행 어절의 '-뚜루'도 이형태로 실현된 예이다.

124) 이는 '전부'로 대역되는 이 지역어형이며 '전부(全部) → 점부(양순음화) → 저무(어중자음탈락) → 저므(비원순모음화)'의 과정을 거쳐 실현된 예이다.

125) 이는 '보자기'로 대역되는 이 지역어형이다.

126) 여기서 '죽'은 옷이나 그릇을 헤아리는 단위명사이다.

127) 이는 '구유를'로 대역되며 '구시'형은 이 지역어를 비롯하여 경상, 전라, 충청, 함경방언에 분포하는 것으로 보고되어 있다. 원래 구유는 나무나 돌을 다듬어서 소나 말의 먹이를 주는 도구로 사용된 것이지만 여기서는 구유 형태로 만들어서 오줌을 모으기 위해 만든 것을 뜻한다. 예전 시골에는 구유 형태로 만든 도구에 오줌을 모아서 비료 대신 밭에 거름으로 주기도 했으며 이때의 도구를 이 지역어에서는 '오줌구시'라고도 불렀으며 이 어형은 '오줌'이 생략된 어형이다.

128) 이는 '그것을'로 대역되는 이 지역어형이며 '그거 + -로(목적격조사)'의 구성이다.

129) 이 제보자의 발화에서는 동사 '잣다'형이 대개 '잣다'로 실현되지만 이 경우에는 '작다'형으로 실현된 예이다.

130) 이는 '이래'로 대역했지만 '이러하니 → 이러니(축약) → 이르니(모음중화) → 이르이(어중 자음 탈락)'의 과정을 거쳐 실현된 예이다.

131) 이는 이 제보자의 담화표지 중의 한 형태이며 '인제'로 대역된다.

132) 이는 '실이랑'으로 대역되며 '실 + -이랑'의 구성으로 ㄹ음이 탈락된 예이다.

133) 이는 '손으로'로 대역되는 이 지역어형이며 이 지역어에서는 '-을'이 도구격조사로도 사용되기도 한다.

134) 이는 '-만큼'으로 대역되는 이 지역어형이다.

135) 이는 '인제'로 대역되는 이 제보자의 담화표지 중의 한 이형태이다.

136) 이는 '가락을'로 대역되며 어중위치에서 연구개자음이 탈락된 형이다.

137) 이는 '콩깍지'로 대역되며 이 지역어에서는 '깍지'형에 대해 '깍떼기'형으로 대응되며 '깍떼기 → 깍떼이(어중자음 탈락)'의 과정을 거친 어형이다.

138) 이는 '그놈'으로 대역되며 어두위치에서 유음의 실현제약에 따른 과도교정형이다.

139) 이는 '때어'로 대역되는 이 지역어형이며 '때- + -어(연결형어미) → 떼어(모음중화) → 띠아(고모음화)'의 과정을 거쳐 실현된 예이다.

140) 이는 '껍질을'로 대역되며 '껍떼기 → 껍띠기(모음동화에 의한 고모음화) → 껍띠이(어중자음 탈락) → 꺼띠(축약)'의 과정을 거쳐 실현된 예이다.

141) 이는 '방에'로 대역되며 '방(房) + -아(처소부사격조사) → 방~아(비모음화) → 바~아(비자음탈락)'의 과정을 거친 어형이다.

142) 이는 '가마때기 또는 가마니때기'로 대역되는 이 지역어형이며, '가마니때기 → 가마이때기(어중ㄴ음탈락) → 가마이떼기(모음중화) → 가마이떼그(후설모음화)'의 과정을 거쳐 실현된 예이다.

143) 이는 '벗겨지다'로 대역되는 이 지역어형이며 '벗겨지다 → 버껴지다(어중경음화)

→ 버어지다(이중모음의 단모음화)'의 과정을 거쳐 실현된 예이다.

144) 이는 '물에'로 대역되며 '물 + -이(처소부사격조사)'의 구성이다.

145) 이는 '꾀꼬리'로 대역되는 이 지역어형이며 '꾀꼬리 → 께꼬리(이중모음실현 제약에 따른 단모음화) → 끼꼬리(고모음화)'의 과정을 거쳐 실현된 예이다. 이 어형은 이 지역어 외에도 경남방언과 함북방언에 실현되는 것으로 보고된 바 있다.

146) 이는 '짜니까'로 대역되며 '짜(織)- + -이끼네(연결형어미 -니까)'의 구성이다.

147) 이는 '집집이는'으로 대역되며 '집집이 + -ㄴ(보조사) → 집찌빈(경음화) → 집찌인(어중자음 탈락)'의 과정을 거쳐 실현된 예이다.

148) 이는 '계속'으로 대역되는 이 지역어형이며 '계속 → 게속(이중모음 실현제약에 따른 단모음화) → 게숨(후행어절에 의한 양순음화)'의 과정을 거쳐 실현된 예이다. 이 예는 비록 드물지만 연구개자음이 후행하는 양순음에 의해 동화가 이루어진 예이다.

149) 이는 '자기'로 대역되며 '지줌'형이 후행하는 연구개음에 의한 연구개음화가 실현된 예이다.

150) 이는 '으(어)씨, 으(어)시' 형으로 실현되며 '상당히'라는 뜻으로 대역되는 이 지역어형이다.

151) 이느 '똑'으로 대역되며 '똑 → 똥(후행어절의 비음에 의한 비음화)'가 실현된 예이다.

152) 이는 '삼곳'으로 대역해야 할 예지만 이 지역어에서는 '삼곳' 대신에 '삼솥'으로 어휘화가 되어 있다. 또, '삼곳'은 삼을 삼는 곳을 가리키는 부분으로 사용될 수 있으며 '삼솥'은 삼을 구덩이를 파고 넣는 솥 모양을 가리키는 것으로 판단된다.

153) 이는 '덮다'형에 어두경음화 현상이 일어난 예이다.

154) 이는 '벗기면'으로 대역되는 이 지역어형이며 '벗기다 → 버끼다(어중경음화 현상) → 베끼다(움라우트현상) → 삐끼다(고모음화)'의 과정을 거쳐 실현된 예이다.

155) 이는 '쓰고'로 대역되는 이 지역어형이며 치음 아래에서의 전설모음화가 실현된 예이다.

156) 이는 '솥'이 후행하는 어절의 연구개음에 의한 연구개음화가 실현된 예이다.

157) 이는 '거는 것처럼'으로 대역되며 여기서 '-매로'는 '-처럼'으로 대역되는 이 지역어형이다. 또 '걸- + -는 # 거'의 구성은 '걸는거 → 거는거(어중르음 탈락) → 거능거(연구개음화) → 거능어(어중ㄱ음탈락)'의 과정을 거쳐 실현된 예이다.

158) 이는 '함석솥처럼'으로 대역되는 이 지역어형이며 '함썩'형은 수의적으로 어중경음화가 실현된 예이다. 함석은 얇은 철판에 아연을 도금한 것으로서 예전에 지붕이나 처마 끝의 물받이나 양동이 등과 같이 다양한 형태의 생활용기를 만드는 데 사용된 흰색의 철판이다. 지금은 그 쓰임새가 예전처럼 그렇게 다양하게 사용되지는 않고 있다.

159) 이는 '기다랗게'로 대역되는 이 지역어형이며 이 지역어에서는 '지단하(기단하다
    → 지단하다(경구개음화))- + -이(부사화접사)'의 구성으로 이루어진 어형이다.

160) 이는 '구덩이를'로 대역되며 '구디~이 + -룩(목적격조사)'의 구성이다. 이 지역어
    에서는 '구디~'형은 '구덩이'의 뜻이며 '구ː디'형은 '구더기'의 의미로 대역된다.

161) 이는 '가(邊)는'으로 대역되며 '가세(邊) + -은(보조사)'의 구성으로 이루어진 예이다.

162) 이는 '나오- + -드로(-도록)'의 구성으로 이루어진 어형이며 '나오도록'으로 대역된다.

163) 이는 '굴뚝을'로 대역되는 이 지역어형이며 어중자음이 탈락된 예이다.

164) 이는 '제보자가 어린 시절에 봐도'라는 의미의 표현이다.

165) 이는 '고것도'로 대역되며 '고것도 → 고거또(어중경음화) → 고그또(모음중화) →
    고으또(어중자음 탈락)'의 과정을 거쳐 실현된 이 지역어형이다.

166) 이는 '한 번'으로 대역되며 '한번 → 함번(양순음화) → 함먼(비음화) → 함멍(후행
    어절에 의한 연구개음화) → 함믕(모음중화) → 하믕(동일자음의 중출에 의한 음절
    말자음 탈락)'의 과정을 거쳐 실현된 어형이다.

167) 이는 '바디가'로 대역되며 '바디'에 대응되는 이 지역어형이다. '바디'는 베틀, 가
    마니틀, 방직기 따위에 딸린 도구의 하나이다. 이는 가늘고 얇은 대오리를 참빗살
    같이 세워, 두 끝을 앞뒤로 대오리를 대고 단단하게 실로 엮어 만든 도구이다. 이
    는 살의 틈마다 날실을 꿰어서 베의 날을 고르며 북의 통로를 만들어 주고 씨실을
    쳐서 베를 짜는 구실을 하는 도구이다.

168) 이는 '촘촘하다'로 대역되는 이 지역어형이며 '촌추룽코'형처럼 실현되기도 한다.

169) 이는 '줄줄이'로 대역되며 '죽쭉 + -이(부사화접사)'의 구성으로 이루어진 어형이다.

170) 이는 '시어머니가'로 대역했지만 '시어머니'에 대응되는 다른 형태의 어휘이다.

171) 이는 '입어'로 대역되며 '입어 → 이브(모음중화) → 이으(어중자음 탈락)'의 과정을
    거쳐 실현된 어형이다.

172) 이는 '며느리'로 대역되는 이 지역어형이며 이는 경상도방언과 전라방언에서 일반
    적으로 분포하는 어형으로 보고된 바 있다.

173) 이는 '사람이면'으로 대역되며 '사람 + -마(연결형어미)'의 구성으로 이루어진 어
    형이다.

174) 이는 '속옷'으로 대역해야 하지만 원래의 외래어를 살리기 위해 그대로 대역했다.
    이는 속옷의 일본계 외래어이다.

175) 이는 '위에'로 대역되며 '우(上) + -이(처소부사격조사)'의 구성이다. 조사 '-이'형
    은 '-에'형에서 고모음화가 이루어져 일어난 예이다.

176) 이는 '벗기면'으로 대역되며 '삐끼- +-마(연결형어미)'의 구성이다. '삐기다'형은
    '벗기다 → 버끼다(어중경음화) → 뻬끼다(어두 경음화) → 삐끼다(고모음화)'의 과

정을 거쳐 실현된 예이다. 다만 이 지역어에서는 '토라지다'의 의미를 지니는 '삐끼다'형과 이 어휘는 성조의 실현에서도 같은 양상을 보인다.

177) 이는 '날카롭게'로 대역되는 이 지역어형이며 '날카롭게 → 날카로께(어중경음화와 어중자음 탈락) → 나카로께(어중자음 탈락) → 나카라께(모음동화) → 나카라끼(고모음화)'의 과정을 거쳐 실현된 이 지역어형이다.

178) 이 지역어에서는 표준어의 '닳다'에 대응되는 어형은 그 기본형이 '닭다'임을 알 수 있는 예이다.

179) 이는 '손톱을'로 대역되는 이 지역어형이며 이는 '손톱 → 손툽(역행원순모음화)'의 과정을 겪은 예이다.

180) 이는 '손가락'로 대역되는 이 지역어형이며 '손가락 → 손까락(어중경음화) → 송까락(연구개음화) → 송까을(이화)'의 과정을 거쳐 실현된 예이다.

181) 이 지역어에서는 '넘기다'에 대응되는 어형이 '넝구다'이며 이의 활용형이다.

182) 이는 '옆'으로 대역되는 이 지역어형이며 이는 '여불때기 → 여불때이(어중자음탈락)'의 과정을 거쳐 실현된 예이다. '여불때기'형은 '야불때기'형과 지역에 따라 수의적으로 교체되기도 한다.

183) 이는 '-만큼'으로 대역되며 이는 '-마침'형으로도 실현되는데 전설모음화가 일어난 예이다.

184) 이는 '축이는데'로 대역되며 이지역어에서는 '축이다'형이 아니고 '축우다'형으로 실현되는 지역이다.

185) 이는 '이름'형에 전설모음화가 일어난 어형이며 이 어형은 경기방언에도 실현되는 것으로 보고된 바 있다.

186) 이는 '양쪽'으로 대역되며 '양쪽 → 양쪼(어말자음 탈락) → 양쭈(고모음화)'의 과정을 거쳐 실현된 예이며 이 지역어에서 흔한 빈도의 예이다.

187) 이는 '그러니'로 대역되며 '그러니 → 그르니(모음중화) → 그르이(어중ㄴ음탈락)'의 과정을 거쳐 실현된 예이다.

188) 이는 '우(上) + -예(처소격조사)'의 구성이며 '위에'로 대역된다.

189) 이는 '꼬챙이가'로 대역되며 '꼬챙이 → 꼬쟁~이(비모음화) → 꼬재~이'의 과정을 거쳐 실현된 예이다. 이 어형은 '고쟁이'의 의미로도 사용되기도 한다.

190) 이는 '정강이에다가'로 대역되는 이 지역어형이며 '장개, 장개~, 장개이' 형으로 수의적으로 실현된다. 이는 이 지역어를 비롯하여 경북 남부방언과 경남방언에서 분포하는 것으로 보고된 바 있다.

191) 이는 '앞니가'로 대역되며 '앞니 → 암니(비음화) → 안니(치조음화)'의 과정을 거쳐 실현된 예이다. 국어 음운현상에서 치조음이 양순음으로 동화되는 경우는 일반적이지만 양순음이 치조음으로 동화되는 경우는 일반적이지 않지만 이 지역어에서는

이 동화현상이 간간히 나타나는 경우이다.

192) 이는 '이으면서'로 대역되는 이 지역어형이며 '이까- + -머쓰(연결형어미 '-면서')'의 구성이다.

193) 이는 '딱지가'로 대역되며 '따까리'형은 '딱지'라는 의미 외에도 '뚜껑'이라는 의미로도 사용되는 어형이다. 이 어형은 이 지역어를 비롯하여 경상도방언에서 분포하는 것으로 보고되어 있다.

194) 이는 '요새는'으로 대역되는 이 지역어형이며 '요새 → 오새(이중모음실현 제약) → 오세(모음중화) → 오쎄(경음화)'의 과정을 거쳐 실현된 예이고 이는 이 지역어를 비롯하여 경북 남부방언과 경남방언에 분포하는 것으로 보고되어 있다.

195) 이는 '신랑 + -캉(접속조사)'의 구성이며 '신랑과'로 대역되는 이 지역어형이다.

196) 이는 '데리고'로 대역되며 '데리고 → 디리고(고모음화) → 디르고(과도교정에 따른 후설모음화)'의 과정을 거쳐 실현된 이 지역어형이다.

197) 이는 삼을 삼을 때 삼기 위해 삼지 않은 삼을 걸어두는 도구를 말하며 표준어로 대역되는 어형이 없어서 그대로 표현했다.

198) 이는 '저녁으로'로 대역되며 '저녁 → 즈녁(모음중화) → 지녁(전설모음화)'의 과정을 거쳐 실현된 예이다.

199) 이는 '두레삼'으로 대역되는 이 지역어형이며 '두레삼 → 두레쌈(어중경음화) → 두리쌈(고모음화)'의 과정을 거쳐 실현된 형이다. 두레삼은 신라시대 이래로 이어져 온 우리의 옛 전통으로 부녀자들이 길쌈을 할 때 능률을 올리기 위해 두레를 지어 길쌈을 한 것으로서 이런 전통은 음력 7월 15일부터 매일 저녁에 집집마다 옮겨 다니면서 길쌈을 하며 노래도 하고 이야기를 하며 한 민속을 말하기도 한다.

200) 이는 '줄어들거든'으로 대역되는 이 지역어형이며 '깝어(아)지다'는 '줄어들다'의 이 지역어 어휘이다.

201) 이는 '밀수제비'로 대역되는 이 지역어형이다. 일반적으로 중부지역어에서는 밀가루로 반죽하여 손으로 찢어서 만든 것을 '수제비 또는 밀수제비'로 부르고 '찹쌀이나 수수로 새알 모양으로 빚어서 팥죽 등에 넣는 것'을 '새알심'으로 부르지만 이 지역어에서는 어휘의 차이가 있다. 이 지역어에서는 밀수제비와 새알심을 통틀어서 '수제비'라고 부르며 '수제비'는 다시 '밀수제비'와 '찹쌀수제비'로 구분하여 사용한다. '수지비'형은 모음동화에 의한 고모음화가 실현된 어형이다.

202) 이는 '시어머니'의 이 지역어형이다.

203) 이는 '그런'형에서 어말자음 'ㄴ'음이 탈락되어 실현된 예이다.

204) 이는 '명주하고'로 대역되는 이 지역어형이며 '명주(明紬) → 멩주(이중모음실현제약에 따른 단모음화) → 밍주(고모음화)'의 과정을 거쳐 실현된 예다.

205) 이는 '켜켜로'로 대역을 했는데 이는 직역을 한 의미이다. 이 문맥 상황에서 '치치

로'의 뜻은 '켜켜로 계속해서'라는 의미가 더 정확한 경우이다.

206) 이는 '그거는'으로 대역되는 이 지역어형이며 '그거 + -는(보조사) → 그거느(어말 자음탈락) → 그어느(어중자음탈락) → 그어너(모음동화)'의 과정을 거쳐 실현된 어형이다.

207) 이는 '인제'로 대역되는 이 제보자의 담화표지 중의 한 형태이다.

208) 이는 '구멍에'로 대역되는 이 지역어형이며 이는 15세기 중엽의 '구무'형의 'ㄱ특수체언'의 영향이 그대로 이 지역어에 실현된 경우이다. 이는 처소부사격으로 실현된 예이다.

209) 이는 '씨아꼭지'로 대역되는 이 지역어형이며 이 지역어에서 '꼭따리'형은 '꼭지'에 대응되는 어휘이다.

210) 이는 '이것은'의 준말인 '이건'으로 대역될 수 있는 이 지역어형이며 '이건 → 이경(연구개음화) → 이영(어중자음 탈락) → 이융(모음중화)'의 과정을 거쳐 실현된 예이다.

211) 이는 '기물이는'으로 대역되는 이 지역어형이며 '기물 → 지물(경구개음화) → 짐물(양음절화) → 짐믈(비원순모음화)'의 과정을 거쳐 실현된 어형이다.

212) 이는 '그런'으로 대역되는 이 지역어형이며 '그런 → 그른(모음중화) → 그릅(후행어절의 두음에 의한 양순음화)'의 과정을 거쳐 실현된 예이다.

213) 이느 '불편(不便) → 불팬(이중모음실현제약에 따른 단모음화)'의 과정을 거쳐 실현된 이 지역어형이다.

214) 이는 '쓰기로'로 대역되는 이 지역어형이며 '쓰기로 → 스기로(자음중화) → 시기로(전설모음화) → 시기루(고모음화)'의 과정을 거쳐 실현된 예다.

215) 이는 '배워야'로 대역되며 '비아-(배우다 → 베우다(모음중화) → 비우다(고모음화) → 비아다(모음동화)) + -야(연결형어미)'의 구성이다.

216) 이는 '생겼거든'으로 대역되며 '생겼거든 → 생긴거든(이중모음실현제약에 따른 고모음화) → 생긴꺼든(경음화) → 생이꺼든(어중자음 탈락) → 생이끄던(모음중화) → 생이끄더(어말자음 탈락)'의 과정을 거쳐 실현된 이 지역어형이다.

217) 이는 '삼 머리가'로 대역되며 '삼대가리 → 삼때가리(경음화 현상) → 삼따가리(모음동화)'의 과정을 거쳐 실현된 예이다.

218) 이는 '없어'로 대역되는 이 지역어형이며 '언저 → 언즈(모음중화) → 언지(전설모음화)'의 과정을 거쳐 수의적으로 실현된 예이다.

219) 이는 '것으로'로 대역되는 이 지역어형이며 '큰 거로 → 킁 거로(연구개음화) → 킁 어로(어중ㄱ음탈락)'의 과정을 거쳐 실현된 예이다.

220) 이는 이 제보자의 담화표지 중의 한 형태이며 '인제'로 대역된다.

221) 이는 '감으면'으로 대역되는 이 지역어형이며 '감- + -으마(연결형어미) → 가으마 (어중자음탈락)'의 과정을 거친 예이다.

222) 이는 일반적으로 알려진 것처럼 이 지역어에서 '-을'형은 목적격조사 및 도구격조 사로 사용되는데 이는 도구격조사로 사용된 것이며 후행하는 어절에서는 이 조사 로 '-로'형이 실현되어 있음을 확인할 수 있다.

223) 이는 삼베를 짜기 위한 전 과정으로 삼을 찢고 날아서 들실과 날실을 만들기 위해 만든 실꾸리를 말하며 실꾸리가 떡 모양으로 만들었기 때문에 이 지역어에서는 '떡'이라고 이름을 붙인 것으로 판단된다.

224) 이는 '모래를'로 대역되는 이 지역어형이며 '몰게(沙: 몰개 → 몰게(고모음화)) + - 로(목적격조사)'의 구성이다.

225) 이는 모양을 흉내 낸 말이며 '가지런하게 차곡차곡 쌓아둔'이라는 뜻을 지닌 이 지역 어형이며 표준어로 정확히 옮길 수 있는 어형이 없어서 이 지역어를 그대로 제시했다.

226) 이는 형태상으로 보면 '그래서'로 대역하는 것이 더 바람직하겠지만 '가'형에 음고 가 놓이므로 독립 형태소로 해석하여 표준어로 대역했다.

227) 이는 '올라오고'로 대역되며 원순모음동화에 의하여 실현된 이 지역어형이다.

228) 잉앗실은 베를 짤 때 베틀의 날실을 한 올씩 걸러서 끌어올리도록 맨 굵은 실을 말하며 여기서 잉아올은 바로 잉앗실에 묶어진 날실을 가리키며 그렇지 않은 다른 날실을 가리켜 상올이라고 부르고 있다. 날실의 부분 이름인 잉아올과 상올에 대 한 이름은 국어사전에도 등재되어 있지 않는 어휘이다.

229) 이는 '넣으면'으로 대역되며 '옇- + -마(연결형어미) → 염마(비음동화)'의 과정을 거쳐 실현된 예이다.

230) 이는 '그것이'로 대역했으며 제보자가 순간적으로 착각하여 격조사를 다르게 표현 한 부분이다. 이는 주격조사로 바꾸거나 서술어를 다르게 표현해야 되는 부분이지 만 여기서는 격조사를 고쳐서 대역했다.

231) 이는 '요렇도록'으로 전사가 되며 '요렇도록 → 요러토록(유기음화) → 요르토록(모 음중화) → 요르트록(이화 및 모음동화) → 요르트로(어절말자음 탈락)'의 과정을 거쳐 실현된 이 지역어형이다.

232) 이는 '인제'로 대역되는 이 제보자의 담화표지 중의 한 형태이다.

233) 이는 '그것은'으로 대역되는 이 지역어형이며 '그건 → 그근(모음중화) → 근(축약) → 금(후행어절에 의한 양순음화)'의 과정을 거쳐 실현된 예이다.

234) 이는 '내나'형으로도 실현되는 이 지역어형이며 '마찬가지로, 역시'의 뜻으로 사용 되는 어휘이다.

235) 이는 '우리는'으로 대역되는 이 지역어형이며 이는 '우리는 → 우르는(후설모음화) → 우르늠(후행어절에 의한 양순음화)'의 과정을 거쳐 실현된 이 지역어형이다.

236) 이는 발화상황에서 착오로 인해 목적격표지로 실현되어야 하지만 주격표지가 실현된 경우이다.

237) 이는 '그것도'로 대역되는 이 지역어형이며 '그것도 → 그것또(경음화현상) → 그거또(음절말자음 탈락) → 그어또(어중자음탈락) → 그으또(모음중화)'의 과정을 거쳐 실현된 예이다.

238) 이는 이미 담화표지로 그 성격이 바뀐 이 지역어형이다.

239) 이는 '계속'으로 대역되는 이 지역어형이며 '계속(繼續)하- +-이'의 구성이다. 즉, '계속하이 → 계속하이(단모음화) → 계숙하이(고모음화) → 계숙허이(모음변이) → 계숙흐이(모음중화) → 게수그이(어중 ㅎ음탈락)'의 과정을 거쳐 실현된 예이다.

240) 이는 '주어낸다고'의 줄인 말이며 '주어내다 → 줘내다(축약) → 조내다(모음변이)'의 과정을 거쳐 실현된 이 지역어형이다.

241) 이는 '밤늦으니, 밤늦으니까'로 대역되는 이 지역어형이며 '밤늦으니 → 밤느즈이(어중자음탈락)'의 과정을 거쳐 실현된 예이다.

242) 여기서 '있으면'의 뜻은 '베 짜는 사람이 집에만 있으면'으로 표현한 내용이다.

243) 이는 '사람이지'로 대역되는 이 지역어형이며 '사람이지 → 사래미지(움라우트현상) → 사애미지(어중자음탈락)'의 과정을 거쳐 실현된 예이다. 이 제보자의 발화에서는 '사람'과 '사램'이 공존하는데 '사램'형은 어휘의 재구조화에 이루어진 것으로 판단된다.

244) 이는 '씩'으로 대역되며 '씩 → 쓱(과도교정에 의한 후설모음화) → 쑥(후행어절에 의한 비음화)'의 과정을 거쳐 실현된 이 지역어형이다. 이 현상은 이 지역어에 비교적 흔한 음운현상 중의 하나이다.

245) 이는 '세월'의 이 지역어형이며 '세월 → 세올(이중모음 실현제약에 따른 단모음화) → 세홀(ㅎ음첨가)'의 과정을 거쳐 실현된 어형이다.

246) 이는 '일손'의 뜻으로 사용된 예이다.

247) 이는 '밥해'로 대역되는 이 지역어형이며 '밥해 → 밥헤(모음중화) → 바베(ㅎ음탈락)'의 과정을 거쳐 실현된 어형이다.

248) 이는 부사 '따로'의 이 지역어형이며 이 어형은 경남방언에 분포하는 것으로 보고되어 있으며 이 지역어를 비롯한 경북남부지역어에서도 실현되는 것으로 확인되었다.

249) 이는 '처음'으로 대역되며 이 어형은 '첫머리 → 처머리(음절말자음 탈락) → 처므리(모음중화) → 처무리(원순모음화) → 처무이(어중ㄹ음탈락)'의 과정을 거쳐 실현된 예이다. 이 예는 '첫머리'는 뜻보다는 '처음'에 더 가까운 뜻을 가진 어형이다.

250) 여기서 '하는 사람은'은 '전문적으로 하는 사람은'이라는 뜻으로 사용된 것이다.

251) 이는 '첫해'로 대역되는 이 지역어형이며 이 어형은 어중자음 'ㅎ'음의 탈락으로 실현된 예이다.

252) 이는 '방에'로 대역되는 이 지역어형이며 '방(房) + -아(처소부사격조사) → 바아(비음탈락)'의 과정을 거쳐 실현된 예이다.

253) 이는 '북 넣고'로 대역되며 이는 '북 넣다 → 붕 넣다(비음화) → 붕 옇다(어중ㄴ음탈락)'의 과정을 거쳐 실현된 예다. 이 지역어의 '옇다'형은 '넣다'에서 'ㄴ음실현제약'에 따라서 ㄴ탈락이 이루어진 어형인 반면에 중부지역어의 '넣다'형은 이중모음이 단모음화가 된 어형이다.

254) 이는 '바디집'으로 대역되며 베를 짜는 도구 중의 하나로서 바디를 끼우는 테를 뜻한다. 홈이 있는 두 짝의 나무에 바디를 끼우고 양편 마구리에 바디집비녀를 꽂게 되며 흔히 바디틀, 구광(筬框)이라고도 한다.

255) 제보자의 설명에 따르면 이는 베를 짤 때 실오라기가 떨어지면 베를 계속 짜기 위해 실을 잇는 행위를 가리키는 이 지역어 어휘이다.

256) 이는 '손으로'로 대역되는 이 지역어형이며 '손 + -가(도구격조사)'의 구성이다.

257) 이는 '떨어졌는'으로 대역되며 '떨어지다 → 떠르지다(모음중화) → 떠리지다(전설모음화)'의 과정을 거쳐 실현된 이 지역어형이다.

258) 이는 '가만'으로 대역되며 '가만'에서 어절말자음이 탈락된 형태이다.

259) 이는 '속으로'으로 대역되며 '소게 + -를(도구격조사) → 소게르(어절말자음 탈락)'의 과정을 거쳐 실현된 예이다.

260) 이는 '짜이지'로 대역되며 '짜이다 → 째이다(ㅣ모음역행동화)'의 과정을 거쳐 실현된 예이다.

261) 이는 '시어머니가'로 대역되며 '시오마씨(媤母) + -거(주격조사)'의 구성이다. 어형 '오마씨'는 이 지역어 외에도 경남방언에 분포하는 것으로 보고되어 있다.

262) 이는 '겨우'로 대역되는 이 지역어형이며 '겨우 → 거우(이중모음 실현제약) → 그우(모음중화)'의 과정을 거쳐 실현된 어형이다.

263) 이는 '인제'로 대역되는 이 제보자의 담화표지 중의 한 형태이다.

264) 이는 '만날'로 대역되는 이 지역어형이다.

265) 여기서 '떨어지다'는 '위에서 아래로 떨어진다'는 뜻이 아니라 베를 짜기 위한 실이 없어져서 떨어졌다는 뜻이다.

266) 이는 '보리쌀을'으로 대역되며 '보살 + -로(목적격조사)'의 구성이다. '보살'형은 이 지역어를 비롯하여 경남방언에도 실현되는 것으로 보고된 바 있다.

267) 이는 '아침'으로 대역되는 이 지역어형이며 강원도, 경상도, 전라도방언에 널리 분포하는 어형이다.

268) 이는 '저녁'에 대응하는 이 지역어형이다.

04 거주생활

집짓기 296

집짓기

인제′ 그 거주 생와레′ 대항 건데, 요즈음 머 집′ 까틍 거′ 지′으며는 대부
분 머 업′짜드리 지′꺼나 그′래 하′는데, 예저:네′도 물롬 멀 어 대:모기나 누′
가 지블 지꼬 해′께찌마너 어 뜨 그어도 보′닌′드리 마니 거:드′러찌예, 집′
찌′을 때?

그′르스 집′, 집′터는 그암며느 보통 어떠게 선정하고 어떠케 보통 다′짐미
까, 집′ 지′얼 때?

– 고 옌나레 은자 집′터느언:, 집′터도 옌나′레 참′ 잘:, 집′틀′ 잘 선정할′
때는 풍′수가 와′ 가지고 꺼 이 집′터를 이래 선정을 하고, 집′, 그어 자′리
도 방향을 임 마지1), 그 지′빌 지′형에 따라 가주오 이 지′븐 마′이지, 멉
동′을 보고 세′와야 일 지비 터′가 마′꼬, 머 서′예2), 서′양을3) 세′아야 델
집′또 이고, 여그 은자 대쭈′4) 여 풍′수가 와 가지고 그′래 한′ 수도 이′꼬,
그지: 인자 유′깜′저으로 보고 위 지′븐 어느 방향을 세′아마 안 조′껜′나
시파 가조 걸 대충 은녀5) 방향 가튼 은자 이, 그래 가주고 어 잠는′데.

– 고 지′븐 저 모 대:목 아이′마 그어 머 기수 럼6) 사′암 아이′마 지′블
거 뻬′대를 만들 수도 어′꼬 하′이~께네 거 대:모글 자 사글 조 가지고,
대:모글 저 부′얼다가 지′블 인자 뻬′대를 시′아가 조′ 해 노마 그 나무지′
기′는 거′이 다 보′니니 해′야 데능 기′라.

– 그글 다: 너′믈7) 소′늘 다 하′마 개따′느8) 몬사′른는은 떼′애 사′ 쭈′구9)
나마 머 집 저′찌도 몬 하고 하′이끼네 대:모근 마 뻬′대만 시′아 노코 나
마:, 대모근 인자 그에10) 끈′나고 나마 그래 인자 우에 인자 서′까래 걸:고
다 대목 다: 거언 노′코 나마 은자 대목 이′른 녀11) 거′이 다 하′능 기러.

– 해충 망 다: 해여 노꺼 점버 일 문:, 뭉꿀′하고 이래, 점 무′나고 이래
은저, 무′는 은자 별또오 사더 또거 또거 사다 달′고, 대:모기 또 짜 가

인제 그 거주 생활에 대한 것인데, 요즘은 뭐 집 같은 것을 지으면은 대부분 뭐 업자들이 짓거나 그래 하는데, 예전에도 물론 뭐 어 대목이나 누가 집을 짓고 했겠지만은 어 또 그래도 본인들이 많이 거들었지요, 집 지을 때?

그래서 집, 집터는 그러면은 보통 어떻게 선정하고 어떻게 보통 다집니까, 집 지을 때?

- 그 옛날에 인제 집터는, 집터도 옛날에 참 잘, 집터를 잘 선정할 때는 풍수가 와 가지고 그 이 집터를 이래 선정을 하고, 집, 그 자리도 방향을 이 말이지, 그 집이 지형에 따라 가지고 이 집은 말이지, 뭐 동쪽을 보고 세워야 이 집의 터가 맞고, 뭐 서쪽에, 서향으로 세워야 될 집도 있고, 여기 인제 대충 이래 풍수가 와 가지고 그래 하는 수도 있고, 그저 인제 육감으로 보고 이 집은 어느 방향으로 세우면 안 좋겠나 싶어 가지고 그것을 대충 인제 방향 같은 인제 이, 그래 가지고 어 잡는데.

- 그 집은 저 뭐 대목이 아니면 그 뭐 기술이 없는 사람이 아니면 집을 그 뼈대를 만들 수도 없고 하니까 그 대목을 인제 삯을 줘 가지고, 대목을 저 불러다가 집을 인제 뼈대를 세워서 저 해 놓으면 그 나머지는 거의 다 본인이 해야 되는 거야.

- 그것을 다 남의 손으로 다 하면 가뜩이나 못 살았던 때에 삯을 주고 나면 뭐 집을 짓지도 못 하고 하니까 대목은 그냥 뼈대만 세워 놓고 나면, 대목이 인제 거의 끝나고 나면 그래 인제 위에 인제 서까래를 걸고 다 대목이 다 걸어 놓고 나면 인제 대목 일은 인제 거의 다 하는 거야.

- 대충 그냥 다 해 놓고 전부 이 문, 문골하고 이래, 저 문하고 이래 인제, 문은 인제 별도로 사서 또, 또 사서 달고, 대목이 또 짜 가지고 다

주오 다는 스, 주는 사'암도 이'찌마는 그래 노그믄12) 대:모' 이'른 다: 끈'
나고 나'마 인자 또 인자 알:매' 치릉 근 자, 알:매를 친'다 한데, 거 인자
서'까래를 거'은 너 거 우'예 인자 산냐를13), 짜자난'14) 나물 따'개가15) 인
자 인자 스, 으 새'끼러 얼'릉 그 인니 삼'자 얼, 산'자 얼릉' 기라 카'는데,
얼'거야만 우'예 은자 알:매'를 치'마 헐'클16) 가따 버'여 데'그던.

— 버'야 지'비 인잔 안 뜨'어꼬17) 지'비 선선하'라꼬 우'예 거 허'를 가따
번는'데, 그래 헐'클 마 우'예는 자 황'토 반'튼 여 은자 논'흘 반'튼 이래 가
따, 황토므18) 다 할라 카~'이끼네 존, 다 하믄 조키'는 조'은데 황토가 다
업스~'잉기네 황'토업 쪼굼 서꾸'고 노'늘' 이래 파가 와 가주오 이래 가주
고 저 물로 버가'아' 마 소'를, 홀찌~'이19) 가 인제 이러 가'러 가주고, 가
알'마 수'끼'드, 깨~'이가 하능뽀'다, 홀찌~'이 이리 갈고 저리 괄 하므 그
잘 이개'이~끼네20), 그래 이개'애' 가'지고.

— 옌'난너21) 머 딴 도구도 어꼬 점'보 지'게으다가, 바지게 채'려 가주
고 헉' 거'르믈 절'머지고 서다리: 거 은저, 저'브 지게 시, 저 부'치가 시'야
노'꼬 그리 서달' 질므지'고 올라가가 은자 버꼬 부꼬 한데, 그근 은자 음
푸마'씨도 안 데'고 거'느, 지'블 만:날' 저'찌'드 아 나고, 일'펼생 머 집 하
믄 머 저'얼까 말가 건' 따무레 그'얼 때'는 머 동:민들한테 가 가지고, 머
그 사'암'드리 참 동네 인시'믈 이'러' 뿜'마 집 저'꼬 활 대 집'또' 몬 전능
기라.

— 그 자'이가 그 동네 살'면써 인심'더22) 아 닐'꼬, 자기 인심'더 잘 스
고 해는 사'암더느 가 가주오 오을 래 알매' 쳐'는데 쪼끔 와'이 쫌 도'와
주소 카맘 마 참 인심 조은 지'븐 마 머 크'이 마 대다'블 해가 오'고, 또
그어 딴 지'베 앙 가'드래도 그 지베 딴' 집'또 마, 그어 보'니니 앙 가도
여'페 찜 마을 드'꼬 마으지 하이구 그 지브 가이 오을 래가 알:매' 친남
어: 거드'르 조'이 데'따 하미 그래 와가주 그래 마 공:동'으로, 거'느 혼'차
도 저 올'리가 데더 아 나고, 공:동'으로 인자 알매' 인녀 칠' 때느 알매' 처

는 사람, 주는 사람도 있지만은 그래 놓으면 대목 일은 다 끝나고 나면 인제 또 인제 알매 치는 그 인제, 알매를 친다고 하는데, 그 인제 서까래를 걸어 놓은 그 위에 인제 산자를, 자잘한 나무를 쪼개서 인제, 인제 새끼, 어 새끼로 얽는 그것을 인제 산자 얽는, 산자 얽는 것이라고 하는데, 얽어야만 위에 인제 알매를 치면 흙을 갖다 부어야 되거든.

─ 부어야 집이 인제 안 뜨겁고 집이 선선하라고 위에 그 흙을 갖다 붓는데, 그래 흙을 뭐 위에는 인제 황토 반 여기 인제 논흙 반 이래 갖다가, 황토만 다 하려고 하니까 좋지만, 다 하면 좋기는 좋은데 황토가 다 없으니까 황토를 조금 섞고 논흙을 이래 파 와 가지고 이래 가지고 저 물을 부어서 그냥 소로, 극젱이를 가지고 인제 이래 갈아 가지고, 갈면 쉽거든, 괭이로 하는 것보다는, 극젱이로 이리 갈고 저리 갈고 하면 그 잘 이겨지니까, 그래 이겨 가지고.

─ 옛날에는 뭐 다른 도구도 없고 전부 지게에다가, 바지게를 차려 가지고 흙 그놈을 짊어지고 사다리 그 인제, 전부 지게로, 저 붙여서 세워 그렇게 사다리로 짊어지고 올라가서 인제 붓고 붓고 하는데, 그것은 인제 어 품앗이도 안 되고 그것은, 집을 만날 짓지도 안 하고, 일평생 뭐 집 한 번 뭐 지을까 말까 그렇기 때문에 그럴 때는 뭐 동민들한테 가 가지고, 뭐 그 사람들이 참 동네 인심을 잃어버리면 집 짓고 할 때 집도 못 짓는 거야.

─ 그 자기가 그 동네에 살면서 인심도 안 잃고, 자기 인심도 잘 쓰고 했던 사람들은 가 가지고 "오늘 내 알매 치는데 조금 와서 좀 도와주시오"라고 하면 그냥 참 인심이 좋은 집은 그냥 뭐 거의 그냥 대답을 해서 오고, 또 그 다른 집에 안 가더라도 그 집에 다른 집도 그냥, 그 본인이 안 가도 옆의 집 말을 듣고 말이지 아이고 그 집에 가서 오늘 내가 알매 치는데 어 거들어 주어야 되겠다고 하면서 그래 와서 그래 그냥 공동으로, 그것은 혼자도 저 올려서 되지도 안 하고, 공동으로 인제 알매 인제

가'주고 그래 은너 하고 나마 인자 그 사'암들 달'르드르 가주오 터 잉'개[23] 여'꺼 가지고 그래 만데~' 인자 지블 인디 이개 뎅이여.

— 알매' 처 가'주고 퍼뜩 지'블 이'기'야 데지, 알매' 처 노꼬이 지 반 니으므, 비 와' 뿜마 헉' 끄거 하므 저'므 다 떠르접, 다 니러 새 뿌거 안 데 그등.

— 그'느이 알매' 치'고 나마 여'내[24] 우'예 인자 지'불 리 이기' 데능 기라.

예:, 그 보통 그엄 아까 인지 집'터너 풍'수가 지'블 인제드 그 한'다 핸는데, 집터 인제 스, 그암 선정해 가주고 어: 보통 쩌?

— 그' 인'제 잘'산, 잘사'는 사'아믄 자 풍수아 드'리고, 몬사은 사'암녀 풍'수 딜 함[25] 돈 조에 데이데거드.

— 그'느이 마 대충 유'까느름, 유'까믈 베 가지고 은자 처, 선정하, 그래 하지.

검' 집'터느 그'엄 어'뜨게 다'짐미꺼이?

집'터를 그거 다'저야 머 지'블 지'을 꺼 아임미'까?

— 그래 요:새' 보마 여: 어 여 모새는 머 자일 티비에[26] 보오 글 데' 보'만 머 집'터' 은녁[27] 다'지능 그능 거또 머 노'래드 이'꼬, 다'지능 기' 인'는데.

— 옌:나'레 여느 봄'마 이 쪼'끄'만 지븐 마 집'떠 다'지드 아 나고 머 고주'취 노'올' 때 고 미'테마 은자 헐'글 쫌, 예를 드언 머 주추 고 주춛 짜리가 헐긴 땅이 놈 노'퍼가 까낸' 데'너 따~'이 쫌 단단한 따마 기양 주추 똘 노'코, 냐 고오 쪼 은자 냄팬[28] 아 나곤 쩐 지푼'[29] 데 곤: 데너 허'글 쫌 자 도두'마 도둔' 자리에느 은자 땅'미[30] 고능 가주 이래 딱딱 이래 다'지가주 고래 주추 나, 고'에' 지'불 조꼬 은데이.

— 여'게는 머 큰' 마 머 궁'고르든지 큰' 마 이랜 므아 엔날' 부작' 음 머 그른 먼 큰' 지'윽 그능 걸 지'여슬 땐 절' 때늠 머 그래 할라, 마 임 데 므 시골 가튼 데 그래 큰' 집'떠 안 지꼬 하~'이끼네 머 땅' 다'지고 머 그른 능 거너 별로 업땅 하이, 여.

가지고 또 이엉을 엮어 가지고 그래 꼭대기에 인제 지붕을 인제 이어야 되는 거야.

　― 알매 쳐 가지고 퍼뜩 지붕을 이어야 되지, 알매 쳐 놓고 지붕을 안 이으면, 비가 와 버리면 흙 그게 벌써 전부 다 떨어져 버리고, 다 내려앉아서 새 버리고 안 되거든.

　― 그러니 알매 치고 나면 이내 위에 인제 지붕을 이렇게 이어야 되는 거야.

　예, 그 보통 그럼 아까 인제 집터는 풍수가 집을 인제 그렇게 한다고 했는데, 집터 인제 선정, 그럼 선정해 가지고 어 보통 저?

　― 그 인제 잘사는, 잘사는 사람은 인제 풍수를 들이고, 못사는 사람은 풍수를 들이려고 하면 돈을 줘야 되거든.

　― 그러니 그냥 대충 육감으로, 육감으로 봐 가지고 인제 선, 선정하고, 그래 하지.

　그럼 집터는 그럼 어떻게 다집니까?

　집터를 그거 다져야 뭐 집을 지을 것 아닙니까?

　― 그래 요새 보면 여 어 여 요새는 뭐 저 텔레비전을 보고 그런 데 보면 뭐 집터를 인제 다지는 그런 것도 뭐 노래도 있고, 다지는 게 있는데.

　― 옛날에 여기는 보면 이 조그마한 집은 그냥 집터를 다지지도 안 하고 뭐 그 주추를 놓을 때 그 밑에만 인제 흙을 좀, 예를 들면 뭐 주추, 그 주추 자리의 흙이 땅이 너무 높아서 까낸 데는 땅이 좀 단단한 대로 그냥 주춧돌을 놓고, 인제 그것이 또 인제 편편 안 하고 좀 깊은 데 그런 데는 흙을 좀 인제 돋우면 돋운 자리에는 인제 떡메 그런 것을 가지고 이래 딱딱 이래 다져서 그래 주추를 놓고, 그렇게 집을 짓고 했는데.

　― 여기에는 뭐 큰 그냥 뭐 궁궐이라든지 큰 그냥 이래 뭐 옛날 부자음 뭐 그런 뭐 큰 집 그런 것을 지었을 때 저를 때는 뭐 그래 할까, 그냥 이런 데 뭐 시골 같은 데는 그래 큰 집도 안 짓고 하니까 뭐 땅 다지고 뭐 그런 것은 별로 없었다니까, 여기는.

네, 그 다'으메 그어기 집'터' 다'지면서 부르은 노래 가틍 경우노 혹시 아능 거 이'씀미까?

─ 그'케 여게느 은자 안 다'지 보 노~'이께네 거릉 노래는 전녀~'이[31] 므아: 드러 롱' 그도 어'꼬, 그래 머 전 티비 보~'이께네 그엄 머 집'터' 다'지믄 너'이'가[32] 끄내겨 들'구어 올'리따가 니'란, 텅 노코 마 그래 망:께[33] 피스다~'이 이래 하면 집'터' 다'지능 그 노래도 하고 한데, 이'른 데'느 큰 마 머 누'각 가틍 그능 그 무 조:은' 집'또 연 찌 근 어'꼬 여 큰 섬'비도 어'꼬 하~'이끼너이 마 치언 존: 지'블 안 지'이끼네 거 다지는 그렁 건 여게는 마 해 보'이도 안.

─ 노래도 모리'고, 여게느.

으어, 그러'면 글 어: 인제 아까 쪼금 대강 이야기 하시더어 마'런는데, 전통저긴 그 집' 지'끼 그 할' 때, 인저 먼저 터 닥'찌 안씀미까?

─ 거르시여.

그람' 그땜 터를 따'끌 때 보통: 머 고'사'를 지'냄미까, 그때, 어뜨케 함미까?

─ 터:: 따'글 때'능 고사'를 안 지내고, 거 인녀 터' 따'끄가 안저[34] 추'추' 노'올' 때, 주추 노코 은자 지동'을[35] 인랴 시'울 때 지동' 미'테는 점부 소고'믈[36] 가따 여뜨'라 카이네.

─ 그 소금' 넌'는 워니는' 그 소'그니 염분 그기 인자 그여 낭'게[37] 배' 마 그 낭기 오'래 가'라꼬아, 안 서'꼬 오래 가라꼬 그래 하능 긴지: 그 머 자'끼를 으 쪼'츨라꼬 그래 하능 긴지, 지동 미'테 인자 소공'을 여'꼬.

─ 그르 지블 세'아가 그 집 인자 제일 인자 머 사:간', 예'나 잘 지은 사'암 전:는' 저, 옌날 사간 씨'우고[38], 시'우고, 머 모사은 사'암 머 상'간 세'우는데, 어: 상'간도 그'러코 사'간도 그'러코, 사:가'는 은자 마루 우'예 그게 인자 본'데, 대들뽄'데, 상가'느 은자 컴방: 우'예 그게 인냐 본'데, 그어 보' 언질' 때'능 거게다아 은자 거'를 스가', 거 인즈 상:냥'한다 칸데, 상'랑 할' 때는 마 거 상'냥 그어 나무 다라 올'릴 때는 저 그 지베 떡' 하고 거

예, 그 다음에 거기 집터를 다지면서 부르는 노래 같은 경우는 혹시 아는 게 있습니까?

– 그러게 여기는 인제 안 다져 봐 놓으니까 그런 노래는 전혀 뭐 들어본 것도 없고, 그래 뭐 전에 텔레비전을 보니까 그 뭐 집터 다지면 넷이서 끈을 들고 올렸다가 내리고, 턱, 놓고 뭐 그래 달구도 비슷하게 이래 하면 집터 다지는 그 노래도 하고 하는데, 이런 데는 큰 뭐, 뭐 누각 같은 그런 그 뭐 좋은 집도 여기는 저 그 없고 여 큰 선비도 없고 하니까 뭐 전부 좋은 집을 안 지으니까 그 다지는 그런 것은 여기는 그냥 해 보지도 않고.

– 노래도 모르고, 여기는.

어, 그러면 그 어 인제 아까 조금 대강 이야기를 하시다가 말았는데, 전통적인 그 집짓기 그 할 때, 인제 먼저 터를 닦지 않습니까?

– 그렇지요.

그러면 그때 터를 닦을 때 보통 뭐 고사를 지냅니까, 그때, 어떻게 합니까?

– 터를 닦을 때는 고사를 안 지내고, 그 인제 터 닦아서 인제 주추를 놓을 때, 주추를 놓고 인제 기둥을 인제 세월 때 기둥 밑에는 전부 소금을 갖다 넣더라니까.

– 그 소금을 넣는 원인은 그 소금의 염분 그게 인제 그게 나무에 배면 그 나무가 오래 가라고, 안 썩고 오래 가라고 그래 하는 것인지 그 뭐 잡귀를 어 쫓으려고 그래 하는 것인지, 기둥 밑에 인제 소금을 넣고.

– 그래 집을 세워서 그 집 인제 제일 인제 뭐 네 칸, 옛날에 잘 지은 사람 저런 저, 옛날에 네 칸을 세우고, 세우고, 뭐 못사는 사람은 뭐 세 칸을 세우는데, 어 세 칸도 그렇고 네 칸도 그렇고, 네 칸은 인제 마루 위에 그게 인제 보인데, 대들보인데, 세 칸은 인제 큰방 위에 그게 인제 보인데, 그 보를 얹을 때는 거기에다 인제 글을 써서, 그 인제 상량한다고 하는데, 상량할 때는 그냥 그 상량 그 나무를 달아 올릴 때는 저 그 집에 떡하고

상:랑'에 돈도 걸:고, 고 동' 거능 거 인자 대모'이 가주 가더마뇨, 그래 가
주고 거 마 그 집' 주'이니 참 모'욕'하고 깨끗하~'이 단:장해가 새옥 가러
이꼬, 그래가 그게 보고이 저'를 하고, 채리 노코 그래 하드라.

그민 지 상낭::할' 때, 머 은제 어 고사를 지낸다, 그지예?

— 한, 할' 때, 어, 그르치, 으어 걸지.

그 다'으메 그'어 아까 이야기 쭉: 하'션는데, 어: 그러며'는 이 지붕:, 그
알'매 치'고?

— 치'고, 으

어:, 그 다'으메?

— 우'이 더'꼬.

그 다'으미 다시 그거 아까?

— 잉개, 잉개 여'가.

이~애 만드러 가주고 올리고?

— 그'러치.

그'러 가 인제 하'는데, 그'럼며너 어 알'매: 치'기 저네 그 서'까래하고 이
'러케 해 로음며너 그 흑 머, 흥'마 언저 쑤 업'쓰이꺼 그 위에 똠 머 다릉 거
언'저가 함미까, 알매 치?

— 아까'도' 케'찌마는 서'까래 우'예 그 언자 산'자르 얼'그야 뎅여, 상'자.

— 산'자.

— 산'자, 머:가 산'자거 하'민 자 나무' 쪼갱' 걸, 짜자나이 또개'에 데이,
그 굴:근' 나무르' 올'라감 무그버에 안 데'이끼네, 흐 롤'러거, 흐 롤'러가고
함 무우끄'등, 우'예 그 무'게아 마느'이께네, 산'자라 카'능 으, 산'자 카'능
그는 머: 대나무를 가따 은, 대나무'는 주로 아 나고 나무'를 주'로 한데,
나무 가'능 그너, 갈때대항³⁹⁾ 그너 기'양 가따아 아 쫑 구, 총총총 나'애,
나'애 뎅 이.

— 나'아가 그시 저 세'끼 꼬오가' 여'꺼거꼬이, 요'동 안 하'두로⁴⁰⁾, 고기

그 상량에 돈도 걸고, 그 돈 건 것은 인제 대목이 가지고 가더군, 그래 가지고 그 뭐 그 집 주인이 참 목욕하고 깨끗하게 단장해서 새 옷으로 갈아입고, 그래서 거기를 보고 절을 하고, 차려 놓고 그래 하더라.

그러면 인제 상량할 때, 뭐 인제 어 고사를 지낸다, 그렇지요?

─ 할, 할 때, 어, 그렇지, 어 그렇지.

그 다음에 그 아까 이야기 쭉 하셨는데, 어 그러면은 이 지붕, 그 알매를 치고?

─ 치고, 어.

어, 그 다음에?

─ 위에 덮고.

그 다음에 다시 그거 아까?

─ 이엉, 이엉 이어서.

이엉 만들어 가지고 올리고?

─ 그렇지.

그래 가지고 인제 하는데, 그러면은 어 알매를 치기 전에 그 서까래하고 이렇게 해 놓으면은 그 흙 뭐, 흙만 얹을 수 없으니까 그 위에 또 뭐 다른 것을 얹어서 합니까, 알매 칠 때?

─ 아까도 말했지만은 서까래 위에 그 인제 산자를 엮어야 되거든, 산자.

─ 산자.

─ 산자, 무엇이 산자냐 하면 저 나무 쪼갠 것을, 자잘하게 쪼개야 되는데, 그 굵은 나무를 올리면 무거워서 안 되니까, 흙이 올라가, 흙이 올라가고 하면 무겁거든, 위에 그 무게가 많으니까, 산자라고 하는 것은, 산자라고 하는 그것은 뭐 대나무를 갖다 얹어, 대나무는 주로 안 하고 나무를 주로 하는데, 나무 가는 것은, 가느다란 것은 그냥 갖다 아 총 그, 총총총 놓아, 놓아야 되는 거야.

─ 놓아서 그 사이에 저 새끼를 꼬아서 엮고, 요동을 안 하도록, 그게

와따 가따 아 하더 여'꼬, 거리 나무' 굴근 그'너 점 도끼'러 가저 따개'가, 짜자너이 따개'가 그어를 정 총총총하~'이 탁 여끄안 그 만디' 첨미 여'끄 나'여, 여'끄 나'에 그 우'예 흘'껄 그 브'어마 미'텔 안 떠러지지 머, 상'자에 거 점머41) 거 걸리'가주 안 뜨려, 고래가 그 인즈 상'자 얼'꼬 고 우'에 인 자 헐'클 알매' 친'다이.

으:, 그 다'으메 인제 그러'면 제 지붕 이그뚜 이:고, 은제 그래 한다, 그지예?

— 그'러치, 그나 인자 머곧, 다 끈'나닝, 월, 왈매'는42) 자 다 쳐 뿌능 이여43), 그날.

— 다 해' 뿌'능 기라.

인제 그 다'으메 인제 나믄 거는 머 이제 벽체'?

— 그'러치, 나'무, 나'뭉 거느' 인자 대:모'게 인자 어: 여 인자 뭉꼴'하고 여 중'망하고44) 다: 여' 노'코 나마, 거 인저 골겨거른 대모'이45) 점브 나무 로 딱' 해 너마 인냐 주'이니, 도 닌 사'암드른 머 품' 사'가 하마 데는데, 대충 전'푸 주'이니 한더이.

— 주'이니 또 은자 그게 점'부 그겨 사'이에 또 은자 또 가'는 나무'러46) 찡'가47) 여' 가주고 그래 그 사'이에 인자 또 은자 그 허'클 자 벼'글 마줄' 라 카'마 그게더 은자 주로 지'르블, 엔:나'는 자 지'르비 마능 기 삼'베를 마~'이 하~이끼네 삼' 비'낀능 껍띠'기예, 삐'뀨오 아'네 알맹'이 그 지'르 비라 하기덩.

— 지'르 그 쪽쪽 고'드~이48) 고'느를 대 가'지고 저'므 새'끼르 꼬'아가 인자 요래 첨' 총총총게 여'까 가'지고 딱: 해가 은자 벼그여, 베'기 인자 아'네, 벽 심'사링 기러, 그'이.

— 심'살49) 맨'드'노, 그래 매, 딱: 여'꺼 노'꼬 나'마' 다'으메는 자 헐' 끄, 쩌 헉'또 은자 이그 마 집' 한 저'을라 카'마 한'두'지맵 해'가 안 데 능 기러.

— 그'를 때는 또 흑'또 짝 아'까 처 알매' 치드시 마 마 술 이레 만 믄

왔다 갔다 안 하도록 엮고, 그래 나무 굵은 것은 전부 도끼를 가지고 쪼개서, 자잘하게 쪼개서 그것을 전부 총총하게 딱 엮어서 그 꼭대기에 전부 엮어 놓아야, 엮어 놓아야 그 위에 흙을 거기에 부으면 밑으로 안 떨어지지 뭐, 산자에 그 전부 거기에 걸려서 안 떨어지지, 그래서 그 인제 산자 엮고 그 위에 인제 흙을 알매를 친다니까.

음, 그 다음에 인제 그러면 인제 지붕 이것도 이고, 인제 그래 한다, 그렇지요?

— 그렇지 그날 인제 뭐냐, 다 끝나는, 알, 알매는 인제 다 쳐 버리는 거야, 그 날에.

— 다 해 버리는 거야.

인제 그 다음에 인제 남은 것은 뭐 이제 벽체?

— 그렇지, 남은, 남은 것은 인제 대목이 인제 어 여 인제 문골하고 여 중방하고 다 넣어 놓고 나면, 그 인제 골격은 대목이 전부 나무로 딱 해 놓으면 인제 주인이, 돈 있는 사람들은 뭐 품을 사서 하면 되는데, 대충 전부 주인이 한다.

— 주인이 또 인제 거기에 전부 그 사이에 또 인제 또 가는 나무를 끼워 넣어 가지고 그래 그 사이에 인제 또 인제 그 흙을 인제 벽을 맞추려고 하면 거기에도 인제 주로 겨릅을, 옛날에는 인제 겨릅이 많은 게 삼베를 많이 하니까 삼을 벗긴 껍질, 벗기고 안에 알맹이를 겨릅이라고 하거든.

— 겨릅이 그 쪽쪽 곧으니 그놈을 대 가지고 전부 새끼를 꼬아서 인제 요래 전부 총총하게 엮어 가지고 딱 해서 인제 벽에, 벽이 인제 안에, 벽 심살인 거야, 그게.

— 심살을 만들어, 그래 만들어, 딱 엮어 놓고 나면 다음에는 인제 흙, 저 흙도 인제 이거 그냥 집 하나를 지으려고 하면 한두 짐만 해서는 안 되는 거야.

— 그럴 때는 또 흙도 인제 아까 저 알매 치듯이 그냥, 그냥 술 이래

므 참: 내:고 이래 가지오 도올뎅 그여찌, 동'네 댕'기미 인저 여 애'올 하
능 기라.

― "우리 집 오늘 마지 병' 마출 헐'그르, 헐' 쩜 지'구두록 마지 쫌 와
주소" 이래 가:지고 사'네 가 은자 혁 딜'고 와 가지여 그건 차50) 그 이'
개' 가'주고, 은자 어: 솜'씨 엄는 사'암드른 그으뜨 점'무 너'무 소'늘 해'
애' 데고, 솜씨 조은 사'암더른 그어 허'클 가'주고 은자 인냐 헐'손: 카느
여, 헐'소능 카능 건 네오빤드다 빤'떼긴데, 고올 소'네다 지'고, 흘'카'른
은자 흘'칼로 은자 가'주고 누구 한 사'래미 인자 흘'클 가 오 가'주고 흑'
꺼'르믈 떡' 떠주'마, 흑'판'때'구에51) 언지 주마 흑 바'린' 사'라므 인자 헐'
칼'로 고룽구 가아 인자 흑'반'태이 헐'끌 요리 디비따 조리 디비 타머 고
겐 찰, 짜고 이개'이~끼네 찰'진니까 고래 비'이'52) 가따 부'치마 거 잘
부'끄덩.

― 고래가 흘'칼가 요 은츠53) 함 띠'그주마 헐손, 헐손 우'예 따끼 언저
주'마 흘'칼로 가지고이 요리 디비따 조리 이비데 고래 가쯔 짠닥짠다할
때 비'게 데가 은자 이 심살 여끄'인 데 그'어다 짝 인자 부'치능 기라.

― 뿌'치마 여 부치 너, 요'짜에 부치 노꼬 나마 인자 이'짜'어, 이짜'게
는 또 인자 그어 그입 아네 그거 은저 시'미 비'이'니까 인지 한쭈 뺀'대'기
인자 부치 노코 남 요기 인자 다 말'러야 애짹 뺀'대'이54) 쁘지, 추'질 때
부'처믄녀허 떠'르저 뿌니까, 요짜 부처 노꼬 인자 한 사너너이나 이짜 빠
짱' 마리'고 나마 요짜게 또 은자 마자' 또 부'치고.

― 고 은자 과정이 다 끈'나고 나마 은자 어: 온'돌빵을, 점'부 엔나레
온돌러빵'이 노'이께네 냐 구들짱'은 저: 여 거:레나 저 사'네 가마 건 츠'응
'검55) 뿌사증56) 거, 근 데 보마 거 화강'서기 그 조은 거, 그 떡 파음머 저
래 반드빤터냐이, 얄핀냐파이너 건 도리 이따 하'이.

― 그능 거를 조'오가 일부레 집 쩔'러 카만 미 년 저뿌터 구들짱'을 조
다 모다 나에 데능 기어.

그냥, 뭐, 뭐, 곁두리를 내고 이래 가지고 돌아다니면서, 동네에 다니면서 인제 여기 애원을 하는 거야.

— "우리 집 오늘 말이지 벽을 맞출 흙을, 흙을 좀 지고 오도록 말이지 좀 와주시오"라고 이래 가지고 산에 가서 인제 흙을 지고 와 가지고 그것을 인제 그걸 이겨 가지고, 인제 어 솜씨 없는 사람들은 그것도 전부 남의 손으로 해야 되고, 솜씨 좋은 사람들은 그 흙을 가지고 인제, 인제 흙받기라고 하는 연장, 흙받기라고 하는 것은 네모반듯한 판때기인데, 그것을 손에다 쥐고, 흙손은 인제 흙손으로 인제 가지고 누구 한 사람이 인제 흙을 가져 와 가지고 흙 그놈을 떡 떠주면, 흙받기에 얹어 주면 흙을 바르는 사람은 인제 흙손으로 그놈을 가지고 인제 흙받기 흙을 요리 뒤집고 조리 뒤집고 하면 그게 찰지고, 자꾸 이기니까 찰지니까 그래 벽에 갖다 붙이면 그것이 잘 붙거든.

— 고래서 흙손으로 요 인제 한번 떼어 주면 흙받기, 흙받기 위에 딱 얹어 주면 흙손을 가지고 요리 뒤집고 조리 뒤집고 그래 가지고 짠득짠득 할 때 벽에다가 인제 이 심살 엮은 데 거기에다가 짝 인제 붙이는 거야.

— 붙이면 여 붙여 놓고, 요쪽에 붙여 놓고 나면 인제 이쪽에, 이쪽에는 또 인제 그 그게 안에 그게 인제 심이 보이니까 인제 한 쪽 면을 인제 붙여 놓고 나면 요게 인제 다 말라야 이쪽 면을 붙이지, 추졌을 때 붙이면 떨어져 버리니까, 요쪽 붙여 놓고 인제 한 사나흘이나 이쪽 바짝 마르고 나면 요쪽에 또 인제 마저 또 붙이고.

— 그 인제 과정이 다 끝나고 나면 인제 어 온돌방을, 전부 옛날에는 온돌방을 놓으니까 인제 구들장은 저 여 개울이나 저 산에 가면 그 청석이 부서진 것, 그런 데 보면 그 화강석이 그 좋은 것, 그것을 똑 머 저래 반듯반듯하게, "얄픗얄픗한" 그런 돌이 있다니까.

— 그런 것을 주워서 일부러 집 지으려고 하면 몇 년 전부터 구들장을 주워서 모아 놓아야 되는 거야.

― 각쭈~'에[57] 구들짱이 업'쓰니께네 민 년 저브뜨[58], 지 바느 저'을라 ㄲ[59] 게'애글 하'마 옌'난'너 하느이지 말 칠팔 련 근 심 년 점부터 그 게'애글 해'에 뎅 기라.

― 모 이래 조, 자'꾸 조다 나에 데느.

― 그르 조'다 나가 인자 구들짱'을 자, 구드를 자 노코 나'마 그래만 나마 인자 거 다 하고 나마 또 은즈 우'예 또 은자 아네 또 은자 재:세'를[60] 해'에 데능 기라.

― 재:세'르 머: 까지아' 재'세란지, 그언 아'네 인자 황트얼'[61] 그어 피, 병'마 발래 은제 뜨얼 바람'도 쫌 드로'고 저 보'기도 실코 이래가 그 우'예 다 은제, 재:세'느 머깐 한념하며 몰'개를[62] 지'고 와 가즈어 몰'개는 은자 돌미~'이 은자 치'아[63] 가 처' 가지어 돌미~'이느 가래내 뿌고 몰'개믄 따 해가 그게'다'가', 마 요즈믄 머 딴 머 이래 머 그어이 푸'리 이'찌마너 옌난너' 점'보 밀까리:, 밀롱'사를 지'어잉께 밀깔'리 푸'를 끼'리 가주고 그'어다 번능 기라.

― 버'야 몰'개 그리민[64] 찐득찐드하~이 거 은저 재새가 데능.

― 고'래 가지고 여 거 저 초'새, 그 아'페 황'떠우 부치능 그어르 지 초'새러 카고 열 두 분째 인자 하능 그은 재:새'라 칸데, 고래가주 하마 고기 매ㄲ리::하~'이 해 가지오 반드다여 고래 뿜, 부치 나마 고이 푸'리 데갇'떠'르지더 아 나고 인자 바람'도, 영 이중을 부'칭끼네, 이중 삼중으로 부칭에[65] 바람도이 전녀'이 안 드로고 고령 과저녀가 은자 지블 저 완스, 와, 와케하지, 인즈.

음 머 그어'며 인제 그러 인제 벽체'하고 구둘하고 다 끈내고, 검 마루 가틍 그널 머 어떠케, 누'가 깜'미까, 그어머?

― 그 은잠, 어 마루'도:: 냐 마누'느 은자 점부 대:모기 하는데, 거능 거 늠 머 대'모' 가임 마로' 할 쑤도 어꼬 거 인자 지블 인자 잘 진'는 지'븐: 인짜 마루'도 은자 그게 물'미'이'청'이라 케 가주고, 물'미청'이러 케아지

- 갑자기 구들장이 없으니까 몇 년 전부터, 집을 하나 지으려고 계획을 하면 옛날에는 한 뭐 칠팔 년 거의 십 년 전부터 그 계획을 해야 되는 거야.

- 뭐 이래 주워, 자꾸 주워 놓아야 되는 거야.

- 그래 주워 놓고 인제 구들장을 인제, 구들을 인제 놓고 나면 그렇게만 해 놓고 나면 인제 그 다 하고 나면 또 인제 위에 또 인제 안에 또 인제 재벽을 해야 되는 거야.

- 재벽은 무엇을 가지고 재벽이라고 하는지, 그건 안에 인제 황토 그것을 벽, 벽만 바르면 인제 저 바람도 좀 들어오고 저 보기도 싫고 이래서 그 위에다 인제, 재벽은 무엇으로 하느냐 하면 모래를 지고 와 가지고 모래를 인제 돌멩이 인제 체를 가지고 쳐 가지고 돌멩이는 골라내 버리고 모래만 딱 해서 거기에다가, 뭐 요즘은 뭐 다른 뭐 이래 뭐 그 풀이 있지만은 옛날에는 전부 밀가루, 밀농사를 지으니까 밀가루 풀을 끓여 가지고 거기에다 붓는 거야.

- 부어야 모래 그놈이 찐득찐득하게 그 인제 재벽이 되거든.

- 그래 가지고 여기 그 저 초벽, 그 앞에 황토 붙이는 것을 인제 초벽이라고 하고 여기 두 번째 인제 하는 것은 재벽이라고 하는데, 그래서 하면 고게 매끄럽게 해 가지고 반듯하게 그래 버리면, 붙여 놓으면 그게 풀이 되어서 떨어지지도 안 하고 인제 바람도, 영 이중으로 붙이니까, 이중삼중으로 붙이니까 바람도 전혀 안 들어오고 그런 과정으로 인제 집을 저 완성, 완, 완성하지, 인제.

음 뭐 그러면 인제 그래 인제 벽체하고 구들하고 다 끝내고, 그럼 마루 같은 것은 뭐 어떻게, 누가 깝니까, 그러면?

- 그 인제, 어 마루도 인제 마루는 인제 전부 대목이 하는데, 그런 것은 뭐 대목이 아니면 마루를 할 수도 없고 그 인제 집을 인제 잘 짓는 집은 인제 마루도 인제 그게 "물미청"66)이라고 해 가지고, "물미청"이라고

그 물'미'처'어느 우예 하나 하며 인자 점'부 엔나레 물미청은 지'쩝 나무'
럴 비'와'가주온 대:모'기 은 톨, 혼차 서는 토'비 이타 카이.

— 그 토'까 서는[67] 샤'암더 이'꼬, 두리 밀고 땡겨 한 섭, 톱또 이꼬 이
래 가지어 그 토'블 가주오 저'므 마룰' 서'능' 기'라.

— 토비 거이, 그 서' 가지고열, 나무'를 서' 가지고 그'너믈 우'예 하나
하며 인자 부레 꾸'우이 데능 기라.

— 앙 꾸'꼬 기양 마루'를 나 나므 마 이 낭'기 터'르저 뿌능 기라, 마'
리'마.

— 지 마 지 만 먼, 머'때로 터'르즈 가지고 안 데고, 마일 또 낭'기 또
마'리'만 마이 주'르 뿌고, 주'르 뿌므 그 강:객'돈 터'지고 이른 따무레 그
어 른자 딱' 따개'가느 그 나무'를 인자 저게 인자 드레너 근 데 가가 마
뿍띠'기나 이릏 그 꽝: 모다 노'꼬 그 소:게'다가 안자 나'물 여 노코 이냐
부를 지파 너이쓰, 염 머 신:딩'개 그능 거 디'파' 너마 그느염 빨리 안 탈
고 천:처'이 타'그등.

— 타'마 타'몉' 과정에서 나무'릅 바:쌍 말루'능 기러, 그 나무를.

— 기'양 비'테 말룽 그아나 안 데'고 하'이끼네, 소까지 바쌍 말.

— 그'륵' 그을 끄자버나아 가지 와 가'지고 대패'지를 해 가주고 맙 매
끈매끈하이 해 가지고해 고래 대패질 해온노, 해 가지오 그래 가지어 대:
모'기 인자 거 인자 충'방 여코, 거 인자 마루 거언 인자 꼬 중, 머 쭈, 중
앙에 거 인자 마루 거 털' 그어른 머 충'방이 카능 모리따, 그리 여 가주
고 사'예 인자 물'미' 거 인자 그겓 판'때'기 선'는 거를 그게 인자 까'는데,
근 나 노맘 마 딱' 대'무'기 딱' 이래 망치가 탁타 쳐 여가 짜 노마 우'예 가
따 물'로 브'어도 물'미'청' 잘 나은 거, 물미청'은 은자 점브 알터'이가[68]
인능 기라.

— 요 호'미 딱 데가 요 인자 하나너: 은냐 아루레[69] 파에, 소'게 파이'
져꼬, 하나너' 자 하년, 도, 두로'능 그'너 복파~'이 빼쭉하~'이 데가 그

해서 그 "물미청"은 어떻게 하냐 하면 인제 전부 옛날에 "물미청"은 직접 나무를 베 와서 대목이 어 톱, 혼자 켜는 톱이 있어.

　－ 그 톱으로 켜는 사람도 있고, 둘이서 밀고 당기고 하는 톱, 톱도 있고 이래 가지고 그 톱을 가지고 전부 마루를 켜는 거야.

　－ 톱이 거기, 그 켜 가지고, 나무를 켜 가지고 그놈을 어떻게 하냐 하면 인제 불에 구워야 되는 거야.

　－ 안 굽고 그냥 마루를 놓아 놓으면 그냥 이 나무가 틀어져 버리는 거야, 마르면.

　－ 자기 그냥 자기 뭐 멋, 멋대로 틀어져 가지고 안 되고, 뭐 또 나무가 또 마르면 많이 줄어 버리고, 줄어 버리면 그 간격도 커지고 이렇기 때문에 그것을 인제 딱 쪼개서는 그 나무를 인제 저기 인제 들이나 그런 데 가면 뭐 북데기나 이런 것을 꽉 모아 놓고 그 속에다가 인제 나무를 넣어 놓고 인제 불을 지펴 놓으니, 여기 뭐 쌀겨 그런 것을 데워 놓으면 그것은 빨리 안 타고 천천히 타거든.

　－ 타면 타는 과정에서 나무를 바싹 말리는 거야, 그 나무를.

　－ 그냥 볕에 말린 것은 안 되고 하니까, 속까지 바싹 말려.

　－ 그래 그것을 끄집어내서 가져 와 가지고 대패질을 해 가지고 뭐 매끈매끈하게 해 가지고 그래 대패질을 해서, 해 가지고 그래 가지고 대목이 인제 그 인제 중방을 넣고, 그 인제 마루 그 중, 뭐 중, 중앙에 그 인제 마루 그 틀 그것을 뭐 중방이라고 하는가 모르겠다, 그래 넣어 가지고 그 사이에 인제 "물미" 그 인제 그것이 판자 켠 것을 그것을 인제 까는데, 그것은 놓아 놓으면 뭐 딱 대목이 딱 이래 망치로 딱딱 쳐 넣어서 짜 놓으면 위에 갖다 물을 부어도 "물미청" 잘 놓은 것, "물미청"은 인제 전부 "아래턱"이 있는 거야.

　－ 요 홈이 딱 되어서 요기 인제 하나는 인제 아래위로 파여, 속이 파여졌고, 하나는 인제 하나는, 들, 들어오는 것은 복판이 빼쭉하게 되어서

요 지브여'마' 고 속 드가이 데가 인따 고.

— 고르 속 드'가, 찡'가 여 뿌고 해고, 곤 노'마 "물'미'청'" 땅 나 노꼬 나~'이 빈'트'미 항 개도 엄느여.

— 물' 가'따가 이래 잘 대목 창 큰'대목 잘 라'는 지'븐 물'로 가 더'뽐마 무'리 안 섀능 기라.

— 터'미 업써 가주고.

— 그를 우리 직' 경, 경'우도 지'베 할부'지가 참 대:모'긴데, 옌날 참 큰 ' 대모'긴데, 저: 창녕'이나 험풍' 저'쪼 가에 가가 큰' 재'실도 마이 저'꼬 인데, 그 집 하어, 지'베 할부'지가 워 우리 지'블 저'언'는데, 우리 집'떠 그때 참 물'민' 나아 가지고 물 브어~'이끼네 물도 새이더 아 너고 한, 한 심' 년까'지는 물 한 빠느 안 섀따야.

— 안 새'우 그기 마 어'느 정도 오래 가이~'기네 트'미 초'꼼 이래 나고 핸데, 그르 인자 쫌 몬사은 사'아믄 물미초'그노 도~'이 마이 들기드.

— 그'너이 물'미르 아 나나고 그'냥 여 송'파늘 서 가지고 와 가지고 머 사든지 서가 와가 기'양 모 까주고 어 젓 뚜드리 패' 가지고 그 청'을 깔, 까는데, 모스 인자 오래 몽 가인데.

— 그에 노'기 나고 하이꺼, 상'꼬 하이 그 은저 그래 인 추'로 하고.

— 잘 지언는 저른 첨 물미처을지 해가 나오데.

그 다으메 그어기 혹시 그 어 천장'에 인자 아네 머 반자 이렁 거 해 가주오 천장'도 새로 만듬미까, 어떠씀미까, 옌나레?

— 그'러치, 옌나레 인자 엄는 사'암더른 그냐 천장에도 저프 재세'르 해 가지고 서'까래마 이래 비'두로70) 여 천장'은 이래가조 사'른는데, 그'라이 인자 모양도 보기 실코 인자 겨'으레 인저 우'풍도 싱 기'라.

— 거이 공가'이 떠가 이쓰'잉에, 시마:71), 그너이 쫌 인는 사'암더르 은 자 어: 딴'청'장이라72) 케 가주고 거 우'예다가 인자 어느 정도 선 미'테, 서'까래 미'테 은녈 가세 뱅: 도'라가미 인저 언저 낭 고 인녀 거 도'래라

그것을 요기에 집어넣으면 고 쏙 들어가게 돼 있다, 고기.

— 그래 쏙 들어가, 끼워 넣어 버리고 하면, 그래 놓으면 "물미청" 딱 놓아 놓고 나니 빈틈이 한 개도 없어.

— 물을 갖다가 이래 잘 대목 참 큰 대목이 잘 놓은 집은 물을 갖다 덮어 버리면 물이 안 새는 거야.

— 틈이 없어 가지고.

— 그래 우리 집 경우, 경우도 집의 할아버지가 참 대목인데, 옛날 참 큰 대목인데, 저 창녕이나 현풍 저쪽에 가서, 가서 큰 재실도 많이 짓고 했는데, 그 집 할, 집에 할아버지가 우리 집을 지었는데, 우리 집도 그때 참 "물미"를 놓아 가지고 물을 부으니까 물도 새지도 안 하고 한, 한 십 년까지는 물 한 방울 안 샜어.

— 안 새고 그게 그냥 어느 정도 오래 가니까 틈이 조금 이래 나고 했는데, 그래 인제 좀 못산 사람은 "물미청"이 돈이 많이 들거든.

— 그러니 "물미"를 안 하고 그냥 여 송판을 켜 가지고 와 가지고 뭐 사든지 켜 와서 그냥 못을 가지고 어 저 두드려 패 가지고 그 청을 까, 까는데, 못은 인제 오래 못 가거든.

— 그게 녹이 나고 하니까, 삭고 하니까 그 인제 그래 인제 주로 하고.

— 잘 짓는 집은 전부 "물미청"을 해 놓고.

그 다음에 거기 혹시 그 어 천장에 인제 안에 뭐 반자 이런 것을 해 가지고 천장도 새로 만듭니까, 어떻습니까, 옛날에?

— 그렇지, 옛날에 인제 없는 사람들은 그냥 천장에도 전부 재벽을 해 가지고 서까래만 이래 보이도록 여기 천장은 이래서 살았는데, 그러니 인제 모양도 보기가 싫고 인제 겨울에 인제 외풍도 센 거야.

— 거기 공간이 떠 있으니까, 세면, 그러니 좀 있는 사람들은 인제 어 반자라고 해 가지고 그 위에다가 인제 어느 정도 선 밑에, 서까래 밑에 인제 가에 뱅 돌아가면서 인제 얹어 놓은 그 인제 그것을 도리라고 하는

카는데, 도'래 고어건 먹'쭐 따:그 나 농, 고 도'래 그고'러 기주늘 해가 저므 인자가 가깨'모'을73) 가따'이 나' 가주고 그래 가지고 천장을 별'또로 판파나이 하~니 고우'엔 딴천자~'이라 간도, 고래가지 그게다가 인자 도비'르 해 가뿌, 해' 뿌마 오새 현대 짐매로 고 고러게 한'다이.

니은 그 문짜' 까'틍 경우는 예저넨 다어 머 만듬미까', 앙 그'엄 사 가주 와서 다미거?

어 문짜'근 대모기 달고 그럼?

― 문짜'기 인자:: 대충 이자: 대모'기 문짝까지 다 해줄라 카'마 도니 한:적 어'꼬, 그에 옌나레 인자 문짜'글 자 파, 은 저쓰 문짱'마 만드러거74) 파는 사암 이따 여.

― 파'는 사'암 인자 집, 짐 나름대'로, 집', 안 조은 지'븐 문짜'으 허'르 능 거 가딱 달고, 집' 잘 저'꼬 도, 조은 지'븐 문짜'글 비'산 문짜'을 가 사 다 달고.

― 요즘'도 그러차'나요.

― 근데 우리 직 까여능 건 지'베 할부'지가 머 손수 저머 문짝까~'이 다 짜 가지고 점보 다: 다'르따 하이.

인지 그러가 은제 보토'옥 아까 은제 이야길 하'션는데, 지부'웅'을 이'는 재료:에는, 쩐 머 지붕 재료에 따라서 지'비 다른데, 거 여기서는 주로 어떤 지붕을 마니 이'어씀미까, 이쭈게서는?

― 냐 여'게서느 은자 지붕'을 자 아까도 케'찌마 건 냐 알매' 쳐 가주고 미테느 은자 제일 아'페는 인자 서까래 우예 고 은자 고'에느 아펜 냘 지'피 인녀 서까래뽀'다가 짐' 니'기므 아'페 쪼끔 나와이 데이덩75).

― 서까래뽀'다가 쪼끔 나와'에' 서'까래 그'어, 비'가 치'마 서'까래 비'가 암 마께꿈' 쪼금 나오가에 할'라 커이 지'픈 가따 내 노마 지'피 인저 후영 후하이 후'러지니까 아'페는 지'르블, 아까 그아 삼: 삐'낀능 그거, 껍띠'기, 소거, 끄거 은녀 그 지'러브 한데, 지'르블 점브 한 도곰76) 여'꺼 가주고

데, 도리 거기에 먹줄을 딱 놓아 놓고, 그 도리 그것을 기준을 해서 전부 인제 각목을 갖다 놓아 가지고 그래 가지고 천장을 별도로 판판하게 만든 그것을 반자라고 하는데, 그래서 거기에다 인제 도배를 해 버려, 해 버리면 요즘 현대 집처럼 그 그렇게 한다니까.

인제 그 문짝 같은 경우는 예전에 다 뭐 만듭니까, 안 그럼 사 가지고 와서 답니까?

어 문짝은 대목이 달고 그럽니까?

— 문짝이 인제 대충 인제 대목이 문짝까지 다 해주려고 하면 돈이 한정 없고, 그래 옛날에 문짝을 인제 파는, 인제 저 문짝만 만들어서 파는 사람이 있다, 여기에.

— 파는 사람 인제 집, 집 나름대로, 집, 안 좋은 집은 문짝을 헐한 것을 갖다 달고, 집 잘 짓고 좋은, 좋은 집은 문짝을 비싼 문짝을 갖다 사서 달고.

— 요즘도 그렇잖아요.

— 그런데 우리 집에 단 것은 집에 할아버지가 뭐 손수 전부 문짝까지 다 짜 가지고 전부 다 달았다 하니까.

인제 그래서 인제 보통 아까 인제 이야기를 하셨는데, 지붕을 이는 재료에는, 저 뭐 지붕 재료에 따라서 집이 다른데, 그 여기서는 주로 어떤 지붕을 많이 이었습니까, 이쪽에서는?

— 인제 여기서는 인제 지붕을 인제 아까도 말했지만 그 인제 알매를 쳐 가지고 밑에는 인제 제일 앞에는 인제 서까래 위에 그 인제 거기에는 앞에 인제 짚이 인제 서까래보다는 짚을 이면 앞에 조금 나와야 되거든.

— 서까래보다 조금 나와서 서까래 그, 비가 치면 서까래에 비가 안 맞게끔 조금 나오게 하려고 하니 짚은 갖다 내 놓으면 짚이 인제 휘청 휘청하게 구부려지니까 앞에는 겨릅을, 아까 그 삼 벗긴 그것, 껍질, 속에, 그것 인제 그 겨릅이라고 하는데, 겨릅을 전부 한 옴큼 엮어 가지고

뱅∷ 돌리능 기라.

― 돌리므77) 지'르여 빡'빡'하'니까 고 우'예 인자 거 잉'개를, 여 집 잉'
개르 여'꺼 노'마 이 그에 안 처'진다, 고 방지할'라 고래 점므 돌'리개 해
가 고래아78) 집 해 가주오 인제 지'블 지' 까'지고 핸는 집또 이'꼬.

― 또∷ 잘 진'는' 지'븐 참 옌'나'레도 게'와'가79) 이'선는데, 게'와'를' 가주
와가 게와지'블 전는 사'암도 이'꼬, 게와지'븐 그어는 마 한 동네 마 하나
므 이슬'뚱 말또, 옌나레는 머 저 잘사는 사'암 하고 그라'고 또 은자 이릉
골, 데는 그런 저'븐80) 엄'는'데 쪼끔 저 어∷데 꼴짝 근 데은 저 쪼 울'로
쫌 저네느 가보니까, 거 나무 껍'띠'기 그 머 그어를 멀 비'끼' 가'주고 지
블 이'긴는 집또 그 이'꼬, 은녀 그른 껃 반는데.

검' 여'기느 주로?

― 지'플 가주고.

초'가지비 만'타, 그지예?

― 그'러지, 초가지우, 그 라며 게와짐 머 주로 그이지유.

**그 다'으메 그어 혹씨 그 지'브이 모양이나 크기에 따라서 이르미 다르게
부'끼드, 부'치이도 함미까, 집' 이'러멀?**

짐' 모'양이나 집' 크'기에 따라서?

― 거'얼'치.

― 지'비 인자 큰 지'븐 와∷가'라81) 카고, 으냐 자근 지'븐 자 머 이래 머
소'가라 카능강, 그러셰찌, 크, 쫑 큰 지븐 종 와∷가'라 칸다.

― 와∷가'라 커고.

― 고 린자 머 사∷간'찝', 사∷간'전'태, 인자 사간지'븐 은자 민'사카는 머
가 민'사카니고 하'면 간, 칸 데 네 가, 네' 캄마 해 가지고 핸능 거'를 민'
사카~이라 하고, 이자∷ 사∷칸' 티' 빼'따 카'마 거이 머슴 마'리어 카'민 자
민'사∷카네 네∷모 땅' 맨드어 핸느 거'게다가 또 압디롤 양, 압'띠로 방, 방
칸서'을 더 아'플 래'고 디∷도 더 내∷고 그얼 저 티∷뺀'다 카능 기더.

뱅 돌리는 거야.

— 돌리면 겨릅이 빡빡하니까 그 위에 인제 그 이엉을, 여 집 이엉을 엮어 놓으면 이 그 안 처진다고, 그것을 방지하려고 그래 전부 돌려서 해서 그래 집을 해 가지고 인제 집을 짚 가지고 한 집도 있고

— 또 잘 짓는 집은 참 옛날에도 기와가 있었는데, 기와를 가져 와서 기와집을 짓는 사람도 있고, 기와집은 그것은 그냥 한 동네에 그냥 하나 뭐 있을까 말까, 옛날에는 뭐 저 잘사는 사람하고 그리고 또 인제 이런 골짜기, 이런 데는 그런 집은 없는데 조금 저 어디 골짜기 그런 데는 저 좀 위로 좀 전에는 가보니까, 그 나무 껍질 그 뭐, 그것을 뭐 벗겨 가지고 집을 이은 집도 있고, 인제 그런 것을 봤는데.

그럼 여기는 주로?

— 짚을 가지고.

초가집이 많다, 그렇지요?

— 그렇지, 초가집, 그것 아니면 기와집 뭐 주로 그것이지요.

그 다음에 그 혹시 그 집의 모양이나 크기에 따라서 이름이 다르게 붙기도, 붙이기도 합니까, 집 이름을?

집 모양이나 집 크기에 따라서?

— 그렇지.

— 집이 인제 큰 집은 "와가"라고 하고, 인제 작은 집은 인제 뭐 이래 뭐 "소가"라고 하는가, 그렇겠지, 큰, 좀 큰 집은 인제 "와가"라고 한다.

— "와가"라고 하고.

— 그 인제 뭐 "네칸집"[82], "네칸전택", 인제 "네칸집"은 인제 "민네칸"은 무엇이 "민네칸"이고 하면 칸, 큰 데 네 칸, 네 칸만 해 가지고 한 것을 "민네칸"이라 하고, 인제 "네칸 티 뺐다"라고 하면 그게 무슨 말이냐 하면 인제 "민네칸"에 네모 딱 만들어 한 거기에다가 또 앞뒤로 양, 앞뒤로 방, 반 칸씩을 더 앞을 내고 뒤도 더 내고 그것을 저 "티뺀다"고 하는 것이거든.

– 거 인지 반:트'어서 더 빼'내'가 하능 그거 은자 어: 사:칸' 전'티' 빼'
따 하이, 전'티' 하능 거여 전디, 전'티' 전딘'데 우리 마 전'티' 칸네이, 전'
틴'데 인자 압디에 다 빼내'따 이 마리지, 인저 그.

– 그러'이 사간전'티지'비 이'꼬, 사간, 민'사칸지비 이'꼬, 머 그지 상'칸'
지비 이'꼬, 은저 전체쩌'그로 큰 지'블 보고 와:가'라 카고 이르케 불러.

그엉 네 칸짜리 그어'는 보통 머 어떤 구조로 데어 이씀미까, 네 칸짜리?

– 네 간짜'이느 은저: 젤: 가세너' 자근:방', 꼬 다'으메느 인자 마루' 항'
칸', 고' 랑'으너 큼'방'83) 고 다'으멘 인자 부억칸', 고래가 인자 사 칸 데가
인네.

**그엄며'너 그 예저네 여기 보통 머 일반저긴 지'븐 어: 그 아 위'츠로 그거
네' 칸'짜'리 하나만 이'씀미까, 앙 그'암 또 다른 집또 이씀미꺼?**

– 그 대충' 저 보'만 냐 네 칸짜리 지'븐 마이 어'꼬, 저 거'이 다 든자
몬:사'니까 거예 상 칸자리.

– 상 간잔'녀: 방 두 개, 자근'방', 그 다'음째 큼'방', 그 다'음지 인저 부
어칸', 요래 가 상칸사'아~ 하는 사'암도 이'꼬, 또 몬'사은 사'암 녀 두 칸
짜리 방도 인능 기'라.

– 커, 방 하나, 정재84) 하나, 부옥 하나, 정재 하나고 요래 인 딱 하,
두 건짜리 방도 이'꼬.

거므 지'비 머 한, 어 한 두 채 이러케 한 지베?

– 그르 인지 한 지'블 인자 지'블 저마' 인냐 노'우, 농'사마 안 저'마 이
마이드 우'예 사느스 짐'마 하마 데는데, 농'사를 저에 데능끼네 부속 지'비
하너 이'쓰에 데능 기라.

– 아리채', 머 행랑'채', 머 또 머 사랑채', 이래 인 지'비 마 한 너더' 채',
대록', 대충 한 몬사'은 사'아미라여 두 채' 가' 이'꼬, 그라이마'85) 시' 채',
니' 채'를 가'지우 이'쓰에 데능 기라.

– 꺼 은자 저 어'른들: 인저 쪼꿈86) 잘사는 사'아므 은자 사랑::채'를 하나 만

- 그 인제 반씩 더 빼내서 하는 그것을 인제 어 "네 칸 전체 뺐다"고 하는데, "전타"라고 하는 것은 "전체", "전타"라고 하는 것은 "전체"인데 우리 말로 "전타"라고 하는데, "전체"인데 인제 앞뒤로 다 빼냈다 이 말이지, 인제 그
- 그래 이 "네칸전티집"이 있고, "사간", "민네칸집"이 있고, 뭐 그저 세 칸집이 있고, 인제 전체적으로 큰 집을 보고 "와가"라고 하고 이러게 불러.

그럼 네 칸짜리 그것은 보통 뭐 어떤 구조로 되어 있습니까, 네 칸짜리?
- 네 칸짜리는 인제 제일 가에는 작은방, 그 다음에는 인제 마루 한 칸, 그 다음에는 큰방, 그 다음에는 인제 부엌간, 그래서 인제 네 칸 되어 있어.

그러면은 그 예전에 여기 보통 뭐 일반적인 집은 어 그 어 위채로 그게 네 칸짜리 하나만 있습니까, 안 그러면 또 다른 집도 있습니까?
- 그 대충 저 보면 인제 네 칸짜리 집은 많이 없고, 저 거의 다 인제 못사니까 거의 세 칸짜리.
- 세 칸짜리는 방 두 개, 작은방, 그 다음에 큰방, 그 다음에 인제 부엌간, 요래서 "삼간살이" 하는 사람도 있고, 또 못 사는 사람은 인제 두 칸짜리 방도 있는 거야.
- 그, 방 하나, 부엌 하나, 부엌 하나, 부엌 하나고 요래 인제 딱 한, 두 칸짜리 방도 있고.

그럼 집이 뭐 한, 어 한두 채 이렇게 한 집에?
- 그래 인제 한 집을 인제 집을 지으면 인제 농사, 농사만 안 지으면 이 말이지 위에 사는 집만 하면 되는데, 농사를 지어야 되니까 부속 집이 하나 있어야 되는 거야.
- 아래채, 뭐 행랑채, 뭐 또 뭐 사랑채, 이래 인제 집이 그냥 한 너덧 채, 대충, 대충 한 못 사는 사람이라야 두 채를 가지고 있고, 그렇지 않으면 세 채, 네 채를 가지고 있어야 되는 거야.
- 그 인제 저 어른들 인제 조금 잘사는 사람은 인제 사랑채를 하나 만

드레 데'능 기러.

— 사랑 그 은저 그 대문칸' 맨들'고 대무콴' 야페 인자 사랑빵'을 여'꼬, 그에 인자 떠 외부 손님들, 남'자드 손님 드란', 들라웅'거리미 거 은자, 남'자느 옌나레느 머 큼방'에느 항상: 마느'머이 기그하'고, 남'자느 항상' 인자 사랑채'에 기거하고 이래가 머 참 머 야:들' 이래 머 하너 머이 생'산할 때믐 머 이 데금 마 하'빵'할라 몬데, 그 왜'에는, 그 왜'에는 주로 따로 인자 기거, 혼'차 기거하'그덩.

— 하는데, 거 인자 옌날 쫌 잘사'은 지'벤 인자 사랑'을 지'키마 거 머 부'라겐 노인들도 그 사랑 와이 마~'이 놀'고 그래해, 그런 또 그른 사앙채' 하너 이'꼬, 또 하'나는 또 인자 아리:채'라 카능 거는 그겐 은자 마우깐'하고[87] 머 바~'아언 여일, 저 디딜빠'아, 디딜빠~'아도 여'꼬, 소마우깐'도 여'꼬, 그겐 인자 그래가이 정덩'도[88] 하고.

— 또 은자 저기 행랑채'라 카능 거는 인자 머:냐 하'면 또 그게 은저 냐 변'소하고, 자 테비'도 모다'아[89] 데기뜽어, 에, 농사 지'을러이 테비'도 모다~이 테비깐'하고 이래 모다웅 근 저 그래 그래 해가조 한 한 너'더'채', 시: 채', 두: 채'썩', 한' 채' 가이느, 한' 채'는 잘 업따 카이.

여이 보통' 꺼 인제 마당'이 이'꼬 또 그 다으메?

— 거, 그음 마, 그'르치, 마당'이서 제:일 중앙 쪼'게 인제 몸채가 서가 이'꼬, 고 인녀 고 다음찌' 또 은저 위치 고 은저 고 샵'짝' 인 데느 은자 행랑채'.

— 저므 사랑채' 한 해, 해 노'꼬 고랴고 인저 똠 머 이 행랑채' 하느 저 어꼬 또 머 마우깡' 게 행융채'하고 인저 저'짜게 인자 머 머 테비까'이든 지 요러게 하쩌요.

— 대'춘 쪼 잘사는 사'암 그래 주고 복'파넨 마다~'이고[90].

그은 장똑대가 이'꼬?

— 그'르치.

들어야 되는 거야.

─ 사랑 그 인제 그 대문간을 만들고 대문간 옆에 인제 대문간 옆에 인제 사랑방을 넣고, 거기 인제 그 외부 손님들, 남자들 손님 들락, 들락거리면서 그 인제, 남자는 옛날에는 뭐 큰방에는 항상 마누라만 기거하고, 남자는 항상 인제 사랑채에 기거하고 이래서 뭐 참 뭐 아이들 이래 뭐 하나 뭐 생산할 때는 뭐 이 되고 그냥 합방하려고 하면 모를까, 그 외에는, 그 외에는 주로 따로 인제 기거, 혼자 기거하거든.

─ 하는데, 그 인제 옛날 좀 잘사는 집에는 인제 사랑을 지키면 거기 뭐 부락에 노인들도 그 사랑에 와서 많이 놀고 그래하는, 그런 또 그런 사랑채가 하나 있고, 또 하나는 또 인제 아래채라고 하는 것은 거기에는 인제 외양간하고 뭐 방아 여기, 저 디딜방아, 디딜방아도 넣고, 소 외양간도 넣고, 거기 인제 그래서 뒷간도 하고.

─ 또 인제 저기 행랑채라고 하는 것은 인제 무엇이냐 하면 또 거기에 인제, 인제 변소하고, 인제 퇴비도 모아야 되니까 어, 농사를 지으려니까 퇴비도 모아야 되니까 두엄간하고 이래 모아서 그 인제 그래그래 해서 한, 한 너덧 채, 세 채, 두 채씩, 한 채 가지고는, 한 채는 잘 없다니까.

여기 보통 그러면 인제 마당이 있고 또 그 다음에?

─ 그, 그건 그냥, 그렇지, 마당에서 제일 중앙 쪽에 인제 몸채가 서 있고, 그 인제 그 다음에 또 인제 위치 그 인제 사립짝 있는 데는 인제 행랑채.

─ 전부 사랑채 해, 해 놓고 그러고 인제 또 뭐 이 행랑채 하나 짓고 또 뭐 외양간 그 행랑채하고 인제 저쪽에 인제 뭐, 뭐 두엄간이든지 요렇게 했지요.

─ 대충 좀 잘사는 사람은 그래 주고 복판에는 마당이고.

그럼 장독대가 있고?

─ 그렇지.

보통 그 다′으메 지′베 그 할 때 섬′돌′ 이′릉 거, 쩌 지블 쫌 노′피 지′으가 슴똘 가틍 어 두고 그래 함미까, 지′블, 보통, 옌날 가트며느?

― 섬:도′리 먼데?

그어 올러가′느, 집′ 그 마당′에서 올러갈′라 그라며는 쫌′ 노프′니까?

― 아, 츠, 아, 층′게′ 해 낭 거, 칭게 해 낭 거.

― 끄예 머 이′른:: 꼬짜게′는 그래 칭게91) 해 가주곤 그래 핸′는 집 또′ 어꼬′, 그지 마당뿐′다가는 아무개 몸′채′가 제일 로푸′게 저에 뎅이.

― 몸′채′가 그 지붕 만드′이가 몸′체′이 제일 로′퍼야 데응92) 기라.

― 딴′, 딴 채′가 몸채보다가 노프′마 그 지′비 지′비 안 데′고 마 짐′ 망한다 카이더.

― 그′녀임 몸′채′가 점 노프′니까 몸′채는 그램 마: 이래 게다′늘 안 맨드러도 집 작체를 딴 채보′다′ 쪼:꿈′ 노피 도다′ 가지고 몸′채를 저′이끼네 몸채 쪼끔 노푸′지.

어:: 여즈′엄무 그어 그러′며 지′비 보통 오두막찌′비라 그랄 때′는 머 어′떵 걸 오두막찌′비라 그람미까?

― 오두막찌′븐 저 머′시 오두막찌브영 하′인 인자 큼방 하나 하′고 인자 고: 부오칸′ 하나 고 요래 행′ 걸′ 저 저 오두막치′이러 한데, 고보다 더 오두막찌′비 인능 기라.

― 부오칸′도 두 칸도 몬 저′꼬′ 방 항 캄마 딱: 져′ 가주고 부오′ 꼬′느믈 인자 이냐 가데′기매러93) 비슬하~′이 아블때일 다′라매능 기라.

― 어 다′랭′ 고오′를 자 오드막찌′비라 한데.

검 아까 이얘에하′신 데′로 고러 방 한 카′네다가 부억 다라낸 그거끈나?

― 어, 그′기, 그′기 오두막찝′.

― 마 대충 인 또 마 방 한′ 칸′, 부어 한카능 카느 인는 고′ 고′롱 기 주로 오두막찌′으라.

그 다′으메 글: 뜨어 여′기에느 주′루 지′블 지을 때 어 예저네 흐′글′으로 보통 그 다음에 집에 그 할 때 섬돌 이런 것, 저 집을 좀 높이 지어서 섬돌 같은 것을 두고 그래 합니까, 집을, 보통, 옛날 같으면은?

— 섬돌이 뭐야?

그 올라가는, 집 그 마당에서 올라가려고 그러면은 좀 높으니까?

— 아, 층, 아, 층계 해 놓은 것, 층계 해 놓은 것.

— 그것이야 뭐 이런 골짜기에는 그래 층계 해 가지고 그래 했던 집도 없고, 그저 마당보다는 아무래도 몸채를 제일 높게 지어야 되거든.

— 몸채가 그 지붕 꼭대기가 몸채가 제일 높아야 되는 거야.

— 다른, 다른 채가 몸채보다 높으면 그 집이, 집이 안 되고 그냥 집이 망한다고 하거든.

— 그러니 몸채가 좀 높으니까 몸채는 그래 그냥 이래 계단을 안 만들어도 집 자체를 다른 채보다 조금 높이 돋우어 가지고 몸채를 지으니까 몸채가 조금 높지.

어 요즘은 그 그러면 집이 보통 오두막집이라고 그럴 때는 뭐 어떤 것을 오두막집이라고 그럽니까?

— 오두막집은 저 무엇이 오두막집인가 하면 인제 큰방 하나 하고 인제 고 부엌간 하나 고 요래 한 것을 저, 저 오두막집이라고 하는데, 고것보다 더 오두막집이 있는 거야.

— 부엌간도 두 칸도 못 짓고 방 한 칸만 딱 지어 가지고 부엌 고놈을 인제, 인제 까대기처럼 비슷하게 앞에 달아매는 거야.

— 어 달아낸 고것을 인제 오두막집이라고 하는데.

그럼 아까 이야기하신 대로 그래 방 한 칸에다가 부엌 달아낸 그것이거나?

— 어, 그게, 그게 오두막집.

— 뭐 대충 인제 또 그냥 방 한 칸, 부엌 한 칸 있는 그 그런 것이 주로 오두막집이야.

그 다음에 그 어 여기에는 주로 집을 지을 때 어 예전에 흙으로 주로, 흙집

준, 혹찜′마 지어씀미까, 주로?

그럳?

— 그′러치, 뻑따′구마 나무′ 해 노′코.

나머지느?

— 거′이 다: 허′키러, 저어 쩌 거이 더 허끼여.

아, 요즘 머 어떠케?

— 그 요즈′믄′ 인자 머 그어 은자 새′로 뜨′더 뿌고 현대시글 지′울94) 전′는 사′암드 이′꼬, 또 우리들 거′튼 데′느 지′븐녀 응간 지′베 우리 집′, 월래 저 집 구조 뻑따′우가 너무′ 주, 나무′가 조아 가′주고 그 나무도 아까′꼬 마 또 돈′도 그으래가주 요즈믄 마 그 사′이에느 은자 벡′똘로 사′고 아′페느 은자 거 떠 빨간′ 비′똘′ 부치고 이래가 마 아이, 아네 느자 머 셰맨 발라 가주고 고래 오센 주로 은녀 구래 그 마이 하지.

그 다으메 거 지′블 진′는 데 사용하′는 연′장′ 가′튼 겨′우늠 머 어떵 게 인는지 하′문 이야길′ 해 주십시오.

— 대′모′그는, 대′몽′ 여장′은 머 만:치′, 대목 연장으느.

— 을자 손:양날토′비 이′쓰야 뎅이.

— 양날톱′, 손′양날토′븐95) 한 쭈′게는 톰′나리 쫑 굴꼬′ 한 주움 조 믄자 가′는데, 가는 톰′나른 나무′럴 바로 껑:기고96), 바러 껑′는 데 사용하고, 톰′나리 쫌′ 이′빠리 쫌 그 쫌즈 굴꼬′ 쫌 널승스항 그녀 나무로 바 랑 끙′코 나무 기리를 나무 저 따개드 시′삐 나무 기리를 따개능 이 잘 안 나′, 토비 야 여′끼리 덴 더마 안, 잘 안 건니가′기덩.

— 꼬′올 대 인자 기 인자 소, 쪼′꾸마낭 건 저 쿵′ 거여, 큰 머이 나무 슬′ 때는 큰′ 토′블 거 해′이 덴느 보통은 대목떠′이 손::토′비 인자 고능′ 긴 데, 고 쪼꾸마′낭 거를 자 호′시 요 고래 인 따갤′ 때는 고 은자 톰날 쩜 날쑤마′오 쫑 굴궁 고′올로가′ 인자 따개′고 고 은전 양톰′나리 이꼬, 머 대:패′, 대:패는 나무 은자 우′예 맨들맨드녀 고루′는 거.

만 지었습니까, 주로?

그렇게?

- 그렇지, 뼈대만 나무로 해 놓고.

나머지는?

- 거의 다 흙이야, 저 저 거의 다 흙이야.

아, 요즘은 뭐 어떻게?

- 그 요즘은 인제 뭐 그 인제 새로 뜯어 버리고 현대식으로 집을 짓는 사람도 있고, 또 우리들 같은 데는 집이 워낙 집이 우리 집, 원래 저 집 구조 뼈대가 아주 좋아, 나무가 좋아 가지고 그 나무도 아깝고 그냥 또 돈도 그래서 요즘은 그냥 그 사이에는 인제 벽돌로 싸고 앞에는 인제 그 또 빨간 벽돌을 붙이고 이래서 그냥 안에, 안에 인제 뭐 시멘트를 발라 가지고 그래 요즘은 주로 인제 그래 그 많이 하지.

그 다음에 그 집을 짓는 데 사용하는 연장 같은 경우는 뭐 어떤 게 있는지 한 번 이야기를 해 주십시오.

- 대목은, 대목 연장은 뭐 많지, 대목 연장은.

- 인제 "손양날톱"이 있어야 되지.

- 양날톱, "손양날톱"은 한 쪽에는 톱날이 좀 굵고 한 쪽은 좀 인제 가는데, 가는 톱날은 나무를 바로 자르고, 바로 자르는 데 사용하고, 톱날이 좀 이빨이 좀 그 좀 굵고 좀 넓은 것은 나무를 바로 안 자르고 나무 길이를, 나무 저 쪼개다시피 나무 길이를 쪼개는 게 잘 안 돼, 톱이 역, 역결이 되기 때문에 안, 잘 안 건너가거든.

- 그럴 때 인제 그 인제 소, 조그마한 것 저 큰 것, 큰 뭐 나무를 켤 때는 큰 톱을 가지고 해야 되니 보통은 대목도 손톱이 인제 그런 것인데, 고 조그마한 것을 인제 혹시 요 그래 인제 쪼갤 때는 그 인제 톱날 좀 넓고 좀 굵은 그것으로 인제 쪼개고 그 인제 양날톱이 있고, 뭐 대패, 대패는 나무 인제 위에 반질반질 하게 고르는 것.

- 거 대:패'도 인자 신:대패' 이'꼬, 아시'대패' 이'꼬, 두불'대패' 요릉 으뜨, 요 고르느 거뜨 이꼬.

- 또 머 짜'아'구97), 짜'아'구늠 머냐 인자 끄티'이'느 은자 빼쭈'다이 해가지고 나'리 딱 데가 은녀 나무 그'틍에 따'듬'능 그아, 요 고 짜'우'고.

- 고보다' 규'머고 쯤 더 크 거는 자 큰'짜구 케' 가조 큰'짜구너: 냐 큰'나'무 이래 딱 시 해 노고 주로 엔:나'레 점부 큰'짜우 가주고' 지'블 다: 따다문'능' 기'라, 점부.

- 기둥'이고 보고 점부 이러 강' 내능 걸 점무 큰짜'우'가 점부 대모기 ' 쪼'서' 내고 쪼'서' 내고 함 맴패하~이98) 고'래아 거 디'에 인자 다먼' 시 아개'를99) 할' 때는 인야 대'패'르가 하능 기라.

- 대패'르가 은냐 신:대패'가 해 내:고 다으메 또 가는대패'도, 고분대'패'가 또 밀:고' 이래 가'주고 그얼 낳기 인냐 반들반들반들하~'이 고께 네모파'뜨100) 카기101) 나'도로 고래 맨드기'더.

- 거 은'자 거느 은자 쩌 큰, 손'짜구, 큰짜구', 거을 저 모' 빼'능 거 안자, 모 빼능 거능' 건' 저, 몰 빼능 거 은자 거' 머꼳', 구거루 이름, 나 이름 잠 모르게'따, 그'릉 거또 이'꼬.

- 멀 대'목' 여장'이102) 머 한:직'103) 업'찌, 머 그 달 다 몬 시'영.

- 그'르꼬 은자 보'토' 일반 자 이래 집 찐 데 서는 은자 이 기'구는 저 번'지 멀 망'치하고 은자 이 짜우'우', 짜'구도, 짜:구'너 인자 농가찌'베서 은자 대목 아에'라도 필'수르 이'쓰야 뎅이.

- 그거 은자 머 홀찌~'이도 마차'이 데'고 서'어'리도 지'에서 마추'고 하마 쩜' 짜'우 가 즘' 쪼'꼬 망치하고 뜨드리 바'꼬 한데, 그'너이 망'체하고 짜구는 필수 이'쓰 데'고.

- 인자' 거:두는104), 거:도 카능 거'느 은자 어 지'베 서'능 거:둔데, 거느, 이 거드'는 대:모기 서'능 거두'느 양날, 양쪼'겐 나'리 데가 인'데, 지'벽 거:두'너 한 쫑'마 나'리 데'가이 이'그너 인자 여'플 따개'능 거'늠 모 다고,

─ 그 대패105)도 인제 "센대패"가 있고, "애벌대패"가 있고, "두벌대패" 요런 것도, 요 그런 것도 있고.

─ 또 뭐 자귀, 자귀는 무엇이냐 하면 인제 끄트머리가 인제 뾰쪽하게 해 가지고 날이 딱 되어서 인제 나무 같은 것을 다듬는 것, 요 그 자귀고.

─ 고것보다 규모가 좀 저 큰 인제 큰자귀라고 해 가지고 큰자귀는 인제 큰 나무 이래 딱 해 놓고 주로 옛날에 전부 큰자귀 가지고 집을 다 다듬은 거야, 전부.

─ 기둥이고 보고 전부 이래 각 내는 것을 전부 큰자귀로 전부 대목이 쪼아 내고 쪼아 내고 해서 편편하게 고래서 그 뒤에 인제 다만 마무리를 할 때는 인제 대패로 하는 것이고.

─ 대패로 인제 "센대패"로 해 내고, 다음에 또 "가는대패"도, "고운대패"로 또 밀고 이래 가지고 그것을 나무가 인제 반들반들하게 곱게 네모 반듯하게 각이 나도록 고래 만들거든.

─ 그 인제 그것은 인제 저 큰, 손자귀, 큰자귀, 그 인제 못 빼는 것 인제, 못 빼는 것은 인제, 못 빼는 것은 인제 그 무엇이냐, 그것을 이름을, 나 이름을 잘 모르겠다, 그런 것도 있고.

─ 뭐 대목 연장이 뭐 한정 없지, 뭐 그 다 다 못 생각해서 그렇지.

─ 그렇고 인제 보통 일반 인제 이래 집 짓는 데 쓰는 인제 이 기구는 저 번지, 뭐 망치하고 인제 이 자귀, 자귀도, 자귀는 인제 농가에서 인제 대목이 아니라도 필수적으로 있어야 되거든.

─ 그것이 인제 뭐 극젱이도 맞추어야 되고 써레도 집에서 맞추고 하면 전부 자귀를 가지고 좀 쪼고 망치로 두드려 박는데, 그러니 망치하고 자귀는 필수적으로 있어야 되고.

─ 인제 거, 거도는, 거도라고 하는 것은 인제 어 집에서 쓰는 거도인데, 거도, 이 거도는 대목이 쓰는 거도는 양날, 양쪽에 날이 되어 있는데, 집의 거도는 한 쪽만 날이 돼서 이것은 인제 옆을 쪼개는 것은 못 하고,

나무 바로 껑'능' 거' 그으마' 저 스 헤'이 데'이게, 나무'도 해'애 뎅' 거느 지'베너 거:두너 필쑤 이'쓰 데'고, 또 도기도 필쑤' 인자 이'써야 나무'르 따개'고, 머 지'블 져'도 점'므 따개'고, 도구 이'쓰에 데고, 머 저'뭄 모 거는, 낟', 나'슨 머 농사겯' 이'쓰에 데'고 머 그러치, 머.

그얨 머 먹'통'이나 이렁 그또?

— 아, 대'모'기 먹'통'은 거 필쑤 이'쓰여, 먹'통'은 그얼 그얼, 그어 머, 그 가'글 낼라 카'마 먹쭈'얼106) 라'여 먹'쭐'로 보고 큰' 짜구지'를 하그등.

— 하고 은자' 물'반때:107) 카능 어, 물'반때능 캉 그느 오세 인자 고 수평 유지해' 주능 거.

— 거 집' 시'울러 카'마 미'텔 쭈', 주치 그틍 노꼬 하마 고 물'반때 그거 또 반드시 대모'이 가주 이'씨에 데'고.

— 대모'근 마'아 그 기'우가108) 만:타' 카이여.

— 대모근 머 다 내 머 승'기지는109) 모내 게러처.

그 다'으메 그 혹'씨 집' 지어즈, 예'저네 집' 지'어쓸 때 각 부분의 이'르메 대해서 혹씨 아는 데로 함분 이야기해 주십씨오.

— 크: 그거'늘 인자: 미테 집' 임자 세'우능 그거느 하, 바로 세'우능 거'느 기둥'이라 카'고 안자 기둥'에서 기둥' 사이를 뱅뱅 도'러가미 이'여주능 거 그그를 고고또 이자 뿐느, 그기.

— 이여 주웅 거'를 도리, 도링강 워', 도리지 시쁘다.

— 도'리고, 은자 고'라고 나'마 인자 지'블 여 복'파리 인자 쪼굳하~'이 맨들'라 하~'이끼네 인자: 가:에'서 은자 집' 아'페서 디로' 은자 캉카이 연'능 그'그러 인자 보'라 카'거덩.

— 보'고, 고고 언'지110) 노'코 나'마 지'비 인자 이래 우'예 가기 데'에 데'잉끼네 가'글 하기 위애서는 복'파리111) 요 씨'우능 고 인냐 쪽찌'미러112) 카고, 아이 고아 인녀 캉카이 요 시아야, 세'아야 고 우예 인자 직'고'예.

나무를 바로 끊는 것 그것만 저 해야 되니까, 나무도 해야 되니 그것은 집에는 거도는 필수적으로 있어야 되고, 또 도끼도 필수적으로 있어야 인제 나무를 쪼개고, 뭐 집을 지어도 전부 쪼개고, 도끼도 있어야 되고, 뭐 전부 뭐 그런, 낫, 낫은 뭐 농사일에 있어야 되고 뭐 그렇지, 뭐.

그래 뭐 먹통이나 이런 것도?

― 아, 대목이 먹통은 그 필수적으로 있어야지, 먹통은 그, 그, 그 뭐냐, 그 각을 내리려고 하면 먹줄을 놓아야 먹줄을 보고 큰 자귀질을 하거든.

― 하고 인제 수준기(水準器)라고 하는 것, 수준기라고 하는 것은 요새 인제 그 수평을 유지해 주는 것.

― 그 집을 세우려고 하면 밑에 주, 주추 같은 것을 놓고 하면 그 수준기, 그것도 반드시 대목이 가지고 있어야 되고.

― 대목은 그냥 그 기구가 많다고 하니까.

― 대목은 뭐, 다 내 뭐 주워섬기지는 못해 그렇지.

그 다음에 그 혹시 집 지어, 예전에 집을 지었을 때 각 부분의 이름에 대해서 혹시 아는 대로 한 번 이야기해 주십시오.

― 그 그것은 인제 밑에 집 인제 세우는 그것은, 바로 세우는 것은 기둥이라고 하고 인제 기둥에서 기둥 사이를 돌아가면서 이어주는 것, 그것을 고것도 잊어 버렸네, 그게.

― 이어 주는 것이 도리, 도리인가 뭐, 도리지 싶다.

― 도리고, 인제 그리고 나면 인제 집을 여기 복판을 인제 빼쪽하게 만들려고 하니까 인제 가에서 인제 집도 앞에서 뒤로 인제 칸칸이 넣는 그것을 인제 보라고 하거든.

― 보고, 고것을 얹어 놓고 나면 집이 인제 이래 위에 각이 되어야 되니까 각을 맞추기 위해서는 복판에 요 세우는 그것을 인제 "쪽지미"라고 하고, 어 거기 인제 칸칸이 요 세워, 세워야 그 위에 인제 집이 그렇게.

− 고'이 노'퐈야 고 은녁 쪽지'미 우'예다가 또 은자 언지능 고'고'를 인자 은자:: 대들뽀'라 카'는데, 그 보'라 칸데, 그 은녀 아까더 이에'따시'비[113] 인녀 사간징' 거'트마 청마루'에 엔니능 고온 대들뽀'고, 방하고 은녀 부욱하'고 자암망 언지 낭 고온 녀 거지 보'고, 고래 가 해'야 고골' 인자 쪽찌'미 우'에다 보'를 딱 찡가'야 인자 인자 서'까래를 여 꾸에 인자 은자 보'에서 인자 아'프로 은자 이, 이 머 도리까지 아페 걸, 아 뱅, 뱅 가너 고 은자 도'린데, 도리 내우머 고 서'까래 거얼마 지비 가기 데그덩.

− 고 은녀 고'리도 코'로꼬, 자 방:캉'[114] 사'이예 어 고 은자 지동'캉 지동' 사'이에 여'페 또 이 나무'르 여일, 뺑'삐'[115] 여이 데기덩.

− 여이 뎅[116] 고고녀: 중'방이고 또 은저 중'방은 저 두 난' 녀'이 뎅기라.

− 우'에 하나 여'코 항 카'네 미'테 하는 여'야 고 새'에 인자 무'늘 여'키 따'무레 문 냐'페 또 지둥'을 셰'아야 데인네, 고 무'늘 달라 카마.

− 고 은저' 뭉꼬'리러 하고.

− 어: 또 인자 중'방 인저 우쭈', 인저 우'예 언'지능 거 우쭝'방, 네 미'테으 아리쭝'방.

− 꺼 인녀 아리쭝'바을 기중'울 해가 은냐 구들'러 방빠다'글 요'래 인자 수'페느 마추'기더, 아르쭝멀 겨쩡해가.

− 머' 고로고' 은자 머 무'니고 머 정제무'니고 머 쩌 머오 고런 정도지. 에.

그 다'으메 그: 아까 쪼끔 이야긴' 하'션는데, 그 지'블 지을 때 아: 사'앙'량할 때나 이럴 때르 고사 지낸다고 핸는데, 으 터' 다'지에 할' 때느 그르케 마니 아' 한다, 그지여?

− 은, 터 다'여 할 때느 인 데'느 머' 고사 지내고 그릉 거는 머 큰 지'블 안 저'이끼네[117] 큰 지블 저맘 머 고사 지닐랑'가 거듬 모리겐드, 이른 데느 큰 접 안 제'고 하'이끼너 그 녀 안 데, 상랑' 언질' 때'는 반더'시 잘

― 고게 높아야 그 인제 "쪽지미" 위에다가 또 인제 없는 그것을 인제, 인제 대들보라고 하는데, 그 보라고 하는데, 그 인제 아까도 이야기했다시피 인제 "사간집" 같으면 대청마루에 얹는 그것은 대들보, 방하고 인제 부엌 하고 작은방에 얹어 놓은 그것은 인제 그저 보, 그래 가지고 해야 그것을 인제 "쪽지미" 위에다 보를 딱 끼워야 인제, 인제 서까래를 여 위에 인제, 인제 보에서 인제 앞으로 인제 이 이 뭐 도리까지 앞에 그 앞에 뺑, 뺑 돌린 그 인제 도리인데, 도리 내면 그 서까래를 걸면 집이 각이 되거든.

― 그 인제 그래도 그렇고, 인제 방과 사이에 어 그 인제 기둥과 기둥 사이에 옆에 또 이 나무를 넣어, 뺑 넣어야 되거든.

― 넣어야 되는 그것은 중방이고 또 인제 중방은 저 두 낱을 넣어야 되는 거야.

― 위에 하나 넣고 한 칸에 밑에 하나 넣어야 고 사이에 인제 문을 넣기 때문에 문 옆에 또 기둥을 세워야 되는데, 그 문을 달려고 하면.

― 그것은 인제 문골이라고 하고.

― 어 또 인제 중방 인제 위쪽, 인제 위에 얹는 것은 윗중방, 인제 밑에는 아랫중방.

― 그 인제 아랫중방을 기준 해서 인제 구들을 방바닥을 요래 인제 수평을 맞추거든, 아랫중방을 결정해서.

― 뭐 그리고 인제 뭐, 문이고 뭐 부엌문이고 뭐 저 뭐 그런 정도지.

예.

그 다음에 그 아까 조금 이야기를 하셨는데, 그 집을 지을 때 아 상량할 때나 이럴 때는 고사를 지낸다고 했는데, 어 터다지기 할 때는 그렇게 많이 안 한다, 그렇지요?

― 어, 터를 다지고 할 때는 이런 데는 뭐 고사 지내고 그런 것은 뭐 큰 집을 안 지으니까 큰 집을 지으면 뭐 고사를 지내려 하나 그런 것은 모르겠는데, 이런 데는 큰 집 안 짓고 하니까 그런 것은 안 하는데, 상량

사는 사'암 잘사능 그대'로, 몬사은 사'암 몬사능 그대'로, 자이 성이껃' 엄
식 해다 노'꼬 거 동네 사'암 불다 노'꼬, 거 상랑' 언'지너 엄'시 여 첨'부
노나 모'꼬, 인저 그 내 인냐 지'블 이르 져'이끼네 머 그래 가뜨 저'무 술
하'고 대저바 그르 다 한다어, 상녕'은.

그암 머 거'이 제사:: 지내드'시 그르케 차려 노코 지냄미까?

― 그 제사 음싱매'러 그러커, 그랜 앙 가처 노'오'꼬, 그냥 떡하고' 이래
마: 과'이르늘 다: 간츠라 노'꼬 술하고 이래 보통 이랜 머슨 머 고사 지대
지, 지내드'시 그래 그래 지내드.

머 혹씨 머 그 빌고 그러진 앙'코요?

― 고'어 은저 모 고'어 인자: 거 구언 고 은전: 집 주'이니 옫' 차려 이'
꼬 지내고 거서 인자 그얼 이름'소'리118) 해'애 데지.

― 머 참 이래가지 머 오을 지블 주어징 오에 데끼너 마 참 자손만대
마제 형'성하게 잘 어 데' 돌'라꼬 이'른 은자 이릉'소'른너 해'야지.

추글 그럼 하네, 그지예?

― 거'러치.

예.

**그 다'으메 그'어 거잂 아까 이야기 하'신는데, 지붕:을 초'가집 끼틍 경우'
에는 지붕 이'을 때 어뜩, 어 그어 보통 어 이영'을 만들면 어떠케 마음, 멈,
머 만드러가 어떠케 깜'미까?**

― 그러 인자, 이그 은자 아까더' 케'찌망 그 은자 새'지블 져' 가'주고
미'테 인자: 제일 가에느 지'르블 돌'리 가지고 그 우'예 인저 지'플 영, 이'
개는데, 고기' 인처 항 꺼'불빼께 아이, 아, 아, 아, 안 니개 나'끼덩.

― 근네 그'기 얕브게 안 데능 기'라.

― 비가 므 하'내마 고이, 고'에 하'내마쁘뜨 더 지블 안 니이 뻐 그 짐
머 점'무 물 다 셰' 뿌'고 엄능 기라, 그 얕버 가주고.

― 근 다'무레119) 고'에 한 삼 년까'지는 지'블 계속 거 우'이다 이'기능

었을 때는 반드시 잘사는 사람은 잘사는 그대로, 못사는 사람은 못사는 그대로, 자기 성의껏 음식을 해 놓고 그 동네 사람을 불러 놓고 그 상량 없는 음식을 전부 나누어 먹고, 인제 그 내 인제 집을 이래 지으니까 뭐 그래 가지고도 전부 술하고 대접하고 그래 다 한다고, 상량은.

그럼 뭐 거의 제사를 지내듯이 그렇게 차려 놓고 지냅니까?

— 그 제사 음식처럼 그렇게, 그렇게는 안 갖추어 놓고, 그냥 떡하고 이래 그냥 과일은 항상 다 갖추어 놓고 술하고 이래 보통 이래 무슨 뭐 고사 지내듯이 그래그래 지내지.

뭐 혹시 뭐 그 빌고 그러지는 않고요?

— 그 인제 뭐 그 인제 그, 그, 그 인제 집 주인이 옷을 차려입고 지내고 거기에서 인제 그 축문을 읽고 해야 되지.

— 뭐 참 이래서 뭐 오늘 집을 지었으니 어떻게 되든 그냥 참 자손만대 말이지 흥성하게 잘 되게 해달라고 이런 인제 축문을 읽고 해야지.

축문을 그러면 하네요, 그렇지요?

— 그렇지.

예.

그 다음에 그, 그 아까 이야기를 하셨는데, 지붕을 초가집 같은 경우에는 지붕 일 때 어떻게, 어 그 보통 어 이엉을 만들면 어떻게 만듭니까, 뭐, 무엇으로 만들어서 어떻게 깝니까?

— 그래 인제 이것은 인제 아까도 말했지만 그 인제 새집을 지어 가지고 밑에 인제 제일 가에는 겨릅을 돌려 가지고 그 위에 인제 짚을 이, 이는데, 그게 인제 한 꺼풀밖에 안, 안, 안, 안, 안 이어 놓았거든.

— 그런데 그것이 얇아서 안 되는 거야.

— 비가 뭐 한 해만 거기에, 거기에 한 해만 더 짚을 안 이어 버리면 그 집이 뭐 전부 물이 다 새 버리고 없는 거야, 그 얇아 가지고.

— 그렇기 때문에 거기에 한 삼 년까지는 짚을 계속 그 위에다 이는

기'라, 지'풀.

- 지'풀120) 계속 고'대로 이'기는데, 건 이'기는데, 우예 이'긴느 하'며 인자 제:일' 미'테예: 인자 고 한 도'룸 돌'이엔 데'는 잉'여를 영'능 거'를 뿌리:엔, 나락 그 집 뿌리:주 쯔 껄' 거스 바'껄, 바꺼'틀 내고 한 노'꿍, 한 도'굼 돌리노'코 고 우'예느121) 은자 우예 돌'려, 우에느 하민 자 반:대'로 뿌리:이'느 울'로 가'고, 울로쪼'으로 올라가'고 지'픈 알로초' 니르가'여 비가 오'마 무'리 잘 타'고 내'르가니까, 고 은자 아까 젙 여 반:대'르 야 좀 돌리 나웅 고 우'에까지 더프나 너'이, 더프'이 데'느 겐.

- 더쁘간 해' 노'꼬, 꼬래 가주오 쩌므 고고 은자 따 근저 비'늘 따러 가'지고122), 포개 포개 포개 표개 은자, 마이 포개지마 지'비 더 단다나~' 이 이'기능 기'고, 거 이, 이, 으, 이, 거 잉'개가 저'어 가주고, 지'피 저꾸 저근 사'암드른 쫌 이 사'이를 점 스, 듬성듬성하게 하'마 그 지'븐 오래 몽 가능 기'라.

- 오래 몽 가 서'거 뿌고.

- 근'데 고래가주 해 가주오 만대~'이느 인자, 제일 강' 만대~'이느 인자 용마'룽' 카능 긴'데, 용마름' 고'노믄 인자 잉'개매르123) 여'꺼간 안 데'고 예 용마람 녕능 고고느' 은자 복파느 이시 새'끼르 하너 딱 꼬가 와 가지고 새'끼를 쪼'게다가 한 땅 노고 바'를 딱' 데가 은자 고 용바람' 영'능 거'느 은자 지'블 탁' 추'려 가지오 첨'부 고 지'블 난, 집'따늘 가따 퍼, 나'슬 가이 메'깨' 그 쪼'스 푼' 노'꼬, 집'따늘 함' 모건흐 딱 지'플 빼' 가지고 와가능', 미'테 뿍띠'기는, 끄 미델 지'페 뿍띠'이가 이끼덩.

- 머 쩜 미 처'진니 그어 지, 집 끄거너'뻐 꺼푸리' 그언 다 삭' 빼 뿌고 아'네 맬간, 매끌매능 고능 가져 꺼'꾸리124) 따 해 가지오 딱 기열 쟁' 끼125) 가'주고 고고 은자 뇨'코 고'오다 여'페 인자 새'끼 고다 뱅뱅 고 돌'려가 요래가 인냐 맨느.

- 거'래 노'마 여기 복'파네 쫑구:다'이 혜가 노폭에 해가 알 때'느 고기

336 경북 청도 지역의 언어와 생활

거야, 짚을.

  ― 짚을 계속 그대로 이는데, 그 이는데, 어찌 이느냐 하면 인제 제일 밑에 인제 그 한 두렁을 돌린 데는 이엉 엮은 것을 뿌리, 벼 그 짚 뿌리 그것을 그것의 밖을, 바깥을 내고 한 움큼, 한 두렁을 돌려놓고 그 위에는 인제 어찌 돌려, 어찌 하느냐 하면 인제 반대로 뿌리는 위로 가고, 위쪽으로 올라가고 짚은 아래쪽으로 내려가야 비가 오면 물이 잘 타고 내려가니까, 그 인제 아까 저 여기 반대로 좀 돌려놓은 그 위까지 덮어 놓아, 덮어야 되는 거야.

  ― 덮어서 해 놓고, 그래 가지고 전부 그것을 인제 딱 인제 비늘의 모양을 따라 가지고, 포개고, 포개고, 포개고, 포개고 인제, 많이 포개지면 집을 더 단단하게 이는 것이고, 그 이, 이, 어, 이, 그 이엉이 적어 가지고, 짚이 적고 적은 사람들은 좀 이 사이를 좀, 듬성듬성하게 하면 그 집은 오래 못 가는 거야.

  ― 오래 못 가서 썩어 버리고.

  ― 그런데 그래서 해 가지고 꼭대기는 인제, 제일 높은 꼭대기는 인제 용마름이라고 하는 것인데, 용마름 그놈은 인제 이엉처럼 엮어서는 안 되고 인제 용마름 엮는 고것은 인제 복판에 새끼를 하나 딱 꼬아서 와 가지고 새끼를 거기에다가 하나 딱 놓고 바를 딱 대서 인제 그 용마름 엮는 것은 인제 짚을 탁 추려 가지고 전부 그 짚을 낫, 짚단을 갖다 풀어, 낫을 가지고 매끼, 그걸 쪼아서 풀어 놓고, 짚단을 한꺼번에 딱 짚을 빼 가지고 와서는, 밑에 북데기는, 그 밑에 짚의 북데기가 있거든.

  ― 뭐 저, 뭐 처진 그 짚, 짚 그것은 꺼풀 그것은 다 싹 빼 버리고 안에 말간 매끈매끈한 그놈을 가지고 거꾸로 딱 해 가지고 딱 그 잦혀 가지고 그것을 인제 넣고 거기에 옆에 인제 새끼를 갖다 뱅뱅 그 돌려서 요래서 인제 매고.

  ― 그래 놓으면 여기 복판에 쫑긋하게 해서 높게 해서 이을 때는 거기

인 용마르미 칸데, 고 만대~'이 용바름 언'져야 고 지'피 인녀 고 용바르'
메서 무'리 인자 양쭈'울 갈'라지그덩.

- 곤 나'구 웨가 은녀 고래 가지어 새'지븐 한 삼 년 떠'아느 게:석' 언'
니, 게:속' 언'지야 뎅 기어.

- 삐'끼지126) 마'고127), 무'근능 걸'러 고 위'덜 고 이'드매 고 가은 녀,
해'마주 은녀 가을해' 노'꼬에 지'블 이이그덩.

- 이'일먼 한 삼 년: 또'아네 계속 더프 노'꼴 사 년마네는' 지'플 이'길
때는 인자 우'예 한 층'게를 삐'꺼' 니라' 뿌능 기라.

- 그 게:속 언'지마 급 너무 뚜'께도 망코' 아 보기도 실'꼬암 마 집'또
무국 그러~'이끼네128), 한 층'게느, 우'예 한 층'게느 일 려 는자 어 견'디
쓰잉게네 그어 쩌 감 마~'이 상'해끼덩.

- 그'느여 한 저'여게느 비'끼 니라 붐'마 미'테 끄너 계속 더프 나'쓰여
고 아 미테 끄'너 옌날 집' 고대로, 고대르, 형태 고대르 인능 기러.

- 고'예, 고예가 고예 또 은자 지'베 한 두엄 이'이'고, 또 고 이'드매
어129) 또아 고 한 두굼 또 비'끼 내뻬'리 뿌고, 미'테 그느 탄탄하'니까 고
래가 지'블 계속 고래 이여.

인제 용마름머' 샤론 따로 만든다, 그지예?

- 걸'지, 용마름', 별, 새'마중 가따 일 더'프애 데고.

그'암 기와지붕은' 인제 이'을려며너 머 새로 또 어 또 그어스 초'아지붕하
온 쪼끔 다르게 함미까?

- 게와지'븐: 하'문130) 이'이'고 나'만 평신 아 나지.

- 아 나'능 게 인자 게와지'븐 어뜽 야 머 인자.

처음 이'을 때는?

- 어, 첨' 이'을 때 은자 아까'도 그 인지 초가짐매'러131) 인자 알, 거
으녀 산자 여'꼬, 그 우'에 알매' 치고, 알매' 우'에다가 기아지'븐 황토얼'
끌 새'로 또 언'지여 데느, 황토힐'글.

에 인제 용마름이라고 하는데, 그 꼭대기 용마름을 얹어야 그 짚이 인제 그 용마름에서 물이 인제 양쪽으로 갈라지거든.

‒ 그래 놓고 이어서 인제 그래 가지고 새집은 한 삼 년 동안은 계속 얹어, 계속 얹어야 되는 거야.

‒ 벗기지 말고, 묵은 것을 그 위에다 그 이듬해 그 가을 인제, 해마다 인제 가을해 놓고 집을 이거든.

‒ 이면 한 삼 년 동안 계속 덮어 놓고, 사 년만에는 짚을[132] 일 때는 인제 위에 한 층계를 벗겨 내려 버리는 거야.

‒ 그 계속 얹으면 그 너무 두께도 많고, 어 보기도 싫고 그냥 집도 무겁고 그러니까, 한 층계는, 위에 한 층계는 일 년 인제 어 견뎠으니까 그 좀 안 많이 상했거든.

‒ 그러니 한 층계를 벗겨 내려 버리면 밑의 것은 계속 덮어 놓았으니 그 아래 밑의 것은 옛날 짚 고대로, 고대로, 형태 고대로 있는 거야.

‒ 그해, 그래서 그해 또 인제 집에 한 두렁을 이고, 또 그 이듬해에 또 그 한 두렁을 또 벗겨 내버려 버리고, 밑의 것은 탄탄하니까 그래서 집을 계속 그래 이어.

인제 용마름만 새로 따로 만든다, 그렇지요?

‒ 그렇지, 용마름은, 별도로, 해마다 갖다 인제 덮어야 되고.

그럼 기와지붕은 인제 이려고 하면은 뭐 새로 또 어 또 그 초가지붕하고는 조금 다르게 합니까?

‒ 기와집은 한 번 이고 나면 평생 안 하지.

‒ 안 하는 게 인제 기와집은 어떻게 하느냐 하면 인제.

처음 일 때는?

‒ 어, 처음 일 때 인제 아까도 그 인제 초가집처럼 인제 알매, 그 인제 산자를 엮고, 그 위에 알매를 치고, 알매 위에다가 기와집은 황토를 새로 또 얹어야 돼, 황토를.

― 게와는' 이에 인자 헐'캉 게와캉이133) 땅 노'마 한'테 배'아비 데가 부'터 이'쓰에 데'지, 게와 거'느무 무구바'134), 매끄라'고 미우우가 흘러 니'르 뿌'이끼~네, 빠지 니르오 뿌'이 안 데'잉끼네 그어 황토, 어 아까 어 알매' 천'능 그'어다, 알매' 처'능 그어를 나른, 빠짱 말란, 헐'클 말란' 후'예 그 우'에 또 황토얼'마135) 이개' 가'주고 거 우'에, 게와 오'옐 노코, 함불 촥' 피 노코 거 우'에 인자 게와를 로'코 이이기드.

― 이'개 노'마, 그러 게와'는 함'번 이'이' 뿌'맘 머 머 이 심 녀이기, 이심 녀이거 고 게와가 머 뿌사져'야 이기입, 가'르 여'찌, 게와느' 아 나'그이더.

― 그 영'구이 보존 데'이기더.

그 다'으메 또' 다릉' 거' 하나 또 여쭈어 보게씀따.

여어', 끄이 예전' 가'트며, 요즈므 인제 머 어 종교를 민는' 사'암드리 만'데, 예저언드 종교 미'드쩌마너, 예'저네 가시'느나 이 조상 숭배 가틍 걸 마니 핸'는데, 어: 이 이 동:네 가틍 경우에 머 어 지'바네서 어 터주시'느나 또 늠 머 성주시'느나 머 우'무리나 왜양까'느나 지붕', 이런 꺼 할' 때 머 어 그스, 성'기는 신 거틍 게 쫌' 이'써씀미꺼, 에'저네?

― 그 엔:나른 자 머'시 이'슨나 면 자 인저 시'니운, 신'주딴지 카능 기 인능 기라.

― 그에 신'주딴지느 은자 머어'시' 시뉴딴지너 하'며 인자 단지르, 쪼'그마 은자 항아리, 쪼끄마'는 저 단지, 쪼끄마'는 단지를 자 하너 사거 와'가지고, 새'집' 저'어마 인자: 욥 여 요름 이 오세' 말하만 저 붕가를 한다 이마:리지, 인자 장:아'나리 지'블 저'가' 나가마 인자 장에 가'가' 인저 참' 정승으거' 은저 참한 단'지르 한 사가 오능 이러.

― 거이 신'주딴징 기라.

― 그래 파 가'아'레 딱 사'아마, 가으'레 그애 인자 추수::할' 임세으136) 데'마 나'럴, 그그느 가치 안 하고, 드레 가' 가'주고 보고 날라, 나락 잘 덴능근 나'라글 한' 단', 무단 한 다'늘 비가' 오능 기라.

- 기와는 이것이 인제 흙과 기와를 딱 놓으면 한데 배합이 되어서 붙어 있어야 되지, 기와 그놈은 무거워서, 매끄럽고 무거워서 흘러 내려 버리니까, 빠져 내려와 버려서 안 되니까 그 황토, 아까 알매를 친 거기에다, 알매를 친 그것을, 그 날은, 바짝 말린, 흙을 말린 후에 그 위에 또 황토만 이겨 가지고 그 위에, 기와 위에 놓고, 처음부터 쫙 펴 놓고 그 위에 인제 기와를 놓고 이거든.

- 이어 놓으면, 그래 기와는 한 번 이어 버리면 뭐, 뭐 이 십년이고, 이십 년이고 그 기와가 뭐 부서져야 이어, 갈아 넣지, 기와는 안 하거든.

- 그것은 영구히 보존 되거든.

그 다음에 또 다른 것 하나 또 여쭈어 보겠습니다.

어, 그 예전 같으면, 요즘은 인제 뭐 어 종교를 믿는 사람들이 많은데, 예전에도 종교를 믿었지만, 예전에 가신이나 이 조상 숭배 같은 것을 많이 했는데, 어 이 이 동네 같은 경우에 뭐 어 집안에서 어 터주신이나 또는 뭐 성주신이나 뭐 우물이나 외양간이나 지붕, 이런 것을 할 때 뭐 어 그 섬, 섬기는 신 같은 게 좀 있었습니까, 예전에?

- 그 옛날에는 인제 무엇이 있었냐 하면 인제, 인제 신주, 세존단지[137]라고 하는 것이 있는 거야.

- 그 세존단지는 인제 무엇을 세존단지라고 하느냐 하면 인제 단지를, 조그마한 인제 항아리, 조그마한 저 단지, 조그마한 단지를 인제 하나 사 와서, 새집을 지으면 인제 요 여 이런 이 요즘 말하면 저 분가(分家)를 한다 이 말이지, 인제 작은 아들이 집을 지어 나가면 인제 장에 가서 인제 참 정성으로 인제 참한 단지를 하나 사 오는 거야.

- 그게 세존단지인 거야.

- 그래 가을에 딱 사오면, 가을에 그해 인제 추수할 때가 되면 며를, 그것은 같이 안 하고, 들에 가 가지고 보고 벼, 벼가 잘 된 벼를 한 단, 무단[138] 한 단을 베어 오는 거야.

— 딱: 비'가' 지'거 재우 지'베 와 가지고 그'어를, 나'라걸 은자 어: 쪼'
매느니까 기'게도 안 하고 꼬어 은저 홀'깨[139] 카능 거, 손'홀'깨 간, 송'가
이래 쭐쭈 흘런능 거이 인능 기러.

— 고 까'주고 인 나'러글 홀터 가'주고 고 나'라글 은자 찌'능 기라.

— 찐' 살르 맨'드'능 기라.

— 거 은자 만저나'이 이'그 뿜마 나'러을 비'마 데는데, 요거 은자 이
예 신'주딴지에 인녀 살' 가르 여'얼' 때'너 우예 뎅'이 일찌기~' 해'이 데
능 기라.

— 거 린자 나'러글[140] 덜' 이어쓰'끼네 찐' 살 안 하마, 덜 리'은 살 향
여 빠시'니, 그 쩡아 빠시' 뿌니까, 저 쩌' 뿌마 쫌 덜 이'응 그도 점'모 사
리 따 야'무르 데' 가주고 사리 데'그덩.

— 고래가 은 따 고 쩌 가'주우 말라'가조 거 디테, 냐[141] 디'딜빠아 찌'
아 가주고 고'날 은자 살: 가라 여녀, 살' 가라' 연'는'다 카느 이, 살 가라,
가라 연능 거'는 즈 사'를 바까' 연'는다, 그 마'린데, 살 가르' 연'다 하능 거
은자 고 나'를 은자 소' 넘'는 날, 조은 날 따:, 기'를, 나'를 태케 가주고,
자'이가[142] 태'게 가지고 그어 단지를 그날 은자 니루능' 기라.

— 니라가 거 장'녀네 버 난 살' 인냐 그 은자 나 첨' 쩌 붕'가는 사'암드
언너 고게' 안저 단'지에 아가'리 여므 데'능 기'고, 어 은자 시'니딴지 게속
은자 민' 넌' 가주 인는 사'암더른 아'네 인자 무'근' 사'를 버 가주고 고' 사'
를 가'지오 바'블 하능 기라.

— 바'블 하고 해 가'주고 인자 해'살 핸능 고고'너 시'인때'에 또 번능 기'라.

— 장'여 고만치 버 노'꼬 거'어다 해'쌀르 바'블 해 가지고 와 가지고 거
신슈완'찌 아'페 가'따 노'코, 물' 떠'다 노코 바' 배'다 노'꼬 이래 가 비'드
라 카잉끼네.

— 거'늠' 머 머 내 어'를 때 잘 모'인'데, 어른데 이점 멀', 요'는 뜨'슨 머
땅 거 이껜'나.

- 딱 베서 지게를 지고 집에 와 가지고 그것을, 벼를 인제 어 적으니까 기계도 안 하고 그 인제 벼훑이라고 하는 것, 벼훑이라고 하는, 손으로 이래 쭉쭉 훑는 것이 있는 거야.

- 그것을 가지고 인제 벼를 훑어 가지고 그 벼를 인제 찌는 거야.

- 찐 쌀을 만드는 거야.

- 그 인제 완전하게 익어 버리면 나락을 베면 되는데, 요것 인제 여기에 세존단지에 인제 쌀을 갈아 넣을 때는 어떻게 되든지 일찍 해야 되는 거야.

- 그 인제 벼가 덜 익었으니까 찐 쌀 안 하면, 덜 익은 쌀로 하면 부서지니까, 그 전부 부서져 버리니까, 저 쩌 버리면 좀 덜 익은 것도 전부 쌀이 딱 야물게 돼 가지고 쌀이 되거든.

- 그래서 인제 딱 그 쩌 가지고 말려서 그 디딜, 인제 디딜방아에 찧어 가지고 그날 인제 쌀 갈아 넣는, 쌀 갈아 넣는다고 하는 것이, 쌀을 갈아, 갈아 넣는 것은 인제 쌀을 바꾸어 넣는다, 그 말인데, 쌀 갈아 넣는다고 하는 것 인제 그 날을 인제 손 없는 날, 좋은 날을 딱, 길일, 날을 택해 가지고, 자기가 택해 가지고 그 단지를 그날 인제 내리는 거야.

- 내려서 그 작년에 부어 놓은 쌀 인제 그 인제, 인제 처음 저 분가하는 사람들은 거기 인제 단지에 아가리로 넣으면 되는 것이고, 어 인제 세존단지 계속 인제 몇 년 가지고 있는 사람들은 안에 인제 묵은 쌀을 부어 가지고 그 쌀을 가지고 밥을 하는 거야.

- 밥을 하고 해 가지고 인제 햅쌀 한 그것은 세존단지에 또 붓는 거야.

- 작년 그만큼 부어 놓고 거기에 햅쌀로 밥을 해 가지고 와 가지고 그 세존단지 앞에 갖다 놓고, 물을 떠 놓고 밥을 해 놓고 이래 가서 빌더라니까.

- 그것은 뭐, 뭐 내 어릴 때라서 잘 모르겠는데, 어른들 이것 뭐, 요것은 뜻은 뭐 다른 것이 있겠어.

- 우에 덴' 므 내년 농'사도 잘 지어 주고 마르지, 잘 데'고 이른 마이 기원 아이겐'나.

- 그너 이 빌:고, 그라고 떠 어'뜬 사'암든 또 은자, 우'리드룽 고'래 핸데, 어떤 사암드언 또 인제 신주단'지는 별'떠르 이'꼬, 또 신주오당'치라캉 기러이, 신주오장'치.

- 신주오장'치느 머싱'이 신조오장'처라 하며 은자 신'주오장'지느, 신도 짠'지너 주로 은자 방: 아네, 암'빵' 아네 구서게 고 인자 딱 이래 요 모농' 실경', 농' 언질'마, 농'을 언질게 맨드른 따'무레 고 두: 은자' 서'까래르 가'아주고 여'뻬 가따 언지능 그에 인자 실거~'이라 하기등.

- 그 농 실'경인데, 그 농, 고 우'예 농을 언지는 따'무레 대충 인자, 몬'사은 지'븐 쩜 대추 그래 하는데, 고 농 시'긍 야푸떼'기 고 구서에 고 은자 단지에 딱' 하너 언채'이가꿈 고 딱 언지우 머를 맨드러가 딱 언지너 고 언 친주따이 탕성 땅 먼녀 우'엘, 우'에늠 머 머 종'에러 가'지어, 깨끄당' 거' 요르 따 이랠 뜨악 봉'애가 따크 해가 항상 고'엔 공' 개도 안, 거 은자 단, 자끼더143) 안 드가열 프해, 고에드 모시 노 고 인 신'주.

- 옌나르 머 참 머, 신'주딴지 모시다' 시비 한다 카디 신주딴'지 그기 겐자~'이 주요, 주요시' 여'잉' 기라, 그 지'베서.

- 그 제:일' 마 주요히, 주요일카이 여'링 기라.

- 근데 던 신'주도여 오장채 카능 이어.

- 그 사'암든 떠 어'뜽에 하'믄 녀 조, 내녀'네 할' 인자 나러글 그기다아 지'브 여' 가주고, 신나라글 다느 안 지브 여'꼬, 얼'매만 딱' 지버 여', 그 사'암든 여' 처'마 미'테다가 딱' 다르 논능 기라, 그 사암블더.

으, 에.

- 요 고'래 하은 사'암도 이'꼬, 어 신주딴'지느 마' 피'리 다 해'애 데'고, 신주오장'치늠 멉 하는 삼 미'꼬 안 한 사'아 미고, 그르따 거이.

- 어찌 되었건 뭐 내년 농사도 잘 짓게 해주고 말이지, 잘 되고 이런 뭐 기원이 아니겠어.

- 그래 이래 빌고, 그리고 또 어떤 사람들은 또 인제, 우리들은 그래 했는데, 어떤 사람들은 또 인제 세존단지는 별도로 있고, 또 "신주오쟁이"라고 하는 거야, "신주오쟁이".

- "신주오쟁이"는 무엇을 "신주오쟁이"라고 하느냐 하면 인제 "신주오쟁이"는, 세존단지는 주로 인제 방 안에, 안방 안에 구석에 거기 인제 딱 이래 요 뭐 농 시렁, 농을 얹으면, 농을 얹도록 만들기 때문에 그 두 개 인제 서까래를 가지고 옆에 갖다 얹는 그것을 인제 시렁이라고 하거든.

- 그 농 시렁인데, 그 농, 그 위에 농을 얹기 때문에 대충 인제, 못사는 집은 전부 대충 그래 하는데, 그 농 시렁 옆 그 구석에 그 인제 단지를 딱 하나 얹을 수 있도록 거기에 딱 얹도록 무엇을 만들어서 딱 얹어 놓고 그 인제 세존단지를 항상 딱 먼저 위에, 위에는 뭐, 뭐 종이를 가지고, 깨끗한 것으로 요래 딱 이래 딱 봉해서 딱 해서 항상 거기에는 공기도 안 들어가고, 그 인제 다른, 잡귀도 안 들어가도록 봉해서, 거기에 모셔 놓은 그것을 인제 세존단지.

- 옛날에 뭐 참 뭐 세존단지 모시다시피 한다고 하더니 세존단지 그것이 굉장히 중요, 중요시 여기는 거야, 그 집에서.

- 그 제일 그냥 중요히, 중요하게 여기는 거야.

- 그런데 저 신주도 오쟁이라고 하는 거야.

- 그 사람들은 또 어떻게 하나 하면 인제, 내년에 할 인제 나락을 거기에 집어넣어 가지고, 볍씨를 다는 안 집어넣고, 얼마만 딱 집어넣어, 그 사람들은 여기 처마 밑에다가 딱 달아 놓는 거야, 그 사람들도.

음, 예.

- 요 그래 하는 사람도 있고, 어 세존단지는 그냥 필히 다 해야 되고, "신주오쟁이"는 뭐 하는 사람 있고 안 하는 사람 있고, 그렇다니까.

그'엠 머 혹시 머 어: 부어'기나 또느 우'무리나 이런' 데'도 머 신늘 미꼬 하너 그른 사'암도 이'서씀미까?

- 부오'기고 머 우'무' 전' 데는 딴 덴 안' 하'고, 인자: 이월따'레 어, 이 워'레 은자 영두할'마시144) 어 은자 니'르온다 하민, 야 바'람한다 카미, 그 엔저 이월딸 들'마 은: 새'메 가' 가주고 무'를 박', 새 박 타' 가주고, 그'어 스 바가'치 파' 가지' 그 말라가 그 새 바가'치에다가 무'를 새메' 가' 가주 고 자기 새'메이, 우'물 이'쓰므 자기 우'물 뜨'고, 옌나은 자기 우물 별로 어고 점'부 공동, 저' 삼' 미'테 가'아 물', 나눔 물', 그어 즈 자연수 나느 무 ', 그'넘 바드가 하는 따'므레, 그어 가' 아'주어 떠 가주 항:상' 인자 그거를 어데다 노늘라' 하'며느 은자 까:치'가 그애 인자 지'블 저어 가주고 까치일 무'니, 까치 무'니 아무데'나 안 낸다 항이끼네.

- 동쪼'글 낸는 네을도 이'꼬, 서쪼'글 내느 이 데꼬, 여 방향을 자꾸' 따'러 한'데, 까치지'블 항:상' 은자 옌날 이월딸 다 데 가'머 그때 는지 까' 치가 새 지'블 전'능 기'라, 은자.

- 이'데메 민드 아'를 깔'라꼬.

- 보'미 오이~'끼네.

- 고래 무'늘 딱: 까치 영 구와 보'고, 까'치가 인'자 동쪼'글 무'늘 야셈' 마 자기 지'베서 동쪽 다뭉'케145) 무'르', 무'를 항상 인자 이월 자기 영두할 ' 따'릉'까지그마 항:상' 매'이 라'치미 거 정성을 가 떠더 언지능 여.

- 언'지146) 누과여', 언지넝 가요 가주고, 자'이가 인자 이월 영두'러 카' 는데, 영두 할' 때너 은자 보마 은'자 그어 마 색'새'까지 그어 머 그거를 저 자'이 지'베 이 천:, 머 빨간 천, 머 파랑 처, 이능 거를 가지고 해가주 그어 부어'께 달'고 그게느 은자 그때 는'자 저게: 밥'하고, 장 버'고 이래가 은자 이월 영두'어', 바람한'다 카미 떡'또 하고 이래가 은자 부어'게서 거 이 비일'고 또 고릉, 고래핸, 도 그거느 필'히 하고 또 정얼 보'름날 데'마 인자: 농사'빠'비라 카'미 인자: 그날르, 정올 보'름나른 야 아치메 일찌~

그러면 뭐 혹시 뭐 어 부엌이나 또는 우물이나 이런 데도 뭐 신을 믿고 하는 그런 사람도 있었습니까?

— 부엌이고 뭐 우물 저런 데는 다른 때는 안 하고, 인제 이월에 어, 이월에 인제 영등할머니 어 인제 내려온다고 하면서, "바람한다"고 하면서, 그게 인제 이월 들어서면 어 샘에 가 가지고 물을 박, 새 박을 타 가지고, 그것을 바가지 파 가지고 그 말려서 그 새 바가지에다가 물을 샘에 가 가지고 자기 샘이, 우물이 있으면 자기 우물을 뜨고, 옛날에는 자기 우물은 별로 없고 전부 공동, 저 산 밑에 가서 물, 나는 물, 그 저 자연수 나는 물, 그놈을 받아서 하기 때문에, 거기 가 가지고 떠 가지고 항상 인제 그것을 어디에다 놓느냐 하면 인제 까치가 그해 인제 집을 지어 가지고 까치 문이, 까치는 문을 아무데나 안 낸다니까요.

— 동쪽으로 내는 일도 있고, 서쪽으로 내는 일도 있고, 여기 방향을 자꾸 다르게 하는데, 까치집을 항상 인제 옛날 이월이 다 되어 가면 그때 인제 까치가 새 집을 짓는 거야, 인제.

— 이듬해 인제 알을 까려고.

— 봄이 오니까.

— 그래 문을 딱 까치가 여는 것을 보고, 까치가 인제 동쪽으로 문을 열었으면 자기 집에서 동쪽 담 위에 물을, 물을 항상 인제 이월 자기 영등맞이 할 때까지만 항상 매일 아침에 그 정성을 갖다 떠 얹는 거야.

— 얹어 놓고, 얹어 놓고 그래 가지고, 자기가 인제 이월 영등맞이라고 하는데, 영등맞이 할 때는 인제 보면 인제 그 그냥 색색 가지, 그 뭐 그것을 저 자기 집에 있는 천, 뭐 빨간 천, 뭐 파란 천, 이런 것을 가지고 해서 그 부엌에 달고 거기에는 인제 그때는 인제 저기 밥하고, 장을 보고 이래서 인제 이월 영등맞이, "바람한다"고 하면서 떡도 하고 이래서 인제 부엌에서 그 이렇게 빌고 또 그런, 그렇게 했고, 또 그것은 필히 하고 또 정월 보름날 되면 인제 "농사밥"이라고 하면서 인제 그날은, 정월 보름날

기 새부'게147) 이르 나능 이라.

— 이러나 가주오 바'블 해 가지고 새버크 컹컴말 때 인자 바'블러 뭉느 이어.

— 그때는 머 참 오'곡, 자'꼭빱 점'므 다 하고 조'밤 마 자기 인는 데'로 마 조비, 지정' 머 살:, 찹살'빰 머 콩 로코 머 이래가 마 옹:갇 자 농사 전'능 거는 그날 다 만드러간 내, 내가조, 그래가 은자 야 보'름빱 해 무꼬.

— 고래 니 보'름빱 할 때도 구어 은자뜨 노'코여 고 이.

빌:고?

— 빌, 어이, 빌고.

— 이월따레닁: 꺼 영느할마'시, 거 은자 영느할마'시 니'룬'다 하미 이월따'레 인냐 쪼끔 믄자 게'저리 바끼'니까 바람'도 쫌 자 바끼'고 이러~이, 그 영웅마'시 내운 타메 그래가 인자 한디, 요즈믄 마 영두할마'시고 그능 건 전녀이: 거는 그어 하'는 사람 어'꼬, 지금 녀 보'르믄: 지금 보'름빠블 머 예전메'러 거 규모가 크기르 안 해도'오' 지음 보'름빱 머 점'보 거이 다 아이까'지도 엔나렏 니르오는 그대로 보'름빠블 자게 나름대로여 마'시께 해 가지오 잘 한다 가이, 고런 브에.

— 새부게 일찌~'이 해가주.

— 그리 옌나'른 녀 보'름바 팔 때너 어른'들' 카'기로 그리 일찌기 무'꼬 그날 나무'를 하로 아'홉' 찜' 해이 덴다: 이른 마'를 옌나레 어른드리 하드라 가이.

— 옌날 나무하능 기 그 주이, 나무거 주요하니까.

그어 그 다'으메 그어 인저 조'상신 모시능 경우늠 머 대체저그로 머 그'렁 정도다, 그지예?

— 그'르죠.

그 다'으메 그' 인제 예즈, 요즘'도 그렁 경우 이'찌마 예정 가턴 경우에너 일상생활할 때 머 소' 넘'는 나'리나 또늠 므 날' 반능 거라든지 또느 어떵 경은 인제 아침에 일찍 새벽에 일어나는 거야.

– 일어나 가지고 밥을 해 가지고 새벽 컴컴할 때 인제 밥을 먹는 거야.

– 그때는 뭐 참 오곡, 잡곡밥 전부 다 하고 조밥, 그냥 자기 있는 대로 그냥 조, 기장 뭐 쌀, 찹쌀밥 뭐 콩 놓고 뭐 이래서 그냥 온갖 인제 농사지은 것은 그날 다 만들어서 내, 내어서, 그래서 인제, 인제 "보름밥148)" 해 먹고

– 그래 이 "보름밥" 할 때도 그 인제 놓고 그 이.

빌고?

– 빌, 어, 빌고.

– 이월에는 그 영등할머니, 그 인제 영등할머니가 내려온다고 하면서 이월에 인제 조금 인제 계절이 바뀌니까 바람도 좀 인제 바뀌고 이러니, 그 영등할머니가 내려온다고 하면서 그래서 인제 하는데, 요즘은 뭐 영등할머니고 그런 것은 전혀 그것은 그 하는 사람이 없고, 지금 인제 보름은 지금 "보름밥"을 예전처럼 그 규모가 크지는 안 해도 지금 "보름밥" 뭐 전부 거의 다 아직까지도 옛날에 내려오는 그대로 "보름밥"을 자기 나름 대로 맛이 있게 해 가지고 잘 한다니까, 그런 밥을.

– 새벽에 일찍이 해서.

– 그래 옛날에 인제 "보름밥" 할 때는 인제 어른들이 말하기로 그것을 일찍이 먹고 그날 나무를 하루 아홉 짐을 해야 된다, 이런 말을 옛날에 어른들이 하더라고 하니까.

– 옛날 나무하는 게 그 중요, 나무가 중요하니까.

그럼 그 다음에 그 인제 조상신을 모시는 경우는 뭐 대체적으로 뭐 그런 정도다, 그렇지요?

– 그렇지요.

그 다음에 그 인제 예전, 요즘도 그런 경우가 있지만 예전 같은 경우에는 일상생활 할 때 뭐 손 없는 날이나 또는 뭐 날 받는 것이라든지 또는 어떤 경

우에넘 금기시 해 가주 안 해야 델 그′렁 경′우가 마는′데, 어 혹씨 그거 음′녁 거 세시 풍′소꽈 괄련 해 가주고 금기 에 안 해′야 델 그런 일′드리 이쓰므꺼, 뭐 정초′에?

— 그 은저 금기′이′ 거틍 거는: 머 거인데, 인 빤′, 땅′ 거′느 은자 모리 게′꼬, 인자 대충 이자 정′월, 정초′에: 인자, 따′안′ 거′는 내가 머 저 어른드 몰는데, 고 은자 그날 하로′는′ 짝뚜나 카′리나 이 비:능′ 거너 그날 안한′다른 나리 인능 기라.

— 그날 나′를′.

— 곤 나, 나′를 내간 잘: 모르겐는데, 어뜬, 머슨′ 나′리 고는 나리어 모르겐′데, 정초′에 마 자′안′ 초예′엘′ 저′느로 곤, 곤 나′리 오′능강, 보름 저′네 오넨 자우 고래오, 정초′에 오′는데, 고′날은 함부레 어른드리 맨, 내′에른 카′리나 짝뚜느 전녀~′이 머 사′리므 안 덴′다 그러이 하~이끼네 그럼 마 안날 인자 머 염물′도 마이 사은 나′에 데잉 기라.

— 그날 하루 무′울 거 사르 노꼬 인자: 부′어께 인자 은자:: 하는 사′암도 그날 아치′멘 저녀 엄식 사′르느 어′꼬, 안:날′ 점′부 사′리 나′에 데잉 끼라.

— 꺼 무, 하리 종′을′ 물 까, 그나 알치′임 물′ 껀 사′안 노′꼬.

— 고래 고′날 저 카′리고 고′릉 거하 만치마 안 덴′더 카고 데어 고능: 거′ 머 이′찌, 그날 머 아무 끄도 몸′ 무꾸로 하′능 그는 날도 이끼느 아 이겐나′, 인는도 우리든 머 그렁 거늠 머 해 본 닌 어꼬.

그 다′으메 혹′씨 그 머 남′자나 여자::가 그거 정초′에 머 하지 말′아야 델 그렁 게 이씀미까?

성벼레 따′라서?

— 여′게느 그렁 거′너′우 별로 해 본 저교.

머 요 정초′에 머 나′믜 지′베?

— 아′아′, 구우누′ 구′르치.

우에는 금기시해 가지고 안 해야 될 그런 경우가 많은데, 어 혹시 그거 음력 그 세시 풍속과 관련 해 가지고 금기 어 안 해야 될 그런 일들이 있습니까, 뭐 정초에?

－ 그 인제 금기 같은 것은 뭐 그런데, 이 다른, 다른 것은 인제 모르겠고, 인제 대충 인제 정월, 정초에 인제, 다른 것은 내가 뭐 저 어른들 것을 모르겠는데, 그 인제 그날 하루는 작두나 칼이나 이 베는 것은 그날 안 한다는 날이 있는 거야.

－ 그날 날을.

－ 그 날, 날을 내가 잘 모르겠는데, 어떤, 무슨 날이 그런 날인가 모르겠는데, 정초에 그냥 좌우간 초열흘 전으로 그, 그날이 오는가, 보름 전에 오는지 좌우간 그렇고, 정초에 오는데, 그날은 처음부터 어른들이 내, 내일은 칼이나 작두는 절대로 뭐 썰면 안 된다고 그렇게 하니까 그럼 뭐 안날에 인제 뭐 여물도 많이 썰어 놓아야 되는 거야.

－ 그날 하루 먹을 것을 썰어 놓고 인제 부엌에 인제, 인제 하는 사람도 그날 아침에는 전혀 음식을 써는 일이 없고, 안날에 전부 썰어 놓아야 되는 거야.

－ 그 먹을, 하루 종일 먹을 것, 그날 아침에 먹을 것은 썰어 놓고.

－ 그래 그날 저 칼이고 그런 것은 만지면 안 된다고 하고 인제 그런 것 뭐 있지, 그날 뭐 아무 것도 못 먹게 하는 그런 날도 있기는 안 있겠어, 있어도 우리들은 뭐 그런 것은 뭐 해 본 일이 없고.

그 다음에 혹시 그 뭐 남자나 여자가 그것 정초에 뭐 하지 말아야 될 그런 게 있습니까?

성별에 따라서?

－ 여기는 그런 것은 별로 해 본 적이.

뭐 요 정초에 뭐 남의 집에?

－ 아, 그것은 그렇지.

― 정초'에는' 저엄 보'름 저'네는 여'자드리: 너'무 지'베 가급찌', 몽' 가 그러 한다.

― 보름빠블 무꼬 인자 보름날 대충 인자 보마 암 먼 투, 부랑마연[149] 다 틀리지마는 그 아래 동신지를 지는 동네도 이꼬, 대충 다 정월 보름날 동신지 지내능 기라.

― 그'느잉끼네 쩨'울 보름날 동'신'지: 인자 지내고 나'에너 여자드에 마 온, 머 너므 지밤 마 이래 어 멀 잘: 뎅기'우 하고, 또호 그르코 또 은자 평소 때'도: 엔'날' 여'자드른 이래 샤:러'믈 가벼'께 이'이' 가지고 아즈갈르[150] 너'무 지'베 에 오'능 거를 대추 꺼:리'고, 남'자 오'능 거늠 므 상관 어'꼬, 머 그'름 머 풍'소번 머 지'끔도 그르케 이어오는 사암도 지'끔도 이따 가이.

그엄 머 정초'에 이'럴 때도 그러코'?

― 그'르, 정초'는 더 마임 멀.

중뇨한' 닐 이쑬' 때'너 남, 여자, 남자능 가도 겐차'는데, 여자는?

― 그러치', 그'러치, 어, 오'맘 머 재'수가 업'따니 머 그인 머 금 머 우'니' 나쁘더니 그른 머 마리 이따 하이.

그 다'으메 머' 혼사' 가'틍 건 나'를 바'드나 너코 해'선 안 데는 닐 가틍 경우도 이씀미'까?

― 그'을치, 인자: 혼'사느 은자 그 길'사라꼬 조:은' 니'리니까 혼'사: 날 바다 노코는' 너무: 잔치도 앙' 가고, 너무 잔치도 앙' 가고, 조은 니리 이시마[151] 잔치도 앙 가고, 상'에느, 상' 니'레느 거늠 말할 꺼'도 어'꼬, 구'즌 니리니까 상' 다'에도 전녀'이 암 보고.

― 그'르고 또: 여 또: 항' 가지 인더 은저 그래 머 카'이께네 엔날 인자 지'블 자'이가 살리'믈 나오 가주오 새'지블 저어뜬지, 샤:다가 그 지'블 인자 트 허물'고 새로 지'블 저뜬지 해가 하마 그해는 구'즌니'른 전녀'이 암 본다.

― 꺼 이저 끄 하 끄어 머 자기가 인쟎' 새'싱'이[152] 해 가지고 새'집 저' 어쓰잉게네 조은: 니'리니까 그 구'즌 니른 인제 초상찌'벤 전녀'이 앙 가아.

- 정초에는 저 보름 전에는 여자들이 남의 집에 가급적 못 가게 한다.

- "보름밥"을 먹고 인제 보름날 대충 인제 보면 아 뭐 부락, 부락마다 다 다르지만 그 전에 동신제를 지내는 동네도 있고, 대충 다 정월 보름날 동신제를 지내는 거야.

- 그러니까 정월 보름날 동신제를 인제 지내고 나서는 여자들이 뭐 온, 뭐 남의 집에 그냥 이래 어 뭐 잘 다니게 하고, 또 그렇고 또 인제 평소 때도 옛날 여자들은 이래 사람을 가볍게 여겨 가지고 아침 전에 남의 집에 오는 것을 대충 꺼리고, 남자 오는 것은 뭐 상관없고, 뭐 그런 뭐 풍속은 뭐 지금도 그렇게 이어오는 사람도 지금도 있다니까.

그럼 뭐 정초에 이럴 때도 그렇고?

- 그래, 정초는 더 많이 뭐.

중요한 일 있을 때는 남자, 여자, 남자는 가도 괜찮은데, 여자는?

- 그렇지, 그렇지, 어, 오면 뭐 재수가 없다니, 뭐 그 머, 그 뭐 운이 나쁘다니 그런 뭐 말이 있다니까.

그 다음에 뭐 혼사 같은 것은 날을 받아 놓고 해서는 안 되는 일 같은 경우도 있습니까?

- 그렇지, 인제 혼사는 인제 그 길사라고 좋은 일이니까 혼사 날을 받아 놓고는 남의 잔치도 안 가고, 남의 잔치도 안 가고, 좋은 일이 있으면 잔치도 안 가고, 상(喪)에는, 상례 일에는 그것은 말할 것도 없고, 궂은일이니까 상 나면은 전혀 안 보고.

- 그리고 또 여 또 한 가지 인제, 인제 그래 뭐 말하니까 옛날 인제 집을 자기가 살림을 나와 가지고 새집을 지었든지 살다가 그 집을 인제 허물고 새로 집을 지었든지 해서 하면 그 해는 궂은일은 전혀 안 본다.

- 그 이제 그 하 그 뭐 자기가 인제 "새심기"를 해 가지고 새 집을 지었으니까 좋은 일이니까 그 궂은일은, 저 초상집에는 전혀 안 가.

─ 지'굼도153) 그래 하고.

새'집 지'어쓸 때'느 일 련 똥아너?

─ 어, 앙 가지, 그'르치.

─ 지'끔, 지'금도 앙 간다 여, 지금.

초상:나'는 지'베는?

─ 여어, 지'금도 앙 간다 여.

앙 가고 그래 인?

─ 예.

─ 그 은저 기예도'오' 그앰 머 위'칭'기'에도154) 고능 거는 명시'를 해 논다 카'이기네.

─ 은자 머 새'집 찌'어쓸 때는 상가찌'베 절때 가'지르 아 하다, 앙 가: 도 그 고'를155) 암 맨다, 그 벌'그믈 암 맨다, 요런 약쪼거, 약쩡이 딱' 데' 가 이따, 엔나르도.

─ 버'비.

그어 그렁 거느 인지 지'키따, 그지예?

─ 그'르치.

거 머 제사: 가튼 경우에 들' 때도?

─ 그어 제'사도 은자 어 은잗 사'밀 정'시이라우 케 가'지고 제사날'로 해 가지오 사' 밀' 아'페는 모:든' 모'믈 단장하고 개고이도 암 무'이 데고, 자 개고이'늠 몰래 머 이 참 머 이엄 제상깡 이래 머 거 상'이 데' 가지고 인는 따'무레 개오'이도 암 무'에 데고, 사' 밀' 저'네는 어: 너무 초상지'베 도 앙 가'여 데'고, 거'게도 보'마, 위'칭게에도 보'마 제사 사 밀 저네네 초 상나'마 그 지벤 안 바도 덴'다느 고르 인자 고 규'정이 데가 이땅 여.

그 대'이므 혹씨 글 장:사'아', 머 은저 장네' 가틍 경우에 금기사앙, 아, 장네 처, 지낼 똥'아네 해선 안 데능 그런 일도 이씀미까?

장네 치를 똥아네?

― 지금도 그렇게 하고.

새집 지었을 때는 일 년 동안은?

― 어, 안 가지, 그렇지.

― 지금, 지금도 안 간다니까, 지금.

초상난 집에는?

― 어, 지금도 안 간다니까.

안 가고 그래 인제?

― 예.

― 그 인제 계에도 그 뭐 위친계에도 그런 것은 명시를 해 놓는다니까.

― 인제 뭐 새집 지었을 때는 상가에 절대 가지 않는다, 안 가도 그 벌금을 안 먹인다, 그 벌금을 안 먹인다, 요런 약조가, 약정이 딱 되어 있다, 옛날에도.

― 법이.

그 그런 것은 인제 지켰다, 그렇지요?

― 그렇지.

그 뭐 제사 같은 경우에 들 때도?

― 그 제사도 인제 어 인제 "삼일 정신"이라고 해 가지고 제삿날을 해 가지고 삼 일 앞에는 모든 몸을 단장하고 개고기도 안 먹어야 되고, 인제 개고기는 원래 뭐 이 참 뭐 이 제사와는 이래 뭐 그 상극이 돼 가지고 있기 때문에 개고기도 안 먹어야 되고, 삼 일 전에는 어 남의 초상집에도 안 가야 되고, 거기에도 보면, 위친계에도 보면 제사 삼 일 전에는 초상나면 그 집에서는 안 봐도 된다는 그런 인제 그 규정이 되어 있다니까.

그 다음에 혹시 그 장사, 뭐 인제 장례 같은 경우에 금기사항, 아, 장례 치를, 지낼 동안에 해서는 안 되는 그런 일도 있습니까?

장례 치를 동안에?

— 아, 딴' 지'비'이'?

아니, 장네', 장네 할' 때 머 머 관' 위에 머 머 동'무리나 이렁 거 어싱거'리지 모 하게 한'다든지 므 또느 상'주가 머 금기 해야 될 릴 가틍 거 이'씀미까?

— 무 그'능 거'느 이:, 이 꼴'짜기늠 머 그능 건 별'로 하', 하'능 건 모르게뜬'데.

그암 무 그렁 거'늠 머 특'뼈리: 머 그런 부분 업따, 그'지예?

— 음, 음.

─ 아, 다른 집이?

아니, 장례, 장례할 때 뭐, 뭐 관 위에 뭐, 뭐 동물이나 이런 것이 얼씬거리지 못 하게 한다든지 뭐 또는 상주가 뭐 금기해야 될 일 같은 것이 있습니까?

─ 뭐 그런 것은 이, 이 골짜기에는 뭐 그런 것은 별로 하는, 하는 것은 모르겠던데.

그럼 뭐 그런 것은 뭐 특별히 뭐 그런 부분은 없다, 그렇지요?

─ 어, 어.

1) 이는 '말이지'로 대역되는 이 지역어형이며 후행하는 어절의 '마이지'형도 이형태이다. 이는 '말이지 → 마이지(어중자음탈락) → 마지(축약)'의 과정을 거쳐 실현된 예이다.

2) 이는 '서쪽에, 서에'로 대역되며 '서(西) + -예(처소부사격조사)'의 구성이다.

3) 이는 '서향(西向)을'으로 대역되며 어중ㅎ음이 탈락된 예이다.

4) 이는 '대충'으로 대역되며 이 지역어형인 '대쭝'에서 어절말자음이 탈락된 예이다.

5) 이는 '인제'로 대역되는 이 제보자의 담화표지 중의 한 형태이다.

6) 이는 '기술 없는'으로 대역되며 '럼'형은 '없는 → 업는(자음군단순화) → 엄는(양순음화) → 엄(축약) → 럼(선행어절의 연음화)'의 과정을 거친 것이다. 이 부분은 논리적으로 '기술이 있는'으로 표현해야 되는 부분이지만 제보자의 발화실수가 이루어진 경우이다.

7) 이는 '남'의 이 지역어형이며 이 어형은 경상도, 전라도방언에 널리 분포하는 것으로 보고되어 있다.

8) 이는 '가뜩이나'로 대역되는 이 지역어형이며 이 어형과 유사한 이형태로 '개따나'형으로 실현되기도 한다.

9) 이는 '삯 주고'로 대역되며 '삯 주고 → 삭 주고(자음군단순화) → 삭 쭈고(경음화현상) → 사 쭈고(음절말자음 탈락)'의 과정을 거쳐 실현된 예이다.

10) 이는 '거의'로 대역되며 '거의 → 거이(단모음화) → 그이(모음중화) → 그에(고모음화에 따른 과도교정)'의 과정을 거쳐 실현된 예이다.

11) 이는 '인제'로 대역되는 이 제보자의 담화표지 중의 한 형태이며 '인녀'의 축약형이다.

12) 이는 이 지역어형으로는 '노믄' 정도로 실현되어야 할 어형이며 발화실수형이다.

13) 이는 '산자를'로 실현되어야 할 어형으로 발화실수형이다.

14) 이는 '자잘한'으로 대역되는 이 지역어형이며 '자자한'형에 경음화가 실현된 예이다.

15) 이는 '짜개다'의 이 지역어형이며 이 어형은 '경북 및 충북방언'에 분포하는 것으로 보고되어 있다.

16) 이는 '흙을'으로 대역되며 이 어형은 15세기 국어에서 'ㅎ말음'을 가진 특수명사였던 '훍ㅎ'에서 그 원인을 찾을 수 있다. 이 제보자의 발화에서는 아직까지 이 현상이 실현되고 있는 예이다. 이 현상은 이 제보자의 발화에서 수의적으로 '허를'형으로도 교체되기도 한다.

17) 이는 '뜨겁고'로 대역되며 '뜨겁고 → 뜨겁꼬(경음화현상) → 뜨어꼬(어중자음 탈락)'
   의 과정을 거쳐 실현된 어형이다.

18) 이는 '황토만'으로 대역되며 '황토(黃土) + -믄(보조사) → 황토므(어말자음탈락)'의
   과정을 거쳐 실현된 어형이다.

19) 이는 '극젱이'로 대역되는 이 지역어형이며 이 지역어에서는 이 어형 외에도 '홀쩽
   이'형으로도 실현되기도 한다.

20) 이는 '이거니까'로 대역되며 '이개- + -니끼네(어미) → 이개니~끼네(비모음화현상)
   → 이개이~끼네(비음탈락현상)'의 과정을 거쳐 실현된 예이다.

21) 이는 '옛날에는'으로 대역되며 '옛날 + -는 → 엔난는(비음화현상) → 엔난느(어절
   말자음 탈락) → 예난나느(모음중화)'의 과정을 거쳐 실현된 예이다.

22) 이는 '인심도'로 대역되며 '인심 + -더(보조사)'의 구성이다.

23) 이는 '이엉'의 이 지역어형이며 이는 이 지역어의 또 다른 형인 '영개'형의 수의적
   인 변이형이다.

24) 이는 '이내'로 대역되는 이 지역어형이며 '연(連) + -애(처소부사격조사)'의 구성으
   로 이루어진 어형이다.

25) 이는 '풍수를 들이려고 하면'으로 대역되는 이 지역어형이며 극도로 어절이 축약된
   예이다.

26) 이는 외래어 '텔레비젼'을 뜻하는 어휘인 티비(TV)를 표현한 어형이다.

27) 이는 이 제보자의 담화표지 중의 한 형태로서 '인제'를 뜻한다.

28) 이는 '편평(扁平)'을 뜻하는 이 지역어형이다.

29) 이는 '깊은'으로 대역되며 '깊은 → 지픈(경구개음화 현상) → 지푼(원순모음화)'의
   과정을 거쳐 실현된 예이다.

30) 이는 '떡메'로 대역되며 '떡메 → 떵메(비음화) → 떵미(고모음화)'의 과정을 거쳐 실
   현된 이 지역어형이다.

31) 이는 '전혀'로 대역되는 이 지역어형이다.

32) 이는 '넷이'로 대역되며 '너이(四) + -가(주격조사)'의 구성으로 이루어진 어형이다.

33) 이는 '달구'로 대역되는 이 지역어형이다.

34) 이는 제보자의 담화표지 중의 한 형태로서 '인제'로 대역된다. 후행하는 '인랴'형도
   담화표지 중의 한 형태이다.

35) 이는 '기둥을'로 대역되며 경구개음화된 예이다. 이 어형은 경상도, 전라도, 충청
   도방언에서 분포하는 것으로 보고되어 있다.

36) 이는 '소금'으로 대역되며 15세기 국어에서도 이 어형으로 실현된다.

37) 이 제보자의 경우 구술발화와 같은 자연 상태에서는 이처럼 '낭기, 낭게'와 같이 'ㄱ음'이 실현되는 상태를 보이지만 일반 어휘조사에서는 그냥 '나무가, 나무에' 형태로 발화하는 차별성을 보였다.

38) 이는 '세우고'로 대역되며 이 어형은 고모음화가 실현되어 이루어진 이 지역어형이다.

39) 이는 '가느다랗다'로 대역되는 이 지역어형이다.

40) 이는 '하도록'으로 대역되며 '하(爲)- + -두로(연결형어미)'의 구성으로 이루어진 예이다.

41) 이는 '전부(全部)'로 대역되며 '전부 → 점부(양순음화) → 점무(비음화)'의 과정을 거쳐 실현된 이 지역어형이다.

42) 이는 '알매'의 발화실수형이며 이 지역어에서 이중모음이 잘 실현되지 않는 특징으로 말미암아 이에 따른 과도교정형으로 산출된 산물이다.

43) 이는 '것이야, 게야'로 대역되는 이 지역어형이며 '게여 → 기여(고모음화) → 이여(ㄱ음탈락)'의 과정을 거쳐 실현된 예이다.

44) 이는 '중방하고'로 대역되며 '중방(中枋) + -하고(조사)'의 구성이다. 여기서 중망은 중방에 대한 잘못이다.

45) 이는 '대목이'로 대역되며 이 어형은 어중자음 ㄱ음이 탈락된 예다.

46) 이는 '나무를'로 대역되며 '나무 + -러(목적격조사)'의 구성이다.

47) 이는 '끼워'로 대역되며 '찡구다'는 '끼우다'의 이 지역어형이며 경상도, 전라도, 경기도, 강원도방언에 분포하는 것으로 보고되어 있다.

48) 이는 '곧으니'로 대역되며 '곧으니 → 고드~니(비모음화) → 고드~이(비음탈락)'의 과정을 거쳐 실현된 예이다.

49) 이는 '흙벽 속의 외(椳)를 튼튼히 하기 위해 상인방과 하인방 사이에 끼워 세우는 나무'를 가리키며 이를 '벽심(壁心)'이라고도 한다. 여기서 외(椳)는 '흙벽을 바르기 위해 벽속에 엮어 세운 나뭇가지나 댓가지'를 가리키며 수수깡이나 싸리, 대나무, 겨릅, 잡목 등을 주로 이용한다.

50) 이는 '인제'로 대역되는 제보자의 담화표지로서 '인차, 인자' 등으로 실현되는 형태이다.

51) 이는 '흙받기에'로 대역되는 이 지역어형이며 이 지역어에서는 '흙손, 흙빤때기, 흙판때기, 흙판때구' 등과 같이 다양한 이형태로 실현된다.

52) 이는 '벽에'로 대역되며 '빅(壁: 벽→ 벡(단모음화) → 빅(고모음화)) +-에(처소부사격) → 비기(고모음화) → 비이(어중자음탈락)'의 과정을 거쳐 실현된 예이다.

53) 이는 '인제'로 대역되는 이 제보자의 담화표지 중의 한 이형태이다.

54) 이는 원래 '뺨따귀'로 대응되는 이 지역어형이지만 여기서는 '뺨따귀'의 뜻으로 사

용된 것이 아니라 한 쪽 면이라는 뜻으로 사용된 예이다. 즉, 이 어휘의 기본의미에서 의미가 다소 전이된 형태로 사용된 경우에 해당하며 어중자음의 탈락에 따라 이 형태로 실현된 예이다.

55) 이는 '청석(靑石)'으로 대역되는 이 지역어형이며 '청석'은 푸른 빛깔을 띤 응회암을 말하며 주로 건축의 외관재로 많이 사용되는 돌이다.

56) 이는 '부서진'으로 대역되며 '부사지-(부수+-아 → 부사) + -ㄴ(관형사형어미) → 뿌사진(경음화현상)'의 과정을 거쳐 실현된 예이다.

57) 이는 '갑자기'로 대역되는 이 지역어형이며 '각중에 → 각쭝에(경음화현상) → 각쭝~에(비모음화현상) → 각쭈~에(비음탈락)'의 과정을 거쳐 실현된 예이다. 이 어형은 이 지역어를 비롯하여 경북남부방언과 경남방언에 실현되는 것으로 보고된 바 있다.

58) 이는 '전부터'로 대역되며 '전(前) + -브뜨(보조사)'의 구성으로 이루어진 어형이다.

59) 이는 '지으려고'로 대역되며 '젓(作 : 젓- 짓- → 즛-(전설모음화) → 젓-(모음중화))- + -ㄹ라고(의도형어미) → 저을라꼬(경음화현상) → 저을라끄(비원순모음화)'의 과정을 거쳐 실현된 어형이다.

60) 이는 '재벽(再壁)'으로 대역되며 이는 목조건물의 흙벽을 만들 때, 처음 바른 벽 위에 다시 한 번 시멘트나 황토, 회 등을 이용하여 덧바르는 일을 가리킨다.

61) 이는 '황토(黃土)'로 대역되며 '황토 + 흙'의 구성으로 이루어진 어형이다. '황토흙 → 황토흘(자음군단순화) → 황토을(어중ㅎ음탈락) → 황트을(이화 및 모음동화) → 황트얼(모음중화에 따른 변이음실현)'의 과정을 거쳐 실현된 예이다.

62) 이는 '모래'로 대역되며 이 어휘는 15세기 국어의 어휘 '몰애'와 관련되는 어휘이며 연구개음이 유지된 형이다. 이 어형은 이 지역어를 비롯하여 '강원, 경기, 경상, 충북, 평북, 함경, 황해도방언'에 분포하는 것으로 보고된바 있다.

63) 이는 '체'로 대역되는 이 지역어형이다.

64) 이는 '그놈이'로 대역되며 '그노미 → 그느미(모음동화) → 그니미(전설모음화) → 그리미(과도교정) → 그리민(ㄴ음첨가)'의 과정을 거쳐 실현된 어형이다.

65) 이는 '부치니까'로 대역되며 '부칭끼네'의 준말이다. 즉, '부칭끼네 → 부칭께(축약) → 부칭에(ㄱ음탈락)'의 과정을 거쳐 실현된 예이다.

66) 이것은 마루를 만들 때 만드는 방법에 따른 이름으로, 마루의 판자조각을 홈을 파서 짜 맞추는 것으로 못을 사용하지 않으며 변형도 적은 것으로서 전통적인 마루의 제작방법이다.

67) 이는 '켜는'으로 대역되며 '서다'는 '켜다'에 대응되는 이 지역어형이다.

68) 이는 '아래턱이'로 대역되며 '아래턱 + -이가(주격조사)'의 구성이며 '아래턱이가 → 알턱이가(축약) → 알터이가(어중자음탈락)'의 과정을 거쳐 실현된 예이다.

69) 이는 '아래위에'로 대역되며 '알우(아래우 → 알우) + -레(처격조사)'의 구성이다.

70) 이는 '보이도록'으로 대역되며 '비- + -두로(연결형어미)'의 구성으로 이루어진 어형이다.

71) 이는 '세면'으로 대역되며 '시(强 : 세- → 시-(고모음화))- + -마(연결형어미)'의 구성으로 이루어진 어형이다.

72) 이는 '반자'로 대역됐지만 정확히 '반자'의 의미와 일치하는 것은 아니다. 이는 집 아래쪽의 천장 아래에 다시 반자를 만든 것을 가리킨다는 측면에서는 같은 뜻이지만 이 지역어형은 원래의 천장 외에 다른 천장이라는 그런 뜻으로 조어가 이루어진 예이다.

73) 이는 '각목(角木)'으로 대역되는 이 지역어형이며 이는 일본식 외래어에서 유래된 말이다.

74) 이는 '만들어서'로 대역되며 '만들- + -어거(연결형어미)'의 구성으로 이루어진 어형이다.

75) 이는 '되거든'으로 대역되며 '되- + -거등(연결형어미) → 되거덩(모음동화) → 되그덩(모음중화에 따른 실현) → 되기덩(전설모음화) → 되이덩(어중자음탈락)'의 과정을 거쳐 실현된 예이다.

76) 이는 '한 옴큼'으로 대역되며 '옴큼'에 대응되는 이 지역어형이다.

77) 이는 '돌리면'으로 대역되며 '돌리- + -므(조건표시 연결형어미)'의 구성이다. 이 지역어에서 이 연결형어미는 음성 환경에 상관없이 '-므, -마'형으로 교체된다.

78) 이는 '그래서, 고래서'로 대역되는 이 지역어형이며 '고래가 → 고래아(어중자음탈락)'의 과정을 거쳐 실현된 예이다.

79) 이는 '기와가'로 대역되며 이 어형은 이 지역어를 비롯한 경북방언과 평북방언에 분포하는 것으로 보고된 바 있다. 이 어형은 이 지역어에서 활발한 음운규칙인 고모음화에 따른 과도교정으로 실현된 예이다.

80) 이는 '집은'으로 대역되는 이 지역어형이며 이는 수의적인 발화실수형으로 판단할 수도 있지만 이 지역어에서 활발히 실현되는 전설모음화에 따른 과도교정에 의한 실현형으로 판단하는 것이 합리적이다.

81) 원래 와가는 '와가(瓦家)' 즉 기와를 이은 집이라는 뜻이지만 대개 기와집을 지으려면 경제적으로 넉넉해야 하고 따라서 집의 크기도 매우 크게 되므로 일반적으로 '와가'가 규모가 큰 집이라는 뜻까지 포괄하게 된 것으로 판단된다.

82) 이는 집의 크기가 '네 칸으로 이루어진 집'이라는 뜻으로 '네칸집, 네칸전택'으로 불렸으며 다시 네칸집은 원래 규모 그대로 이루어진 집을 '민네칸집'이며 거기에다 앞뒤로 다시 반 칸씩 확장한 집을 일러 '네칸 전티집'으로 이 지역에서는 부른다. 그리고 앞뒤로 반 칸씩 확장하는 것을 '티 빼다'라고 부르고 있음을 알 수 있다.

83) 이는 '큰방'으로 대역되며 양순음화가 일어난 어형이다.

84) 이는 '부엌'으로 대역되는 이 지역어형이며 주로 '정지'로 많이 실현되며 후행하는 '부옥'형은 중부방언에서 들어온 개신형이라고 할 수 있다.

85) 이는 '그렇지 않으면'으로 대역되며 '그라 아니마 → 그라 아이마(어중자음탈락) → 그라이마(축약)'의 과정을 거쳐 실현된 예이다.

86) 이는 '조금'으로 대역되며 '쪼끔(경음화현상) → 쪼꿈(역행원순모음화)'의 과정을 거쳐 실현된 예이다.

87) 이는 '외양간하고'로 대역되며 이는 '마굿간 → 마구깐(경음화현상) → 마우깐(어중자음탈락)'의 과정을 거쳐 실현된 예이다.

88) 이는 '뒷간도'로 대역되며 이는 '정낭'으로 실현되어야 할 예지만 발화실수로 '정덩'으로 실현된 예이다. 예 '정랑, 정낭'은 강원도와 경남방언 등에도 실현되는 것으로 보고된 바 있다.

89) 이는 '모아야'로 대역되며 이 지역어의 기본형은 '모다다'이다. 이 어형은 같은 발화에서도 수의적인 변이형으로 실현된 것을 확인할 수 있으며 이 지역어를 비롯하여 경남방언에 분포하는 것으로 보고되어 있다.

90) 이는 '마당이고'로 대역되며 '마당이고 → 마당~이고(비모음화) → 마다~이고(비자음탈락)'의 과정을 거쳐 실현된 예이다.

91) 이는 '층계'로 대역되며 '층계 → 칭계(전설모음화) → 칭게(단모음화)'의 과정을 거쳐 실현된 예이다.

92) 이는 '되는'으로 대역되며 '되는 → 되능(후행어절의 연구개음에 따른 연구개음화) → 되웅(어중자음탈락) → 데웅(단모음화)'의 과정을 거쳐 실현된 예이다.

93) 이는 '까대기처럼'으로 대역되며 '가데기 + -매러(보조사)'의 구성으로 이루어진 예이다.

94) 이는 '집을'로 대역되며 '집 + -을(목적격조사) → 지불(원순모음화) → 지울(어중자음탈락)'의 과정을 거쳐 실현된 예이다.

95) 이는 '손양날톱'으로 대역되며 양날톱에 대한 설명 부분이다. 손으로 사용하는 양날톱에 대한 설명이며 한 쪽은 켜는 데 사용하고 한 쪽 톱니는 자르는 데 사용하는 톱을 말한다.

96) 이 어형은 기본형이 '끊다'지만 의미상으로 볼 때 '자르다'에 가까우므로 '자르다'로 대역했음을 밝힌다.

97) 이는 '자귀'로 대역되는 이 지역어형이며 '자귀 → 짜귀(경음화현상) → 짜구(이중모음의 단모음화)'의 과정을 거쳐 실현된 예이다.

98) 이는 '편편하게'로 대역되는 이 지역어형이다.

99) 이는 '마무리'로 대역되며 일본어계 외래어이다. 즉, 일본어 'しあげ(仕上(げ)'가 그 대로 이 지역어의 외래어로 등장한 경우이며, 부산을 비롯한 경남지역어에도 분포 하는 어형이다.

100) 이는 '네모반듯하게, 네모반듯'으로 대역되는 이 지역어형이며 '네모반듯 → 네모 반뜯(경음화현상) → 네모판뜯(유기음화현상) → 네모파뜨(음절말자음탈락)'의 과정 을 거쳐 실현된 예이다.

101) 이는 '각(角)이'로 대역되며 이는 유기음화 현상이 일어난 예이다.

102) 이는 '연장'으로 대역되며 음절말자음이 탈락된 예이다.

103) 이는 '한정'으로 대역되며 모음중화에 이은 전설모음화가 실현된 예이다.

104) 이는 '거도는'으로 대역되며 '거도(鋸刀) → 거두(고모음화)'의 과정을 거쳐 실현된 예이며 '거도'로 실현되기도 하는 수의적 어형이다. 여기서 거도는 자루를 한 쪽에 만 박아 혼자 잡아당겨서 켜는 톱을 가리킨다.

105) 여기서 대패의 종류에 대해 이야기를 하고 있으며 이들 대패의 이름이 표준어에 대응되는 것이 없어서 그냥 표준어로 대역될 수 있는 범위 내에서 직역을 한 부분 이다.

106) 이는 '먹줄을'로 대역되며 '먹줄 + -을(목적격조사) → 먹쭈를(경음화현상) → 먹쭈 을(어중유음탈락) → 먹쭈얼(모음중화)'의 과정을 거쳐 실현된 예이다. 이 지역어에 서는 다른 경북지역어에서처럼 목적격조사 '-로'로도 실현된다.

107) 이는 집을 짓기 위해 대목이 가지고 있는 연장으로서 '수평을 맞추는데 사용하는 도구'이다.

108) 이는 '기구(器具)'로 대역되며 어중자음이 탈락된 예이다.

109) 이는 '주워섬기지는'으로 대역되며 '섬기다 → 슴기다(모음중화) → 승기다(연구개 음화)'의 과정을 거쳐 실현된 예이며 의미는 '주워섬기다'라는 뜻이다.

110) 이는 '얹어'로 대역되며 '얹- + -어(연결형어미) → 언즈(모음중화) → 언지(전설모 음화)'의 과정을 거쳐 실현된 예이다.

111) 이는 '복판에'로 대역되며 '복판에 → 복파니(고모음화) → 복파리(과동교정)'의 과 정을 거쳐 실현된 예이다.

112) 이는 전통 한옥을 짓기 위한 건축용어이며 대들보가 얹히는 기둥과 대들보 사이에 각(角)을 만들기 위해 세우는 장치를 말하며 표준어로 마땅히 대역할 어휘가 마땅 치 않아서 그냥 대역하지 않았다.

113) 이는 '이야기했다시피'로 대역되는 이 지역어형이며 어절이 극도로 축약이 된 어 형이다.

114) 이는 '방(房) + -캉(접속조사)'의 구성이며 '방과'로 대역된다. 이 접속조사는 이 지 역어를 비롯하여 경상도방언에 널리 분포하는 어형이다.

115) 이는 '삥, 뺑뺑' 정도로 대역될 수 있는 이 지역어형이며 '한 바퀴 두르다'라는 의미로 사용된 예이다.

116) 이는 '넣어야 되는'으로 대역되며 '옇(揷)- + -이(연결형어미)'의 구성이다. 또 '뎅'은 '되는 → 데는(이중모음 실현제약에 따른 단모음화) → 뎬(축약) → 뎅(후행어절에 의한 연구개음화)'의 과정을 거쳐 실현된 예이다.

117) 이는 '지으니까'로 대역되며 '짓(作 : 짓- → 즛-(전설모음화에 따른 과도교정) → 짓-(모음중화))- + 으끼네(연결형어미) → 저으끼네(ㅅ음탈락) → 저이끼네(모음동화)'의 과정을 거쳐 실현된 예이다.

118) 이는 '축문(祝文)'으로 대역되며 이 어형은 기본적으로 '이르(讀)- + -ㅁ(명사화접사)'의 구성에 '소리'가 결합된 어형이며 조어법이 매우 흥미로운 어휘이다.

119) 이는 '때문에'로 대역되며 이 지역어에서는 주로 '다문, 따문' 등으로 실현된다.

120) 이는 '짚 + -을(목적격조사)'의 구성이며 '짚을 → 지풀(원순모음화)'의 과정을 거쳐 실현된 예이다.

121) 이는 '위는'으로 대역되며 '우(上) + -에(처소부사격) + -는(화제표시 보조사)'의 구성으로 부사 '어찌'와는 분절음은 동일하지만 성조의 실현에서 차이를 보인다.

122) 이는 초가지붕을 일 때, 물고기 비늘 모양처럼 이엉을 차곡차곡 포개어서 이는 모양을 설명한 부분이다. 그렇게 해야 비가 와도 집에 빗물이 새지 않는다고 설명하고 있다.

123) 이는 '이엉처럼'으로 대역되며 '잉개 + -메르(보조사)'의 구성이다.

124) 이는 '거꾸로'로 대역되며 '거꾸로 → 꺼꾸로(경음화현상) → 꺼꾸르(이화현상) → 꺼꾸리(전설모음화)'의 과정을 거쳐 실현된 예이다.

125) 이는 '잦혀'로 대역되는 이 지역어형이며 이 지역어에서는 주로 '재끼다'로 실현되지만 우발적 발화실수에 따라 이 어형으로 실현된 예이다.

126) 이는 '벗기지'로 대역되며 '벗기지 → 뻐끼지(경음화 및 음절말자음 탈락) → 뻬끼지(움라우트 현상) → 삐기지(고모음화)'의 과정을 거쳐 실현된 예이다.

127) 이는 '말고'로 대역되며 음절말 유음이 탈락된 예인데, 이 환경에서 15세기 중엽의 경우 후행하는 연구개자음이 탈락된 음운현상을 생각한다면 흥미로운 일이다.

128) 이는 '그러니까'로 대역되며 '그러니끼네 → 그러~니끼네(비모음화) → 그러~이끼네(비자음탈락)'의 과정을 거쳐 실현된 예이다.

129) 이는 '이듬해에'로 대역되며 '이듬해 + -어(처소부사격조사) → 이드매어(ㅎ음탈락)'의 과정을 거쳐 실현된 이 지역어형이다.

130) 이는 '한 번'으로 대역되며 '한 번 → 함번(양순음화) → 함먼(비자음화) → 함믄(모음중화) → 함문(원순모음화) → 하문(음절말비음 탈락)'의 과정을 거쳐 실현된 예이다.

131) 이는 '초가집처럼'으로 대역되며 '초가집 + -매러(보조사) → 초가짐매러(비음화)'의 과정을 거쳐 실현된 예이다.

132) 이는 '짚을'으로 대역을 했지만 실제로 정확한 표현은 '짚으로 된 이엉을'로 표현해야 할 부분이다.

133) 이는 논리적으로 '기와를'으로 대역이 되는 것이 맞지만 실제 발화에서 '게와(瓦) + -캉(접속조사) + -이(주격조사)'의 구성으로 이루어진 어형이다.

134) 이는 '무거워'로 대역되며 '무겁- + -아(연결형어미) → 무그바(모음중화) → 무구바(역행원순모음화)'의 구성으로 이루어진 어형이다.

135) 이는 '황토(黃土)만'으로 대역되며 '황토흙 + -만(보조사) → 황토흘만(어중자음탈락) → 황토헐만(모음중화) → 황토얼만(ㅎ음탈락)'의 과정을 거쳐 실현된 예이다.

136) 이는 원래 '임세(臨歲)'로서 세밑을 뜻하는 말이지만 여기서는 그 무렵, 어느 때를 말하는 단어이다.

137) 이는 조상신을 숭배하는 한 형태로서 모시는 단지이며, 경상도와 전라도에서는 주로 농신을 숭배하는 뜻으로 가을에 가장 먼저 햇곡식을 추수해서 담아두는 단지이다.

138) 이는 볏단의 크기를 말하는데 '한 아름 정도 되는 볏단의 크기'를 가리키는 말이다.

139) 이는 '벼훑이'를 뜻하는 이 지역어형이며 '훑- + 개(명사화접사) → 훌깨(경음화 및 어중자음탈락) → 홀깨(모음변이)'의 과정을 거쳐 실현된 예이다.

140) 이는 '벼가'로 대역되며 '나락이'로 표현되어야 할 부분이지만 표면적으로는 목적격조사로 실현되어 있다. 이는 목적격조사가 이 지역어에서 보조사로 그 사용이 확대된 것으로 판단되는 예이다.

141) 이는 '인제'로 대역되는 이 제보자의 담화표지 중의 한 형태이다.

142) 이는 '자기가'로 대역되며 어중자음 ㄱ음이 탈락된 예이다.

143) 이는 '잡귀(雜鬼)도'로 대역되며 '잡귀 → 잡기(이중모음실현제약) → 잡끼(경음화현상)'의 과정을 거쳐 실현된 예이다.

144) 이는 '영등할머니'로 대역되는데 영등할머니는 음력 이월 초하룻날인 영등 날에 내려와서 농촌의 실정을 살펴보고 음력 스물 날에 올라간다고 하는 여신이며 주로 바람을 맡아 다스리는 것으로 알려져 있다. 이 신앙은 주로 영남지방에서 많이 믿고 있으며 영등날에 할머니가 딸을 데리고 오면 바람이 불고 며느리를 데리고 오면 비가 온다고 알려져 있으며 비가 오면 그해 풍년이 든다고 믿고 있다.

145) 이는 '담 위에'로 대역되며 '담(墻) + 우(上) + 케'의 구성으로 이루어진 어형이다.

146) 이는 '엎어'로 대역되며 '엎- + -어 → 언즈(모음중화) → 언지(전설모음화 현상)'의 과정을 거쳐 실현된 어형이다.

147) 이는 '새벽에'로 대역되며 '새벽 → 새백(이중모음실현제약) → 새븍(모음중화) →

새북(원순모음화)'의 과정을 거쳐 실현된 이 지역어형이다.

148) 이는 정월 대보름날에 해 먹는 밥을 말하는데 이날에는 오곡과 쌀, 찹쌀 등과 같은 여러 잡곡을 섞어서 밥을 짓고 이를 이웃과 나눠 먹기도 했다. 또, 어린 아이들이 여러 집의 보름밥을 얻어서 먹으면 건강하고 병이 나지 않는다는 풍습으로 인해 아이들이 보름밥을 얻으러 다니기도 했다.

149) 이는 '부락마다'로 대역되며 '부락(部落) + -마연(보조사) → 부랑마연(비음화현상)' 의 과정을 거쳐 실현된 예이다.

150) 이는 '아침 전에'로 대역되며 '아적 +-알(아래) + -르(부사격조사)'의 구성으로 이루어진 어형이다.

151) 이는 '있으면'으로 대역되며 '있- + -으마(연결형어미) → 이스마(자음군단순화) → 이시마(전설모음화)'의 과정을 거쳐 실현된 예이다.

152) 이는 '새심기'로 대역되며 '새심기 → 새싱기(연구개음화) → 새싱이(어중자음탈락)' 의 과정을 거쳐 실현된 어형이다. 여기서 '새심기'는 '새로 출발한다'는 의미를 지닌 것이다.

153) 이는 '지금도'로 대역되며 '지금도 → 지굼도(역행원순모음화)'의 과정을 거쳐 실현된 어형이다.

154) 이는 '위친계(爲親契)에도'로 대역되며 '계 → 게(이중모음실현제약에 따른 단모음화) → 기(고모음화)'의 과정을 거쳐 실현된 이 지역어형이다. 위친계는 부모님의 상을 당했을 때 서로 도움을 주기 위해 모은 계를 뜻한다.

155) 이는 '벌금'으로 대역되는 이 지역어형이다.

• • • ●

● ● ● 나

• • • 다

● ● ● **아**

• • • 차